시어도어 루즈벨트

-가장 사나이다운 대통령의 빛나는 리더십-

강 성 학

박영사

Theodore Roosevelt

-Shinning Leadership of the Manliest President-

Sung-Hack Kang

PARK YOUNG
publishing&company

나의 고마운   사위   **박종원**
           큰 며느리 **김영은**
           작은 며느리 **장애신**에게

저자 서문

"개인의 삶에서처럼 국가의 삶에서도 그것이 원하든 혹은 원치 않던 거대한
책임을 마주해야만 하는 때가 온다. 우리는 지금 바로 그 때에 도달했다.
우리가 세계의 인민들 속에서 새로운 지위를 차지해야 한다는 사실에
직면하는 것을 피할 수 없다. 우리의 국기는 자랑스러운 깃발이다.
그리고 그것은 자유와 문명을 상징한다."
  -시어도어 루즈벨트, 1898년-

  20세기는 누가 말해도 "미국의 세기"였다. 그리고 미국의 세기를
열었던 인물은 미국의 제26대 시어도어 루즈벨트(Theodore Roosevelt)
대통령이었다. 그리하여 그는 미국의 러시모어 바위산(Mount Rushmore)
에 그의 얼굴이 새겨진 20세기 유일한 대통령이다. 그는 조지 워싱턴,
에이브러햄 링컨, 그리고 토마스 제퍼슨과 함께 미국인들의 "큰 바위
얼굴(the Great Stone Face)"로 바위산에 있다. 루즈벨트는 미국을 진
정으로 새롭게 만들었다. 1909년 그가 백악관을 떠난 지 1세기가 훨
씬 지난 후에도 그의 힘과 지성과 카리스마의 집단적 기억이 여전히
계속되고 있다. 제42대 빌 클린턴 대통령은 자기의 책상 위에 시어도
어 루즈벨트의 흉상을 놓아 두었으며 제43대 조지 W. 부시 대통령은
백악관에서 보낸 그의 마지막 성탄절 휴가 동안에 시어도어 루즈벨트

의 전기를 두 번째로 읽은 것으로 알려졌다.[1] 그는 분명히 까마득한 후임 대통령들의 좋은 롤 모델이 되고 있다. 그는 분명히 먼 후임 대통령들이 닮고 싶어하는 기관차처럼 미국을 이끈 빛나는 리더십을 보여준 영웅이었기 때문이다.

그러나 불행하게도, 대부분의 한국인들에게 시어도어 루즈벨트 대통령은 그의 대통령 재임시에 있었던 미일 간의 소위 가쓰라-태프트 협정(the Katsura-Taft Agreement) 때문에 아주 부정적인 인상이 각인되어 그렇게만 인식되어 왔다. 참으로 안타까운 일이다. 왜냐하면 미국의 역대 45명의 대통령들 중에서 가장 위대한 대통령의 순위에서 제4위를 차지하고 있는 인물인 데도 한국인들은 그의 진면목을 거의 알지 못하기 때문이다. 이것은 당시 국제정세에 대한 정밀한 분석의 결과보다는 감정에 치우친 민족주의적 분노와 지적 탐구의 태만이 함께 작동한 결과라고 생각된다.[2] 그러나 한국인들을 제외하면 시어도어 루즈벨트는 "새로운 시대정신"을 구현한 영웅으로서 위대한 세계사적 정치 지도자였다.

본서는 바로 20세기의 문턱에서 힘찬 기관차처럼 미국을 새롭게 이끌었던 시어도어 루즈벨트 대통령의 생애와 그의 정치적 리더십을 탐구해 보려는 것이다. 내가 처음으로 진지하게 루즈벨트 대통령에 접근했던 것은 1970년대 말 미국 유학 중 러일전쟁(the Russo-Japanese

---

1) *Time,* July 3, 2006 p. 41.
2) 당시 국제정세와 미일간의 가쓰라-태프트 협정의 출현 배경과 성격에 관한 저자의 분석을 위해서는, 강성학, <시베리아 횡단 열차와 사무라이: 러일전쟁의 외교와 군사 전략>, 서울: 고려대학교 출판부, 1999의 제9장, "러일전쟁이 동북아에 미친 영향: 미국의 아시아 정책과 조선의 몰락" (특히, pp. 466-470을 참조).

War)에 관한 박사학위 논문을 준비하고 작성하는 과정에서 러일 간에 맺어진 포츠머스 평화조약(the Peace Treaty of Portsmouth)을 다룰 때 이 러일 간의 평화회담을 성공적으로 중재했던, 그리하여 다음 해에 미국인으로서는 최초로 노벨평화상을 수상한, 루즈벨트 대통령의 중요한 역할을 조사하고 연구하면서부터였다. 당시에는 주로 시어도어 루즈벨트의 대외정책에 대해서 관심을 가지고 제한적인 독서를 했지만 그 과정에서 나는 시어도어 루즈벨트의 아주 사나이다운 모습에 적지 않게 매료되었다. 그러나 그후 나는 기회가 올 때면 그에 관한 책이나 관련 자료를 수집해서 한 번 훑어보는 것으로 만족했다. 나의 연구 우선 순위에서 그는 거의 밀려나버린 주제였기 때문이었다.

그러다가 2014년 2월 말에 33년간의 교수생활을 지낸 정든 고려대학교에서 정년퇴임 후 나는 위대한 근대 정치적 영웅들의 리더십에 관한 연구를 시작했다. 우선 수년 전에 <윈스턴 S. 처칠>에 관한 책[3]을 집필하는 과정에서 내게 처칠과 아주 흡사한 정치지도자로 미국의 시어도어 루즈벨트 대통령이 문득 떠올랐다. 그러나 시어도어 루즈벨트는 윈스턴 처칠과 유사한 유형의 리더십 스타일이라서 그에 관한 별도의 저술을 생각하지 않았다. 그후 2022년 9월 30일 일간지 <아시아 투데이>에 게재된 나의 "윤석열 대통령은 법률가의 한계를 극복할 수 있을까?"라는 칼럼에서 윤대통령이 자기처럼 우연히 대통령이 되었지만 위대한 업적을 남긴 시어도어 루즈벨트 대통령을 롤 모델로 삼았으면 좋겠다고 권유했다:

---

3) 강성학, <윈스턴 S. 처칠: 전쟁과 평화의 위대한 리더십>, 서울: 박영사, 2019.

"현재 대한민국은 20세기 초 미국처럼 경제적으로 선진국의 반열에 올랐지만 아직 주요 강대국은 아니다. 윤석열 대통령은 선진국 대한민국을 강대국으로 꾸준히 격상시킬 수 있는 역사적 기회를 마주하고 있다. 그런 과정에서 역사의 주사위가 묘하게 돌다가 남북통일의 기회가 주어진다면 신의 축복이 아닐 수 없다."

　　그리고 나서 한국어판 관련서적을 찾아보니 그동안 시어도어 루즈벨트의 오촌인 제32대 프랭클린 루즈벨트(Franklin D. Roosevelt) 대통령에 관한 책들은 많았지만 불행하게도 바로 그 프랭클린 루즈벨트의 롤 모델이었던 시어도어 루즈벨트에 관한 단행본은 번역서를 포함하여 전무하다는 사실을 발견했다. 그래서 그에 관한 책을 한 권 집필해 보기로 마음을 먹기 시작했다. 그러나 본격적으로 집필을 시작하기는 결코 쉽지 않았다. 무엇보다도 오래 전에 읽었지만 이제는 그 내용을 거의 다 기억하지 못하는 책들을 다시 읽어야 했기 때문이다. 뿐만 아니라 최근의 신간들도 구입해서 읽어야 했다. 그리고 나의 체력이 고갈된 몸 상태를 고려할 때 그것의 집필기간이 얼마나 될지 전혀 짐작도 할 수 없었지만 일단 일종의 "고난의 행군"을 천천히 시작해보기로 했다.

　　1901년 미국의 부통령으로 선출된 그는 형식적으로는 지위가 향상된 것으로 보였다. 그러나 아무런 권한이 없는 부통령 후보로 그가 옹립된 것은 정경유착으로 부패한 공화당 간부들의 음모와 획책이었다. 그 해에 당시 제25대 윌리엄 맥킨리(William McKinley) 대통령이 뜻밖에 암살되자 그는 참으로 우연히 미국의 제26대 대통령이 되었다. 그때 그는 미국의 역대 대통령들 중에서 가장 젊은 42세였다. 뉴욕에서 루즈벨트는 정의감에 불타는 순진한, 일종의 모난 돌이었다. 바꾸어 말하면 정상배들 속에서 루즈벨트는 진정한 사나이였던 것이다. 아이러니하게도, 그렇게 밀려난 루즈벨트가 맥킨리 대통령의 뜻밖의 피살로 최고 실권자인 대통령직을 계승한 것은 참으로 역사의 아이러니였다.

미국은 당시에 세계에서 가장 부유한 국가들 중의 하나로 등장하고 있었다. 미국은 목재, 강철, 석탄, 그리고 철의 생산에서 세계 제1위였다. 또한 1860년 이래 인구는 배로 증가했으며 수출은 3배로 늘었다. 그러나 약진하는 성장은 그것과 함께 산업화 시대의 빈곤, 어린이 노동, 비참한 공장조건 등과 같은 온갖 격변을 초래했다. 해가 갈수록 근로자들은 주먹을 쥔 보스들(bosses)을 마주했다. 바로 이러한 시대에 시어도어 루즈벨트는 정부가 자유기업의 과잉행위들을 완화할 권한을 갖고 있다고 믿게 되었다.

시어도어 루즈벨트 대통령은 여러 가지 분야에서 최초의 대통령이었다. 우선 첫째로, 미국 역사상 최초의 진보주의적 대통령이었다. 독점기업들의 분쇄와 같은 그의 권력 행사는 오늘날 우리에게는 온건하게 보이겠지만 당시 미국정치체제에서는 하나의 충격이었다. 루즈벨트 대통령은 공화당원이었음에도 불구하고 정부가 관리해야 하는 것들 가운데 하나가 경제라고 주장했다. 지금도 정부가 건전한 경제를 위해 거대 기업의 독점과 비행에 대해 간섭하려 할 때면 루즈벨트의 귀신이 어디선가 웃고 있을 것이다.

둘째로, 대외정책에서 루즈벨트 대통령은 미국이 국제사회에서 지구적 강대국으로서 역할을 수락해야 한다고 진심으로 촉구한 최초의 미국 대통령이었다. 그러나 그가 대통령이 되기 직전에 와서야 미국은 마침내 대륙적 한계를 벗어났다. 1898년 스페인과의 전쟁과 그 후 유증으로 쿠바(Cuba), 푸에르토리코(Puerto Rico), 괌(Guam), 그리고 필리핀과 같은 새 영토들과 종속지들을 미국의 감독하에 두었다. 루즈벨트에게는 아주 기쁘게도, 갑자기 미국이 두 대양을 통해 세계무대에서 활동하게 되었다. 제1기 맥킨리 행정부의 해군차관보(Assistant Secretary of the Navy)로서 루즈벨트는 스페인과의 전쟁을 촉구했다. 후에 대통령으로서 그는 미국인들에게 그들의 새로운 지구적 돌출은 장기적인 계획임을 이해하게 했다. 그의 팽창주의는 이상주의적인 측면을 갖고 있었다. 그도 역시 민주주의의 확산을 예기했기 때문이다. 그러나 미국이 미국의 목적에 저항하는 것으로 입증된 타국의 선출된 지도자의 타도를 꾀할 때에는 루즈벨트의 유산도 역시 작동했다.

뿐만 아니라, 미국의 팽창주의와 국제적 위상의 격상과 함께 미국 대통령인 자신의 국제적 위상도 크게 치솟았다. 그리하여 루즈벨트 대통령은 1905년 러일전쟁의 종결 시 평화회담을 주선하고 중재에 나서도록 교전국 일본으로부터 요청을 받아 포츠머스 평화조약에 성공적으로 이르게 했던 국가원수였다. 게다가, 1904-1906년의 모로코 위기(the Morocco Crisis) 시에도 그것의 해소를 위해 루즈벨트 대통령은 분쟁 당사자인 독일 카이저의 초대를 받았고 그 위기를 성공적으로 해소하는데 기여했다. 그후 미국 대통령들은 국제적 긴장과 갈등이 심각해지면 그것의 해소를 위한 중재자로 행동하는 일이 빈번해졌다.

셋째로, 의회가 대통령에 대해 꾸준히 우위를 점했던 30년 후에 루즈벨트가 백악관에 들어갈 때 그는 자기가 전임자들과는 다른 부류라는 것을 명백히 하는 데 시간을 허비하지 않았다. 프랭클린 D. 루즈벨트로부터 린든 존슨, 리처드 닉슨에 이어, 조지 W. 부시 대통령 시대에 이르기까지 미국의 언론과 학계에서 종종 등장한 소위 "제왕적 대통령제(imperial Presidency)"라는 것은 모두가 시어도어 루즈벨트 대통령의 본보기에서 어느 정도 덕을 본 것이다. 미국 의회가 거대한 독점기업들의 권력을 억제하기 위해 아무 일도 하지 않았을 때 루즈벨트는 소송을 제기하도록 법무부에 간단히 지시했다. 의회가 파나마 운하(the Panama Canal) 건설에 착수하는 것을 방해했을 때 루즈벨트는 진행하는 길을 발견했다. 그는 남북아메리카의 지협을 장악하고 운하건설을 시작했다. 그가 "대통령으로 있는 동안에 나는 대통령이었다"고 단호하게 말했을 때 그가 무엇을 의미하는지를 의아해할 사람은 아무도 없었을 것이다.

넷째로, 루즈벨트 대통령의 또 하나의 중요한 업적과 유산은 환경보존(environmentalism)을 하나의 중요한 정치적 쟁점으로 만든 최초의 대통령이라는 것이다. 그는 자연에 대한 자신의 사랑을 자연을 옹호하는 정책으로 수립하는 것을 배웠다. 그는 국가의 자연자원을 이용하는 자기 세대의 의무를 말할 권리를 인정하기는 했지만 그러나 그것들을 낭비할 권리나 후손들에게서 약탈할 권리까지 인정하지는 않았다. 그는 150곳의 국가의 삼림, 51곳의 야생동물 피난처, 5곳의 국립공원을 설치했을 뿐만 아니라 공기, 물, 그리고 삼림 및 야생동물의 생명이 어떻게 해서든 미국인들의 집단적 보호 하에 있어야 한다는 바로 그 생각을 남겼다.

시어도어 루즈벨트는 모든 것을 단호하게 처리했다. 무엇보다도, 미국에게 저장된 위대한 미래에 대한 최고의 감각을 갖고 있었다. 그리고 어느 누구도 루즈벨트 보다 미국의 운명에 대해 더 많이 확신하지 못했다. 그는 그런 미국의 위대한 미래로 가는 기관차 역할을 자임했던 것이다. 따라서 본서는 고전적 의미에서 가장 "사나이(the man)" 다웠던 미국의 제26대 시어도어 루즈벨트 대통령의 드라마 같은 생애와 그런 그의 기관차 같은 선도적 리더십이 언제, 왜, 어느 곳에서, 어떻게 발휘되었는지를 조사하고 그의 성공적 리더십 비결을 검토할 것이다. 그는 100여 년 전의 미국의 대통령이었지만 어쩌면 그는 최초의 현대 복지국가의 선구자였다. 그는 정치적으로 야심적 사나이였다. 그리고 그는 미국인들에게 빛나는 교사(teacher)와 같은 정치 지도자였다. 그러므로 우리는 그의 정치적 가르침은 물론이고 그의 성공과 좌절에서 많은 것을 새롭게 배울 수 있을 것이다. 그리고 어쩌면 시어도어 루즈벨트야말로 오늘날 한국인에게 절실히 요구되는 그런 정치 지도자의 모델이 될 수 있을 것이다.

나는 본서를 집필하고 또 출판하는 과정에서 늘 그랬듯이 여러 사람들의 도움을 받았다. 한국지정학연구원의 이사장인 이영석 박사의 격려에 감사하고, 고통스러운 초고의 교정작업에 수고해 주신 고려대학교 정보보호대학원의 강찬옥 교수와 한국전략문제연구소 소장 주은식 장군에게 깊이 감사한다. 그리고 초교에서 최종교정까지 전체적으로 치밀하게 챙기며 수고해준 고려대학교 아세아문제연구원의 모준영 박사에게 거듭 감사한다.

끝으로 나의 사위와 며느리가 되어 항상 검소하면서 가정사에 충실하게 살아온 사위 박종원, 큰 며느리 김영은, 그리고 작은 며느리 장애 신에게 우리 부부의 고마움과 사랑을 담아 본서를 헌정한다. 내가 자식들을 사랑하는 표현방식이 이것뿐인 걸 어찌하랴? 그리고, 항상 변함없이, 지난 수개월 동안 본서의 구상과 전 집필 과정동안 정성을 다하며 헌신적 내조를 다해준 아내 신혜경 여사에게 거듭 감사한다.

2023년 4월 20일
구고서실(九皐書室)에서

차례

제1장
프롤로그(Prologue): 행운의 여신(Fortuna)과 사나이다움(Virtu)의 사이에서

"행운은 여자이다." (Fortune is a woman)
−니콜로 마키아벨리−

"약한 자여, 그대의 이름은 여자이다!" (Frailty, thy name is woman). 이것은 세계적 문호 윌리엄 셰익스피어(William Shakespeare)가 그의 드라마 <햄릿>(*Hamlet*)에서 했던 유명한 말이다.[4] 그때로부터 약 420년의 세월이 흐른 뒤, 오늘날 우리는 유니섹스(unisex)의 시대, 혹은 성-중립 사회(the gender−neutrality society)에 살고 있다. 이런 시대, 이런 사회 속에서는 인간의 성이 인간의 권리나 의무 혹은 인간의 지위를 결정하지 않는다. 성-중립사회는 성을 그것이 여자를 남자에게 복종시키기 때문에 자유에 대해, 그리고 그들의 능력을 오용하기 때문에 효율성에 대해, 비합리적 방해가 된다고 간주한다.[5]

---

4) 이 드라마 <햄릿>은 1600 년이나 1601 년에 처음 공연되었고 1603년에 첫 인쇄물로 나왔다.
5) Harvey C. Mansfield, *Manliness,* New Haven and London, Yale University Press, 2006, p. ix.

이런 사회적 현상은 1960년대 미국사회를 휩쓴 소위 민권운동(the Civil Rights Movement)의 파생물인 여성해방운동, 즉 페미니즘(Feminism)이 출현한 이후이다. 그후 페미니즘은 미국의 대서양과 태평양의 국경선을 넘어서, 특히 자유주의적 이념의 국가들에게 꾸준히 전파되고 확산되었다. 대한민국에도 1970년에 들어와 서서히 확산되었다. 반세기가 지난 지금 한국사회에서 페미니즘은 정치적 및 사회적 영향력을 강력하게 행사하고 있다.

오늘날 여성들은 자신들이 남성들과 비슷하거나, 아니, 실제로 여성을 남성들과 똑같이 만드는 방식으로 남성과 평등하길 원한다. 그들은 직업에서 열등하다 해도 가정에서는 우월한데 기인하는 그런 종류의 평등을 원하지 않는다. 그들은 직업이 가정보다 더 낫다고 결정해버렸다. 직장은 그들에게 가정보다 더 많은 돈, 더 많은 인정, 더 많은 자유를 제공한다. 그리고 가장 결정적인 이점은 직장이 보다 많은 선택을 제공한다. "선택"은 현대 여성의 상투적인 단어이며, 그 단어는 낙태에만 국한되지 않는다. 하나의 원칙으로서 "선택"에 헌신하는 것은 여성이 남편과 아이들에 매달리는 가정에 비해 직업은 그것을 언제든 바꿀 수 있기 때문에 보다 많은 선택의 폭을 갖는다. 여성의 평등의 효과적인 의미는 여자들의 독립, 즉 남자와 어린 아이들로부터 가능한 독립을 의미한다. 완전한 독립은 적어도 가정을 원하는 여자들에게는 분명히 가능하지 않다. 그러나 가능한 최대한의 독립을 얻기 위해서 여자들은 남자들을 흉내 내고 남자들의 삶을 살아가며 가정의 책임을 남자들이 스스로 수용하는 정도로 축소시키길 모색한다.[6]

---

6) *Ibid.*, p. 3.

하나의 대안적 전략은 남자들이 보다 많은 가사일을 하게하고 여자들처럼 행동하게하여 반려자들이 그들의 독립에 평등한 희생을 하게하는 것이다. 그런 합의에서 여자들의 독립은 강요된 역할과는 대조적으로 계약의 개념에 의해서 유지된다. 성-중립사회는 독립적인 남자들과 여자들, 특히 독립적인 여자들의 사회이다. 그리하여 페미니즘은 가정에서도 남성과 여성이 똑같고 중요한 차이가 없다고 가정한다. 성은 인간의 역할이나 하는 일과는 무관하다는 주장이다. 그런 페미니즘의 확산으로 인해 지금은 남성이 여성화되고 여성은 남성화되었다. 그리하여 가정에선 아버지의 역할이나 어머니의 역할 같은 말이 사라져버렸다. 그것을 똑같이 중성적인 용어로 육아(parenting)라고 부른다. 이제 아버지는 가장의 권위를 내세우지 말고 어머니처럼 부드러워야 하고 어머니도 아버지의 역할을 해야 한다고 가르침으로써 남성과 여성의 역할의 구분이 사실상 아주 모호해져 버렸다. 아버지의 가장의 역할이나 책임도 거의 사라져버렸다. 그러다 보니 남자는 가정에 무책임하게 되고 여성은 아직도 그런 책임을 여전히 남성에게 기대함으로써 발생하는 갈등으로 인해 가정이 빠르게 붕괴되는 추세에 있다.

　　그리고, 무엇보다도, 우리의 전통적 문화에서 남자에게 소중하게 기대되었던 용기의 덕목으로 "사나이다움" 혹은 "대장부의 기질" 같은 것들은 우리의 언어나 인간관계에서 거의 다 사라져버렸다. 그리하여 오랫동안 군인은 사나이다움을 표현하는 직업이었지만 요새는 군의 규칙과 매뉴얼만 잘 따르면 여성도 직업군인이 되는 세상이다. 이제는 군인의 덕목이 용기가 아니라 전문성이 더 중요하기 때문이다. 게다가 자본주의 사회의 발전으로 인간에 내재된 덕목의 가치보다는 모든 것이 가격을 매겨 거래하는 행위가 더 중요하게 되었다. 그러나 사나이의 위엄은 절대 사고 또 팔 수 있는 것이 아니다. 그리하여 오늘날 고전적 의미의 "남자다운 남성"이라는 "사나이"는 이제 거의 천연기념물이 되어버린 것만 같다.[7)]

이러한 사회적 변화와 남녀간 역할의 전도현상은 이제 "여성스러운 남자들"이 넘쳐나게 만들었지만 그런 남성은 정치적 지도자가 될 수 없다. 왜냐하면 그런 남성에겐 정치지도자나 영웅들에게 요구되는, 그래서 전사다운 "대담함(boldness)"이 전혀 없기 때문이다.[8)] 즉, 사나이는 위험을 감수하고 변화의 시류에 휩쓸려가지 않고 대담하게 자신의 목소리를 내거나 행동할 줄 아는 사람이다. 그러나 남자는 남자답고 여자는 여자다워야 한다는 전통적 가치관이 우리사회에서 추방되어 버린 것이다. 그 결과 오늘날 사나이는 발견하기 어렵고 오직 인기를 얻기 위해 대중에게 아첨하는 매스컴의 스타들만 꾸준히 늘어났다.

우리 시대에 페미니스트들은 정치적으로는 요란한 압력단체로 행동하면서도 어떤 페미니스트 지도자도 최고의 공직에 입후보하지 않았다. 이런 상황이 페미니스트 운동권 사이에서 파당적 분열을 어느

---

7) 그 대신이 마초(macho)란 말이 도입되어 흔히 사용된다. 그러나 마초는 우리말로 "남자다운"으로 번역되어 사용되지만 마초는 저질의 경우를 의미한다. 나쁜 남자들이 매우 남자다워 보일 때도 있지만 마초는 원래 떠벌리고, 뽐내고 남에게 상처를 가할 수 있는 사람이다. 그러나 신사는 여자나 약자를 괴롭히거나 약탈하지 않는다. 오히려 그들을 도우려는 성향을 갖고 있다. 그는 스스로 자제력이 있는 사람이다.

8) 서양문명이 낳은 유일한 전쟁철학자인 칼 폰 클라우제비츠(Carl von Clausewitz)는 군인은 물론이고 군지도자에게 요구되는 중요한 덕목으로 대담성(boldness)을 꼽았다. Carl von Clausewitz, *On War,* ed. And trans. by Michael Howard and Peter Paret, Princeton, New Jersey: Princeton University Press, Book Three, Chapter Six (pp. 190–192). 그는 대담성이란 지성과 통찰력에 날개를 다는 것이라고 했다.

정도 감소시켰다. 자유주의자이든 보수주의자이든 모든 여성들은 다음의 영부인(the First Lady)이 남자들의 특권을 침해하는 데 만족감을 느낄 수 있다. 여성들은 성-중립사회를 남자들을 지배하기보다는 남자들에게 수치심을 갖게 만들었지만 그러나 바로 그 성취가 그들에게 지배의 평등성을 누리지 못하게 만들었다. 전통적으로 여성은 남성들의 호통치는 방식과는 다르게 간접적 지배에 아주 능한 것으로 생각되었다. 그러나 오늘날 여성들은 겸손하길 거절하는 만큼이나 겸손을 실천함으로써, 다시 말해서 전통을 규탄하는 것만큼이나 전통을 수락함으로써 지배에서 많은 것을 얻고 있다.

여기서 밀하는 사나이다움이란 반드시 남성에게만 적용되는 개념이 아니라는 사실은 아무리 강조해도 지나치지 않을 것이다. 영국에서 지난 반세기 동안 가장 사나이다운 인물은 아이러니하게도 1980년대 초 마가렛 대처(Margaret Thatcher) 수상이었다. 그녀는 사나이다운, 강력하고 성공적 야심이 여성에게도 가능하다는 것을 입증했다.[9] 그녀는 철의 여인으로 불리었고 페미니스트 사회에서는 결코 생산될 수 없는 그런 여성 지도자였다. 왜냐하면 그녀의 정치적 스승, 즉 그녀의 롤 모델은 가장 사나이다운 윈스턴 처칠(Winston Churchill) 전 수상이었기 때문이다.

서양 정치사상사에서 국가의 생존과 영광을 위해 그런 "사나이다움(virtu)"을 유일하게 강조한 인물이 바로 고대 그리스와 로마의 역사에 근거하여 인간의 고전적 덕목을 칭송하면서도 동시에 근대철학

---

9) Harvey C. Mansfield, *Manliness,* New Haven and London, Yale University Press, 2006, p. 80. 영국 여왕 엘리자베스(Queen Elizabeth) 1세는 이미 오랫동안 역사적 본보기였다.

의 문턱에 섰던 니콜로 마키아벨리(Niccolo Machiavelli)였다. 셰익스피어 보다 약 100여년 앞서 근대 정치철학의 아버지 마키아벨리는 그가 자신의 영혼보다 더 사랑한다는 조국 피렌체의 새로운 군주에게 헌정한 비망록 <군주론>(*The Prince*)의 유명한 제25장 '인간사에서 행운이 얼마나 많이 할 수 있고, 또 어떤 방식으로 행운이 극복될 수 있는가'에서 "행운은 여자이다. 행운은 변화무쌍하고 인간은 그들의 방식에서 완강하다. 그러므로 그녀를 확실하게 극복하기 위해서는 폭력을 사용하고 또 뻔뻔해야 한다"고 주장했다. 즉, 여자인 행운을 확실하게 극복하기 위해서는 폭력수단을 사용해야만 한다는 것이다.[10] 이런 은유적 주장을 무시하고 마키아벨리가 목적을 위해서는 폭력을 포함하여 수단과 방법을 가리지 말라고 가르치는 "악의 교사"로만 고지식하게 이해한다면 그는 마키아벨리의 비르투(*virtu*)라는 개념을 전혀 이해하지 못한 채 마키아벨리를 그저 천박한 정치 이론가로 간주할 수 있다. 그러나 천박한 마키아벨리즘은 진정한 마키아벨리가 아니다. 진정한 마키아벨리는 천박한 마키아벨리보다도 더 마키아벨리적이다.[11]

마키아벨리의 비르투(*virtu*)라는 용어는 정치적 맥락에서 가장 많은 논란을 일으킨 개념이다. 번역자들은 항상 그 용어를 도덕적 덕목과 관련시키지 않도록 경고했다. 본서에서는 하비 맨스필드(Harvey C. Mansfield)의 번역인 "사나이다움(manliness)"이라는 번역을 선택했

---

10) Harvey C, Mansfield, *The Prince,* 2nd edition, Chicago and London: The Chicago University Press, 제25장, p. 101; Hanna Fenichel Pitkin, *Fortune is a Woman,* Berkeley, California: University of California Press, 1984.

11) Harvey C. Mansfield, *Machiavelli's New Modes and Orders: A Study of the Discourses on Livy,* Chicago and London, The University of Chicago Press, 1979, p. 11.

24 시어도어 루즈벨트 -가장 사나이다운 대통령의 빛나는 리더십-

지만12) 비르투는 그런 의미 외에도 효율성(efficiency), 기술(skill), 힘 (strength), 탁월성(excellence), 규율(discipline), 칭송할 만한 성질 (admirable qualities), 능력(ability), 의지력(will power), 예외적인 성질 (exceptional qualities), 활력(vigor), 위대성(greatness), 용기(courage), 지성(intelligence), 독창성(ingenuity), 혹은 대담성(boldness) 그리고 다 수의 관련된 속성들로 번역되었다.13) 마키아벨리에게 비르투는 개인의 기능과 관련된 탁월성을 함축한다. 하비 맨스필드(Harvey C Mansfield) 는 사나이다움을 "고통처럼 두려움을 다루는 용기 있는 자신감 (confidence)과 위험한 상황에서 통제가 어렵거나 경합할 때 통제하는 통솔력(ability to command), 즉 리더십"이라고 정의했다.14) 그리고 그 런 상징적 인물로서 서부영화의 거장 배우 존 웨인(John Wayne)이 여 전히 사나이다움에 대한 미국의 개념이라는 것이다.15) 인간들은 부족 한 자원과 바닥이 없는 야심과 열정과 불안하게 연합하는 치열한 경 쟁의 세계에 살고 있다. 더구나 우리는 우리의 가장 잘 준비된 책략에 반하여 종종 공모하는 포르투나(Fortuna)의 변덕에 예민하다. 마키아 벨리는 오직 비르투를 구현하는 사람들만이 변덕스러운 포르투나를 극복할 수 있다는 것이다.

---

12) Harvey C. Mansfield, *Manliness,* New Haven and London, Yale University Press, 2006.

13) Raymond Angelo Belliotti, *Niccolo Machiavelli: The laughing Lion and the Strutting Fox,* Lanham, MD: Lexington Books, 2009, pp. 2-3; Harvey C. Mansfield, *Machiavelli's Virtue,* Chicago and London: The University of Chicago Press, 1996, p.7.

14) Harvey C. Mansfield, *Manliness,* New Haven and London, Yale University Press, 2006, pp. 16-18.

15) *Ibid.,* p. 17.

마키아벨리에게 포르투나, 즉 행운의 여신은 인간들이 처한 환경에 의식적으로 그리고 변덕스럽게 작용하는 의인화된 자연의 힘이다.[16] 그는 마치 포르투나가 인간들이 그 속에서 작동하고 대안들을 선택해야 하는 오직 일단의 환경들로 간주했다. 그때까지 인간들은 포르투나나 혹은 신에 의해서 세상의 일이 지배된다고 생각했다. 그러나 마키아벨리는 자유의지의 존재를 인용하면서 인간 행위와 분별력을 위한 틈새를 마련했다. 그는 포르투나가 인간 행위의 오직 반 정도만 통제한다고 추측했다. 현명한 인간들은 포르투나의 분노를 완화하는 선제적이고 또 대응적인 조치들을 취할 수 있는 것이다. 따라서 지도자 개인들에게 주는 메시지는 아주 경련을 일으키게 한다. 그것은 "과거의 호의적인 포르투나에 의존하지 말라. 당신의 행운은 변할 것이다"라는 것이다. 어느 누구도 긍정적인 포르투나를 영원히 즐기지 못할 것이다. 지도자들은 융통성이 있어야 하며 환경이 허용하는 대로 자기들의 정책을 조정해야 한다. 만일 통치자의 속성과 행동들이 현재의 필요성과 양립하지 않는다면 그는 실패할 것이다. 어떤 때는 조심성이 승리를 가져오고, 또 다른 때는 대담성이 성공한다. 시대의 성격이 방향을 결정한다. 그러나 인간들은 자신들의 고정된 성격을 넘어서지 못하거나 과거의 스타일이 아주 성공적이었기 때문에 스스로 변화를 확신하지 못한다. 포르투나는 변하는데 인간들은 충분히 적응할 수가 없다.[17]

　　마키아벨리에게 모든 여자들처럼 포르투나는 위협적이면서 동시에

---

16) Raymond Angelo Belliotti, *Niccolo Machiavelli: The laughing Lion and the Strutting Fox,* Lanham, MD: Lexington Books, 2009, p. 5.
17) *Ibid.,* p. 6.

변하기 쉽다. 그녀는 변덕스럽고 그리하여 숙명의 모든 결정론적 계획을 넘어설 뿐만 아니라 대담하고 사나이다운 행동에 의해서 압도당한다. 그럼에도 불구하고 다른 여자들과는 달리 행운의 여신은 가차 없는 속임수의 무한한 주머니를 갖고 있다. 그리하여 가장 위대한 인간들도 그들의 비교적 고정된 성격과 과거 성공의 유혹에 의해서 제한된다. 따라서 모든 인간들은 장기적으로 실패한다. 우리들 가운데 최악의 인간은 포르투나 앞에서 애원하고 온순하게 패배에 굴복한다. 우리들 가운데 최선의 인간은 대부분의 경우에 포르투나를 패배시킬 것이다.

그러나 우리들 중 어느 누구도 포르투나를 항상 패배시키지는 못할 것이다. 그들이 아무리 오래 산다 해도 가장 위대한 비르투도 결국 불리하게 포르투나를 마주하여 인간 성격의 융통성에 대한 타고난 한계로 실패할 것이다. 인간은 그들의 성격과 행동이 포르투나에 의해서 형성된 환경과 맞물릴 때 번성한다. 즉 인간은 그들의 성격과 행동이 시대에서 벗어나면 실패한다. 그러므로 마키아벨리는 대담성과 무자비함이 조심성보다 낫다고 충고한다. 왜냐하면 포르투나는 여성이고 그녀는 계산하면서 접근하는 자들에게 보다는 대담하게 행동하는 자들에게 보다 빈번하게 굴복하기 때문이다. 인간이 궁극적으로 실패한다는 고도의 통찰력에도 불구하고 이런 사실이 마키아벨리에게 최고의 상(prize)인 지속적 영광이 불가능하다는 것을 의미하지 않는다. 천만의 말씀이다. 그 영광의 일부는 정복할 수 없는 적에 대항하여 강력한 평생의 전투를 수행하는 것이다.

마키아벨리는 군사적, 정치적, 시민적, 도덕적, 그리고 예술적 비르투를 각각 언급했다. 비르투의 각 유형을 정의하는 탁월성의 성질은 다를 것이다. 군 사령관들에게는 규율, 용맹, 변치 않는 마음, 추진력, 기술, 활력, 군사적 기술과 지식, 그리고 필요하다면 인습적인 도덕을 무시하는 진취성이 필요하다. 정치 지도자들은 동일한 성질들 중 많은 것을 필요로 할 뿐만 아니라 동시에 외국의 위협과 내부적 음모들을 다루는데 있어서 특별한 민첩성과 분별력도 필요하다. 늑대들을 겁주기 위해 사자의 속성과 덫을 피하기 위해 여우의 속성이 치명적으로 중요하다.[18) 시민의 비르투는 건전한 공화정의 핵심이다. 도덕적 비르투는 전통적 도덕의 가치를 행사하는 것이고, 그리고 예술적 비르투는 문학과 예술에서 탁월성을 정의한다.

그러나 마키아벨리에게 가장 중요한 형태의 비르투는 군사적이고 정치적인 것이다. 건전한 법률과 강력한 군대에 근거한 건전한 정치적 단위가 시민과 도덕적 비르투를 향상시키기 위해 필요한 철저한 교육을 위한 전제조건이다. 비르투의 반대는 부패이다. 마키아벨리에게 부패는 허약함이다. 즉 게으름과 시민적 및 도적적 타락이며, 규율의 결핍, 연성, 겁먹음, 낮은 의지, 체념, 경쟁력 부족, 주저함, 망설임, 즉 여성성(*animo effeminato*)이다. 마키아벨리는 <피렌체(영어로는, 플로렌스)의 역사서>(*History of Florence*)[19)에서 야만인들에 의한 피렌

---

18) Harvey C, Mansfield, *The Prince,* 2nd edition, Chicago and London: The Chicago University Press, chapter 18, pp. 69.

19) Niccolo Machiavelli, "The History of Florence," in Machiavelli: The Chief Works and Others, Volume Three, trans, by Allan Gilbert, Durham, North Carolina: Duke university Press, 1989, pp. 1025–1435. 이 역사서의 성격에 관한 논의를 위해서는, Harvey C. Mansfield, "An Introduction to Machiavelli's Florentine Histories, in Harvey C. Mansfield, Machiavelli's Virtue, Chicago and London: The University of Chicago Press, 1996, pp. 127–136.

체 패망의 원인이 과거 로마의 후손들인 이탈리아인들이 로마 조상들의 최고 덕목이었던 사나이다움의 상실에 있었다고 주장했다. 그리고 그는 기독교가 이런 해악에 부분적으로 책임이 있다고 생각했다.

마키아벨리에게 기독교는 허약함과 헛된 희망의 종교였다. 군주들과 국가들의 야심을 억제할 만큼 충분히 강력하지 못했던 반면에 그런 야심을 서툴게 추구할 만큼은 강력했다. 기독교는 적절한 전사의 정신을 함양하지 못하고 세상이 돌아가는 방식에 대한 적절한 지식을 막았다. 교회는 유치한 순진성의 조달업자일 뿐만 아니라 자신은 노력하지 않고 게으름을 피우면서 신이 당신 편에서 싸워 줄 것이라고 가르침으로써 인간의 활력을 약화시켰다. 그리하여 기독교인들은 군사력의 부족으로 전쟁에서 패했을 때 그것을 기적적이라거나 아니면 죄 때문이라고 생각하는 경향이 있다.[20] 마키아벨리는 국내 및 국제 정치에서 기독교가 인간들을 소극적으로 만듦으로써 그들을 악의 먹이가 되도록 포기했다고 주장했다. 기독교의 그런 소극성은 정치와 필연의 건전한 관계를 깨뜨려버렸기 때문이다. 따라서 마키아벨리에게 자기 조국 피렌체의 악은 피렌체인들로 하여금 무력 관리의 중요성을 망각하게 만든 기독교에 기인했다.[21] 바꾸어 말하면 기독교가 이웃사랑을 가르치고 실천하게 함으로써 이탈리아인들이 모두 여성화되어 사나이다움을 잃어버리고 정치적으로 부패했다는 것이다. 그리

---

20) *Ibid.,* Chapter 3, p. 16 and Chapter 12, p. 49.

21) Hanna Fenichel Pitkin, *Fortune is a Woman,* Berkeley, California: University of California Press, 1984. p. 322. 마키아벨리의 이런 진단을 원용하여 나는 조선인들의 유교적 세계관이 피렌체의 기독교와 아주 유사한 영향을 끼쳤다고 주장했다. 강성학, <시베리아 횡단열차와 사무라이: 러일전쟁의 외교와 군사전략>, 서울: 고려대학교 출판부, 1999, pp. 626-632.

하여 그는 조국 이탈리아를 장악하여 이탈리아를 야만인들로부터 해방시키자고 호소하는 그의 <군주론>의 마지막 제26장에서 "비르투가 분노에 대항하여 무기를 들고 전투를 짧게 만들 것이다. 왜냐하면 이탈리아인들의 가슴속에서 고대의 용기가 아직 죽지 않았기 때문이라"고 자신의 새 군주에게 촉구했다.22)

마키아벨리에게 정부의 최고목적은 국가의 확장과 영광이다. 인간에게 최고의 목적도 영광이다. 건전한 정부에 봉사하는 거대한 군사적이고 정치적인 프로젝트들은 그런 영광을 받을 전형적인 길이다. 위대한 열정과 야심에 찬 인간들은 자신의 생애를 넘어서 지속할 인정을 추구한다. 의식적이든 아니면 그렇지 않든 간에 바로 이 동기가 마키아벨리의 정치적 처방에는 치명적으로 중요하다.23) 그런 지도자는 분명히 애국자일 것이며 또한 국가의 팽창주의자일 것이다.

미국의 역사에서 마치 마키아벨리의 정치적이고 군사적인 비르투를 말과 행동으로 가장 잘 실천하듯이 미국에서 "가장 사나이다운" 미국의 대통령이 있었다. 그는 바로 20세기 초 사나이들 중의 사나이였던 본서의 주인공인 미국의 제26대 대통령 시어도어 루즈벨트이다. 그는 페미니즘의 출현 이전 시대의 인물이다. 따라서 오늘날 만연한 페미니스트 문화와 결코 잘 어울릴 수가 없는 인물이다. 어쩌면 그는 페미니스트들에게 공적으로 간주될지도 모른다. 만일 그렇게 된다면 페미니스트들은 인류 역사의 모든 남성 영웅들을 공적으로 삼는 셈이

---

22) Harvey C, Mansfield, *The Prince,* 2nd edition, Chicago and London: The Chicago University Press, Chapter 26, p. 105.

23) Raymond Angelo Belliotti, *Niccolo Machiavelli: The laughing Lion and the Strutting Fox,* Lanham, MD: Lexington Books, 2009, p. 7.

될 것이다. 루즈벨트는 페미니즘 출현 이전의 인물이었기에 어쩌면 이제는 다가오는 탈-페미니즘(the post-feminism) 시대에는 보다 더 잘 어울릴 인물이다.

또한 시어도어 루즈벨트는 분명히 오늘날의 용어로 환경운동가 (environmentalist)였다. 그러나 그에게 자연환경은 사나이다움을 함양하는 실천도장으로서 그대로 둔 자연이 인간들에게 소중하다고 그는 믿었다. 또한 그는 우리의 의지력에도 불구하고 보존할 가치가 있는 자연을 믿었다. 그는 야외 생활을 하고 또 도전과 위험한 상황에서 자신을 시험하면서 "불굴의 삶(the strenuous life)"[24]에 관해서 말하길 좋아했다. 오늘날 환경운동가들이 자연에 대한 인간의 개입을 배제하기 위해서 최선을 다한다면 루즈벨트는 우리가 자연과 함께 살고 또 거기에 반응하기를 원했다. 그는 새들을 사랑했지만 그러나 그는 그 것들을 사냥하는 데 반대하지 않았다. 제한된 한계 내에서 우리는 사냥꾼이 되어야 하기 때문이다. 자연은 고갈로부터 보호될 필요가 있고 또 사냥 관리인이 있어야 한다.

루즈벨트의 자연 보존계획은 오늘날 환경운동가들과는 정반대로 전쟁의 아무런 등가를 추구하지 않았다. 그에게 자연의 보존은 사나이다움을 보존하는 목적으로 자연을 보존하는 것이었다. 사나이다움은 안락함이나 편리함이 아니라 위험을 원한다. 왜냐하면 그것이 그로 하여금 올바른 유형의 평균 미국인의 마음과 영혼을 파고들 수 있게 할 것이기 때문이다. 그의 민주주의는 단순히 평균적 미국인이 아니라 올바른 유형의 미국인을 만족시킨다. 삶이란 거대한 모험이고 또

---

24) Theodore Roosevelt, *The Strenuous Life,* New York: Century, 1905.

모든 두려움들 중 최악은 삶에 대한 두려움이다. 올바른 유형의 평균적 미국인들의 사나이다움에 도전하기 위해 자연은 혼돈이 아니라 장관이다. 자연을 바라보는 것은 경이롭거나 숭고하다.[25]

　루즈벨트가 기대했던 거대한 야외에 대한 사나이다운 반작용은 나무꾼의 삶을 사는 것이 아니라 사회에 대한 적극적 책임을 추구하는 것이었다. 거친 서부로의 그의 여행은 그를 외톨이로 만들지 않고 그를 카우보이들 중 하나가 될 수 있게 했으며, 그후엔 그로 하여금 새로 충전된 에너지를 가지고 동부(East)로 돌아가도록 촉진했다. 루즈벨트는 자신의 자서전에서 책들의 사랑과 야외의 사랑은 함께 간다. 둘 다 외톨이의 직업이고 부를 필요로 하지 않기 때문이라고 말했다. 그 자신은 둘 다 사랑하지만 그러나 그는 그것들을 주로 그 자체의 매력보다는 정치를 위한 준비로 간주하는 것으로 보인다. 루즈벨트는 정치에 들어가라고 촉구하는 데에서 가장 확신에 차 있었다. 정치는 투쟁이다. 그래서 그 대결에서 오그라드는 것은 순전한 사나이답지 못한 것이고 겁쟁이다.[26] 시어도어 루즈벨트 자신은 겁쟁이가 아니었다. 오히려 그는 사나이다움이 넘치는 인물이었다. 그래서 그는 정치에 들어갔다. 그리고 그의 사나이다움은 행운의 여신 포르투나를 극복하고 미국의 역사에서 가장 성공적인 대통령들 중의 한 사람이 되었다.

　그러나 루즈벨트의 전 생애 동안 그가 포르투나를 굴복시킨 것은 아니었다. 루즈벨트의 비르투는 제26대 대통령의 임기를 마칠 때까지 포르투나를 성공적으로 극복했지만, 그러나 후에 그가 제28대 대통령

---

25) Harvey C. Mansfield, *Manliness,* New Haven and London, Yale University Press, 2006, p. 94.
26) *Ibid.,* pp. 94–95.

에 다시 출마했을 때에는 공화당의 분열로 민주당의 우드로 윌슨에
게 패배했다. 그의 비르투도 결국 포르투나에 굴복했다. 비르투가 항
상 영원히 포르투나를 극복할 수는 없다. 인간의 기나긴 역사는 이처
럼 포르투나와 비르투 사이에서 오고 가는 성공과 실패의 기록인 것
이다.

제2장
어린 천식 환자에서 사나이로 거듭나다

"나는 병약했고 천식으로 많이 고통받는 민감한 아이였다.
그리하여 내가 숨을 쉴 수 있는 장소를 발견하기 위해
빈번하게 여행을 떠나야 했다."
−시어도어 루즈벨트−

시어도어 루즈벨트는 1858년 10월 27일 아버지 시어도어 루즈벨트
(Theodore Roosevelt, Sr.)와 어머니 마사 루즈벨트(Martha Roosevelt)
사이에서 장남으로 태어났다. 그가 태어날 때 그의 아버지는 27세로
뉴욕에서 이미 가장 영향력 있는 사람들 가운데 한 사람이었다. 인물
좋고, 부유하며 또한 사교적이었던 그는 백만장자들이나 극빈자 모
두와 편안하게 지냈고, 진실이든 아니었든, 어떤 계급 사람들과 관계
에서도 속물의 흔적을 보이지 않았다.27) 신생아 시어도어 루즈벨트
는 티디(Teedie)라는 별명을 얻었고 벌써 일련의 선천적인 병들이 그
를 약화시키기 시작했다. 천식이 그의 폐를 가득 채워 그는 잠자기도

---

27) Edmund Morris, *The Rise of Theodor Roosevelt,* New York: Random House,
    1979, pp. 4−5.

어려웠다. 루즈벨트의 기억에 따르면, 그가 아주 작은 어린아이였을 때 그리고 가쁜 숨을 몰아쉬며 침대에 앉아 있을 때 그의 아버지는 밤에 그를 팔에 안고 방을 오르내렸다. 그리고 그의 아버지는 그를 팔에 안은 채 어두워진 거리를 누비면서 그의 작은 폐에 공기를 주입시켰다.

서로에 대한 강렬한 사랑을 제외하고 모든 면에서 그의 부모님은 아주 정반대였다. 아버지는 크고 규율 있고 사나이다웠던 반면에 그의 어머니는 작고, 애틋하고, 여성스러웠다. 그의 아버지는 전형적인 북부의 주민이었고 그의 어머니는 영원한 남부의 숙녀였다. 조지아의 한 농장의 풍족함 속에서 태어나고 길러진 그녀는, 그의 아들에 의하면, 죽는 날까지 전혀 변하지 않았다.[28] 그가 태어났을 때 그녀는 23세였다. 어린 테디는 1649년 어느 때인가 뉴 암스테르담(New Amsterdam) 해안에 도착하여 맨해튼(Manhattan)에 정착했던 초기 이민자들 가운데 한 사람인 클라에스 마르텐첸 반 로센벨트(Klaes Martenzsen van Rosenvelt)의 견고한 네덜란드의 성격을 물려 받았다. 그후 선조 중 한 사람은 뉴욕 주 상원의원이었으며 알렉산더 해밀턴(Alexander Hamilton)과 함께 미국 헌법의 비준을 도왔다. 또 한 사람은 라파예트 장군의(General Lafayette) 딸과 결혼했다. 근면하고 정직했던 그 가족은 상당한 재산을 모았다.

테디는 자기 어머니로부터 여러 가지 세련된 프랑스의 속성들을 습득했다. 비록 그녀의 조상들은 압도적으로 스코틀랜드인들이었지만 그들은 일찍이 위그노(Huguenot)교의 드 보(de Veaux) 가문과 결혼했

---

28) *Ibid.*, p. 5.

다. 그래서 그의 어머니(Martha, 혹은 애칭으로 Mittie)는 18세기에 유행한 로코코(rococo)의 아름다움과 우아한 자태로 인해 프랑스 여자로 오인될 수 있었다. 그녀는 테디에게 확실히 프랑스적인 다변을 물려주었다. 루즈벨트만큼 그런 완벽하게 균형을 이룬 가정에서 태어난 사람은 확실히 별로 없었다. 거기에는 남부의 세련미와 북부의 활력, 여성적 기질과 남성적 진지함, 그리고 후에는 특권의 보상과 자선의 책임 사이의 조화가 있었다. 그의 폐에 천식의 문제가 없었다면 그는 자신이 파라다이스의 아이라고 생각했을 것이다. 그러나 그가 두 번째 생일을 맞이한 후 다섯 달 만에 남부의 대포들이 포트 섬터(Fort Sumter)에 발포했고 그의 가정도 불화에 빠져들었다.[29]

1861년 4월 12일 전쟁이 선포되었을 때 테디와 그의 6살짜리 누나 애나(Anna, 애칭은 배미, Bamie), 14개월된 동생 엘리엇(Elliot)과 함께 있었고 그의 어머니 미티 루즈벨트(Mittie Roosevelt) 여사는 그녀의 막내 딸 코린(Corinne, 애칭으로 코니, Conie)을 이미 임신 중이었다. 막내 딸은 가을에 태어났다. 막내가 태어나자마자 그의 아버지는 떠났고 그래서 슬픔이 집안을 가득 채웠다. 그의 아버지는 전쟁에서 자기가 해야 할 역할에 대해 소집되는 여단들의 발자국 소리에 고뇌하며 여름의 대부분을 보냈다. 그는 아직 30세가 안 되었고 신체적으로 한창 때였지만 그의 가정 사정으로 그는 무기를 드는 일을 생각할 수 없었다. 자기 집안에서 외할머니 불로치(Bulloch), 부인 미티, 그리고 그녀의 여동생 애니(Annie)가 함께 살고 있었는데 그녀들은 모두가 남부 국가연합(Confederacy)의 열렬한 지지자들이었다. 외할머니의 두

---

29) *Ibid.,* p. 8.

아들은 남부를 위해서 싸우고 있었다. 그가 자신의 처남들에게 총을 쏘거나 그들의 총에 맞을 수 있는가? 고뇌에 찬 그의 아버지는 당시 많은 그의 부유한 친구들이 하고 있는 방법을 취했다. 즉, 그는 대리인을 고용했던 것이다.[30)

그러나 강력한 링컨 공화당원으로서 그의 고통스러운 양심은 그를 그냥 두지 않았다. 그리하여 부인과의 어떤 긴장이 발생했다. 결국 그는 민간인 자격으로서 전쟁 노력을 돕기로 결정했다. 그리고 그는 곧 자선의 명분을 발견했다. 전쟁의 초기에 이미 정부의 수백만 달러가 북부군 장병들의 주머니를 통해서 군 캠프에 들끓는 종군 매점 상인들의 손으로 흘러 들어갔다. 빵 덩어리에 숨겨진 술병들이 장병들을 사냥했다. 매점 상인들은 지나친 가격을 물려 그들의 고객들인 장병들에게는 곧 자기들의 가족에게 집으로 보낼 돈이 남아있지 않았다. 테디의 아버지가 워싱턴으로 가서 구제책의 입법을 로비하기 시작한 것은 바로 이 잘못을 바로잡는 것이었다. 두 명의 동료들과 함께 그는 모든 군 캠프를 방문하여 장병들에게 가족의 지원을 위해 자발적으로 봉급의 감소를 확보하도록 설득할 미지불된 할당위원들(Allotment Commissioners)의 임명을 위한 법안을 작성했다. 이 제안은 1861년에는 기이하게 보였다. 아버지 루즈벨트는 링컨 대통령에 의해서 뉴욕주의 3인 위원들 중의 한 사람으로 임명되었다. 그리하여 이 조치는 아주 필요한 가정으로 수백만 달러를 보내는 결과를 가져왔다. 그것은 장병들의 마음속에 부인과 자식들의 기억을 생생하게 해주었고 그들의 사기를 크게 높였다. 다른 주들도 이 조치를 뒤따랐고, 그리고

---

30) *Ibid.*, p. 9.

경제적인 결과는 실로 엄청났다.[31]

이런 공로로 인해 링컨 대통령의 당시 개인 비서였던 존 헤이(John Hay)가 기꺼이 대통령과 연결고리가 되었고 아버지 루즈벨트는 주로 링컨 대통령을 도왔다. 그는 마침내 자기가 조국을 위해 실질적인 무언가를 하고 있다는 것은 거대한 사치로 느낀다고 부인 미티에게 편지를 썼다. 그러나 시어도어 루즈벨트가 자신의 자서전을 쓰게 되었을 때 내전 중에 자기 아버지가 수행한 역할을 전혀 언급하지 않았다. 그의 생각에 사복을 입고 봉사하는 것은 사나이답지 못했기 때문이었다. 많은 그의 자서전 작가들은 자기 아버지가 내전 중에 전쟁에 참여하시 않고 대리 군인을 보낸 섯에 대한 죄의식이 미래 의용 기병대원(Rough Rider)으로서 전쟁을 수행하려는 그의 필사적 욕망을 설명해준다고 제시했다.[32]

루즈벨트의 천식은 아버지의 부재 기간에 크게 악화되었다. 그의 아버지가 마침내 워싱턴에서 집으로 돌아왔을 때 그의 상태는 호전되었다. 아버지는 링컨 대통령 부부와 마차를 함께 탄 얘기들을 들려줄 수 있었고 영부인은 그를 쇼핑에 데려 가기도 했었다. 1862년 10월 테디가 4살이 되었을 즈음에 그는 자신의 부모가 내전에 관한 그들의 견해가 하나가 아니라는 것을 희미하게 깨닫기 시작했다. 그의 건강 상태와 겨울 날씨에 의해 실내생활에 국한된 그는 더 재미있는 것을 찾아 이 방 저 방으로 쉬지 않고 색색거렸다. 마침내 그는 집에서 가장 금지된 방을 탐험하게 되었다. 책상과 의자들, 그리고 어두운 책장

---

31) Edmund Morris, *The Rise of Theodor Roosevelt,* New York: Random House, 1979, pp. 9-10.

32) *Ibid.,*

이 있는 창문 없는 서재를 발견했다. 그곳에서 그는 데이비드 리빙스턴 (David Livingston)의 <선교사의 여행과 남아프리카의 연구>(*Missionary Travels and Researchers in South America*)라는 막중한 책을 마주하여 그것을 펼치고 그리고 그 속에서 그가 행복하게 보낼 수 있는 세계를 발견했다. 비록 그 책의 페이지들은 그에게 아무 것도 아니었지만 그 책의 그림들은 방대하고, 명백하고, 그리고 이상하게 흥분되는 것들이 었다. 수 주일 동안 그는 자기 만큼이나 큰 책을 서재 주변에서 끌고 다니면서 어른들에게 그 그림에 맞는 얘기를 해달라고 졸라 댔다. 테 디는 서가에 있는 모든 책들에 자유롭게 접근할 수 있었다. 그의 글을 읽는 능력이 발전하면서, 그리고 그의 안 좋은 건강 상태가 계속 되면 서 그는 실제보다 더 큰 영웅들을 찾아볼 수 있는 야외활동의 얘기들 에 점점 더 관심을 돌렸다.

1865년 시어도어 루즈벨트가 후에 대통령이 된 뒤 그의 롤 모델이 된 에이브러햄 링컨의 장례행렬을 동생과 함께 뉴욕의 자기 집 창문 을 통해 목격했다.[33] 1868 – 69년 겨울에 그의 어머니 미티 여사가 유럽 여행이 전 가족에게 좋을 것 같다고 제안했을 때 그의 아버지는 그 제안을 환영했다. 아버지의 사업은 번창했고 그리고 그의 전시 일 의 힘든 시간 뒤에 유럽의 대 여행(Grand Tour of Europe)은 환영할 만한 분위기 전환이었다. 그것은 아직 아무도 외부교육을 받지 않은 어린 자식들에게 엄청난 교육적 가치가 있을 것이다. 그의 아버지는 아주 열성적으로 여행일정을 작성했다. 그것은 루즈벨트의 전 가족이

---

33) Louis Auchincloss, *Theodore Roosevelt,* New York: Times Book, 2001, p. 9; 김 동길, 강성학, <죽어도 사는 사람: 불멸의 링컨 유산>, 충북: 극동대학 출판센터, 2018, pp. 144 – 151.

단체여행으로 유럽의 9개국을 377일간 장기 여행하는 것이었다.[34] 추가적으로 그들은 대서양의 항해와 환경의 변화가 테디의 천식을 완화해 줄 것을 바랐다. 그러나 당시 11세였던 어린 테디는 자기의 익숙한 환경을 떠나는 것이 별로 반갑지 않았다. 그들이 탄 배는 9일 만에 영국의 리버풀(Liverpool)에 도착했다. 테디는 그곳에서 남북전쟁 때 남부군에 참전했다가 전쟁 후에 그곳으로 망명하여 고국의 사면을 기다리고 있는 유명한 외삼촌들인 제임스 불로치(James Bulloch)와 어바인 불로치(Irvine Bulloch)를 만났다.[35]

테디의 가족은 리버풀을 떠나 남쪽으로 향했다. 그들은 자동차로 8시간 걸려서 요크(York)에 갔다. 그곳에서 그들은 런던으로 갔다. 테디는 여전히 천식으로 고생했다. 그들은 영국에서 대륙을 건너 스위스로 갔다. 알프스산(Alps)에서의 오랜 걸음이 테디의 사기를 높여주었다. 그리고 이탈리아로 갔는데 그곳에서 그들은 전설적인 베수비오산(Mount Vesuvius)에 올랐다. 1869년 성탄절에 루즈벨트의 가족은 로마에 있었다. 그들은 나폴리(Naples)를 방문한 뒤에 그해 겨울과 다음해 봄 내내 여행을 계속했다. 오스트리아와 프러시아를 거쳐 다시 프랑스로 돌아오는 여정은 어린아이들이 소화하기엔 힘들었다. 외삼촌들을 다시 한 번 방문한 뒤에 그들은 마침내 미국으로 가는 배에 승선했다. 그들은 1870년 5월 25일 뉴욕으로 돌아왔다. 아버지는 테디가 본 모든 것을 감상하기엔 너무 어리다는 것을 깨달았다. 테디도 이번 해외 여행에서 얻은 것이 없다고 썼다. 그러나 그의 아버지는 알

---

34) Edmund Morris, *The Rise of Theodor Roosevelt,* New York: Random House, 1979, pp 21 – 22.

35) H. W. Brands, *T. R.: The Last Romantic,* New York: Basic Books, 1997, p. 22.

프스 산의 여행에서 야외활동이 테디의 천식을 완화시킨다는 사실을 발견했다. 이런 사실의 발견은 루즈벨트 전설의 가장 지속적이고 강력한 부분이 된 것을 가져오게 되었다. 어느 날 아버지는 테디를 불러 놓고 이렇게 말했다:

> "시어도어, 너는 마음을 갖고 있지만 신체를 갖고 있지 않다. 그러나 신체의 도움 없이는 마음이 가는데 한계가 있다. 너는 너의 몸을 만들어야 한다. 신체를 단련한다는 것은 힘들고 단조로운 일이다. 그러나 나는 네가 그 일을 할 것임을 알고 있다."[36]

아버지의 이 말씀에 자기 아버지를 좋아하고 당연히 그의 승인을 갈망하던 테디는 자기 몸을 만들 것이라고 맹세했다.[37] 그리하여 루즈벨트의 생애 동안 계속된 신체단련을 위한 운동과정이 시작되었다. 역기운동, 집에 설치한 장비를 이용하기, 레슬링 교육, 승마, 등산, 수영, 보트 젓기, 그리고 상상할 수 있는 모든 형태의 신체활동을 더운 날씨에나 추운 날씨에나, 비가 오나 맑거나, 때로는 밤 늦게까지 온갖 운동을 다했다. 모든 신체단련 운동이 그의 천식에 효과를 가지는 만큼이나 그것의 효과는 엄격하게 생리학적인 만큼이나 심리적이었다. 실제로는 그의 천식이 자연 치유 되었을지도 모른다. 어린이들은 나이가 들면서 종종 천식에서 벗어나기 때문이다. 그러나 그의 신체단련 노력은 단순히 건강 문제를 넘어서 루즈벨트로 하여금 삶을 주어

---

36) Edmund Morris, *The Rise of Theodor Roosevelt*, New York: Random House, 1979, p. 32; H. W. Brands, *T. R.: The Last Romantic*, New York: Basic Books, 1997, p. 26.
37) *Ibid.*

진 그대로 받아들일 필요가 없다는 것을 가르쳤다.

뿐만 아니라, 시어도어는 병약한 어린 시절에 그의 생애에 신체단련 만큼이나 궁극적으로 깊은 영향을 미친 뭔가를 얻었다. 그것은 문학과 배움에 대한 그의 사랑이었다.[38] 그는 병약하여 다른 소년들의 거친 모험을 할 수 없었기에 테디는 책들 속에서 시간을 보냈다. 그는 잠시 실험적으로 작은 사립학교에 다녀 보았지만 만족스럽지 않았다. 그리하여 그는 집에서 주로 숙모인 애나(Anna)에 의해 개인지도를 받았다. 테디는 빈약한 건강의 한계를 피해서 아주 머나먼 곳의 가장 이국적이고 흥미로운 세계들에 들어가는 길을 발견했다. 가족은 <우리의 젊은 사람들>(Our Young Folks)이라는 잡지를 구독했는데 그것은 루즈벨트가 나중에 세상에서 가장 좋은 잡지라고 언급했다. 그 잡지는 자연과 인간 시련에 대항하여 투쟁하는 그런 이야기들로 가득했다. 성숙한 루즈벨트는 그 이야기들은 우선 첫째로 재미있고 또한 둘째로 사나이다움, 품위 그리고 올바른 행위를 가르치는 일급의 훌륭하고 건전한 것들이라고 묘사했다. 그의 책들 가운데 보다 모험적이고 영웅적인 것이면 더 좋았다. 그는 <로빈슨 크루소>(Robinson Crusoe)의 이야기가 그의 구미에 훨씬 더 잘 맞았다. 전쟁과 발견에 관한 해적들과 그들의 신화적 세계를 그에게 소개한 롱펠로우(Longfellow)의 <올라프 왕의 영웅전설>(Saga of King Olaf)에 그는 심취했다. 이런 낭만적 이야기들은 그가 흉내내는 모델들을 제공했다.[39]

세상에 대한 그런 낭만적 견해가 루즈벨트의 전 생애를 형성할 것

---

38) H. W. Brands, *T. R.: The Last Romantic,* New York: Basic Books, 1997, p. 27.
39) *Ibid.,* p. 28.

제2장 어린 천식 환자에서 사나이로 거듭나다 **43**

이다. 거듭해서, 그리고 여러 가지 환경에서 그는 고결하고 영광스러운 목적들을 추구하는데 있어서 자연적이고 또 인간적 불리함과 투쟁하면서 자신을 낭만적 영웅으로 내세울 것이다. 투쟁이 삶의 본질이었다. 따라서 환경이 스스로 충분한 투쟁을 제공하지 않는 곳에서 그는 신체력과 정신력의 부자연스러운 투쟁을 모색했다. 그에게 혼동된 동기와 타협된 결론의 탁한 현실은 없었다. 대부분의 낭만주의자들과 같이 루즈벨트는 자신의 삶을 개념적으로 선과 악의 캠프로 갈랐다. 그의 동시대 인물들 중 주어진 상황에서 무엇이 행해져야 하는 지에 대해 루즈벨트만큼 선명하게 내다본 사람은 거의 없었다. 그 결과 그들의 목적을 달성하기 위해 그 만큼 힘을 쏟은 사람도 거의 없었다. 만일 실제의 세계가 그가 생각하는 것처럼 그렇게 단순하지 않는 경우에 그는 그 불일치에 대해서 신경을 쓰지 않았다.[40]

　　루즈벨트는 나이가 들고 야외운동이 늘어나자 종종 도전들이 그에게 찾아왔다. 그가 14세 되기 전 여름에 캠핑여행을 위한 친구들을 만나기 위해 메인(Maine) 주로 여행하면서 그는 자기 또래의 두 소년들과 마주치게 되었다. 그들은 그를 놀렸고 자극했다. 화를 참지 못한 테디가 그들에게 덤벼들었지만 그 두 소년들은 테디를 마치 어린 아이를 다루듯 했다. 그는 수치스러웠지만 그러나 이 경험은 즉시 정신적 교육과 그의 신체적 단련을 확대시켰다. 그는 아버지에게 권투를 배우고 싶다고 말했고 그의 아버지는 즉시 허락했다. 존 롱(John Long)이라는 전 프로 권투 선수였던 테디의 권투 사범은 그 또래의 소년들을 가르쳤다. 테디는 열성적이었지만 재능이 없었다. 그럼에도 불구하고

---

40) *Ibid.*

권투훈련에 매진하여 시합에서 주석으로 된 머그잔(mug)을 상으로 받게 되었다. 그 머그잔은 그가 가장 소중히 간직하는 소유물 가운데 하나가 되었다. 테디는 동시에 사격술도 배웠다. 그에게 사격은 스포츠를 위한 것이었다. 그는 사냥을 사나이다움과 동일시했다. 그가 14세 때 그의 첫 엽총을 받는 순간부터 그는 야생동물들을 추적하고 죽이는 걸 아주 좋아했다. 자기의 과학 추구에서 그는 자신을 사냥꾼의 이미지를 발전시켰다. 루즈벨트의 과학적 모험은 자아 향상과 자존감을 기르는 운동이었다.[41]

그런 이유로 루즈벨트는 1872년 10월에 시작한 두 번째 대서양 횡단 여행을 했으며 이번에는 첫 번째 여행보다 훨씬 더 민족스러웠다. 리버풀(Liverpool)에서 가족은 다시 한 번 외삼촌 가족들을 만났다. 영국에서 2주간을 보낸 뒤 루즈벨트의 가족은 영국해협을 건너 유럽의 본토로 향했다. 그들은 네덜란드를 거처 독일로 그리고 파리를 거처 이탈리아로 갔다. 이번 여행의 주된 목적은 근동, 특히 이집트였다. 지중해를 거쳐서 루즈벨트 일행은 11월 말에 알렉산드리아에 도달했다. 테디는 이집트가 모든 나라들 중 오랜 곳으로 자기의 꿈의 나라라고 말했다. 12월 초에 그의 일행은 카이로로 이동하여 이집트인 가이드의 도움을 받아 거대한 피라미드에 올랐다. 그는 사막을 바라보는 것이 대양을 바라보거나 북아메리카의 평원을 보는 것과 같은 느낌을 준다고 선언했다. 보트를 고용하여 그의 가족은 나일강을 타고 올라갔다. 테디는 역사의 수레바퀴가 어떻게 고대 이집트를 당시 오스만 제국의 한 지방으로 만들었는 지에 대해 반추할 시간이 거의 없었다.

---

41) *Ibid.*, p. 32.

그는 자기의 자연사가 될 조사에 여념이 없었다. 12월 13일 그는 처음으로 아프리카의 새를 죽였다.

자식들이 이 여행에서 어떤 문화적 교훈을 얻기를 원했던 부모들의 희망은 지난번 여행보다 더 충만하게 실현되었다. 그의 가족은 시리아와 팔레스타인으로 향했다. 그가 예상했던 것보다는 훨씬 작았던 예루살렘에서 그는 3 종교의 성지들을 방문했다. 그는 예수의 삶과 관련된 장소들에 적절한 존경심을 과시한 반면에 유대인 전통의 어떤 면들에 관해서는 보다 회의적이었다. 통곡의 벽(the Wailing Wall)을 방문하고 그는 많은 여자들은 진지했지만 대부분의 남자들은 분명히 가식이었다고 선언했다. 오마르 사원(the Mosque of Omar)은 흥미로웠고 요르단강(the Jordan River)은 실망스러웠다. 그것은 미국에서 작은 개울(creek)이라고 불렀기 때문이다. 사막을 지나 바알벡(Baalbek)에서 장관을 보았고 카르낙(Karnak)을 제외하고 폐허의 모습이 그가 본 중에서 가장 웅장하고 가장 거대했다. 그곳은 그에게 테베(Thebes)의 막강한 사원들을 생각하게 했다.

다마스쿠스(Damascus)는 그림같이 아름다웠다. 사해(the Dead Sea)에서 그는 살아있는 어떤 것도 그 안에서 가라앉을 수 없다는 인습적 지혜를 반박하고 싶었지만 짠물에 젖은 직후에 포기했다. 그의 일행은 당시 시리아의 일부였던 베이루트에 잠시 들렀다. 그리고 그리스의 섬들로 가는 증기선에 올랐다. 아테네는 멋진 곳이었지만 사원들은 이집트의 기념물만큼 웅장하지는 않았다. 4월 11일 그들은 콘스탄티노플에 도착했다. 이 고대 도시는 근동의 십자로에서 그것의 명성에 어울렸다. 그곳을 관광한 뒤에 그들은 증기선으로 흑해를 건넜고 강의 보트로 갈아타고 다뉴브(Danube)강까지 크루즈를 즐겼다. 그리고 그들은 배와 기차로 베오그라드(Belgrade), 페스트(Pest)를 거쳐 마침내 빈(Vienna)으로 여행했다. 테디의 아버지가 빈의 국제상업박람회에서 미국측 협회장으로 일할 예정이었다.

루즈벨트의 가족은 5월 중순에 프러시아를 향해 빈에서 출발했다. 그는 자연사에 몰두하고 있었기에 이때 당시의 정치에 아무런 관심을 두지 않았다. 만일 그가 관심을 두었다면 1870년대 초에 프러시아가 세계에서 가장 역동적인 나라들 중 하나라는 사실과 마음속에 사나이다움을 품고 있는 14세 소년의 마음을 가장 사로잡았을 나라라는 사실을 깨달았던 것이다. 2년 전에 프러시아 군대는 프랑스-프러시아 전쟁(the Franco-Prussian War)에서 프랑스를 깨부수고 근대 독일제국을 창설했다. 이 사태 발전은 시어도어 루즈벨트의 생애 동안 국제정치에서 가장 중요한 사건이었다. 즉 루즈벨트는 자신의 대통령 재임 시에 철의 재상 오토 폰 비스마르크(Otto von Bismarck)[42]의 빛나는 업적의 결과를 헤쳐가는 데 많은 시간을 보냈던 것이다.[43]

루즈벨트 가족은 드레스덴(Dresden)으로 이동하여 테디와 그의 동생 엘리엇이 시 자문위원이며 의회 의원인 민크비츠(Minkwitz) 박사의 집에 머물렀다. 루즈벨트에게 가장 큰 영향을 미친 것은 당시 라이프치히(Leipzig) 대학의 학생들이었던 민크비츠의 아들들이었다. 그들은 그 대학의 결투사회(dueling societies)에 속했으며 적절한 상처와

---

42) 오토 포 비스마르크의 생애와 리더십에 관한 보다 상세한 분석을 위해서는, 강성학, <오토 폰 비스마르크: 천재-정치가의 불멸의 위대한 리더십>, 서울: 박영사, 2022 을 참조.
43) H. W. Brands, *T. R.: The Last Romantic,* New York: Basic Books, 1997, p. 39.

별명들을 갖고 있었다. 이 두 대학생들이 테디 같은 소년에게 준 인상은 극적이었음에 틀림없다. 왜냐하면 테디가 신체 운동을 시작한 지 몇 년 뒤였기 때문이다. 그는 결코 결투를 하지는 않았지만 그러나 결투문화가 구현하는 신체적 및 정신적 역량은 그가 영원히 칭송하는 그런 것이었다.

그러나 그의 몸 상태가 다시 안 좋아졌다. 그가 사막에서 천식 없는 시간을 보낸 뒤에 천식이 돌아왔다. 천식이 그의 손가락을 떨리게 하여 글씨를 잘 쓸 수 없었다. 그의 어머니는 아들의 상태에 충분히 경각심을 갖게 되었을 뿐만 아니라 마침 드레스덴에 콜레라가 발생하여 그들은 8월 달 대부분을 스위스에서 보냈다. 테디의 상태가 호전되자 그들은 다시 민크비츠 댁으로 돌아왔다. 드레스덴에서 보낸 5개월은 테디에게 좋은 시간이었다. 그의 의학적 후퇴에도 불구하고 그의 신체단련 운동은 계속되었다. 어린이 동아리에 권투장갑들을 기증한 자기 아버지의 지속되는 격려에 힘입어 테디는 동생 엘리옷과 함께 거의 매일 권투연습을 했다. 그들은 권투에 지치면 레슬링을 했다. 그는 운동이 조금 격렬하지 않았을 때에는 엘베 강(the Elbe River)에서 수영을 하고 또 그 도시의 공원에 있는 호수에서 노를 저었다. 심리적이고 감상적인 성숙은 차치할 지라도 테디는 드레스덴에 있는 동안에 독일과 독일인들에 대한 중요한 통찰력을 얻었다. 그는 독일어에 능숙하게 되었고 독일의 시를 일생 동안 사랑하게 되었다.[44]

루즈벨트와 그의 가족은 1873년 가을에 독일에서 뉴욕으로 돌아왔다. 맨해튼에서의 삶은 언제나 흥미롭지만 1870년대에 그 섬의 중간

---

44) *Ibid.*, p. 43.

지대는 특이한 스릴을 느끼게 했다. 보다 낮은 지역에 비해 새로 정착된 지점들은 상당한 정지작업을 필요로 했다. 건설자들이 분주하게 드나들었으며 남북전쟁 후 미국에서 할 수 있다는 정신(the can-do spirit)이 지배적이었다. 주민들도 고층건물의 건설을 위한 다이너마이트 폭발 굉음에 익숙해졌다. 비록 흥은 덜 했지만 훨씬 더 재미있는 것은 막 코너를 돌아서 2블록 떨어져 있는 센트럴 파크(Central Park)였다. 그곳은 그가 태어난 1856년에 뉴욕 시당국이 그 땅을 매입했었다. 1857년의 경제 공황에 의해 흩어진 수천 명에 달하는 비-숙련 노동자들에게 임금을 지불하기 위해 공원조성 작업이 시작되었다. 점차로 프레데릭 로우 올름스테드(Frederick Law Olmsted)의 지도와 비전 아래 그 바위투성이의 그곳은 뉴욕의 보석이 되었다. 그러나 시어도어 같은 자연주의자에게 탈출구를 제공하기엔 충분한 야생지가 남아 있었다. 그리하여 그곳은 루즈벨트 집의 정문에서 도보여행, 승마, 스케이팅, 그리고 다른 체육활동을 할 수 있었다. 루즈벨트는 습관이 될 정도로 센트럴 파크를 최대한 이용하였다.

루즈벨트가 센트럴 파크의 야생지들보다 더 많이 이용한 것은 롱 아일랜드 사운드(Long island Sound) 해안의 탁 트인 공간이었다. 그러다 1874년 여름에 그의 아버지가 오이스터 베이(Oyster Bay)로 이사하기로 했다. 맨해튼으로부터 약 30마일 정도 떨어진 롱 아일랜드의 북쪽 해안에 조용한 공동체는 뉴욕으로부터 전형적으로 보트, 혹은 페리, 기차 그리고 마차를 갈아타고 도달했다. 최근에 시작된 브루클린 다리(the Brooklyn Bridge)의 완성이 페리의 운용을 막아버렸다. 테디가 15세에서 17세까지 그의 모든 특별한 즐거움은 오이스터 베이와 관련된 것으로 보였다. 1875년 여름에 테디는 자기의 신체적 성장을 기록하고 싶었다. 당시 그의 키는 5피트 8인치(173센티미터)였고, 체중은 124파운드(56킬로그램), 그리고 가슴둘레는 34인치(86센티미터)였다.

오이스터 베이에서 보낸 수년이 테디에게 속이 덜 편했던 하나의 이유는 약간 진지한 공부와 자연사보다는 덜 흥미로운 주제들에 대한 공부 때문이었다. 그의 부모는 테디를 정규학교에 보낼 계획을 갖고 있지 않았다. 불확실한 건강 문제가 없었다면 그는 확실히 어느 시점에서 기숙학교에 갔을 것이다. 그러나 그가 16세가 될 때까지 그는 엄격한 기숙학교의 생활을 감당할 수 없을 것으로 보였다. 그의 아버지와 특히 애나 숙모가 그가 어렸을 때에는 개인 지도했지만 그가 나이가 들자 전문적 가정교사를 두었다. 그리고 물론 장기간의 외국여행이 테디의 지식 축적에 추가되었다. 이런 방식의 교육의 결과로 루즈벨트에게 학습은 삶과 공존했다. 그는 끊임없이 책들을 읽었다. 그리하여 그는 나중에 그에게는 독서가 하나의 질병이었다고 고백이 아닌 자랑을 했다.[45)]

그러나 루즈벨트가 받은 홈 스쿨링(the home schooling)의 가장 분명한 단점은 인간에 대한 다양한 영역의 지식이 불균등하게 커버된 점이었다. 15세 소년의 마음속 지적인 창고는 견고한 지리학과 역사, 그리고 자연과학과 외국어(프랑스어와 독일어)에 강했지만 수학과 고전적 언어가 결핍되었다. 요컨대, 그는 자기의 경험과 성향이 이끈 분야에서는 유능했지만 그 밖의 다른 분야에선 의심스러웠다. 이때쯤 그

---

45) *Ibid.*, p. 49.

의 건강이 회복되었고 그의 부모는 테디가 대학, 특히 하버드 대학에 입학할 계획을 세워야 한다고 결정했다. 그리하여 그들은 최근에 하버드 대학을 졸업한 아서 커틀러(Arthur Cutler)와 협의하여 루즈벨트가 하버드 입학시험을 성공적으로 치를 수 있게 하는 공부 프로그램을 마련했다. 대부분의 공부는 오이스터 베이에서 이루어졌지만 다른 가족들은 뉴욕 시의 제57번가에 새로 마련한 집에 머물렀다.

이 시기에 루즈벨트의 삶에서 아서 커틀러는 대단히 중요했다. 테디의 가정교사로서 커틀러의 자격은 그가 개인적으로 하버드 입학시험 과정을 경험했고 그래서 그는 자신의 책임이 무엇인지를 잘 알고 있었다는 것이다. 커틀러는 공부과정을 정하고 루즈벨트는 그것을 따랐다. 매일 같이 그들은 수학과 고전어와 씨름을 했다. 그리스어와 라틴어는 기하학보다는 더 쉬웠다. 그것들은 커틀러가 상세히 가르친 커리큘럼으로 여러 가지 다양한 주제보다는 더 어려웠다. 1874년 겨울과 1875년 봄 내내 루즈벨트는 열심히 공부했고 그의 노력은 보람이 있었다. 그는 입학시험에서 8가지 과목을 모두 통과했으며 하버드 대학 당국은 그에게 1876년 7월 말에 등록하도록 통보했다.

하버드에 입학한 후에 루즈벨트는 수업에서 잘해 나갔다. 그가 하버드에서 신입생일 동안에 성숙한 루즈벨트의 증거들이 나타나기 시작했다. 그의 첫 해 과정은 그리스어 작문과 번역, 라틴어의 작문과 번역, 고전문학, 독일어, 수학, 물리학 그리고 화학 과목이었다. 이것들 중에서 그에게는 독일어가 92점이라는 가장 좋은 점수를 받은 과목이었다. 그는 부모의 덕택으로 과학자의 삶에 헌신하기 위해 준비했다. 그러나 곧 그 전망은 시들었다. 왜냐하면 그가 마음속에 두고 있는 종류의 과학은 하버드 교수들이 좋아하는 그런 과학이 아니었다. 당시에 하버드 대학은 동물군의 자연박물학자, 야외 박물학자와 자연관찰자의 가능성을 완전히 무시했다. 그들은 순전히 생물학을 실험실과 현미경의 학문으로 취급했다. 따라서 그는 과학을 직업으로 하려던 생각을 포기했다. 그는 과학자가 되려던 모든 생각을 단념했던 것이다. 그는 다른 선택지들을 생각하기 시작했다.

제3장
독립적 신사가 되어 첫사랑과 결혼

"나는 하버드 시절을 철저히 즐겼다. 그리고 나는 그것이 나에게 좋은 일을,
그러나 일반적인 효과에서만, 했다고 확신한다.
왜냐하면 그 후의 삶에 나를 도와준 나의 실질적 공부들은 별로 없었다."
−시어도어 루즈벨트−

1878년 2월 9일 그의 아버지가 갑자기 작고했다. 아버지의 사망은 그에게 심대한 영향을 미쳤다. 그의 아버지가 공화당 내부의 정치싸움으로 크게 좌절한 뒤 사망하자 정치가 자기 아버지처럼 튼튼하고 좋은 사람을 죽일 수 있다면 정치는 진실로 더러운 행위라는 결론을 내렸다. 19세일 때 부친의 죽음은 그가 알고 있던 세상의 종말을 의미했다. 부친의 작고로 루즈벨트는 아주 신속하게 성숙했다. 증대하는 책임감과 함께 새로운 재정적 독립이 찾아왔다. 그의 삼촌은 부친의 부동산이 그에게 연간 약 8천달러의 소득을 가져다 줄 것이라고 설명해 주었다. 시어도어 루즈벨트는 이제 독립적인 수단의 인간이었다. 작고한 아버지처럼 가장 멋진 양복과 구두, 모자, 장갑과 다른 장식품들을 구입했다. 그는 또한 친구들을 위해 관대하고 심지어 황홀하게

하는 선물들을 샀다. 그는 자기가 원하는 곳에 원하는 때에 여행을 했다. 그는 파티를 열고 자신과 동료들을 위해 다른 여흥들도 마련했다. 그후 하버드의 가장 배타적인 동아리들이 그에게 문을 열어 주었다. 그는 항상 자신을 신사라고 생각했다. 이제 그는 신사처럼, 아니, 그보다 더 나은 사람으로 살 수 있게 되었다.[46]

그러나 루즈벨트는 결코 단지 신사가 되는데 머물 수 없었다. 도전들은 어디에 있는 것인가? 그가 받은 유산이 허용하는 그런 양식의 삶에 들어갔을 때조차도 그는 자신의 힘, 신체적 기술, 그리고 자신의 용기를 시험할 새로운 방법을 찾아 나섰다. 실제로 그의 갑작스러운 부는 그로 하여금 보다 도전적이고 또 만일 성공적으로 극복한다면 지금까지 살아온 것보다도 더 보람이 있는 시험들을 마련할 수 있게 해주었다. 하나의 그런 시험이 그가 2학년에서 3학년이 되는 사이인 1878년 여름 동안에 발생했다. 그의 옛 스승인 아서 커틀러의 권유에 따라 루즈벨트는 사냥을 위해 메인(Maine) 주로 여행했다. 초청자는 사냥꾼들의 가이드인 윌리엄 시월(William Sewall)이었다. 그는 아일랜드 펄스(Island Falls) 움막에 기지를 두고 있었다.

루즈벨트가 9월 7일 저녁 때 그곳에 도착했을 때 준비가 되어 있었다. 커틀러로부터 루즈벨트의 어린 시절의 질병에 관해 들었던 시월은 분명히 맨해튼에서 온 이 젊은이가 각본을 잘 따를 것으로 기대했다. 시월은 도착한 바로 다음 날부터 시작하여 루즈벨트가 고집하는 일종의 쉼 없는 활동을 기대하지 않았다. 카누타기와 숲속에서 걷기가 반복되었다. 사격, 낚시, 등산, 수영, 나무 자르기, 박피, 그리고

---

46) H. W. Brands, *T. R.: The Last Romantic,* New York: Basic Books, 1997, p. 87.

요리하기가 배치되었다. 루즈벨트가 어떤 일을 가장 좋아했는지를 알기는 어려웠지만 비바람 속에서 야영은 루즈벨트의 재미를 심화시켰다. 시월은 처음에 다소 의아해했지만 이 젊은이를 좋아했다. 시월도 젊은 날의 병약함을 극복해야만 했었다. 33세의 시월은 루즈벨트에게 없는 형과 돌아가신 아버지의 중간적 인물이었다. 이 여행에서 사냥은 빈약했지만 시월과 숲 속의 도보 여행에서 즐거움을 느꼈다. 아일랜드 펄스에 대한 루즈벨트의 첫 방문으로 루즈벨트와 시월 사이에는 평생동안 이어진 우정이 시작되었다. 어떤 의미에서 루즈벨트의 아일랜드 펄스의 여행은 아버지의 작고 후에 감정적으로 자신의 정체성을 드리내는 계기가 되었다.[47] 그기 대학에 돌아왔을 때 90%의 동급생들이 결코 생각조차 할 수 없는 어떤 것을 성취했다는 조용한 자부심을 갖게 되었다. 아일랜드 펄스를 다녀온 후에 케임브리지가 그에게 제공할 수 있는 어떤 것도 그에게는 아이들의 놀이였다.

그의 3학년 학교생활은 친구들 및 동급생과 관례가 없는 성공으로 시작했다. 그가 메인 주에서 곧바로 돌아온 후에 인기가 폭발하여 그는 여러 동아리에서 초청되었다. 에이디(the A.D.)와 포첼리언(Porcellian) 동아리가 그를 데려가려고 경쟁했다. 고민 끝에 그는 포첼리언 동아리에 들어가기로 결정했다. 그는 또한 헤이스티 푸딩(Hasty Pudding)에도 가담했고, 놀랍지는 않지만. 자연사협회(Natural History Society)에서도 가입 요청이 있었다. 그 외에도 사격, 예술, 그리고 레크리에이션 동아리들이 그의 시간을 추가적으로 점령했다. 보다 사교적인 삶을 허용한 그의 높아진 소득과 무엇보다도 그의 점증하는 자신감이

---

47) *Ibid.*, p. 89.

그의 활동을 넓혔다. 비록 천천히 시작했지만 그의 3학년은 그때까지 학문적으로 가장 성공적이었다. 공부의 압박이 그의 운동할 시간을 제약했지만 그는 걷기, 권투연습경기, 그리고 사격을 실천했다. 루즈벨트의 권투 경력은 루즈벨트 전설이 된 것의 한 일화로 캠퍼스 권투 시합에서 절정에 달했다. 그가 3학년 때 3월에 그는 경량급 대학 시합에 참가했다. 군중들의 소란 속에서 루즈벨트의 상대방 선수가 라운드를 끝내는 종소리를 듣지 못하고 가드를 내린 루즈벨트를 가격하여 피가 터지게 되었다. 군중들은 파울(foul)을 외치고 그 자를 처벌할 것을 요구했다. 얻어 터졌지만 무슨 일이 발생했는지를 이해하고 루즈벨트는 조용하라고 팔을 들어올렸다. 그는 상대방이 종소리를 소란 속에서 듣지 못했다며 자기는 괜찮다고 선언하고 그에게 다가가서 악수를 했다. 세월이 흐르면서 사람들은 그 시합의 승자를 잊었지만 그들이 기억하는 모든 것은 루즈벨트의 장엄한 제스처였다.[48]

1878년 여름의 모든 그의 성공들 중에서 어떤 것도 루즈벨트가 처음으로 사랑에 빠진 것에 비교될 수 없었다. 루즈벨트의 새 친구들은 보스턴의 사촌인 리처드 솔톤스틀(Richard Saltonstall)을 포함했다. 그는 습관적으로 친구들을 체스넛 힐(Chestnut Hill)에 있는 집으로 불러들였다. 하나의 매력은 솔톤스틀 가족의 환대였고 또 하나는 솔톤스틀의 가족의 소녀들과 그들의 다양한 여자 친구들이었다. 10월 18일에 있었던 방문에서 루즈벨트는 리처드 솔톤스틀의 사촌과 이웃집의 앨리스 리(Alice Lee)를 처음으로 만났다. 1878년 여름에 17세의 앨리스 리는 한 소년의 심장을 사로잡았다. 지금까지 루즈벨트는 보스턴

---

48) *Ibid.,* p. 93.

과 뉴욕의 상당수의 숙녀들에게 소개되었다. 그러나 아무도 그를 그렇게 빠르게 사로잡지 않았으며 그리고 분명히 아무도 앨리스 리만큼 그를 완벽하게 사로잡지 못했다. 앨리스와의 황홀감은 그로 하여금 자기 일의 우선순위를 재조정하게 만들 만큼 충분했으며 심지어 종교적으로 집착한 어떤 습관마저도 이제는 바꾸어야만 했다.[49] 11월과 12월 초에 루즈벨트는 솔톤스틀의 저택을 방문할 온갖 기회를 발견했다. 앨리스와 함께 체스넛 힐의 부근을 걷거나 말을 타고 마을에 들어가는 것이 주말의 오후와 저녁 시간들을 채웠다.

몇달 동안 루즈벨트는 앨리스와 단순한 친구관계의 모습을 유지하려고 했다. 앨리스는 수줍어서 그가 그녀의 감정을 짐작할 수 있게만 했다. 루즈벨트는 그의 활동에 다른 소녀들도 포함시켰다. 로즈 솔톤스틀(Rose Saltonstall)이 특히 앨리스의 옆집에 살면서 그의 연애감정을 잘 감춰주었다. 그는 앨리스를 위한 선물을 살 때마다 로즈를 위한 것도 역시 구입했다. 그의 관대한 방식을 고려할 때 이 행위는 점점 비용이 높아졌다. 그의 연애는 은행 계좌뿐만 아니라 그의 시간도 역시 먹어 치웠다. 매 주말마다 그는 체스넛 힐에 갔고 주중에도 상당히 많이 그랬다. 이 기간 동안에 자기 연인에 보다 빨리 도달하기 위해서 고향집에서 자신의 말을 가져오기도 했다. 앨리스와 함께 있으려는 그의 노력은 그의 여가시간 대부분을 채웠다. 그러나 그가 비록 앨리스와 사랑에 빠졌지만 그는 자신의 다른 관심들을 전적으로 소홀히 하지는 않았다. 1879년 3월에 수업이 없는 휴식기간에 그는 아일랜드 펄스

---

49) Edmund Morris, *The Rise of Theodor Roosevelt,* New York: Random House, 1979, pp. 80-82; H. W. Brands, *T. R.: The Last Romantic,* New York: Basic Books, 1997, p. 94.

(Island Falls)와 윌리엄 시월(William Sewall)의 캠프에 돌아갔다.[50]

그의 3학년의 해가 끝나갈 즈음 어느 때인가 루즈벨트는 앨리스에게 명백하게 결혼을 제안했지만 그녀는 긍정적으로 대답하지 않았다. 그렇다고 해서 그녀가 분명하게 거부한 것도 아니었다. 왜냐하면 1879년 내내 그는 그녀를 열정적으로 만났기 때문이다. 사랑은 시어도어 루즈벨트를 변화시켰다.[51] 아버지의 사망 후에 루즈벨트는 자기의 3학년 과정을 위해 철저한 공부계획을 세웠지만 앨리스를 만나고 나서 공부에만 열중하지 않을 것이라고 결심했고, 그리고 3학년의 9개 과목에서 4학년에는 5개 과목으로 줄였다. 그는 그렇게 줄인 과목에도 헌신하지 않았다. 4학년 때에 그는 휴가를 갔다.

더구나 그의 삶의 대부분 동안 그는 멋쟁이들에게 냉소적이었지만, 앨리스와 연애하는 동안만큼은 캠퍼스에서 최고의 멋쟁이였다. 비록 앨리스가 루즈벨트 관심의 초점이었지만 그녀가 그의 관심을 독점하지는 않았다. 루즈벨트는 삶의 기쁨으로 축복을 받았지만 그러나 진실로 당시가 자기 삶의 황금기라고 앨리스를 알고 난 뒤 얼마 안 되어 선언했다. 루즈벨트의 황금시기는 오직 더 황금기로 성장했다. 1879년 늦여름에 그는 메인 주에 원정 갈 생각을 했지만 앨리스의 방문을 위해 그것을 거의 취소할 뻔했다. 그러나 메인 주의 원정도 자신의 신나는 삶에 대해 성찰할 보다 많은 기회들을 가져다 주었다. 성탄절에 앨리스가 자기의 동생 및 사촌들과 함께 뉴욕을 방문했다. 앨리스의 명백한 다정함에 용기를 얻은 루즈벨트는 자신의 청혼을 다시

---

50) H. W. Brands, *T. R.: The Last Romantic*, New York: Basic Books, 1997, p. 96.
51) *Ibid.*, p. 98.

한 번 강력하게 밀어붙였다. 1월 말에 그는 그녀에게 결혼을 요구했고, 이번에는 그녀가 동의했다. 그는 뛸 듯이 기뻤다. 그는 너무나 기뻐서 자신의 행복을 믿을 수 없다고 1월 25일 일기장에 기록했다.[52]

몇 주 후에 약혼의 공식발표가 뒤따랐고 그 시간은 루즈벨트에게는 결혼반지를 구입하고 그리고 가족들에게는 필요한 준비를 할 시간을 주었다. 루즈벨트의 어머니와 형제들이 보스턴으로 와서 앨리스의 가족들에 의해 성대한 축하행사를 했다. 루즈벨트의 친구들을 위한 파티가 이어졌고 그는 밤새웠다. 다음날 그는 자기의 가족들을 뉴욕으로 보냈고 케임브리지로 돌아가기 전에 앨리스와 그녀의 친척들과 다시 합류했다. 루즈벨트의 약혼은 자기의 미래에 관한 마지막 의구심을 제거한 것으로 보였다. 그는 다음 해에 법률을 공부할 것이며 최선을 다할 것이라며 자신의 아내를 위해 열심히 할 것이라고 말했다. 그는 법률을 정치로 가는 발판이라고 생각하고 있음을 이미 분명히 했다. 그의 졸업논문을 위해서 당시에 가장 논란이 되고 있는 정치적 주제를 선택했다. 그것은 '남녀에게 동등한 권리를 부여하는 것의 실현 가능성(Practicabililty of Giving Men and Women)'이라는 제목을 갖고 있었다.

루즈벨트는 바로 첫 문장에서 정치인으로서 그의 직업의 핵심적 노트를 제시했다: "어떤 조치를 주창하는 데 있어서 우리는 그것의 정의뿐만 아니라 실현 가능성을 고려해야만 한다."[53] 그의 덜 현실적인 동급생들은 어떤 원칙이 정의로우면서도 동시에 비현실적일 수 있

---

52) *Ibid.,* p. 101.
53) Edmund Morris, *The Rise of Theodor Roosevelt,* New York: Random House, 1979, p. 107.

다는 이 솔직한 인정에 충격을 받았다. 여자가 있을 장소는 가정임에도 불구하고 그는 가정이 국가보다도 더 우월하다고, 그래서 가정의 안주인이 공무원보다도 더 우월하다고 믿었다. 여성 투표권의 문제는 논란이 되고 있지만 중요하지 않다. 만일 여자들이 원한다면, 그러면 그들이 그렇게 하도록 허용되어야 할 것이라고 그의 졸업 논문에서 그는 분명하게 말했다.[54] 그러나 그는 곧 덧붙이지 않을 수 없었다: "남자들은 그들의 권리의 방어를 위해서 싸울 수 있다. 반면에 여자들은 그럴 수 없다."[55] 이 말은 그것을 방어할 수 없는 손에 투표를 준다는 것에 대항하는 강력한 주장을 하고 있었다.

1880년 6월 30일 루즈벨트는 177명 중 21등으로 학사 준우등생(magna cum laude)으로 하버드 대학을 졸업했다. 그의 가족은 무더기로 참석했으며 체스넛 힐에서도 대규모의 사람들이 참석했다. 엘리엇 총장은 그의 손에 장식된 학위증을 넘겨주면서 미국대학 우등생(Phi Beta Kappa)에게 마땅한 특별한 축하를 중얼거렸다. 그의 학문적 기록은 탁월했고 그의 나이 21세에 벌써 케임브리지, 보스턴, 그리고 뉴욕에서 사회의 유명한 구성원이었다. 그는 하버드의 경량급 권투 챔피언십에서 2등을 했으며, 부자인 데다가, 인상이 좋았고, 제한되었지만 증가하는 동아리에서 인기가 있었다. 그는 주목할 만한 논문을 썼고 확정적인 해군사가 될 책의 2개의 장을 집필했다. 그 모든 것을 완전히 덮어씌우는 것은 아름다운 젊은 여인 앨리스와 약혼한 것이었다.[56]

---

54) *Ibid.*, p. 108.
55) *Ibid.*

대학 졸업 후 여름은 10월 달에 계획된 결혼식을 위한 준비로 분주했다. 전통에 따라 그 계획의 주요 부분은 앨리스와 그녀 가족의 몫이었다. 루즈벨트는 풀어진 상태였다. 그는 오이스터 베이에 돌아왔지만 그러나 옛 활동들은 그가 앨리스와 떨어져 있는 동안에는 그것들의 맛을 잃었다. 그것은 앨리스도 마찬가지였다. 관심을 돌려보기 위해 루즈벨트는 자기의 동생 엘리엇과 사냥 여행을 계획했다. 엘리엇은 행복한 사냥꾼이었지만 시어도어 만큼 신이 나지는 않았다. 그는 문명의 편안함을 선호했다. 결혼식 전날인 10월 26일 대규모 일행의 뉴욕의 친구들과 브런즈윅 호텔(Brunswick Hotel)에 머물렀다. 후에 그는 사기방으로 혼자서 올라갔다. 자성에 그는 22살이 될 것이고 12시간 후에 그는 결혼을 할 것이다. 내일은 그의 침대에 다른 사람이 있을 것이다. 루즈벨트는 "자기가 너무 행복해서 그것이 자기를 거의 두렵게 만든다"고 말했다.57)

마침내 그 날이 왔다. 루즈벨트의 22번째 생일날인 10월 27일이 밝았다. 정오까지 가을의 태양은 결혼식의 남성 참석자들에게 그들의 코트를 벗고 싶게 했다. 브루클린 유니터리언 처치(Brookline Unitarian Church)에서 신랑과 신부 사이에 결혼서약이 교환되자마자 그들은 코트를 벗었다. 춤과 음식이 그날 오후를 가득 채웠으며 모든 면에서 손님들은 즐거운 시간을 가졌다. 새로 결혼한 신랑신부는 그들의 결혼식 날 밤을 위해 매사추세츠 주의 스프링필드로 갔다가 다음 날에 오이스터 베이로 여행했다. 그곳에서 어머니와 가족들이 그들을 위해

---

56) *Ibid.*
57) *Ibid.*, p. 113.

집을 비워주었다. 2주 동안 시어도어와 앨리스는 가장 절대적으로 이상적인 시간을 즐겼다. 그러나 루즈벨트의 꿈같은 시간은 계속될 수 없었다. 왜냐하면 그는 법학을 공부하길 갈망했기 때문이다.58)

10월 초에 루즈벨트는 지난 여름 이래 계획했던 대로 콜롬비아 법대(Columbia Law School)에 등록했다. 그는 스스로 결심했던 것처럼 열심히 공부했다. 매일 아침 그와 앨리스가 임시로 이사한 제57번가에 있는 집에서 법과대학까지 3마일을 충실히 걸었다. 법률공부의 개별사건 연구가 아직 콜롬비아 법과대학에서 채택되지 않아 교수들은 그 대신에 법의 일반원칙과 철학을 자세히 설명했다. 교수들은 강의안을 교실 가득한 학생들에게 읽었고 그들은 암기를 위해 엄청 받아써야만 했다. 그는 자기 공책의 첫 페이지에 법이란 모호하다고 썼다. 첫날에 그는 "우리는 법이 무엇이 되어야 하는가가 아닌 그것이 무엇인가의 문제에 관련된다"고 기록했다. 둘째날은 어떤 안심을 제공했다. 미국에서 최고의 권력은 국민들에게 있다. 헌법의 형식으로 그 가운데 일부가 의회에 주어졌고, 약간은 주들에게, 그리고 나머지는 국민들에게 있다. 그것은 만일 무엇인가가 의회나 주들에 의해서 입법화된 법에 잘못이 있으면 국민들이 구제할 수 있었다. 1880년 가을에 루즈벨트가 이 개념을 분명하게 이해하지 못했더라도 그는 후에 이를 크게 이용하였다.

루즈벨트는 수업에 근면했지만 법률이 자기의 시간을 독점하도록 허용하지 않았다. 보통은 오전 강의 후에 친구들과 점심을 먹거나 아니면 최근의 잡지를 읽거나 그가 하버드 재학시절에 시작했던 1812년

---

58) H. W. Brands, *T. R.: The Last Romantic,* New York: Basic Books, 1997, p. 110.

전쟁의 해군사를 위한 연구를 하기 위해 애스터 도서관(Astor Library)을 방문했다. 늦은 오후에 그는 집에 머물면서 저녁식사를 하거나 외출을 하기 전에 한 시간 정도를 내어 자기의 해군사를 썼다. 1880년 가을과 초 겨울에 그와 앨리스는 거의 매일 밤에 외식을 했다. 사교의 계절이 시작되었다. 그들이 외출하지 않을 때에는 친구들을 불러들였다. 겨울은 빨리 지나갔다. 법률 강의, 역사적 연구 그리고 글쓰기가 루즈벨트의 하루를 채웠다. 법과대학은 정규시험을 요구하지 않아서 대학에 비해 뚜렷한 이점을 갖고 있었다. 학생들은 2년 말에 시험을 보겠지만 그러나 그때까지 그들의 발전은 그들 각자의 몫이었다. 루즈벨트는 대학에서 벼락치기 공부의 기술을 습득했다. 그래서 그는 때가 되면 시험에 관해서 걱정했다.[59]

학기가 끝나는 5월을 위해 그는 합당한 신혼여행을 위한 계획을 세웠다. 5월의 둘째 주 동안에 그와 앨리스는 유럽을 향해 항해를 시작했다. 루즈벨트에게는 이번 유럽여행은 3번째가 되었다. 앨리스는 대서양을 횡단하는 대부분의 기간 동안 고통스럽게 아팠다. 루즈벨트의 에너지조차 앨리스의 간호사라는 새로운 역할에 종종 지쳤다. 퀸스타운(Queenstown)에 상륙한 4일 후에 이 여행이 자기에게 과거에 자기가 보지 못했거나 혹은 너무 어려서 알아보지 못했던 광경들을 보여주었다고 선언했다. 그들은 더블린(Dublin)에서 아일랜드 해(Irish Sea)를 거쳐 리버풀(Liverpool)로 갔다. 런던에서 그들은 루즈벨트의 대학 친구들과 연결이 되어 만찬, 극장, 그리고 박물관 방문을 즐겼다. 그는 자기의 역사적 연구와 관련된 영국의 문건들에 접근하려고

---

59) *Ibid.*, p. 113.

노력했지만 그러나 그의 조사를 위해 가용한 것이 별로 없다는 사실을 발견했다. 이번으로 3번째 영국을 방문한 루즈벨트는 아주 편안함을 느꼈다. 그래서 그와 앨리스는 영국해협을 통과해 프랑스로 갔다.

루즈벨트에게 감정적으로 그리고 지리적으로 대륙에서 절정은 그가 그 나라의 가장 도전적인 꼭대기들에 올라간 스위스였다. 그는 먼저 두 명의 안내원들을 고용하여 융프라우(the Jungfrau)를 공략했다. 이틀 간의 여행은 그의 체력과 신체적 조건을 시험했다. 특히 하향길은 아주 재미있었다고 그는 기록했다. 마터호른(Matterhorn)은 더 큰 시험을 제기했다. 루즈벨트는 그 도전에 저항할 수 없었다. 그는 진정한 등반가가 아니었지만 마터호른이 그를 등반가로 만들 것이라고 믿었다.[60] 루즈벨트의 안내원들의 봉사를 확보하고 이틀간의 여행에 착수했다. 다음 날 7시까지 그들은 정상에 도달했다. 그들의 승리를 구가하고 몇 분간의 휴식 후에 그들은 하산하기 시작하여 점심때쯤 정상 기지에 있었다. 그리고 무사히 하산했다. 따뜻한 목욕과 한 잔의 커피로 만찬 때까지 피로에서 회복되었다.

그와 앨리스는 스위스에서 라인강(the Rhine)으로 여행했다. 루즈벨트는 경치가 아름다웠지만 성들을 제외하고는 허드슨강(the Hudson)보다 더 아름답지는 않다고 기록했다. 쾰른(Cologne)에서 그는 미국의 해군장교인 볼드윈(Baldwin) 제독을 접촉하여 그가 쓰고 있는 해군사를 위한 해군성의 접근에 도움을 요청하기도 했다. 라인에서 그들은 네덜란드로 이동했다. 그들은 박물관들을 방문했다. 그리고 그들은 프랑스로 돌아왔다. 파리에서 그들은 의상의 구입에 주로 시간을

---

60) *Ibid.*, p. 116.

보냈다. 그러나 루즈벨트는 나폴레옹의 무덤을 방문할 시간을 마련했다. 그 유명한 장군의 최종적 안식처가 그를 깊게 감동시켰다. 그는 이렇게 말했다:

"나는 지상에서 이 무덤보다도 더 인상적인 매장지가 있다고 생각하지 않는다. 그것은 장엄하게 단순하다. 나는 아주 쉽게 경이로워 하지 않지만 그러나 그것은 한때 세계가 보았던 가장 강력한 정복자였던 사람을 담고 있는 소박하고, 붉은 돌 관대를 바라보는 것이 나에게 엄숙한 감정을 지아냈다."[61]

군인 나폴레옹에 대한 루즈벨트의 존경심은 그의 나머지 생애에 대한 그의 유보들을 압도했다.

"그는 적어도 위대한 전사였다. 그렇지 않다면 그는 거의 순수한 악마였지만, 한니발(Hannibal)만이 군사적 천재성에서 그에 필적했다. 그리고 잔인한 권력과 야심에서 시저와 필적했다. 티무르(Tamerlane), 징기스 칸(Genghis Kahn) 혹은 아틸라(Attila) 같은 단지 도살자는 그의 손안에서 어린애에 지나지 않았을 것이다!"[62]

나폴레옹에 대한 루즈벨트의 존경심은 그의 조국을 프랑스, 영국, 독일, 그리고 그와 앨리스가 방문한 모든 다른 장소들과 다르게 만든 그런 것들에 대한 그의 애착은 감소하지 않았다. 그는 자신이 미국인이라는 사실에 더욱 만족해 하였다. 두 사람은 런던을 통과하여 리버

---

61) *Ibid.*, p. 118에서 재인용.
62) *Ibid.*

풀에 돌아왔다. 그곳에서 그들은 불로치(Bulloch) 외삼촌들을 다시 만났고 그들은 루즈벨트에게 그의 해군사를 탈고하도록 추가적인 자극을 했다. 그리하여 뉴욕에 돌아오자마자 루즈벨트는 외삼촌들의 권유에 따라 자신의 해군사를 끝까지 밀고 나갔다.[63] 그는 1812년 세운 뉴욕의 집에서 <1812년 전쟁의 해전>을 끝냈다. 그 책의 산문은 원기 왕성했다. 루즈벨트의 해군사는 분명히 진실로 해전을 목격하거나 경험한 적이 결코 없는 사람에 의한 전쟁의 이야기였다. 루즈벨트의 의견은 그의 산문만큼이나 팔팔했다. 독자는 루즈벨트의 해군사의 주된 목적이 설교하는 것임을 곧바로 간파할 수 있었다.

루즈벨트는 자신의 이야기에서 많은 도덕을 끌어냈다. 하나는 아주 어려움에 직면했을 때조차 애국주의와 용기가 승리를 가져올 수 있다는 것이었다. 옛 양키 깃발이 대서양의 바다 위에 3년동안 펄럭이게 한 것은 빈약한 정신의 한 미국인이었다. 또 하나의 교훈은 해군의 준비성에 대한 필요성이었다. 미국인들은 1812년 전쟁 이래 부끄럽게도 그들의 함대가 악화되도록 방치했다. 만일 그들이 바로 이 결함을 수리하지 않는다면 그들은 그 영웅적 세대에 가치 없는 계승자가 될 것이다.[64] 루즈벨트는 그것에 대비하는 법을 아는 자에게만 승리가 있다는 격언을 되풀이했다. 그가 대학 졸업 직후 23세에 출판한 해전사는 별로 팔리지 않았다. 처음 서평들은 호의적이었지만 열광적이지 않았다. 그리하여 그는 글을 쓰는 일을 직업으로 삼을까도 생각해보았지만 수익성을 고려하고 또 에너지 넘치는 그에게는 적합한 직

---

63) *Ibid.*, p. 119.
64) *Ibid.*, p. 120.

업이 아니었다. 그리하여 루즈벨트는 작가의 길을 주된 직업에서 밀어내 버렸다.[65]

---

65) *Ibid.*, p. 143.

제4장
정계입문: 돌풍 같은 뉴욕 주의회 의원

"정치가 잘못을 바로잡고 진실을 옹호하지 않는다면 무엇을 위한 것인가?"
－시어도어 루즈벨트－

　　루즈벨트의 정치에 대한 관심이 서서히 일어나고 있었다. 대학시절에 그는 이따금씩 집회에 참석했지만 그러나 그것은 신념의 문제로서가 아니라 친구들과 사교적 단결을 위하는 마음에서 그랬다. 그는 오이스터 베이에서 신혼 중에 대통령 선거에서 제임스 가필드(James A. Garfield)를 위해 투표했다. 1881년 유럽으로 신혼 여행 중에 그는 제20대 대통령 가필드에 대한 7월 2일의 암살기도 소식에 경악했다. 그는 7월 5일 그것은 미국에 대한 무서운 재앙이라고 기록했다. 사실, 저격을 당한 가필드 대통령은 아직 죽지 않았다. (그는 9월 19일 끝내 사망했다.) 그러나 나라에 미친 손상은 마찬가지였다. 이것은 미래에 자기의 조국이 잘되기를 원하는 모든 사람들을 위해 일한다는 것을 의미한다. 루즈벨트도 점차 그 일을 하기로 결심했다. 그런 결심이 사실 처음에는 부분적으로 매력적인 대안의 부재에 기인하기도 했다.[66]

---

66) H. W. Brands, *T. R.: The Last Romantic,* New York: Basic Books, 1997, p. 125.

루즈벨트는 법률에 흥미를 잃었다. 법률서적과 수업에서 가르치는 것들 중 어떤 것은 그에게는 정의에 어긋나는 것으로 보였다고 그는 나중에 말했다. 더구나 그 업계를 지배하고 또 대체로 윤리의 법규를 정하는 대기업의 법률가들은 도덕적 검토를 견디지 못할 기준들에 집착했다. 루즈벨트는 법률이 마음을 위한 좋은 훈련이라고 여전히 간주했지만 구별을 할 필요가 있었다. 그는 직업으로서 법률에 갈수록 흥미를 잃었다. 문학도 하나의 가능성이었다. 그는 글쓰기를 좋아했고 그의 첫 책에 대한 반응으로 판단할 때 장래성이 있었다. 그러나 가장 낙관적인 시나리오조차 그의 문학적 노력에서는 빈약한 보수를 기약했다. 이것이 직업으로서 글쓰기를 배제하지 않게 했지만 그렇다고 특별히 그것을 추천하지도 않게 했다. 루즈벨트는 재정적 고려를 하지 않아도 될 만큼 그렇게 충분히 부유하지는 않았다. 작가의 보다 심각한 결함은 그것이 너무나 고독한 직업이라는 점이었다. 그가 대학에서 알게 되었듯이 그는 사람들과 어울리는 것을 좋아했다. 그러나 작가들은 그들의 시간을 혼자서 보낸다.

루즈벨트가 59번가로 올라가 모턴 홀(Morton Hall)로 가도록 한 것은 무엇보다도 그의 사교성이었다.[67] 이제 그는 모턴 홀의 계단을 오르면서 자신을 다른 방법으로 시험하고 싶었다. 그는 자신의 요령, 지식, 그리고 자신의 인격을 시험하고 있었다. 그는 뉴욕시에서 민주당원들보다는 공화당원들과 손을 잡는 시도를 하기로 선택했다. 뉴욕에서 민주당원들은 당의 태머니 홀(Tammany Hall)과 당의 보스인 트위드(Tweed) 일파의 인물들이었다. 이런 환경으로 민주당은 루즈벨트가

---

67) *Ibid.,* p. 126.

합류할 자격이 없었다. 더욱 더 한심한 것은 민주당은 미국연방의 붕괴와 피 묻은 반란의 정당이었다. 남북전쟁 후 수십 년이 흘렀지만 정당들은 여전히 사적인 동아리나 마찬가지였다. 각 지구는 그 자체의 정당 지부나 협회를 갖고 있었다. 모턴 홀은 제21지구 공화당 협회의 본부였다. 벽에는 율리시스 그랜트(Ulysses S. Grant) 장군의 액자가 걸려있었다.

제21지구 협회의 구성원들은 처음에 루즈벨트에게 의심스러운 눈초리를 보냈다. 그 같은 유형이 그들을 의심하듯 그들도 그를 의심했다. 그러나 그는 해롭지 않게 처신했다. 그의 멋진 의상과 안경 밑에 그는 정규적 인물이었다. 적어도 그는 보임에 오려고 노력했다. 공화당의 간부인 조셉 머레이(Joseph Murray)가 몇 달 동안 루즈벨트를 관찰하고 나서 그를 시험하기로 결정했다. 머레이는 현재 제이크 헤스(Jake Hess)에 의해 주도되고 있는 제21지구의 리더십에 도전하고 싶었다. 도전의 기회는 그 지구의 대표를 주의회에 보내는 다가오는 선거였다. 헤스는 공화당 지명을 위한 후보자를 선발했다. 그러나 머레이가 다른 후보자를 밀고 싶어했다. 루즈벨트가 가능한 선택이었다. 루즈벨트 가문의 이름은 잘 알려졌고 존경받았다. 문제는 루즈벨트가 출마할 것인가였다. 루즈벨트는 자기의 정치 경력이 시작하는 속도에 놀라서 망설였다. 그러나 그는 머레이의 제안을 수락했다. 머레이는 주의 깊게 계획들을 마련했고 중대한 당 간부회의에서 헤스에게 통렬한 패배를 안겨주었다. 이제 23세가 된 루즈벨트는 하원의회를 위한 공화당의 지명자가 되었다.

아직 정치의 게임에서는 신참인 루즈벨트는 상상력이 부족한 단조로운 선거운동을 해 나갔다. 머레이와 패배를 깨끗이 수용한 헤스가 당의 조직을 동원하여 루즈벨트의 당선 가능성을 향상시켰다. 그들은 5번가 군중들로부터 그의 지명에 대한 인정을 간청했다. 마침내 선거일에 루즈벨트가 당선되었다. 그러나 그에게 그 승리는 정치를 직업으로 삼도록 확신시키지 못했다. 그러나 비록 그가 당시에는 깨닫지 못했지만 그는 자기의 생애에 걸친 일을 막 시작했던 것이다. 잠시를 제외하고 그는 나머지 일생동안 정치에 머물렀다. 1882년 1월에 그는 뉴욕의 입법부에 들어가서 죽을 때까지 정치가 그의 삶의 주된 직업이었다. 의회의 최연소 의원으로서, 그리고 그 지구에서 가장 부유하지는 않았지만 루즈벨트는 그의 동료들로부터 모호하고 또 종종 조롱 섞인 코멘트를 받았다. 다수의 의원들은 이 맨해튼 출신의 대학생을 좋아하지 않았다.

루즈벨트도 도시문제 위원회에 자리를 잡은 지 얼마 되지 않아 자기의 위원회 동료들에게 회의론을 되돌려주었다. 루즈벨트는 자기의 공화당 동료들이 충분히 나쁘다고 인정했다. 그러나 공화당원들은 훨씬 더 나빴다. 루즈벨트는 자기의 입법활동에서 옳고 그름과 선과 악이라는 관점에서 현실을 인식하는 애호를 적용했다.[68] 다른 사람들이 입법과정을 비교되는 정당한 이익을 가진 집단들 사이에서 타협을 이루는 수단으로 간주한 반면에 루즈벨트는 그것을 전투장으로 보았다. 그는 종종 이론적으로 이성적인 사람들이 그와 다를 수 있다는 것을 수락할 수 있었지만 그러나 투쟁의 열기 속에서 그의 관용은 보통 사라졌다. 정의상 정직하고 용기 있는 사람들은 그에게 동의했고 동의

---

68) H. W. Brands, *T. R.: The Last Romantic,* New York: Basic Books, 1997, p. 133.

하지 않는 사람들은 비겁하고 부패했다. 어쩌면 루즈벨트가 자기 동료들의 비겁함을 과대평가했을지는 몰라도 그들의 부패에 관해서는 그렇지 않았다.[69]

　가장 견고하게 부패한 정치인들은 금전적 이득을 위해 정치적 호의를 제공하는 습관을 가진 당의 똘마니들과 입법부의 기회주의자들인 "흑마의 기병대(Black Horse Cavalry)"였다. 루즈벨트는 입법부에서 그의 첫 투쟁을 수행했다. 그것은 그를 거대한 투기계획의 와중에 밀어넣었다. 수년 동안 개혁자들과 다른 공공복지의 표면적 수호자들은 뉴욕에서 고가철도를 운영하는 회사들에게 보다 높은 세금을 물리고 요금을 낮추려고 노력해왔다. 그러나 고가 칠도회사들은 그 도전들을 격퇴하는 위치에 친구들을 갖고 있었다. 그 문제는 확실한 투기자들이 가장 큰 철도회사인 맨해튼 고가철도회사(the Manhattan Elevated)의 주가를 의도적으로 낮추기 위한 온갖 소문과 조소의 성공적 작전을 시작한 1881년 여름에 긴박성을 갖게 되었다.

　맨해튼 회사의 주가가 폭락하자 산업제국건설자들 중 가장 악명 높은 제이 굴드(Jay Gould)가 그 회사를 통제하기 위해 충분한 주식을 갑자기 구매했고 이 구매의 소식은 곧바로 주가가 배로 상승하여 부패한 결탁으로 보였다. 굴드의 맨해튼 철도회사의 장악은 미국에서 가장 강력한 사람들 중 하나로 그의 지위를 부상시켰다. 그는 이미 미주리 태평양 철도(the Missouri Pacific Railroad)와 웨스턴 유니온(Western Union) 전신회사를 이미 통제하고 있었다. 맨해튼 철도회사의 추가적 장악으로 그는 이제 미국의 수송과 통신망의 목줄을 쥐게 되었다. 굴

---

69) *Ibid.*

드는 1880년대 회사운영의 전형을 이루는 대중을 무시하는 태도를 취했고 그리고 바로 이것이 루즈벨트를 점차 분노하게 만들었다.[70]

맨해튼 철도회사에 세금 부담을 감소시키기 위해 굴드와 그의 법률고문단은 공개적으로 싸우기보다 비밀작전을 벌였다. 그들은 자기들의 올버니(Albany) 동맹자들에게 무관하고 그렇지 않으면 무해한 법안을 수정하여 그것이 철도회사에 의해 지불한 세금의 1/3을 면제하도록 조정했다. 만일 마이크 코스텔로(Mike Costello)가 그 법안을 견제하기 위해 하원에서 상원으로 가져가려고 하지 않았다면 그런 일이 일어났을 것이다. 코스텔로가 낌새를 채고 루즈벨트에게 대기하게 했다. 그 법안이 하원에 돌아왔을 때 흑마의 기병대들이 모두 나서서 누군가 대중의 방어를 나서기 전에 수정된 법안을 통과시킬 준비를 하였다. 흑마의 기병대의 꼭대기에는 의회 절차를 마스터하고 양심이 부족한 것으로 동등하게 알려진 사람이 앉아 있었다. 이 의회 의장은 당분간 코스텔로와 루즈벨트가 의사당 밖으로 나설 때까지 시간을 끌다가 서둘러서 그 법안을 읽도록 명령하고 그것을 투표에 부쳤다.

코스텔로가 옆방에서 우연히 이 소리를 듣고 즉시 의사진행을 방해했다. 의장은 자기의 망치를 거듭해서 내리치며 질서를 선언하면서 그에게 중지할 것을 요구했다. 코스텔로가 거부하자 의장은 무장 경호원에게 그를 체포해서 끌고가라고 명령했다. 그 관리가 명령에 따르려는 바로 그 순간에 루즈벨트가 의사당으로 달려들어 코스텔로가 중단한 것을 이어받기 시작했다. 이제 의장은 루즈벨트에게 격렬하게 퍼부었고 그래서 난리가 났다. 이 모든 혼란의 와중에 의장은 그 법안

---

70) *Ibid.*, p. 135.

이 통과되었다며 주지사에게 보내질 것이라고 선언했다. 그러나 굴드의 패거리들은 결국 승리하지 못했다. 그 의회에서 소란이 끌어들인 관심은 세금면제 법안에 대한 대중적 조사로 기울었다. 여러 명의 겁먹은 의원들이 마음을 바꾸어 그 법안의 재고를 지지했다. 이것이 필요한 2/3의 찬성을 받지 못했지만 그러나 주지사로 하여금 그 법안에 서명을 거부하도록 촉진했다. 철도회사 세금에 대한 소동은 코스텔로와 루즈벨트를 즉시 유명하게 만들었다. 그 유명세는 태머니 홀의 민주당원인 코스텔로에게는 좋지 않았다. 그래서 그는 다음 의회 선거에서 밀려났다. 그러나 그것은 루즈벨트를 개혁의식을 가진 공화당원으로 공화낭 정치 조직과 정치적 현상유지에 대항하는 용감한 전사로서 그에게 영광을 가져다 주었다.[71]

굴드가 맨해튼 고가철도회사를 장악하는데 주역 인물 가운데 하나를 루즈벨트가 개인적으로 공격했을 때 그는 추가적인 언론의 주목을 받았다. 그 장악은 구 거래의 치명적인 순간에 지불능력에 관한 결정적 판결을 했던 판사 시어도어 웨스트부룩(Theodore Westbrook)의 호의적인 관심 없이는 성공할 수 없었을 것이다. 루즈벨트는 웨스트부룩 판사의 부적절한 행동에 대해 조사할 것을 고집했다. 그는 의혹을 상세히 제기했고 확실한 증거를 제시했다. 루즈벨트는 자기의 조사요구에 대한 반응에 아주 만족했다. 축하의 편지들과 전보들이 모든 지역에서 그에게 쏟아졌다. 신문 논설자들은 그를 격려했다. 그들은 그의 외로운 목소리의 팔매(sling)와 정의의 돌멩이들만으로 무장한 조금 젊은 다윗(David)이 기업과 정치 간의 부패라는 골리앗(Goliath)과

---

71) H. W. Brands, *T. R.: The Last Romantic,* New York: Basic Books, 1997, p. 136.

대결하는 이미지를 즐겼다.72)

루즈벨트는 조사를 위한 그의 결의안에 대한 투표를 막기 위한 의회 지도층에 의한 거듭된 노력과 싸웠다. 그리고 그는 결국 성공했다. 그의 결의안에 대한 투표가 압도적으로 통과되었다. 그러나 현상유지의 수호자들은 별로 사라지지 않았다. 웨스트부룩 판사의 행위를 조사하도록 맡겨진 위원회는 분열되었다. 다수의 위원들은 질책과 주의를 주는 것으로 타결했지만 소수는 탄핵을 요구했다. 위원회가 조사를 수행하는 동안에 굴드의 대리인들은 루즈벨트에 대한 자기들의 표적 조사를 단행했다. 그러나 루즈벨트는 그들의 조사에서 살아남았다. 그들은 아무것도 발견할 수 없었다. 루즈벨트가 표적이었다는 것이 알려지면서 루즈벨트는 자기가 올바른 일을 하고 있다고 확신했다.73)

그러나 그것으로는 웨스트부룩을 탄핵할 수 없었다. 다수와 소수의 보고서가 의회에서 낭독되는 동안 루즈벨트는 즉시 소수의 보고서를 수락했다. 그는 그 판사가 이 사건에서 행동한 것처럼 오직 부패한 동기만을 가졌다는 것을 믿을 수 없다고 선언했다. 그리고 루즈벨트는 그가 제이 굴드와 부패한 결탁을 했으며 조사의 증거는 어떤 의심의 여지도 없다고 주장하면서 웨스트부룩 판사가 탄핵되어야 한다는 데는 추호의 문제도 있을 수 없다고 말했다. 루즈벨트의 격렬한 주장에도 불구하고 의회는 그의 제안을 무시하고 그 대신에 다수가 미는 보고서를 채택했다. 그러나 몇 주 후에 굴드의 철도회사의 강탈행위에서 그의 역할에 관한 새로운 증거가 발굴되었다는 보고서들의 와중에서 웨스트부

---

72) *Ibid.,* p. 137.
73) *Ibid.,* p. 140.

룩 판사는 트로이(Troy)에 있는 그의 호텔방에서 주검으로 발견되었다. 어느 검시관도 확인하지는 않았지만 상황은 자살을 암시했다.

　루즈벨트가 굴드와 싸운 후에 웨스트부룩 사건은 그가 과거 많은 회의적인 동료들로부터 지지를 획득하도록 했다. 1882년 6월 입법부가 휴회에 들어가자 그는 기뻤고 개혁적 신문들은 그를 칭찬했다. 그의 친구들과 동료 공화당원들은 그를 위한 만찬을 베풀었다. 올버니에서 그의 등장은 그를 수년 만에 뉴욕 공화당원들의 가장 뜨거운 자산으로 만들었다. 10월에 그는 도시 개혁 동아리(The City Reform Club)를 창설했고 10월 말에 그는 의회에 재지명을 수락했다. 이 수락은 루즈벨트의 첫 심각한 직업적 조치였다. 지난 해에 그가 선거에 출마한 것은 조셉 머레이의 힘을 빌린 것이었지만 이제 그는 스스로 출마를 결정했다. 그의 초기 성공에도 불구하고 루즈벨트의 타이밍은 좋지 않아 보였다. 가필드 대통령의 암살로 인해 체스터 아서(Chester Arthur)가 제21대 대통령이 되었지만 그러나 공화당은 극심한 혼란에 빠져 있었다. 가을에 있었던 선거에서 민주당의 그로버 클리블랜드(Grover Cleveland)가 뉴욕의 주지사에 당선되고 대다수의 민주당원들이 입법부에 진입했다.

　루즈벨트는 민주당의 그런 대세에도 불구하고 뉴욕 주 하원의원으로 재선되었다. 루즈벨트의 강력한 승리는 의회에서 공화당원들을 이끌 가능한 후보자로 만들었다. 그는 의장직을 위한 공화당의 지명을 추진했지만 그 지명은 아무런 의미가 없었다. 의회에서 수적으로 배나 되는 다수의 민주당원들이 그들의 지명자를 의장에 앉힐 것이 보장되었기 때문이다. 그러나 그는 투쟁했고 또 공화당원들의 지명을 획득했지만 의장직을 민주당에 잃었다. 결국 이전처럼 루즈벨트는 아무런 권력을 얻지 못하고 끝났지만 그러나 그의 동료들에 의한 인정이 그의 비단 중절모에 멋진 깃털을 만들어주었다.[74]

개혁 공화당원들의 지도자로서 루즈벨트는 개혁민주당의 지도자인 클리블랜드 주지사와 공통의 토대를 추구해야 했었다. 그러나 그는 동맹이 되었어야 할 그런 사람들에게 저항했다. 1883년 입법부 회기는 파업 법안들의 정규적 수확을 가져왔다. 이번 회기에 가장 현저한 것은 뉴욕 고가철도의 요금을 10센트에서 절반인 5센트(a nickel)로 인하하라고 명령하는 조치였다. 루즈벨트는 그 법안에 대해서 철학적으로 장황하게 떠들었다. 한편으로, 그는 승객들에게 동정적이었다. 그러나 다른 한편으로, 그는 사적 기업에 대한 정부의 그런 간섭의 전례를 세우는 것에 대하여 염려하기에 충분한 공화당원이었다. 그는 문제를 더욱 혼란스럽게 만드는 것은 그 법안의 대부분의 지지자들이 진정한 개혁자들이 아니라 요금인하에 투표하지 않음으로써 돈 받기를 희망하는 공갈범들이라는 것을 알고 있었다. 그는 그런 무리들에 합류하는 것을 주저했다. 굴드와 그의 패거리들은 니켈 요금을 위해 다수를 이루는 파업자들의 조건을 거부했다.

당시 상황을 여러모로 검토한 루즈벨트는 다수와 함께 투표했다. 그러나 클리블랜드 주지사가 그 법안에 거부권을 행사했다. 주지사는 정당이 달랐지만 루즈벨트와 같은 방향으로 그 법안에 접근했는데 결국 부정적이었다. 그는 그 법안이 사적인 분야에 비헌법적으로 개입한다고 판단했다. 클리블랜드의 강력한 거부 메시지는 몇 명의 지지

---

74) *Ibid.*, p. 146.

자들로 하여금 자신들의 찬성표를 재평가하도록 만들었다. 그들 가운데 루즈벨트가 있었다. 루즈벨트는 사나이답게 자신의 실수를 인정했다. 그리고 그는 뉴욕의 인기있는 여론에 굴복했다고 고백했다.[75]

며칠 후에 루즈벨트는 그의 의원생활에서 가장 잘못된 연설 중의 하나를 했다. 그것은 루즈벨트의 공화당 동맹 중의 하나인 헨리 스프라그(Henry Sprague)에게 결합된 자리를 주는 특권과 선거에 관한 위원회에 의한 발의를 지지하지 못한 실패였다. 그 위원회의 위원으로서 루즈벨트는 그 위원회의 민주당원들을 포함하여 다수의 지지를 받고 있다는 스프라그의 주장에 대해 그를 확신시킨 증거를 보았다. 그러나 본 회의는 위원회의 권고를 거부하고 스프라그를 정리해 버렸다. 루즈벨트는 이런 뻔뻔한 불의를 참을 수 없었다. 그는 특권과 선거에 관한 그 위원회에 남아서 자기의 시간을 더 이상 낭비하는 것은 웃음거리가 될 것이라고 생각했다. 그리하여 그는 위원회에 사직서를 제출했다. 그리고 그는 스프라그를 축출하는 데 있어서 민주당 의원들의 부끄러운 줄도 모르는 당파성과 올바름과 이성에 대한 거대한 무시를 비난했다. 12명의 민주당 의원들이 당의 지시를 거부하고 현안의 장점에 입각해 투표를 했다. 루즈벨트는 정직하고 사나이다운 사람들에 마땅한 존경을 표했다. 그러나 그들은 수가 너무 적었다. 그는 "정확하게 10 사람이 '평원의 도시들(the cities of the plains)'을 구할 수 없었던 것과 꼭 마찬가지로 이 12명은 민주주의의 소돔(Sodom)과 고모라(Gomorrah)를 구하지는 않을 것"이라고[76] 비난했다.

75) *Ibid.,* p. 147.
76) *Ibid.,* p. 148.

루즈벨트의 분노가 그에게 관심을 끌어 주었지만 그러나 그것은 그가 원하는 종류가 아니었다. 민주주의를 소돔과 고모라에 비유한 것은 아주 신중하지 못했다. 공화당의 과제는 소수의 입장을 잘 이용하는 것이었다. 그런 점에서 루즈벨트가 민주당의 개혁파들과의 다리를 불태운 것은 루즈벨트의 특별히 어리석은 행동이었다.[77] 정계에 막 입문한 초선의원인 루즈벨트는 뉴욕 주 하원의원이 되자마자 의회에서 돌풍 같은 인물이 되었다. 그러나 그 돌풍이 루즈벨트에게 반드시 긍정적인 수확을 가져다 주진 않았다.

---

77) *Ibid.*, p. 149.

제5장
서부의 사나이(Western Man)가 되다

"지도자는 실패가 성공으로 가는 뒷문이라는 것을 알고 있다."
-시어도어 루즈벨트-

1883년 5월 초에 의회가 휴회에 들어갔을 때 루즈벨트는 재빠르게 그 곳에서 빠져나올 수 없었다. 그는 그동안 여름에는 오이스터 베이 (Oyster Bay)로 습관적 피난을 했다. 그곳에서 그와 앨리스는 베이와 인접 콜드 스프링 하버(Cold Spring Harbor) 사이에 있는 언덕에서 최근에 구입한 땅을 걸으면서 그곳에 그들이 건축할 집을 상상했다. 5월 28일 시어도어 루즈벨트는 뉴욕시의 클라크 태번(Clark's Tavern)에서 개최된 술 마시는 파티에서 명예 손님이었다. 그것은 자유무역 동아리 (the Free Trade Club)였다. 그 파티에서 루즈벨트는 고린지(Gorringe) 라는 퇴역 해군 장교를 만났다. 그는 보다 강력한 미국의 해군에 대한 루즈벨트의 꿈을 공유하고 있었다. 이 퇴역한 장교가 <1812년의 해전>의 젊은 저자를 만나고 싶어한 것은 당연했다. 그리고 동등하게 해상문제를 논의한 다음에 이 두 사람이 들소(buffalo) 사냥과 같은

상호 관심사의 다른 주제로 옮겨가는 것은 자연스러운 일이었다.[78]

대화의 어느 지점에서 고린지가 몇 주간의 사냥을 위해 보낼 훌륭한 장소로서 다코타 지역(Dakota Territory)을 추천했다. 리틀 미주리 강 변에 있는 같은 이름의 리틀 미주리(Little Missouri)라는 마을이 좋은 출발지점을 제공했다. 두 사람은 1883년 여름에 함께 서부로 여행해서 들소, 영양 그리고 사슴을 추적할 계획을 마련했다.[79] 그러나 고린지의 사정이 여의치 않자 9월 초 루즈벨트는 뉴욕에서 기차를 타고 시카고로, 그리고 거기에서 일리노이 주와 미네소타 주를 거쳐서 다코다로 갔다. 이것은 그가 지금까지 간 가장 먼 서부였다. 자오선 100을 넘어 매 마일마다 그는 경계와 접촉하는 것을 더 많이 느꼈다. 비스마르크(Bismarck)라는 곳은 북서부의 전형적인 전선 마을이었다. 그는 비스마르크를 지나 한밤중에 다코타-와이오밍의 경계선으로부터 멀지 않은 곳에서 기차를 내렸다.

리틀 미주리는 동이 튼 뒤에도 바라보기에 별 것 아니었다. 원래는 배드랜드스(Badlands)의 가장 자리에 있는 사냥꾼의 캠프인 그곳은 문명과 법의 가장자리 주변에 숨었다. 1870년대에 노던 퍼시픽(Northern Pacific) 철도가 들어와서 보안관을 다시 보지 않길 희망했던 주민들을 불편하게 했지만 그러나 다른 사람들은 서부의 나머지 지역들을 정착시킨 것과 같은 발전주의적 정신으로 철도를 환영했다. 리틀 미주리는 19세기 말과 20세기 초에 미국의 서부를 휩쓸었던 반복되는 선전 광고의 파도를 타고 있었다. 이곳이 부풀어 오른 것은 쇠고기에 대한

78) Edmund Morris, *The Rise of Theodor Roosevelt*, New York: Random House, 1979, p. 182.
79) H. W. Brands, *T. R.: The Last Romantic*, New York: Basic Books, 1997, p. 151.

미국인들의 증가하는 욕구에 의해서 이루어졌다.[80]

9월 초에 루즈벨트가 리틀 미주리에 도착했을 때 그곳이 아주 적막한 곳이라고 앨리스에게 알렸다. 그러나 그는 경치를 보려고 온 것은 아니었다. 그의 주된 목적은 그의 삶에 사냥한 동물의 트로피를 추가하는 것이었다. 그는 지금까지 들소같이 큰 동물을 죽이거나 추적한 적이 없었다. 그러므로 그는 아침 식사가 끝나자마자 들소사냥 안내원들에 관해서 조사하기 시작했다. 고린지는 그에게 믿을 만한 무어(Moor)라는 사람을 찾아보도록 했다. 무어는 리틀 미주리에서 호텔을 운영하고 있었으며 그의 아들이 마을의 모든 사람들을 알고 있었나. 젊은 무어는 조 페리스(Joe Ferris)를 안내원으로 추천했다. 리틀 미주리 주변에 들소가 전혀 남아 있지 않았지만 남쪽으로 몇 개의 상류로(upstream)가 있었다. 무어와 페리는 마을에서 약 40마일 남쪽으로 사냥꾼들이 그들의 작전기지로 이용할 수 있는 장소를 갖고 있는 사람을 알고 있었다. 루즈벨트와 페리스는 빌린 들소 사냥총과 윈체스터 소총을 대신하는 망치로 루즈벨트의 병기를 강화하고 출발했다. 그들은 다음날 저녁 늦게 그레거 랭(Gregor Lang)의 오두막집에 도달했다. 비록 그 여행에 지쳤지만 루즈벨트는 스코틀랜드의 이민자인 그가 얘기를 나누고 싶어서 두 사람은 소떼 목장, 사냥, 정치, 외교문제 그리고 일반적인 인류의 조건에 관해서 자정이 넘도록 논의했다.

새벽 2시까지 얘기를 나눈 뒤 루즈벨트는 여명에 일어났다. 하늘은 배드랜드스(Badlands) 위에 낮게 가라 앉았고 비가 계속 내리고 있었다. 페리스가 날씨가 좋아지길 기다리자고 제안했지만 루즈벨트는 전

---

80) *Ibid.*, p. 152.

진해 나갈 것을 고집했다. 들소는 보이지 않았다. 하루 종일 페리스는 루즈벨트가 추격의 헛됨을 깨닫길 계속 희망했지만 그러나 축축함과 진흙, 그리고 위험한 걷기는 오히려 루즈벨트의 즐거움을 높여주었다. 그들은 사슴을 발견했고 약 200야드 떨어진 곳에서 루즈벨트가 총을 쏘았지만 빗나가 버렸다. 들소는 어느 곳에서도 발견되지 않았다. 다음날도, 그 다음날에도, 결국 일주일 내내 허탕을 쳤다. 그럼에도 불구하고 루즈벨트는 일순간도 사냥을 취소할 생각이 없었다. 저녁때에 루즈벨트는 그레거 랭과 소떼와 목장에 관해서 얘기를 계속했다.

랭과 대화를 하는 동안 루즈벨트는 그가 소떼 목장 주인이 되고 싶다는 아이디어를 확실히 했다. 풀타임은 아니지만 그가 없을 때 목장을 운영할 파트너들을 둘 것이었다. 그러나 뉴욕에서 6개월 이하로 입법 회기를 갖는 주 정치는 결정적으로 파트 타임 일이 되었다. 게다가 철도가 설치된 이후 소목장 전선은 동부에서 기차로 오직 이틀밖에 걸리지 않았다. 젊음과 에너지, 야심과 그가 받은 유산으로 현금이 준비된 루즈벨트는 이 마지막 전선에 도박하기를 원했다.[81] 일이 잘 풀린다면 그는 결국 서부로 이사할 지도 모르는 일이었다. 가장 최근의 정치 계절은 올라가면 또한 내려온다는 것을 보여주었다. 뉴욕만이 정치를 실천할 유일한 곳은 아니었다. 분명히 앨리스가 서부에 오도록 설득이 필요하겠지만 그러나 기차로 그녀는 보스턴과 동부로 빈번히 여행할 수 있을 것이었다.

루즈벨트는 그레거 랭과 계약을 하고 싶었지만 그는 이미 다른 사람과 계약을 한 상태였다. 랭의 반응에 실망했지만 루즈벨트는 그렇

---

81) H. W. Brands, *T. R.: The Last Romantic,* New York: Basic Books, 1997, p. 156.

다면 다른 사람을 추천해 달라고 요청했다. 그는 루즈벨트 안내원의 동생인 실베인 페리스(Sylvane Ferris)와 빌 메리필드(Bill Merrifield)를 믿을 만하고 능력 있는 사람들이라고 추천했다. 루즈벨트가 관심을 보이자 랭은 자기 아들인 링컨(Lincoln)을 메신저로 보냈다. 답변을 기다리는 동안 루즈벨트는 사냥을 재개했지만 이틀 동안 헛수고만 했다. 루즈벨트와 페리스가 둘째 날 랭의 오두막집에 돌아왔을 때 실베인 페리스와 빌 메리필드가 와 있었다. 루즈벨트는 그들에게 자기의 프로젝트를 제안했다. 그들도 역시 계약상태로서 부재 농장주를 위해 작은 소떼를 관리하고 있었다. 그들이 자신들의 상황을 설명했을 때 루즈벨트는 계약, 소떼, 그리고 장비 세트까지 모두 한 번에 구입하겠다고 제안했다.[82] 그들은 미네소타(Minnesota)에 가서 자기들의 고용주와 얘기해야만 한다고 말했지만 그러나 그들은 루즈벨트의 제안을 좋아했다.

더 나아가서, 루즈벨트가 수표책을 꺼내서 1만 4천 달러의 수표를 쓰자 그들은 더욱 좋아했다. 이 액수는 그들의 비용과 그들이 이미 관리하고 있는 150마리를 넘어 수백 마리의 소떼는 물론 농장 운영을 진행하는 비용을 모두 커버했다. 그들은 루즈벨트의 질주와 과감함에 깜짝 놀랐다. 그들이 영수증을 원하느냐고 물었을 때 루즈벨트는 만일 자기가 그들을 믿지 않는다면 그들과 상업에 들어가지 않았을 것이라고 대답했다. 그는 구두 계약만으로 1만 4천 달러의 수표를 그들에게 넘겨주었다. 이에 대해 실베인 페리스는 그가 자기 돈에 대해 갖는 모든 안전보장은 그들의 정직성뿐이라고 감격스럽게 말했다.[83]

---

82) *Ibid.*, p. 157.
83) *Ibid.*

루즈벨트의 미래 파트너들이 출발한 후에 그는 사냥을 재개했다. 마침내 날씨가 좋아졌고 그의 사냥 행운도 좋아졌다. 바람을 안고 있는 들소의 낌새를 느낀 그와 조 페리스는 그들의 말을 묶어 두고 걸어서 들소를 추적했다. 그들이 사격을 할 만큼 가까이 갔을 때 페리스는 루즈벨트에게 들소 어깨의 바로 뒤를 노리라고 지시했다. 루즈벨트는 한 발을 쏘고 들소가 협곡의 끝으로 도망치자 두 발을 더 쏘았다. 총알들이 목표에 맞았는지를 확신할 수 없던 루즈벨트와 페이스는 들소들을 뒤쫓았다. 그러나 그들이 산마루 꼭대기를 지나갈 때 그들은 옆으로 쓰러져 있는 들소를 발견했다. 루즈벨트는 과거에도 사냥에서 재미를 보았기는 했지만, 들소를 잡자 더 기뻐서 어쩔 줄을 몰랐다. 그는 함성을 지르고 죽은 들소 주변에서 춤을 추었다. 그는 페리스에게 그 자리에서 100달러의 보너스를 지급했다.

　루즈벨트는 즉시 앨리스에게 그 멋진 소식을 알렸다. 그는 이 거대한 들소의 머리를 집에 있는 그녀에게 가져갈 것이라고 말했다. 그는 소떼 목장에 투자하는 자기의 결정도 앨리스에게 설명했다. 루즈벨트는 소떼 목장사업에서 큰 돈을 벌 수 있는 기회가 있다고 확신했다. 루즈벨트는 신체적으로 그리고 감정적으로 과거 어느 때보다도 더 기분이 좋아서 배드랜드스를 떠났다. 그는 다시 한 번 사냥 분야에서 자신을 입증했고 또 자신의 삶을 어찌할 것인가에 대한 생각에 추가적 발전을 이루었다. 루즈벨트가 랭 부자들에게 작별을 고하고 레일두부(railhead)로 말을 타고 떠날 때 그레거 랭은 자기 아들에게 이렇게 말했다: "내가 만난 사람들 중에서 가장 대단한 인물이 가고 있다. 내가 아주 착각하는 것이 아니라면 세계는 언젠가 그의 소식을 듣게 될 것이다."[84]

　루즈벨트가 서부에 가 있을 때 앨리스는 첫 아이를 임신 중이었다. 1883년 7월 그녀가 임신했음을 알게 되었을 때 루즈벨트는 예상대로 황홀감을 느꼈다. 루즈벨트는 전통적인 미국의 대가족주의의 이상을 완전히 인정했다. 그는 인구가 증가하는 경쟁적인 세계에서 출산이란 애국적 의무일 뿐만 아니라 최고의 인간적 의무들 중 하나라고 믿었다. 그런 이론을 차치해도 그는 어린애들과 가정의 삶은 인류에 대한 신의 위대한 축복이라고 간단히 생각했다.[85] 루즈벨트는 분만일이 다가오면서 앨리스가 아프게 된 것을 염려했다. 뿐만 아니라 루즈벨트의 어머니도 병환 중이었다. 그의 어머니는 장티푸스를 앓고 있었다. 그러나 당시에는 기도 외에 아무 것도 할 수 없었다. 1884년 2월 12일, 화요일 저녁 8시 30분에 8파운드(3.6킬로그램)가 조금 넘는 딸을 낳았다. 그 행복한 소식은 신속하게 올버니에 있던 루즈벨트에게 전신으로 전해졌다. 루즈벨트는 기뻤다. 그는 의회 내 친구들의 축하를 받고 여송연들(cigars)을 돌렸다. 몇 가지 급한 일을 정리하고 자신의 처와 딸에게 가기 위해 남쪽으로 향할 준비를 하였다. 다음 날 늦게 그가 마침내 맨해튼에 도착했을 때 그는 마차에 급히 올라 마부에게 57번가에 있는 집으로 최대한 빨리 가달라고 독촉했다. 문 앞에서 동생 엘리엇이 그를 맞이했다. 앨리스는 의사들이 신장염이라고 막연하게 진단한 질병과 싸우고 있었다.

　루즈벨트는 앨리스의 침대 곁에서 그리고 같은 이름의 어머니의

---

84) *Ibid.,* p. 159에서 재인용.
85) H. W. Brands, *T. R.: The Last Romantic,* New York: Basic Books, 1997, p. 160.

침대 곁에서 그후 16시간을 보냈다. 그의 마음이 부인 앨리스에게 가 있었지만 그의 어머니가 더 빠르게 숨을 거두고 있는 것처럼 보였다. 실제로 2월 14일, 목요일 아직 어두운 새벽에 어머니가 먼저 별세했다. 잠을 못 잔 루즈벨트는 계단들을 올라 부인 앨리스의 침대로 다시 한 번 다가갔다. 그곳에서 그의 간호가 더 길었지만 그러나 아무런 소용이 없었다. 같은 날 이른 오후에 부인 앨리스도 숨을 거두었다. 루즈벨트는 자신의 삶에서 빛이 사라졌다고 말했다.86) 앨리스의 죽음으로 루즈벨트는 누가 보아도 변해버렸다. 그는 자기에게 그것에 관해서 어느 누구도 입을 열기를 원하지 않았다. 말을 하고 싶지 않았다. 그것은 그의 영혼이 처한 슬픔이었다. 앨리스의 죽음 이후 그는 다시는 결코 사랑하지 않을 것이며, 자기의 추억에 충실할 것이며, 그녀와 함께한 사랑을 간직하고 그것은 순수하게 유지할 것이며, 그리고 다른 사랑들에 의해서 달래질 수 없다고 다짐했다.87)

루즈벨트에게 정치적으로 중대한 시점은 1884년 공화당 전당대회였다. 당시 현직 대통령 체스터 아서(Chester Arthur)와 메인 주 출신 제임스 블레인(James Blaine)이 공화당의 대통령 후보의 지명을 위해 경합하고 있었다. 루즈벨트는 공화당 개혁자들과 함께 처음에는 제3의 후보인 조지 에드먼스(George Edmunds) 상원의원을 밀었다. 루즈벨트는 아서 파와 블레인 파들 사이의 균형을 조절하기 위해 에드먼스의 후보를 이용했다. 다음 달에 루즈벨트는 전당대회에서 독립적인 입장을 강화하려고 애를 썼다. 루즈벨트와 그의 동료 독립파들은 아

---

86) *Ibid.*, p. 162.
87) *Ibid.*, p. 165.

서가 총선에서 승리할 가능성이 없다고 내다보았다. 블레인이 첫 투표에서 앞서 갔지만 그는 4번째 투표에서 1등을 차지했다. 그 결과가 루즈벨트를 놀라게 하지는 않았지만 그를 실망시켰다.

시카고의 공화당 전당대회는 루즈벨트가 처음으로 전국정치에 노출되는 계기가 되었다. 그가 만난 많은 사람들이 그에게 큰 인상을 받았다. 비록 그의 후보가 최종적으로 패배했지만 루즈벨트는 시카고 전당대회에서 자신의 역할에 자부심을 느꼈다. 그는 그곳에서 짧은 연설을 할 기회를 가졌기 때문이다. 자신의 연기에 스스로 만족한 루즈벨트는 1만여 명이 모인 사람들에게 연설할 기회를 가진 것은 처음이었다고 말했다. 그는 곧 디코터로 가는 기차에 올랐다. 24시간 내에 그는 리틀 미주리에 와 있었다. 서부 경계선에 도착하고서 그는 다시 생기를 되찾았다.[88] 루즈벨트는 명백하게 가을에 뉴욕 입법부로 돌아갈 의도가 없었다. 그는 결국 정치의 현장으로 돌아가겠지만 그러나 부인의 상실감의 고통이 완화되기 전에 돌아가지는 않을 것이었다. 당시로서 그는 목장일에 몰두할 것이었다.

목장생활은 확실히 그에게 어울렸다. 그는 소떼 몰이에 하루 종일 참가하기 위해 말을 타거나 영양을 사냥했다. 6월에 그는 홀로 평원을 가로지르는 짧은 여행을 하기도 했다. 그는 안내원 없이 혼자서 잘 할 수 있는지 스스로를 시험하고 싶었다. 비록 사냥이 뭔가 허전함을 느끼게 했지만 그런 경험이 그의 영혼을 달래 주고 있었다. 이런 경험에 의해 강해진 루즈벨트는 와이오밍(Wyoming)의 빅혼 산맥(the Big Horn Mountain)으로 보다 야심적인 여행에 착수했다. 그는 자신이 사냥을 위

---

88) *Ibid.*, p. 172.

해 복장을 준비할 때 돈을 아끼지 않았다. 그의 잘 갖추어진 사냥 복장은 자신감을 느끼게 해주었다. 그의 안내원인 빌 메리필드(Bill Merrifield)가 보급품 마차를 몰고, 식사를 준비하고 또 캠프를 관리했다. 그들은 몬태나(Montana)로 가는 길을 잡고 날씨에 따라 하루에 30마일(48.3킬로미터)까지 달렸다. 루즈벨트와 메리필드는 온갖 새들과 작은 포유동물을 사냥했다. 루즈벨트는 그 여행의 치유적 목적을 인정했다.

루즈벨트는 자기 목장인 침니 버트(Chimney Butte)에 돌아오자마자 곧 동부로 가는 기차에 올랐다. 이제 1884년 대통령 선거운동은 상스러운 비난의 새로운 기준을 세우고 있었다. 루즈벨트는 선거운동 기간에 다코타로 돌아가는 것을 고려했지만 그의 전투정신은 민주당을 추적해야만 했다. 그는 여러 차례나 유세를 했다. 그는 클리블랜드와 주당원들을 공격하는 데 집중했다. 그는 의회에 출마하고 있는 캐벗 로지(Cabot Lodge)의 선거운동을 위해 매사추세츠로 갔다. 로지는 루즈벨트에게 안전한 선택이었다. 로지는 훌륭한 지위의 공화당원이지만 그러나 동시에 독립적인 정신과 개혁주의적 비전을 가진 인물이었다. 그러나 선거일에 공화당의 큰 표차이로 낙선한 대통령 후보 블레인처럼 공화당의 로지도 아주 근소한 차이로 패배했다. 루즈벨트는 자기의 정치적 경력이 끝났다고 실제로 믿을 수 있었다. 루즈벨트가 1884년 선거 후 로지에게 그의 낙선을 패배가 아니라 하나의 차질로 해석하라고 권고했을 때 그는 자기 자신에 관해서 말하고 있었을 것이다. 그는 다음의 정치적 기회가 올 때까지 참을성 있게 기다려야 한다고 이해하고 있었다.[89]

---

89) H. W. Brands, *T. R.: The Last Romantic,* New York: Basic Books, 1997, p. 180.

루즈벨트는 다코타로 돌아갔다. 그곳에서는 그의 "작은 제국(little empire)"이 건설 중이었다. 그는 목장 사업에서 자신의 역할을 증대시켰다. 적어도 추가적으로 1,000마리를 늘릴 목적으로 그는 또 다른 목장을 획득하려고 했다. 그는 기존의 자기 목장 침니 버트에서 북쪽으로 약 40마일(64.4킬로미터) 떨어진 곳에 있는 엘크혼(Elkhorn) 목장을 사들였다. 새로운 목장은 새로운 일꾼들이 필요했다. 루즈벨트는 메인 주에 있는 빌 시월(Bill Sewall)을 염두에 두었다. 루즈벨트는 그에게 매력적인 제안을 해야 한다고 생각했다. 그는 시월에게 3천 달러의 수표를 보냈다. 그리고 그는 자기 제안의 본질들을 서술했다. 시월은 자기 조카 윌모트 도우(Wilmot Dow)를 데리고 왔다. 그들은 곧 그들의 부인들과 합류했다. 첫 겨울 동안에 엘크혼 목장에 집을 지었다. 그것은 루즈벨트의 모든 용도를 고려한 큰 집이었다. 루즈벨트는 다코타에서 겨울의 많은 시간을 결코 보내지 않았다. 바로 그 첫 해에도 성탄절 이전에 뉴욕으로 돌아가서 그곳에서 3개월간 머물렀다. 그러한 사실은 루즈벨트가 파트타임 목장주라는 것을 의미했다. 그는 흥미롭고 도전적인 카우보이 삶의 활동에 참가하는 것을 중요시했다.

어떤 면에서 루즈벨트는 자기의 다코타 이웃들에게는 거의 귀족으로 보였음이 틀림없다. 그는 대부분의 목장주들에게는 진지한 사업이 그에게는 취미 활동이었다. 그러나 루즈벨트는 그의 다른 취미에서처럼 혼신을 다했다. 소떼 몰이를 할 때에 그는 누구 못지 않게 오랫동안 열심히 말을 탔다. 그는 말을 타거나 로프를 던지거나 갈라치기에서 재능으로 진짜 카우보이들에게 결코 인상을 주지는 못했지만 그들 모두는 루즈벨트의 끈기와 용기를 존경하게 되었다. 루즈벨트는 이런 성질을 과시할 충분한 기회를 가졌다. 1880년대 중반에 리틀 미주리 주변의 시골은 일상적 토대에서 비교적 법이 없는 땅이었다. 가장 가까이에 있는 보안관은 코네티컷 주 크기의 영토를 책임지고 있었다. 그리고 가장 가까운 연방 판사는 데드우드(Deadwood)라는 자기 주거지의 질서를 유지하는 데도 여유가 없었다. 따라서 정의란 일시적이었다. 자신의 권리를 고집하는 사람은 그가 진실로 고집을 부리는지 확인하기 위해서 한두 번의 시험을 거친 뒤에야 방해 받지 않았다. 반면에 온순한 사람들은 땅을 상속받아도 서부 다코타에서 그들의 상속받은 땅을 발견하지 못할 것이다.

바로 땅이 정확하게 그곳 주변에서 발생하는 대부분 분쟁의 원천이었다. 아직도 경계선 영토인 다코타는 사람들로 그러나 사람들보다는 소떼들로 빠르게 채워졌고 그 지역은 오직 많은 소떼들만 지원할 수 있다는 것이 모두에게 분명했다. 초기 정착자들은 새로운 정착자들이 밀려들어 모두에게 해를 끼칠 것이라고 염려했다. 그에 따라 토박이들은 종종 야심가들을 좌절시키려고 시도했다. 1884년에 루즈벨트는 자기가 바로 그런 처지에 있다는 것을 발견했고, 그래서 그는 기도된 좌절의 대상이 되었다. 시월과 도우가 엘크혼에서 집을 짓기 위해 통나무들을 자르기 시작하자마자 그들은 토박이 드 모어 후작(Marquis de Mores)과 연관된 일당의 방문을 받았다. 그 일당의 두목은 패덕(Paddock)이라는 이름의 유명한 살인자로서 바로 그의 그런 명성 때문에 고용되었다. 패덕은 시월에게 권리상 후작에게 속하는 지역을 루즈벨트의 소떼들이 거쳐 가고 있음을 그들의 보스에게 말해야 한다고 경고했다. 그리고 루즈벨트가 상당한 금액으로 방목지의 권리를 구매하거나 깨끗이 비워주어야 한다는 것이었다. 이런 의견교환은 루즈벨트가 회색 곰들을 사냥하러 떠나 있는 동안에 발생했다. 루즈벨트가 돌아오자 시월로부터 그런 메시지를 전달받은 그는 이 문제를 직접 맞서기로 결정했다.[90]

총잡이 패덕은 뉴욕에서 온 놈을 보자마자 쏘아버리려고 한다고 마을 주변에 떠벌이고 있었다. 루즈벨트는 그 불한당이 회색 곰보다 더 위험할 수는 없다고 계산했다. 그의 소총과 권총이 여전히 작동하고 있다는 것을 확인하기 위해 그것들을 점검한 후에 마을 끝에 있는 패덕이 있는 곳으로 말을 달렸다. 그는 오두막의 문을 두드리며 안에 있는 사람이 밖으로 나오길 요구했다. 그는 패덕이 총싸움을 위협하고 있음을 들었다고 말했다. 그는 사격할 준비가 되어 있었다. 새로 온 자를 위협만으로 쫓아내는 데 충분할 것이라고 믿었던 패덕은 이 잘 무장하고 명백히 결연한 사람과 싸우길 원치 않았다. 그는 오해가 있었다고 설명하고 자기의 말이 잘못 전달되었다고 변명했다. 그후 패덕은 루즈벨트를 괴롭히지 않았다. 이 사건이 작은 마을에 퍼져 나갔으며 다른 주민들도 신경을 쓰는 자들이 거의 없었다.

그러나 이따금 이 새로운 사람에 관해서 알지 못하고 그의 비상한 모습을 위약함이나 결의의 부족으로 착각했다. 값싼 위스키를 여러 잔 마신 문제의 깡패는 술집에서 어느 날 밤에 루즈벨트를 훑어보고 "안경쟁이"라고 소리쳤다. 그 자리에 있는 모든 사람들에게 안경쟁이가 오늘밤 대접할 것이라고 말했다. 루즈벨트는 처음에는 정신나간 술에 취한 자의 모욕이라고 웃어 넘기려고 했지만 그 악당이 고집을

---

90) H. W. Brands, *T. R.: The Last Romantic,* New York: Basic Books, 1997, p. 183.

피웠다. 그는 양손에 권총을 들고 욕지거리를 뱉으면서 그를 향해 서 있었다. 그러나 그는 어리석게도 너무 가까이 서 있었고 그의 뒷굽들이 가깝게 붙어있어서 그의 자세는 불안정했다. 따라서 루즈벨트가 술을 사야 한다는 거듭되는 명령에 그래야만 한다면 그렇게 하지라고 말하면서 루즈벨트는 자리에서 일어나 한쪽 주먹으로 그 악당의 한쪽 턱을 신속하고 강력하게 갈겨버리고 왼손과 오른손 주먹을 번갈아 가면서 후려쳤다. 그가 총을 발사했다. 이것은 그의 손의 발작적인 행동이었는지 아니면 그가 루즈벨트에게 총을 쏘려고 한 것인지는 알 수 없었다. 그가 쓰러질 때 그는 술집 구석에 머리를 부딪쳤다. 그는 감각이 없었다. 루즈벨트는 이 사건에서 강력한 행동과 결합된 부드러운 말의 가치를 배웠다.91)

또 다른 경우에 루즈벨트는 다른 방식으로 그에게 도전한 악당을 마주해야 했다. 나쁜 명성을 가진 마이크 피네건(Mike Finnegan)과 그의 두 명의 친구들이 3월 어느 날 리틀 미주리로 타고 가는 루즈벨트의 노 젓는 배를 가져갔다. 그 배 자체는 많은 고난을 감수할 가치가 없었다. 그러나 루즈벨트는 자신의 명성을 고려해야 했다. 그래서 그는 시월과 도우를 불러서 자기 재산을 찾고 그것을 가져간 책임자들을 잡으려고 결심했다. 그 추적에 공식적 존경을 부여하기 위해서 루즈벨트는 자신을 부보안관으로 임명했다. 여러 날을 강에서 보낸 뒤에 루즈벨트와 그의 수행원들은 배 도둑들의 캠프를 발견했다. 그들은 그곳에 혼자 있는 놈을 신속하게 덮쳤고 그는 다른 두 놈들은 저녁거리를 찾아 나갔다고 말했다. 그 놈에게 총을 겨누고 감시를 하면

---

91) *Ibid.*, p. 184.

서 다른 두 놈들이 돌아오길 기다렸다. 그 자들은 잡혔을 때 아무런 저항도 하지 않았다.

만일 루즈벨트가 정의의 형식에 덜 집착했다면 그는 그 지역에서 다른 사람들이 그러는 것처럼 현장에서 처벌을 집행했을 것이다. 그 랬다면 그는 상당한 수고를 면했을 것이지만, 루즈벨트는 포로들을 1백 마일이나 호송하여 디킨슨(Dickindon)으로 후송해야만 했다. 처음에는 강을 통해 그러나 육지에선 시월과 도우를 배에 남겨두고 혼자서 마차를 고용하여 윈체스터(Winchester) 총을 들고 그 포로들을 후송했다. 추운 밤에 깨어 있기 위해 루즈벨트는 <안나 카레니나> (*Anna Karenina*)를 읽었다.[92] 그리고 아침에 그 포로들을 기꺼이 넘겨주었다. 루즈벨트는 서부에 머무는 동안 가장 "서부 사나이다운" 행동을 통해 자신을 입증했다. 정통 서부영화의 대표적 사나이 존 웨인(John Wayne)이나 마카로니 웨스턴의 외로운 정의의 사나이 역할의 클린트 이스트우드(Clint Eastwood) 같은 배우들이 태어나기도 훨씬 전의 일이었다.

경계의 정의의 규약에 대한 그의 추억은 사나운 서부의 일처럼 무법이고 무정부적인 국제문제에 대한 루즈벨트의 미래 접근법을 물들였을 것이다. 그의 다코타 시절은 국내정치에 대한 그의 접근법에도 영향을 주었다. 무엇보다도, 목장운영은 루즈벨트를 환경보존주의자로 만들었다.[93] 패덕과의 싸움이 보여 주었듯이 과잉 목축업의 잠재력이 평원의 농장주들의 마음을 끊임없이 짓눌렀다. 루즈벨트가 침니

---

92) *Ibid.,* p. 185.
93) *Ibid.,* pp. 185–186.

버트와 엘크혼 목장에 있는 소떼들에만 만족했다면 아무도 그를 괴롭히지 않았을 것이다. 그러나 그가 그들의 숫자를 5배 혹은 10배로 늘리려고 움직였을 때 이웃들은 불평하지 않을 수 없었다. 그러나 그 불평은 아무런 법적 효과를 갖지 못했다. 왜냐하면 불평자들 가운데 누구도 문제의 땅을 소유하고 있지 않았기 때문이었다. 작은 예외들이 있지만 모두가 공공의 땅에서 자기들의 소떼들을 방목했다. 그 공공의 땅은 워싱턴의 서부에 사는 누구도 법적 자격을 갖고 있지 않았다. 그것은 먼저 오는 게 임자라는 원칙이 적용되어 오용의 여지가 있었다. 오직 어떤 협조적 조치에 의해서만, 즉 어떤 자기 부정의 계약에 의해서만 그 공동체는 재앙을 방지할 수 있었다.

루즈벨트는 패덕을 굴복시킨 지 오래 되지 않아 이 문제를 다루었다. 1884년의 선거 후에 다코타에 돌아오자마자 루즈벨트는 리틀 미주리 지역에 목축업자협회를 설립했다. 그의 노력으로 12월 중순에 리틀 미주리 목축업자 협회의 첫 회의가 메두라(Medora)에 있는 로버츠 홀(Roberts Hall)에서 개최되었다. 그 지역에서 가장 영향력 있는 사람들을 포함하여 참석한 농장주들은 즉시 루즈벨트를 의장으로 선출하고 그에게 그 조직을 위한 규약을 작성하도록 맡겼다. 모든 참석자들이 만족했다. 그는 동부로 가서 협회의 규약을 작성했을 뿐만 아니라 평원과 산에서 자신의 사냥 경험을 설명하는 책을 썼다. <목장 경영자의 사냥여행>(*Hunting Trips of a Ranchman*)이라는 제목은 다코타 시골의 풍경의 묘사로 그리고 때로는 시적인 글을 섞었다. 그리고 그곳에서 삶과 카우보이들에 관해서 썼다. 루즈벨트는 경계선에서 모험에 관한 비슷한 책으로 이미 만원인 출판시장에 진입했다. 그의 책은 처음에 500부 정도의 작은 판매에 그쳤고 관심도 크게 끌지 못했다.

그 책의 원고를 탈고한 다음에 그는 다시 다코타에 돌아왔다. 그는 겨울동안 캐벗 로지와 인사를 재개하고 그에게 경계선에서 자기가 경험한 모험에 관해 그가 평가하게 했다. 그는 로지에게 이제 자기는 카우보이 일을 아주 제법 잘 할 수 있다고 자랑했다. 1885년 3월에 그는 전국정치의 현 상황을 "무명인들의 극치"라고 묘사했지만 그러나 두 명을 제외하고는 클리블랜드 대통령 내각의 선택은 존중할 만하다고 인정했다.

1885년 봄 뉴욕으로부터 몇 명의 개혁주의 공화당원들이 뉴욕 정치로의 복귀에 대해 타진했다. 그는 놀랍게도 긍정적으로 대답했다. 뉴욕으로 돌아 온 지 2주 내에 그는 윌리엄 그레이스(William Grace) 시장 하에서 보건이사회(the Board of Health)의 이사장으로 뉴욕시의 행정부 내 임명직의 제안을 받았다. 그는 거절하기 전에 잠시 망설였다. 그의 뉴욕 지지자들은 고집을 부렸다. 그가 최종적 결정을 하기 전에 다른 기회가 발생했다. 엘리후 루트(Elihu Root)를 포함하여 존경받는 공화당원들이 그레이스 시장을 계승할 후보자로 그의 이름을 들고 나왔다. 루즈벨트는 그 제안을 수락했지만, 아주 마지못해서 그 지명을 받아들였다. 왜냐하면 공화당의 저명인사들이 그에게 간청했기 때문이다. 그는 성공의 가능성이 없다고 생각했다. 그래서 루즈벨트는 그가 바랄 수 있는 것은 품위를 잃지 않는 결과였다. 그는 시청의 과감한 개혁을 주장했다. 그러나 환경적 제약이 너무 컸다. 그는 선거에서 3등을 했지만 존경할 만한 3위였다. 통찰력을 가진 관찰자들은 선거의 결과를 패배라기보다는 카우보이가 곧 그의 박차를 가할 표시라고 해석했다.[94] 그는 뉴욕에서도 이제는 카우보이라는 이미지로 더 잘 알려지게 되었다. 그는 분명히 서부의 사나이로 인식되는 것을 자랑스럽게 여겼다.

---

94) *Ibid.*, p. 192.

제6장
새로운 시작: 시민봉사위원회를 통해 워싱턴에 진입

　서부의 사나이로 황야에서 한 계절을 보낸 후에 사랑이 루즈벨트의 삶에 다시 한 번 찾아 들었다. 20대에 사랑에 빠지는 것은 누구와의 문제였다. 앨리스가 그의 가슴을 울리지 않았다면 다른 여인이 그랬을 것이다. 그러나 두 번째는 달랐다. 앨리스의 죽음은 다른 밀접한 집착을 형성하는데 그로 하여금 주저하고 염려하게 만들었다. 앨리스의 죽음은 그를 찢어버렸으며 감정적이든 아니든 자기의 권리와 책임에 관해서 혼란스러웠다. 딸 앨리스를 포기한 것이 그의 마음에 상처가 되었다. 그는 딸을 그녀의 숙모에게 맡긴 것은 자기가 너무 바빠서 어린 아이를 돌볼 시간이 별로 없었다고 합리화했다. 다코타는 애기가 머물 곳이 아니었다. 자기 여동생 배이미(Bamie)가 훨씬 더 안정적이고 육아하기 좋은 환경을 제공할 수 있다고 주장했다. 물론 그는 여동생에게 양육비를 지불했다.

그러나 이런 모든 이유에도 불구하고 그것들이 아이에 대한 자기의 관심 부족의 정도를 설명하지는 않는다. 이런 루즈벨트의 행동은 딸 앨리스가 성장함에 따라 그녀에게 불행한 영향을 끼쳤다. 그리고 그것은 루즈벨트에게도 행복하지 않은 결과를 가져다 주었다. 그는 자신의 감정을 드러내지 않고 올버니와 시카고에서 정치에 그리고 그 후에는 다코타에서 사냥과 목장 운영에 자기의 감정적 에너지를 쏟아 부었다. 그러나 정치와 목장 운영이 그의 감정적 상처를 완벽하게 치유하지는 못했다. 제2의 감정적 집착을 형성할 기회가 발생했을 때 그는 자신과 그를 가장 잘 아는 사람들을 놀라게 할 만큼 민첩하게 그 기회를 포착했다.[95]

루즈벨트가 에디스 카로우(Edith Carow)에게 구애하는 배경은 신비에 싸여 있다. 그는 분명히 자신의 금욕적 삶에 대해 말하지 않았으며 또한 그는 에디스의 구애도 가능한 한 조용히 했다. 에디스에게는 루즈벨트와 함께하는 배경을 모호하게 할 다른 이유가 있었다. 그녀는 두 번째 부인의 문제에 직면했다. 그녀는 자신이 시어도어의 두 번째 선택이라는 감정을 피할 수 없었다. 그녀는 앨리스만큼 자격이 있었지만 루즈벨트는 에디스에게 부족한 다른 분명한 이유로 앨리스를 선택했다. 앨리스가 더 아름다웠고 보다 더 명랑한 성격의 소유자였다. 에디스도 재능을 가지고 있었지만 그것이 아주 낭만적이지는 않았다. 그래서 그녀는 1886년까지 미혼으로 남아 있었다. 에디스가 앨리스의 죽음으로 망가진 그의 마음을 치유하는 데 루즈벨트를 도울 것이지만

95) H. W. Brands, *T. R.: The Last Romantic,* New York: Basic Books, 1997, p. 195.

그의 사망이 망가지기 이전의 심장을 결코 요구할 수 없을 것이다.

1886년 루즈벨트는 에디스와 약혼소식을 털어놓아 여동생 베이미를 놀라게 했다. 에디스와 그의 임박한 결혼은 그해 가을에 시장선거에 출마하도록 영향을 미쳤지만 그는 그녀에게 다코타에 거주할 것을 요구할 수는 없었다. 그녀는 마치 그가 뉴욕에서만 시간을 보낸다면 미쳐버릴 것처럼 그곳에서 미쳐버릴 것이다. 경계선 지역은 에디스 같은 지적으로 세련된 여인이 살 곳은 아니었다. 뿐만 아니라 경계선 지역이 매력적이기는 했지만 그곳은 그의 집이 아니었다. 1886년 가을에 선거싸움이 동부로 돌아가려는 그의 결심을 이루어 냈다. 비록 선거에는 졌지만 그는 여전히 뉴욕의 정치에서 경쟁할 힘이 있음을 분명히 했다. 목장 운영은 그의 취미로 남겠지만 그의 마음과 집은 뉴욕에 있었다. 그렇다고 해도 루즈벨트는 재혼에 관한 그의 모호함을 극복하지는 않았다.[96]

그러나 에디스와 유럽으로의 신혼여행의 새로운 흥분은 모든 것을 잠재웠다. 런던에 도착하자마자 그와 그의 부인은 자기의 동갑내기 친구인 영국의 세실 스프링 라이스(Cecil Spring Rice)와 그의 친구들을 만났다. 그리고 그곳에서 12월 2일 결혼식을 올렸다. 스프링 라이스가 그의 들러리를 섰고 에디스의 자매인 에밀리(Emily)가 신부의 들러리가 되었다. 신랑과 신부는 유럽대륙을 향해 런던을 떠났다. 1886-87년 겨울은 이탈리아에서 즐겁게 보냈다. 1887년 봄에 유럽에서 돌아온 지 얼마 지나지 않아 루즈벨트와 에디스는 사가모어 힐(Sagamore Hill)로 이사했다. 이 집은 22개의 방을 가진 거대한 저택이었고 대부

---

96) *Ibid.*, p. 201.

분이 비어 있었다.

　루즈벨트는 1888년 선거에 때맞추어 돌아왔고 그는 전국적 선거운동에 열심이었다. 에디스도 디트로이트에서 세인트 폴에 이르는 중서부 북쪽에서 그리고 다시 보다 남쪽 루트에서 벌인 선거운동에 그와 합류했다. 그가 지원한 벤자민 해리슨(Benjamin Harrison) 공화당 후보가 인민투표에서는 현직 대통령인 클리블랜드에게 패배했지만 선거인단에서 승리하여 대통령에 당선되었다. 이제 의회 의원인 캐벗 로지가 루즈벨트를 국무성 차관보로 루즈벨트의 임명을 추천했지만 그러나 해리슨 대통령 당선자는 루즈벨트를 지나쳐버렸다. 4월에 해리슨 대통령은 시어도어 루즈벨트를 연방 시민봉사위원회(Civil Service Committee)의 3인 위원들 중 한 사람으로 선발해 발표했다. 그 자리는 큰 상이 아니었다. 임금이 연봉 3천 5백 달러로 빈약했다. 그러나 루즈벨트는 그 직책에 있으면서 좋은 정부의 주제에 대한 공화당원들의 대변인이 되었다. 루즈벨트의 가시성은 위원회를 위한 그의 전국여행으로 향상되었다.[97] 각 도시에서 그는 새로운 접촉을 형성했고, 새로운 사람들을 알게 되었으며 새로운 동맹을 수립했다. 그가 위원회를 떠나기 오래 전에 그는 전국적으로 좋은 정부 개혁자들에게 잘 알려졌다. 그러나 그의 신분향상에 대한 핵심은 워싱턴으로 진출하게 된 것이었다.[98]

　1860년대까지 워싱턴은 벽지의 소도시 정도로 남아 있었다. 그곳은 파트타임 정치인들이 주들의 영역을 넘어서는 비교적 수가 몇 개 되지 않는 주제들에 관해서 입법을 하기 위해 토론하고 때로는 입법

---

97) *Ibid.*, p. 227.
98) *Ibid.*

을 위해 모이는 겨울 캠프 같은 곳이었다. 여름에는 모든 사람들이 보다 날씨가 좋은 곳으로, 즉 미국의 거의 모든 곳으로 피신했다. 그 사이에 뉴욕은 미국의 재정적 수도였고 보스턴은 일종의 문화적 수도였다. 그런데 남북전쟁이 사태를 바꿔버렸다. 의도하지는 않았지만 그러나 결정적으로 그리고 돌이킬 수 없을 정도로 수없이 전쟁은 나라의 정치적 지리를 변경했다. 총사령관의 본부였던 워싱턴은 전시작전의 중심지가 되었다. 그리고 전쟁이 정치적 혁명으로 진화하자 워싱턴은 그 혁명의 조종석이 되었다. 연방정부가 주들을 타도했고 또 그 자체를 국가 전체 내에서 궁극적인 권력의 중심지로 만들었다. 탄원하는 자나, 불만이 있는 자, 그리고 상황이 어떻게 되어야 한나는 것에 관해서고 말하거나 바라는 뭔가를 가진 자들은 이제 그들의 주의 수도들에 앞서 워싱턴으로 몰려들었다. 연방정부는 전쟁 중에 엄청나게 확대되었다. 공화당의 장악으로 인해 기업과 정부 사이의 유리한 협조관계가 확신을 갖게 되었다. 철도에 대한 연방정부의 뒷받침은 이 협조의 가장 가시적 형태였다. 그러나 그것은 광산과 상업적 농업으로부터 모든 방식으로 관세의 보호를 받는 제조업으로 확장되었다.

루즈벨트가 정치인들 사이에서 지식인이었던 것과 또 같은 방식으로 알프레드 세이어 머핸(Alfred Thayer Mahan)은 군인들 사이에서 지식인으로 통했다. 머핸은 로드 아일랜드(Rhode Island)에 있는 뉴포트(Newport)에 당시 설립된 해군전쟁대학(Naval War College)에서 역사를 가르쳤다. 루즈벨트가 그 대학의 창립자인 스티븐 루스(Stephen Luce) 제독의 초대를 받아 1888년 여름에 그 대학을 방문했다. 루스 제독은 1812년 전쟁에 관한 루즈벨트의 책을 알고 있었고 그 저자를 떠오르는 정치적 인물이고 또 잠재적 대학의 후원자로서 기대했다. 루즈벨트는 교수진들과 학생들에게 자기 책이 다룬 물리적 측면에 관해서 연설했다. 그리고 그때 루즈벨트는 머핸도 만났다.[99] 당시에 머핸은 역사에서 해군력에 관한 일련의 강의들을 출판하고 있었다. 머핸의 계획은 역사에서 해양력(sea power)의 중요성을 과시하는 것이었고 또 간접적으로 미국에서 해군전쟁대학의 중요성을 과시하는 것이었다.[100] 그리고 루즈벨트와 머핸은 루즈벨트가 대통령이 된 후에 미국의 해군건설을 위해 굳건한 파트너가 될 것이다.

시어도어 루즈벨트는 큰 정부라는 공화주의 전통의 계승자였다. 그는 1889년 봄에 워싱턴에 입성했을 때 그런 유산을 주장하는 자신의 첫 조치를 취했다. 임신 중인 에디스와 아이들은 사가모어 힐에 남아 있었지만 새 아이가 태어나면 워싱턴에서 그와 합류할 것이었다. 당분간 그는 캐벗 로지의 집에서 방 하나를 사용할 것이었다. 워싱턴에 있는 루즈벨트의 이웃들은 대부분이 정치인들이었다. 루즈벨트가 워싱턴에 도착했을 때 워싱턴은 진정한 삶의 모습을 제공했다. 그곳은 문명의 덧치기의 관점에서 뉴욕이나 보스턴이나 필라델피아가 아니었다. 워싱턴은 통치하는 계급의 집이었다. 그러므로 루즈벨트는 그곳에 있기를 원했다.[101]

워싱턴에서 루즈벨트는 나라의 가장 강력한 정치인들과 관계를 구

---

99) H. W. Brands, *T. R.: The Last Romantic,* New York: Basic Books, 1997, p. 236.
100) 루즈벨트에게 아주 깊은 인상을 준 것은 <역사에 미친 해양력의 영향, 1660−1783> (*The Influence of Sea Power upon History, 1660−1783*)으로 수정되어 1890년에 출판된 것이었다. 그 책은 해군역사의 학생으로서 그리고 보다 크고 또 보다 강력한 미 해군의 주창자로서 루즈벨트에게 호소력을 갖고 있었다.
101) H. W. Brands, *T. R.: The Last Romantic,* New York: Basic Books, 1997, p. 229.

축하는 걸 배웠다. 그는 이미 1889년 하원 의장이 된 메인 주 출신의 톰 리드(Tom Reed)와 대화와 서신으로 알고 지내게 되었다. 리드는 아마도 당시에 가장 현저한 정치적 인물이었을 것이다. 만일 그가 맥킨리나 특히 루즈벨트 같이 대중들과 접촉을 했더라면 그는 대통령이, 어쩌면 위대한 대통령이 되었을 것이다. 그는 의회에서 누구보다도 잘 교육받고 독서력이 높은 인물이었다. 그는 캐벗 로지와 함께 정치하는 학자로 알려졌다. 리드의 개인 장서는 수천 권에 달했는데 영어가 아닌 외국어로 된 것들이 많았다.

그러나 리드가 탁월했던 것은 토론자로서 그리고 의회주의자로서였다. 1889년에 소집된 제51차 의회에서 그는 하원에서 의회절차상 쿠데타를 일으켰다. 루즈벨트, 로지 그리고 다른 보다 영향력 있는 사람들에 의해 인정을 받고 리드 의원은 하원의장 자리를 놓고 윌리엄 맥킨리를 간신히 패배 시키고, 하원 의사당의 운영을 즉시 간소화했다. 그의 가장 극적이고 논란의 한 방은 신체적으로 참석한 의원들이 정족수를 계산할 때 회의 중 부재를 요청하여 반대하는 법안들을 막는 조치를 허용하는 비논리적이지만 오랫동안 형성된 아주 고질적인 행동을 중단하는 것이었다. 민주당원들이 리드의 행동에 씩씩거리고 분개해서 대법원에서까지 그에게 도전했지만 대법원은 그의 편에 섰다.

리드 의장과 공화당의 다수는 제51차 회의에서 가장 큰 승리들 중의 하나를 획득했다. 루즈벨트는 그 회의에서 윌리엄 맥킨리라는 핵심적 인물에 다정하게 다가가는데 더 어려운 시간을 가졌다. 맥킨리는 루즈벨트와 달리 자기를 내세우지 않는 겸손한 인물이었다. 비록 맥킨리가 1889년에 의장직을 리드에게 내주었지만 그는 입법회의에서 특별히 무엇보다도 관세수정을 주도함으로써 자기의 족적을 남겼다. 많은 다른 사람들처럼 루즈벨트도 맥킨리의 덕목을 서서히 인정하고 그를 존경하게 되었다. 루즈벨트는 아마도 언젠가 대통령 후보로서 그를 바라보고 있다고 말했다.102)

루즈벨트는 어쩔 수 없이 수도 워싱턴에서 정치에 몰입했지만 자기의 문학적 노력도 게을리하지 않았다. 그는 여전히 서부의 연구주제에 매혹되어 있었다. 그리하여 1889년 루즈벨트는 2권으로 된 <서부의 승리>(The Winning of the West)를 출판하였다. 이 책에서 루즈벨트는 초기 서부의 식민화를 그 당시와 1기의 전후에 있었던 광범위한 이동들의 맥락에 넣었다. 그는 지난 3세기 동안 세계의 황무지 공간에 영어를 말하는 사람들의 확산은 세계사에서 가장 두드러진 특징일 뿐만 아니라 동시에 무엇보다도 그것의 효과와 중요성에 있어서 가장 폭넓은 사건이었다고 단호하게 말했다.103) 루즈벨트는 가르치고 안내하기 위해서 역사를 썼고 그의 작품은 계획상 시간적으로 잘 맞았다. 그의 책은 너무 길었지만 호의적인 평가들을 받았다. 월간지 <애틀랜틱 먼슬리>(Atlantic Monthly)는 루즈벨트의 광범위하고 부지런한 연구에 환호했다. 루즈벨트 가족은 1889년 말에 워싱턴으로 이사했다. 그리하여 그는 자식들과 보다 정규적으로 즐겁게 어울릴 수 있게 되었을 뿐만 아니라 나라의 지도급 정치적 인물들 중 몇 사람들과 잘 어울릴 보다 많은 기회를 갖게 되었다.104)

---

102) *Ibid.*, p. 231.

103) *Ibid.*, p. 232.

104) H. W. Brands, *T. R.: The Last Romantic,* New York: Basic Books, 1997, p. 235.

1890년대 초기에 루즈벨트의 경력은 어디에서나 흥미롭거나 중요하게 될 것이 전혀 분명하지 않았다. 시민봉사개혁을 위한 공화당원들의 열정은 주로 수사학적이었다. 현실은 엽관제도(the spoils system)가 지배했다. 좋은 정부를 위한 루즈벨트의 노력을 알아주는 사람들은 정당과 무관하게 독립적으로 투표하는 사람들뿐이었다. 1890년의 의회 선거는 제51차 회의에서 공화당의 주장에 대한 심각한 역반응이었다. 윌리엄 맥킨리는 오하이오 주로 은퇴했고 리드는 공화당의 창피한 선거 패배로 인해 의장직을 상실했다. 루즈벨트는 선거결과에 따라 자신이 무엇을 해야 할지를 알지 못했다. 그는 해임되는 것이 나은지 아니면 위원회에 남이 있는 것이 나은지를 결정할 수 없있다. 계속 남아 있는 것은 꾸준한 임금과 워싱턴에 계속 머문다는 분명한 이점이 있었다. 그러나 계속 자리에 머문다는 것은 대통령이 사임을 요구하는 필연적인 순간을 단지 지연시킬 뿐이었다. 사임하고 집필에 전념하기 위해서 미래의 옷깃을 잡는 것이 더 나을지도 몰랐다. <서부의 승리>를 완성하기 위해서 그 시간을 분명히 사용할 수 있었다. 그의 출판업자는 그에게 그 책을 끝내라고 정중하게 졸라 댔다.[105]

루즈벨트의 시민봉사 직업이 그를 어느 곳으로 인도했는지는 알 수 없지만 적어도 그 직업은 그에게 친구의 범위를 넓히고 심화하게 해주었다. 그는 스프링 라이스를 더 잘 알게 되고 또 공화당 지도자들을 알게 되었다. 시민봉사 개혁이 그에게 많은 친구들을 가져다 주지는 않았지만 그러나 네트워킹을 위한 기지로서 위원회는 실제적 이점들을 갖고 있었다. 앞으로 어떻게 되든 그는 그곳에서 보낸 시간을 자신의 미래를

---

105) *Ibid.*, p. 240.

위한 투자로 간주할 수 있었다. 물론 워싱턴에서 머문다는 것은 그를 가족들과 떨어져 있게 만들었다. 에디스는 그의 부재에 익숙해져 갔다.

1890년 여름에 그는 자신의 부재를 보충하기 위해 어느 정도 시도했다. 그는 서부로 가는 그의 연례 여행을 취소하지는 않았지만 에디스와 친척들을 데려갔다. 여행 안내원으로 행동하면서 그는 메도라(Medora)와 자신의 목장을 위해 일하는 인물들을 보여주었다. 그는 배드랜드스와 엘크혼 목장도 보여주었다 그리고 나서 그들은 기차를 타고 더 서부로 가서 와이오밍의 옐로스톤(the Yellowstone) 시골로 갔다. 그곳에서 그들은 이제 18년이 된 미국의 첫 국립공원을 방문했다. 9월 초 눈부신 날씨 속에서 이 단체 여행은 로키산맥(the Rocky Mountain)의 식물군과 동물상은 물론이고 그 지역의 경이로움을 보여주었다.106)

단기적으로 루즈벨트는 공화당의 공격수로 더 잘 알려졌다.107) 엽관제도에 대한 그의 공격에 반대하는 그런 당의 지도자들조차 정당의 적들에 대한 그의 공격에 환호했다. 선거 때가 오면 그들은 루즈벨트가 민주당에 대한 공격을 하도록 했다. 그는 그 일을 좋아했다. 왜냐하면 그는 선거운동에서 관심의 중심에서 번창했기 때문이다. 또한 그는 민주당의 악당들을 비난함으로 오는 따뜻한 도덕적 빛을 사랑했다. 1892년 선거의 접근법은 루즈벨트를 최고조로 가져왔다. 미 해군과 칠레의 선박들 사이에 있었던 최근의 싸움이 해리슨 대통령 행정부에 의한 전쟁경고를 촉발했다. 민주당원들은 이 조치를 무모하다고

---

106) *Ibid.,* p. 243.
107) *Ibid.,* p. 251.

비난했지만 루즈벨트는 대통령을 공개적으로 철저히 옹호했다.[108]

1892년 늦여름에 루즈벨트는 해리슨 대통령의 선거지원을 위해 서부 전역을 돌면서 인디언들의 보호지들과 학교들을 조사하는 여행을 따라갔다. 반응은 만족스러웠다. 그러나 공화당원들은 서부에서 도움이 필요했다. 평원에서 농촌의 급진주의가 부상하고 있었다. 바로 그해 여름에 농부들의 동맹(the Farmers' Alliance)의 남부와 북부의 날개들이 대중주의당(the Populist Party)과 손을 잡았다. 선거일이 가까웠지만 경쟁은 막상 막하였다. 대통령 선거에 대해 놀랍게도 흥분이 별로 없었다. 유권자들은 어느 당 후보도 좋다는 입장이었다. 민주당의 그로버 클리블랜드가 당선되었다. 그러나 루즈벨트는 자기 자리를 유지했다. 초기에는 그것이 그에게 놀랍지 않았다.

그러나 몇 주 후에 그는 아마도 자기의 시간이 아직 오지 않았다고 생각하기 시작했다. 결국 클리블랜드가 적어도 한동안은 자리를 유지하는 것이 정치적 의미가 있었다. 시민봉사제도의 전 아이디어는 당파주의를 밀어내는 것이었다. 클리블랜드가 즉시 루즈벨트를 제거하면 그 제거는 낡은 엽관제도의 완전한 냄새가 날 것이다. 뿐만 아니라 법에 따라 3명의 위원들 중 적어도 한 사람은 소수당 사람이어야 했고, 그리고 루즈벨트는 민주당원들이 얻을 수 있는 괜찮은 공화당원이었다.[109] 워싱턴에서 자기의 직업에 대한 용감한 말에도 불구하고 해고될 두려움에 주눅들지 않고 그는 수도에서 자기의 자리에 아주 편안하게 되었다. 그는 영향력 있는 친구들을 만들었다. 비록 공화

---

108) *Ibid.*

109) H. W. Brands, *T. R.: The Last Romantic,* New York: Basic Books, 1997, p. 253.

당이 지난 두 번의 선거에서 패배했지만 행운은 돌고 도는 것이고 그의 친구들도 결국 공직에 돌아올 것이었다. 1893년 1월에 매사추세츠 의회는 캐벗 로지를 상원의원으로 선출했다. 만일 루즈벨트가 워싱턴을 떠났다면 그런 재미를 놓쳤을 것이다.

루즈벨트는 조심스럽게 자리에 남아 있기 위해 로비를 벌였다. 그는 모든 자존심을 삼키고 클리블랜드 캠프에 긴밀히 연결된 칼 슈르츠(Carl Schurz)에 접근했다. 슈르츠는 루즈벨트와 클리블랜드와의 만남을 주선했다. 루즈벨트는 시민봉사위원회가 당파성을 넘어서야 한다고 열을 내어 주장했다. 루즈벨트 못지 않게 정치적 계산에 능한 클리블랜드도 루즈벨트를 유지하는 것이 그들에게 그리고 아마도 나라 전체에 이익이 될 것이라는 결론에 도달했다. 그리하여 그는 루즈벨트에게 자리에 계속 남아 있으라고 말했다. 루즈벨트는 곧 자기가 시민봉사위원회에 남지만 그것은 클리블랜드 행정부에 호의를 베풀고 있다고 말하기 시작했다.[110]

정치적인 이유를 차치할지라도, 루즈벨트는 위원회의 직책에 매달리기를 원하는 이유가 있었다. 1893년 봄에 미국의 경제가 불경기의 싱크 홀에 빠졌다. 미국의 경제가 붐(boom)과 버스트(bust), 진전과 후퇴의 사이클에 굴복했다. 그러나 1890년대의 불경기의 정도와 심각성은 여러 번의 경제적 사이클을 경험한 사람들조차도 망연자실하게 만들었다. 그러나 이 불경기도 루즈벨트에게는 아주 큰 타격이 아니었다. 루즈벨트는 시민봉사위원회에 남아 있으면서 이 시간을 이용하여 이번에는 미완성된 <서부의 승리>의 제3권과 제4권을 완성할 생각

---

110) *Ibid.*, p. 254.

을 했다. 1893년 봄에 루즈벨트는 세계박람회를 보기 위해서 시카고로 값진 여행을 단행했다. 이 콜롬비안 박람회(the Columbian Exposition) 는 유럽인들에 의한 신세계 발견의 400주년을 기념했다. 그것은 또한 미국 산업능력의 성년을 축하했다. 기술적 경이로움이 유감없이 과시 되었다. 미드웨이 플레이선스(Midway Plaisance)에서 전기가 밤을 낮 으로 바꾸었다. 클리블랜드 대통령이 이 박람회의 개막을 선언했다.

1984년 여름에 마침내 루즈벨트는 <서부의 승리>를 탈고했다. 책은 1895년 초에 출간되었고 첫 비평들이 곧 뒤따랐다. 루즈벨트의 관심을 특별히 끈 비평문이 <네이션>(The Nation)지에 등장했다. 그 잡지의 무명 비평기는 역시적 통찰력에 부지런한 연구를 추가한 훌륭한 작품에 대해 루즈벨트를 칭찬했다. 그 비평가는 루즈벨트의 개인적 경계지역 삶을 알아주고 또 서부의 정착은 문명의 일반적 이 동의 한 단계로 가장 잘 이해되고 있다는 루즈벨트의 판단에 찬동했 다. 그 비평가는 몇 가지의 불평도 제기했다. 루즈벨트가 정착자들과 인디언들 사이의 투쟁에 너무나 많은 시간을 들였지만 그러나 경계선 사회의 발전과 경계선 경제에 관해서는 충분히 다루지 않았다고 지적 했다. 루즈벨트가 자기의 주제에 관해 때때로 지나치게 낭만적 견해 를 취했다는 것이었다. 루즈벨트는 자신의 정치적 오만과는 아주 대 조적으로 문학적으로는 겸허한 태도를 취했다. 역사가로서 그는 정치 인이라면 그의 피를 끓게 했을 종류의 비판도 거의 온순하게 수용했 다. 이것은 그가 직업적 역사가들에 의해서 점점 더 주장되는 분야에 서 자기는 아마추어라는 사실을 인식했기 때문일 것이다.[111]

---

111) *Ibid.*, p. 264.

루즈벨트의 감정은 공화당원들 사이의 감정이었다. 클리블랜드 대통령의 두 번째 임기는 개탄스러웠다. 민주당원들은 아주 심각한 무능력을 보여주었다. 다음 가을의 선거에서 그들은 참패했다. 현재 오하이오 주지사인 윌리엄 맥킨리는 공화당 후보자들을 위해서 전국을 여행했다. 그리고 그는 1896년 대선을 염두에 두고 있었다. 이런 가능성은 루즈벨트로 하여금 자신의 지위와 전망을 다시 한 번 재고하게 만들었다. 만일 민주당원들이 망할 것이라면 이제 배를 버릴 적절한 시간이었다. 시민봉사위원회 자리에 머무는 것은 공화당에 대한 불충의 냄새가 날 것이다. 다른 한편으로 워싱턴을 떠난다는 것은 쉽지 않았다. 왜냐하면 과거와 동일한 이유에서 워싱턴은 아주 즐거운 거대 마을이었기 때문이다. 따라서 루즈벨트는 신중하게 자기의 대안들을 저울질했다.

1894년 늦여름에 일단의 개혁주의적 공화당원들이 뉴욕시장직에 다시 출마하도록 하기 위해 루즈벨트에게 접근했다. 하나의 독립적인 조직이 시의 부패를 척결할 강령을 가지고 선거운동을 하고 있는 정직하지만 정치적으로 경험이 없는 기업가인 윌리엄 스트롱(William Strong)을 지명했다. 스트롱처럼 동일한 좋은 시정부에 호소할 수 있는 후보자를 찾으려고 공화당원들은 애를 썼다. 누군가가 루즈벨트의 이름을 뉴욕 공화당 정치에 군림하는 킹메이커 토마스 플랫(Thomas Platt)에게 제안했다. 플랫은 그 제안에 설득되었다. 부분적으로는 플랫에 관한 그의 걱정으로, 그러나 워싱턴의 사교계에 집착하고 또 선거정치의 변덕을 위해 임금을 받는 직업을 그가 포기하길 원치 않았던 부인 에디스의 반대로 인해 루즈벨트는 그 지명의 제안을 거절했다.112)

---

112) *Ibid.*, p. 266.

루즈벨트는 에디스와 결혼에 대해 불평할 수 없었다. 만일 에디스가와 돈 관리하는 그녀의 능력이 없었더라면 그는 사가모어에 있는 저택을 잃었을 것이다. 또 에디스가 없었다면 그는 자식들을 가질 수 없었다. 에디스가 없었더라면 워싱턴에서 그의 사교 범위도 더 작고 덜 보답을 받았을 것이다. 그리고 에디스가 없었더라면 그는 뉴욕의 시장이 되었을 것이다. 루즈벨트는 공화당 지명의 제안을 거의 거부하자마자 그는 자기 고향 뉴욕시를 휩쓰는 개혁주의 파도의 고도를 과소평가했다고 인식했다. 선거일이 다가오면서 스트롱이 점점 승리자처럼 보였다. 루즈벨트는 자기가 스트롱을 이길 수 있을 것이라고 확신했다. 그는 매일 그런 예상이 그를 갉아먹었다. 그것에 관해서 생각하면 할수록 그는 자기가 시민봉사위원회에서 뉴욕의 시장의 저택으로 도약할 수 있는 대단한 성취를 더 많이 의식하게 되었다. 타이밍도 완벽했을 것이다. 만일 루즈벨트가 여전히 정치적 경력을 염원한다면 그는 뉴욕에서 유권자들을 배양할 필요가 있었다. 그가 바로 잃어버린 기회를 생각하면 할수록 그는 더 많아 화가 났다. 에디스를 탓하면 탓할수록, 아니 차라리 더 많이 자기 자신을 탓했다.[113]

만일 루즈벨트가 화가 잔뜩 났다면 에디스는 제정신이 아니었다. 그동안 루즈벨트는 그녀의 염원을 존중하는데 만족했다. 그동안 가족의 위기는 다른 사람에 관한 것이었다. 그러나 이번 것은 부부간의 위기였다. 그는 여동생 베이미(Bamie)에게 자기는 결코 결혼하지 말았어야 했고, 그랬다면 그는 자기 길을 결정하는데 자유로웠을 것이라고 말했다. 루즈벨트가 뉴욕 시장의 지명을 거절한 뒤에 서부의 다코

---

113) *Ibid.,* p. 267.

타로 사라져 버리자 에디스의 상처는 더욱 악화되었을 뿐이었다. 그녀는 그가 자기의 놓쳐버린 기회에 관해서 곱씹고 있다는 것을 알고 있었다. 그리고 그녀는 최악을 상상했다. 그녀는 그런 실수를 결코 다시는 되풀이하지 않을 것이라고 결심했다. 그녀는 그런 문제에 관한 자신의 견해를 묻어버릴 것이다. 그녀는 시누이 베이미에게 그것은 자기 일생 동안 계속될 것이라고 말했다.114)

114) *Ibid.*, p. 268.

제7장
뉴욕시의 정의로운 경찰이사회 회장

"정의란 단지 말이 아니다. 그것은 행동으로 번역되어야 한다."
-시어도어 루즈벨트-

1890년대 뉴욕시는 수치를 모르게 활짝 열려 있었다. 낮이나 밤이나 도박에 목마른 사람은 쉽게 자기의 욕구를 충족시킬 수 있었다. 자정이 지나면 작은 밴드들이 맨해튼 10개의 음악 술집에서 연주한 반면에 질질 끄는 의상을 한 창녀들이 테이블을 샅샅이 훑었다. 부랑자들은 텐더로인(Tenderloin)에서 여러 구역을 분할했다. 암표상들은 1달러짜리 보워리(Bowery) 매음굴을 위한 카드를 나누어 주었다. 행동을 원하는 내기꾼들은 서부 제33번가에 있는 프랑크 파렐(Frank Farrell)의 크리스털 샹들리에로 꾸며진 카지노에서 방황할 수 있었다. 관광객들은 차이나 타운에서 물결모양으로 가장 자리를 장식한 은신처에서 아편(opium)을 피울 수 있었다. 그런데 경찰은 어디에 있었는가? 적지 않은 경찰들은 뇌물 챙기기에 바빴다. 사기꾼 경찰들은 동등하게 부패한 민주당 정치 동아리인 태머니 홀(Tammany Hall)과 그들의 불법적 이윤을 나누었다. 그러나 1895년 5월 6일 윌리엄 스트롱 새 공화당 시장은 4명으로 구성된 경찰 이사회에 맨해튼 출신이고 전직 주의원인 시어도어 루즈벨트를 임명했다. 즉시 이사회의 회장으로 선출된 루즈벨트는 그것을 "사나이의 일"이라고 부르면서 시장의 개혁을 위한 사명을 열정적으로 수용했다.[115]

서부에서 돌아온 루즈벨트는 자기가 시민봉사위원회에서 영원히 시들지는 않을 것이라는 희망의 이유를 보기 시작했다. 스트롱이 실제로 선거에서 당선된 뒤에 루즈벨트는 새 뉴욕 시장의 행정부에서 자기는 임명직을 거부하지는 않을 것이라고 조용히 알렸다. 그러나 그는 아무 직책이나 맡지는 않을 것이었다. 그는 자신의 위업을 고려해야 했다. 12월 초에 스트롱 시장은 그에게 거리청소 본부장으로 임명할 것을 제안했다. 그러나 루즈벨트는 찬반에 대해 고민한 후에 그 직책을 거부했다. 그가 내세운 이유는 그의 시민봉사위원회의 일이 아직 끝나지 않았다는 것이었다. 그러나 루즈벨트는 몇 개월 뒤에 스트롱으로부터 보다 나은 제안을 수락했다. 수년 동안 뉴욕경찰서는 개혁노력의 대상이었다. 루즈벨트는 경찰개혁을 지지했다. 스트롱은 경찰이사회의 자리를 제안했고 루즈벨트는 곧바로 수락했던 것이다.[116]

새로운 직업은 과거의 것에 비해 더 어렵고 또 더 많은 시간을 소비해야 할 것이다. 이제 뉴욕의 집으로 돌아갈 때가 되었다. 루즈벨트의 뉴욕 정치로 복귀는 그의 가족의 삶을 단순화했다. 그들은 여전히 사가모어에서 맨해튼으로 이동해야 할 것이지만 그것은 훨씬 더 쉬운

---

115) *Time,* 2006년 7월 3일, p. 59.
116) H. W. Brands, *T. R.: The Last Romantic,* New York: Basic Books, 1997, p. 271.

일이었다. 더구나 에디스는 긴 여름동안 남편의 부재를 견뎌낼 필요가 없을 것이다. 기차가 오이스터 베이까지 가기 때문에 그가 매일 통근하는 것이 가능했기 때문이다. 루즈벨트의 새로운 직책의 연봉이 이제는 6천 달러가 되었다. 루즈벨트의 새 직업은 시민봉사위원회 보다 더 많은 임금을 지불했다. 그런 경찰직은 풀타임 아니 그 이상의 직업이었다. 범죄는 큰 도시에서 결코 잠들지 않았다. 또한 경찰부패의 유혹도 많은 범죄를 가능하게 했다. 그에 따라서 경찰이사회도 결코 잠을 잘 수 없었다.117)

루즈벨트를 아는 사람들은 누구나 예상했듯이 그는 경찰의 독직을 개인석으로 문제 삼았다. 경찰의 독직은 정의와 직합한 행위에 대한, 그래서 심지어 애국심에 대해 그의 감각을 불쾌하게 했다. 그것은 그에게 비-미국적인 행위였다. 그가 일단 그 직책을 수락하자 그것은 그의 개인적 명예가 도전했다. 경찰서는 그의 부서가 되었으며 경찰들은 그의 부하들이 되었다. 그의 부서나 경찰들과 울화통이 터지는 사람은 그를 개인적으로 모욕했다. 루즈벨트가 자신의 책임이 군지휘관의 것과 같은 것으로 인지하는 데에 오래 걸리지 않았다. 경찰복을 입은 자들은 그의 군대였다. 도시에서 활개치는 범죄자들과 잡범들의 군대가 그의 적이었다. 루즈벨트가 신속하게 경찰이사회 회장으로 선출된 것은 다른 이사들 누구도 그만큼 그 자리를 원하지 않았기 때문이었다. 회장의 권한이 다른 이사들의 것 보다 더 크지는 않았지만 그러나 그 가시성과 정치적 노출이 컸다. 회장은 경찰이사회 사명의 대변인이며 옹호자였다. 이런 점에서 그 자리는 루즈벨트에게 완벽하게

117) *Ibid.*, p. 273.

어울렸다. 그것은 그의 시민봉사 일에 대한 커다란 진전이었다.[118]

1890년대 뉴욕시는 루즈벨트가 태어날 당시보다 더 무서운 곳이 되었다. 로어 맨해튼(Lower Manhattan) 지역은 엘리스 아일랜드(Ellis Island)를 통해 매년 홍수처럼 밀려드는 수십만의 이민자들이 살고 있는 다른 세계로 진화했다. 맨해튼의 많은 지역은 마치 외국의 땅처럼 만들었다. 제이콥 리이스(Jacob Riis)가 그의 1890년에 출간된 <어떻게 다른 반은 살아가나>(*How the Other Half Lives*)라는 책으로 뉴욕 최악의 빈민가에서 삶에 대해 생생히 묘사하여 모두를 경악하게 했다. 그 책이 출간된 지 오래되지 않아 루즈벨트는 리이스를 방문하여 그 책의 저자를 치하하고 그 책이 묘사한 추악한 사회적 병폐를 바로 잡기 위해 그가 할 수 있는 모든 일을 할 욕망을 표현했다.[119] 리이스와 루즈벨트 두 사람은 잘 어울리는 한 쌍이었다. 리이스는 뉴욕시의 악성종양들을 찾아내어 진단하고, 루즈벨트는 그것들을 잘라내는 외과의사였다. 이 은유는 아주 적절했다. 왜냐하면 경찰이사회의 회장이라는 루즈벨트의 지위가 자동적으로 뉴욕시의 보건이사회의 구성원이 되게 했기 때문이다. 이 두 개의 지위에서 그는 제이콥 리이스의 지도를 받아 자기의 상당한 수의 원칙들이 실질적 효과를 가져올 수 있게 할 수 있었다.[120]

루즈벨트가 자기 사무실에 도착했을 때 뉴욕의회가 경찰이사회가 가진 법적 권한을 유일한 경찰서장에게 넘기는 법안을 고려하고 있다

---

118) *Ibid.*
119) *Ibid.*, p. 274.
120) *Ibid.*

는 사실을 알고 공포스러웠다. 그는 문제의 그 법안이 절망적으로 사악하다며 그것은 최악의 부패를 가져올 것이라고 공개적으로 규탄했다. 루즈벨트에게 만족스럽게도 스트롱 시장은 그의 평가에 동의하고 그 법안에 거부권을 행사했다. 다행히도 입법부가 그것을 뒤집으려 하지 않아 그 법안은 폐기되었다. 그 같은 예방적 공격에서 살아남은 루즈벨트가 반격을 가했다. 그는 처음에 오랫동안 자리를 유지해 온 토마스 번스(Thomas Byrnes) 경찰서장을 목표로 삼았다.

번스 경찰서장은 부유하고 강력한 사람이었다. 경찰 부조리의 조사에 들어가자 그는 30만 달러 이상을 축재했음이 드러났다. 그는 단호하게 어떤 부정행위도 부인했다. 그는 단지 제이 굴드(Jay Gould)와 상당히 성공적인 투자를 하라는 다른 월 스트리트(Wall Street) 친구들의 충고에 따라 행동했을 뿐이라고 설명했다. 만일 번스가 자기 자리를 위해 투쟁을 결심했다면 그는 루즈벨트의 직업적 삶을 견딜 수 없고 또 분명히 무용하게 만들었을 것이다. 그러나 다행이도 번스 경찰서장은 자기의 책상을 정리하고 떠났다 거의 같은 시기에 감독관인 알렉산더 윌리엄스(Alexander Williams)도 번스와 같이 은퇴했다. 그리하여 6월 초에 루즈벨트는 자기가 경찰부서를 장악하고 있다고 말할 수 있었다.[121]

루즈벨트는 경찰부서에 대한 결정적으로 개입주의적 스타일의 리더십을 채택했다. 리이스의 본보기를 따라 그는 밤에 뉴욕 거리를 돌아다니기 시작했다. 루즈벨트와 리이스는 4번가에서 동쪽으로 향했고, 그리고 나서 3번가에서 남쪽으로 돌았다. 경찰이사회 수장으로서

---

121) *Ibid.,* p. 277.

루즈벨트의 초기 성취는 몇 가지 아주 실질적인 조치들이었다. 행인들은 인도에서 포장상자들을 치워버린 데 대해 그에게 감사했다. 비록 불법이었지만 인도에 포장상자들을 버리는 것이 만연했다. 가게 주인이나 창고 주인들은 그것들을 처리하는 비용을 아끼면서 행인들을 차도로 밀어 넣었다. 루즈벨트는 불법적인 것은 중단되어야 한다는 입장을 취했고 포장상자들은 곧 인도에서 사라졌다. 루즈벨트는 또한 경찰들이 이륜 자전거를 타게 하였다. 1890년대 중반에 자전거의 열풍이 미국을 휩쓸어 2백만에서 4백만 자전거들이 미국의 거리와 도로를 장악했다. 미국인들은 자신들의 자전거가 굴러갈 보다 나은 도로를 위해 로비를 하면서 중요한 정치적 압력을 가했다. 루즈벨트는 이미 오이스터 베이의 주변에서 자전거를 탔으며 이제 경찰부서를 위해 이 신기술을 수용했다.[122] 그와 그의 동료 이사들은 처음에 몇 명의 순찰경찰들이 자전거를 타는 실험적 계획을 허가했다. 그 실험이 성공적임을 입증하자 자전거 분대가 확대되었다. 일 년 내에 그 분대는 1천 건 이상의 체포를 이루었다.

그러나 가장 많은 관심을 끌었던 것은 루즈벨트의 한밤 중 순찰들이었다. 루즈벨트는 그것들이 아주 재미있다고 생각했다. 그리고 언론은 그것들이 대단한 기사제목이라고 생각했다. 뉴욕의 신문들은 루즈벨트에 저항할 수 없었다. 언론인들이 그의 방법이나 심지어 그의 목표를 모두 좋아한 것은 아니었지만 기자들은 전투적 표정으로 그가 생산하는 기사 제목, 그의 정의로운 수사학, 그리고 극적인 것에 대한 그의 재간을 사랑했다. 1890년대는 뉴욕의 언론부호들 사이의 치열한 전

---

122) H. W. Brands, *T. R.: The Last Romantic,* New York: Basic Books, 1997, p. 280.

투들이 있었다. 심지어 전반적인 비용을 높이지만 새로 들여온 비싼 새 기계들이 신문들의 부수당 비용을 낮추면서 발행자들로 하여금 신문의 보급과 광고수익을 올리려는 결사적인 시도들을 하도록 몰아갔다. 루즈벨트가 법의 집행에서 부패에 대항하는 그의 원맨(one-man) 십자군 운동으로 발행자들의 상상력 고갈을 구원해 주었다. 어느 날 루즈벨트의 잠복 순찰 뒤에 <커머셜 애드버타이저>(*Commercial Advertiser*) 지는 "바그다드의 밤(A Bagdad Night)"을 요란하게 떠들었다. <월드>(*The World*) 지는 거의 반은 익살조로 이렇게 읊어냈다:

> "하늘의 뮤즈(Muse)여, 우리의 빈약한 경찰관들의 슬픈 낙담을 노래하라! 우리에겐 진정한 경찰이사회 회장이 있다. 그의 이름은 시어도어 루즈벨트이다. 그의 이는 크고 또 희며, 그의 눈들은 작고 날카로우며, 그의 목소리는 신경을 자극한다. 그는 황새가 그들을 지배하러 올 때 작은 개구리들처럼 우리의 경찰관들이 느끼게 만든다. 그의 심장은 개혁으로 충만하다. 그리고 헬멧, 권총과 경찰봉으로 무장한 제복을 갖춰 입은 경찰관은 그에게 일상의 솔직한 하나의 인간일 뿐이다."[123]

루즈벨트의 개인적 모습이 하나의 트레이드 마크(trademark)로 성장한 것은 바로 이 시기였다. 날씨가 따뜻한 날에 그는 조끼 대신에 검은 비단 띠를 두르고 그의 무릎까지 내려가는 술이 달린 분홍색 셔츠를 입었다. 그런 스타일이 경찰서를 장악한 적은 결코 없었다. 그러나 루즈벨트의 모습의 항구적 특징들은 보다 지속적인 인상을 남겼

---

123) *Ibid.*에서 재인용.

다. 머지않아 만화가들이 그를 정의하는 특징으로 루즈벨트의 이와 안경에 정착했다.[124] 곧 이것들만이 신문독자들에게 경찰이사회 회장을 알아볼 수 있는 것이 되었다. 밤에 이의 번쩍임만으로도 겁을 주어 대부분의 부패한 경찰관들이 좋은 행위로 돌아가게 한다는 얘기가 나돌았다.[125]

경찰이사회의 회장으로서 루즈벨트의 삶이 항상 그런 익살 같지는 않았다. 그는 뉴욕 경찰부서에서 자기가 비리를 척결하는 것이 시민 봉사 개혁에 별로 큰 효과가 없다는 것을 빠르게 발견했다. 문제의 심장부에는 선별적 법집행의 견고한 관습이 있었다. 그리고 선별적 법집행의 심장부에는 많은 뉴욕 시 주민들이 아주 과시적으로 부적절하다고 보는 그런 몇 개의 법들이 있었다. 그런 법들 가운데 가장 명백한 것은 일요일에 가게문을 닫는 것이었다. 그것은 술집들의 일요일 영업을 금지시켰다. 그러나 경찰들이 눈감아주면서 일요일 오후에도 술집의 옆문이 열렸다. 공갈치는 뇌물도 비슷한 결과를 가져왔다.

루즈벨트는 경찰부서를 대중의 존경받는 곳으로 복귀시키기 위해서는 일요일 휴업법을 공격할 필요가 있다고 결정했다. 비록 그는 그 법의 현명성에 대해 진지한 유보적 자세를 가지고 있음에도 그 법이 유지되는 한 그 법을 집행해야 한다고 결심했다. 그렇게 하지 못하면 경찰부서의 지속적인 부패와 사기 저하를 초래하는 꼴이 될 것이었다. 그래서 그는 그 법을 절대적으로 공정하게 집행했다. 어떤 정치적 압력에 굴복하지 않았고 어떤 공갈에도 확실하게 양보하지 않았다.

---

124) H. W. Brands, *T. R.: The Last Romantic,* New York: Basic Books, 1997, p. 281.
125) *Ibid.*

루즈벨트는 자기는 감정을 다루지 않고 법을 다룰 것이라고 언론에 일찍이 발표했다.[126]

루즈벨트는 그 법은 대중의 감정이 반대한다는 이유에서 집행될 수 없을 것이며 어쩌면 집행되어서는 안 된다는 반대자들의 주장을 거부했다. 그는 바로 그 대중의 감정이 그 법을 통과시킨 것이라며 법의 집행자로서 존중하도록 서약한 대중의 감정이라고 지적했다. 더구나, 선별적 법의 집행이 부패의 엔진이었다. 루즈벨트는 이렇게 선언했다:

> "법을 지키는 시민들은 공갈을 당하는 일이 별로 없다. 공갈의 주된 기회는 엄격히 집행되지 않는 법이 있기 때문이다. 어떤 경찰관들은 부패한 이유로 법을 위반하도록 허용되는 반면에 정치적 영향력이 없는 다른 경찰관들은 무자비하게 괴롭힘을 당해서는 안 된다. 이것은 부당하고 또 현명하지 못하다. 그것은 중지되어야 하고 또 중지될 것이다. 부패의 낙인에 자신을 노출시키는 경찰관은 불쌍하다."[127]

뉴욕 정치에서 보다 사려 깊은 사람들 가운데 몇 사람들은 루즈벨트에게 일요일 휴업법의 돛대에 자신을 묶지 말라고 충고했다. 그러나 루즈벨트는 그런 충고를 따를 사람이 아니었다. 현상을 그대로 관용한다는 것은 그의 마음속에서 전적으로 불가능했다. 경찰부서는 독직으로 썩었고, 따라서 그가 썩은 것을 도려내는 일을 시작하지 않는

---

126) *Ibid.*, 283.
127) H. W. Brands, *T. R.: The Last Romantic*, New York: Basic Books, 1997, pp. 283–284에서 재인용.

다면 아무도 그렇게 하지 않을 것이었다.[128] 그리고 정치적 투쟁에서 루즈벨트의 곤경은 민주당에게 기쁨을 가져다 주었다.

　루즈벨트가 경찰 업무에 전념하자 그것을 걱정하는 친구들이 있었다. 캐벗 로지는 그가 과도하게 몰입하고 있다고 생각했다. 로지는 루즈벨트와 함께 공화당을 그들이 선호하는 보다 더 큰 정책의 수단으로 변화시키고 싶었다. 루즈벨트는 그의 저서와 에세이들 그리고 비평문들을 통해 이 적극적 민족주의를 위한 대변인으로 적지 않은 명성을 얻고 있었다. 루즈벨트는 로지에게 국가정치에 자신의 관심을 잃을 걱정은 조금도 할 필요가 없다고 안심시켰다. 당시에 로지는 클리블랜드 행정부에게 미국 국가이익에 관해 하나의 야심적인 해석을 부여하려는 주도적 노력을 하고 있었다. 이 특수한 경우는 남아메리카 정글에서 모호한 영토에 대해 영국과 있을 것 같지 않은 싸움과 관련되었다. 그 언쟁은 간접적인 방식으로 베네수엘라(Venezuela)와 영국 사이의 분쟁에서 발생했다. 그것은 남아메리카공화국(South American Republic)과 인접하고 있는 영국의 기아나(Guiana) 식민지 사이의 경계선에 관한 것이었다. 그곳은 수십 년 동안 명확한 조사와 결론적 협상이 없었기에 아무도 신경을 쓰지 않았던 그런 곳이었다.

　그러다가 1880년대에 이곳에서 금이 발견되면서 모든 것이 변해버렸다. 국경분쟁은 베네수엘라와 영국의 승강이로 남았지만 베네수엘라 정부가 영리하게 고용한 홍보인들이 그 분쟁을 서반구의 단결과 아메리카의 위신의 관점에서 그 문제를 밀고 나갔다. 일리엄 스크러그스(William Scruggs)가 <영국의 베네수엘라 침략, 아니면 시험대에

---

128) *Ibid.*, p. 284.

오른 먼로 독트린>(*British Aggressions in Venezuela, or the Monroe Doctrine on Trial*)이라는 팸플릿을 영향력 있는 미국인들에게 배포했다. 로지가 먼로 독트린(Monroe Doctrine) 테마를 들고 나와 공세를 취하기 시작했다. 미국은 먼로 독트린을 확장하고 미국이 그 독트린을 옹호해야 한다고 주장했다. 그러나 로지와 루즈벨트에게는 놀랍게도 클리블랜드 행정부는 이 공화당 상원의원의 충고에 귀를 기울이지 않았다. 국내의 경제적 불황을 겪고 있는 정부 내의 민주당원들은 더 이상의 공격을 참을 수 없을 것이라고 결정했다.

그러나 실제로 일처리는 엉뚱하게 흘러갔다. 법무부 장관에서 이제 막 국무부 장관으로 자리를 옮긴 리처드 올니(Richard Olney) 국무장관이 철도파업자들에게 취했던 말도 안 되는 접근법을 외교문제에 신속히 적응시켰다. 그는 서반구에서 미국의 헤게모니를 주장하고 영국에게 명확한 용어로 참견하지 말라고 말하는 뻣뻣한 각서를 작성했다. 클리블랜드 대통령은 그 각서의 대담성에 약간 멈칫했으나 한참 동안 생각을 한 뒤에 그것이 마음에 든다며 그대로 발송하게 했다. 루즈벨트는 민주당원들의 익숙하지 않은 횡포에 기뻐했다. 전쟁의 전망은 항상 그를 신나게 했다. 만일 전쟁이 터지면 그는 전선으로 달려갈 것이다. 물론 루즈벨트가 군복무를 위한 특별한 자격을 가진 것은 없었다. 그러나 전쟁은 온갖 사람들을 위해 기회를 확대할 것이다. 미국의 정규군은 크지 않았기 때문이다.

루즈벨트는 싸우기보다는 입만 살아있는 그런 소심한 사람들의 기운을 북돋으려고 했다. 온건함의 질병이 자신의 모교에 만연하다는 것을 발견하자마자 그는 하버드 대학의 <크림슨>(*Crimson*) 교지에 먼로 독트린에 대한 로지의 입장을 옹호하는 맹렬한 편지를 보냈다. 그는 지금 부당한 영국의 요구에 무기력한 굴종을 주창하는 사람들은 1812년 전쟁에서 매국적 연방주의자들의 지성적 후손들이라고 비난했다. 자칭 평화론자들은 일시적으로 성공할지 몰라도 궁극적인 대가를 지불해야 할 것이다. 미국 국민 대부분의 무관심과 국가 명예의 상실이라는 대가로 약간의 재정적 손실을 피하려는 욕망이 결합하여 미국은 잘못된 것에 길들여진 복종의 단순한 과정을 당장은 곤란을 피하려는 행동의 길로 들어갈 수 있을 것이었다. 그에 대한 루즈벨트의 생각은 단호한 거부였다. 그 길은 잘못된 것의 되풀이를 초래할 뿐이었다. 더구나 그 길은 미국의 명예를 실추시킬 것이었다. 영국의 요구에 대한 애국적이고 올바른 대응은 미국의 권리에 대한 강건한 고집이었다. 일급 해군의 건설을 위한 의회의 예산배정이 그 점을 강조할 것이었다.129)

분위기를 크게 고조시킨 뒤에 루즈벨트는 전쟁의 먹구름이 단 한 차례의 벼락도 치지 않고 걷혀버렸을 때 극심하게 실망했다. 남아프리카에서 보어인(Boers)과 다투느라고 분주했고, 중앙아프리카에선 프랑스인들과 마주하고 있었으며, 동아프리카에서는 독일인들 그리고 세계의 여타 많은 사람들을 적대시하고 있던 영국은 미국인들을 적보다는 친구로 만드는 것이 더 낫다고 계산했다. 그리하여 영국인들은 베네수엘라 분쟁을 미국이 중재해 줄 것을 제안했고 클리블랜드 행정부가 그 제안을 수락했기 때문이었다. 클리블랜드 행정부는 베네수엘라 분쟁이 확대되는 것보다는 완화되는 것이 정치적으로 유리하다고

---

129) H. W. Brands, *T. R.: The Last Romantic,* New York: Basic Books, 1997, p. 290.

판단했다.

1895년 가을에 경찰개혁을 향한 루즈벨트의 열정이 식기 시작했다. 그는 일요일 술집 영업에 반대하는 작전으로 많은 적들을 만들게 될 것이라고 예상했었다. 그러나 그는 얼마나 적은 친구들을 획득할 것인가에 대해서는 깨닫지 못했었다. 루즈벨트의 지위가 난공불락일지는 몰라도 그것이 그에게 많이 유리한 것만은 아니었다. 왜냐하면 그는 방어보다는 공격을 하고 있었기 때문이다. 실제로 그의 반대자들은 그가 세우고 있는 요새를 우회하는 길을 곧 발견했다. 하나는 일요일 휴무법이 술집에서 술을 팔지 못하게 했지만 식당을 제외시킨 일이었다. 그에 따라 술집들이 맥주와 함께 음식을 팔았다. 프레첼(pretzel) 하나에 10여 병의 맥주가 식사라는 한 술집의 주장을 판사가 인정하자 다른 술집들도 뒤따랐다. 또 하나는 호텔들을 제외시키자 많은 술집들이 호텔로 개조되었다. 이들은 정직한 호텔들이 아니었기에 그들은 정직한 고객들을 별로 끌어들이지 않았다. 루즈벨트에게는 황당하게도 그 호텔들은 큰 매음굴이 되어버렸다.

루즈벨트는 적어도 조용한 공화당원들 다수가 자기를 지지한다고 생각하고 싶어했다. 그러나 이런 모호한 가정은 그에게 별로 격려가 되지 않았다. 그는 자기 업무가 지금까지 성공적이었지만 그러나 많은 적들을 만들었다고 말했다. 바꾸어 말하면, 그의 승리가 그에게 어떤 정치적 문을 열어주지 않았다. 거기에서는 갈 곳이 없었다. 얼마 후에 그는 공화당 내에서 자기의 전망을 잠시 평가했지만 같은 결론에 도달했다. 그는 현재의 직위와 자기가 추진한 정책들을 택한 것을 후회하지 않았지만 그것들이 자기에게 개인적으로 유익하지 않다고 생각하였다. 루즈벨트에게 중심적인 정치문제는 뉴욕 공화당 정치의 수장인 톰 플랫(Tom Platt)의 화를 돋우었다는 사실이었다. 일요일 휴업의 문제에 대한 보스 플랫의 입장은 민주당 측과 많이 같았으며 그는 루즈벨트의 자세가 짜증나고 불편했다. 처음에 플랫과 공화당 지도층은 일요일 술집에 반대하는 루즈벨트의 작전의 승인을 과시적으로 유보했지만 나중에 그들은 공개적으로 경찰이사회 회장의 조치들에 반대했다. 루즈벨트는 플랫의 이기심이 다가오는 선거에서 당의 이익을 손상할 것이라고 경고했다. 그러나 뉴욕 주의 당 조직을 통제하고 있는 플랫은 경찰이사회를 폐지함으로써 루즈벨트의 반-술집 작전을 끝낼 기회를 제안했다. 1896년 1월에 플랫은 루즈벨트를 초대하여 그에게 미리 알리는 예의를 갖추었지만 4월까지 그의 직책이 사라지기 전에 루즈벨트는 스스로 포기했다.[130]

그러나 루즈벨트는 플랫과의 모든 좌절에도 불구하고 그 보스의 공개적인 비난을 거부했다. 그는 자신의 정치적 전 경력동안 공화당의 사람이었다. 그리고 최근의 흔들림에도 불구하고 그는 그 정당에 남기로 했다. 공화주의의 원칙들에 대한 그의 집착을 넘어서 루즈벨트는 플랫 및 공화당 지도층과 결별하지 않는 데는 계획이 있었다. 로지 및 다른 사람들과 같이 루즈벨트는 리드를 대통령 후보로 밀 생각이었다.[131] 그러나 리드는 공화당 지도자들이 리드 같이 지적이고 또 공개적으로 지적인 인물을 지명하는 데 위험을 인식했다. 반면에 오하이오 출신의 윌리엄 맥킨리는 낡은 구두처럼 모두에게 편안했다.

---

130) *Ibid.*, p. 293.
131) *Ibid.*, p. 294.

맥킨리의 장점은 자신감과 애정을 고무하는 그의 기질에 있었다. 가장 많이 고무를 받은 사람은 오하이오의 기업-정치인인 마크 한나 (Mark Hanna)였다. 그는 맥킨리가 오하이오 주지사가 되는 것을 도왔으며 그를 대통령으로 만들기 위해 조용히 공작을 했다.

1896년 1월 세인트 루이스(St. Louis)에서 공화당원들이 모일 때까지 맥킨리의 세력은 되돌릴 수 없을 만큼 잘 조직되었다. 리드도 마지못해 이런 사실을 인정했다. 전당대회를 위한 유일한 진짜 문제는 정당의 강령이 어떻게 보일 것인가와 통화문제에 관해서 어떤 입장을 취할 것인가 이었다. 민주당원들은 대중주의자들로부터 은(silver)을 잡아챘고 그렇게 하는 과정에서 대중주의자들의 많은 유권자들을 잡아챌 전망이었다. 공화당원들은 은을 반-외국주의자들의 가짜 약으로 경멸했지만 그러나 그들도 통화의 완화를 선호하는 많은 수의 유권자들을 무시할 수 없었다. 그리하여 한나와 공화당 보스들이 만든 강령은 기업가 계급들을 안심시키는 기존의 금(gold) 본위제도를 확인했지만 그런 금융의 2단계가 다른 선진국에서 수립되는 경우를 고려해 금과 은의 복본위제의 문을 완전히 닫지 않았다. 국제문제에서 추세가 정반대 방향으로 가고 있고 영국이 금본위제에 결속되어 있다는 것을 고려할 때 공화당의 강령은 오랫동안 실현될 수 없는 것이었다.

비록 루즈벨트는 리드를 선호했지만 그도 로지처럼 맥킨리를 수용하는데 별다른 어려움이 없었다. 또한 그는 민주당의 후보인 윌리엄 제닝스 브라이언(William Jennings Bryan)의 당선이 무정부 상태를 가져오고 그래서 미 공화정의 붕괴를 가져올 것이라는 확신에도 아무런 어려움이 없었다.132) 선거운동이 진행되면서 공화당에 대한 루즈벨트의 공격은 훨씬 더 난폭해졌다. 그는 맥킨리의 반대자들을 프랑스 혁명의 지도자들에게 비교했다. 그들은 정신적이고 도덕적인 태도에서 프랑스 혁명 때 공포의 정치인들과 놀랍게도 닮았다는 것이다. 선거일이 다가오면서 민주당 대통령 후보인 브라이언(Bryan)은 유권자들에 대한 그의 호소에서 보다 더 광적이 되었다. 그는 기차로 전국을 순회했다. 그와는 대조적으로 맥킨리 선거 운동은 온건했다. 그는 집에 머물렀다. 마크 한나와 맥킨리의 다른 선거종사자들은 맥킨리의 노출을 원치 않았다. 우호적인 철도회사의 협조로 그들은 수천 명의 공화당 열성분자들이 맥킨리의 고향인 캔톤(Canton)을 방문하게 했다. 맥킨리의 더 나은 병참이 거대한 선거자금에 의해서 보충되었다. 한나는 맥킨리의 선거 운동에 현대 기업의 기술적 효율성을 가져다 주었다.

　맥킨리의 대통령직 당선의 상당부분은 그가 보여준 보기 드문 힘과 세련됨에서 나왔다. 1896년 선거는 여러 가지 면에서 하나의 성공적 돌파였다. 그것은 링컨의 시대 이후 처음으로 전국적으로 잘 알려지고 강력한 정치인이 첫 투표에서 자기 정당의 대통령 지명을 획득했으며 그 과정에서 동부의 기계적 세력들을 극복했다. 20년 전에 북부 점령군이 남부를 떠난 이후 처음으로 1896년의 공화당이 전국적 다수를 이루었다. 진실로 맥킨리의 승리는 남북전쟁 후 새로 조립되고 비무장화 된 나라에서 공화당이 처음으로 일반적인 다수를 기록했다.133)

　맥킨리의 승리에 따라 이제 루즈벨트는 구제를 희망할 모든 이유

---

132) *Ibid.*, pp. 296－297.
133) Kevin Phillips, *William McKinley,* New York: Times Books, 2003, p. 57.

들을 갖게 되었다. 그는 맥킨리의 오랜 지지자가 아니었으며 한나의 선거자금에 크게 기여하지도 않았기 때문에 제1차적 보상의 대상이 아니었다. 그러나 제2차적 보상의 대상으로서 내각의 주요 부처들 중 하나에서 차관보(assistant secretary)급의 임명은 합리적 전망이었다. 그러나 물론 그는 자기를 위해 직접 호소하는 것은 남들에게 맡기는 것이 현명하다고 생각했다. 로지가 바로 그런 인물이었다. 친구로서 로지는 루즈벨트가 그의 재능에 맞는 직책을 발견하길 원했다. 저돌적인 팽창주의 정책의 지도적 입법부 주창자로서 그는 행정부에 동맹을 두길 원했다. 맥킨리는 모험주의를 싫어하는 것으로 알려졌으며 하나 같은 기업인의 영향 하에서 그가 격려 없이 자신의 생각을 바꿀 것으로 거의 기대할 수 없었다. 루즈벨트가 행정부의 노선들 뒤에서 선동가로 봉사하면서 그런 격려를 제공할 수 있을 것이다.[134] 로지가 캔톤으로 대통령 당선자 맥킨리를 만나러 갔을 때 그는 자기의 친구를 잊지 않았다. 맥킨리는 관심이 있었고 고무되었다. 해군성의 자리가 언급되었다.[135]

맥킨리 대통령 당선자는 루즈벨트에게 임명을 제안하기 전에 여러 가지 문제들을 생각해야 했었다. 이것들 가운데 가장 중요한 것은 톰 플랫의 의견이었다. 뉴욕 공화당의 보스인 플랫은 맥킨리의 강력한 동맹이거나 아니면 강력한 적이었다. 더구나 그는 뉴욕 주 출신의 상원의원이었기에 뉴욕 출신인의 중요한 임명을 상의하는 것이 예의였다. 플랫과 루즈벨트의 차이는 잘 알려져 있었다. 맥킨리는 플랫이 수

---

134) H. W. Brands, *T. R.: The Last Romantic,* New York: Basic Books, 1997, p. 304.
135) *Ibid.*

용할 수 없는 사람의 선발로 플랫을 적대함으로써 자기의 행정부를 출범시키고 싶지 않았다. 다른 한편으로 플랫은 루즈벨트가 맥킨리 정부에서 직책을 맡는 걸 원할 이유가 있었다. 가장 압박을 가하는 이유는 뉴욕에서 루즈벨트의 짐을 품위 있게 덜어내는 것이었다. 또한 해군성의 차관보로서 루즈벨트는 뉴욕의 공화당 조직에 어쩌면 덜 해로울 것이었다. 해군성은 뉴욕의 공화당 조직의 이익과는 아무런 관계가 없었기 때문이다. 루즈벨트는 플랫을 만나 그를 안심시켰다. 플랫은 더 나아가 맥킨리 대통령 당선자로부터 루즈벨트의 임명이 뉴욕 조직의 선과 결과에 따른 노획물의 쿼타에 해당되지 않을 것이라는 보장을 확보했다. 이에 만족한 플랫은 루즈벨트의 임명에 대한 그의 마지막 반대를 철회했다.[136]

뿐만 아니라 루즈벨트는 새 해군성 장관인 존 롱(John D. Long)의 승인이 필요했다. 맥킨리처럼 롱도 부하로서 너무 제멋대로 행동할 것이라고 루즈벨트는 조바심을 냈다. 루즈벨트는 이 염려를 누그러뜨리고 노력했다. 루즈벨트의 약속들이 롱과 맥킨리의 의구심을 즉각 제거하지는 못했다. 2주 동안 그의 임명은 불확실하게 걸려있었다. 그러나 마침내 임명소식이 도달했다. 경찰이사회에서 자신의 책상을 정리하면서 그 곳에서 나가게 되어 아주 기쁘다고 말했다. 왜냐하면 할 수 있는 모든 일을 끝냈고 이제 상황은 글자 그대로 용인될 수 없게 되었기 때문이다. 해군성 차관보로 루즈벨트의 임명은 그의 아주 중대한 경력이동이 될 것이다.

---

136) *Ibid.*, p. 306.

제8장
해전사의 저자가 해군성의 차관보로

"평화의 어떤 승리도 전쟁의 최고의 승리들만큼 그렇게 위대하지는 않다."
-시어도어 루즈벨트-

1897년 4월 19일 시어도어 루즈벨트는 해군차관보로서 직책을 담당할 준비가 되었다. 존 롱 해군장관은 루즈벨트와의 첫 공식 만남 후에 "그 직책에 최선의 인물"이라고 생각했다.[137] 분명히 장관이 모든 것이었고 차관보는 그렇지 않았다. 롱 장관은 난해한 군수품 설명서들이나 드라이독(drydock) 건설을 위한 청사진들을 전문가들에게 위임하는 것이 최선이라고 믿었다. 다행히 루즈벨트는 그런 자료들에 대한 엄청난 욕구를 가지고 있었고, 그래서 그것들을 안전하게 루즈벨트에게 맡길 수 있었다. 전반적으로 롱 장관은 자유방임의 원칙에 따라 해군성이 굴러가는 것을 바라보는 데 만족했다. 루즈벨트는 이런 정책에 전혀 반대하지 않았다. 롱 장관이 일을 덜 하기를 원하는 만큼 루즈벨트는 더 많은 권한을 자기에게 사칭할 수 있을 것이다. 그

---

137) Edmund Morris, *The Rise of Theodore Roosevelt,* New York: Random House, 1979, p. 590.

의 직책은 의회에 의해서 해군장관에 의해 행사되는 어떤 임무도 수용하도록 확장될 수 있는 것으로 막연하게 규정되었다. 따라서 루즈벨트가 해야 할 모든 것은 롱 장관의 신임을 얻는 것이었다.[138]

루즈벨트는 처음에 바쁜 주중에는 워싱턴에서 자신의 업무를 마치고 주말에는 오이스터 베이에서 보낼 수 있을 것이라고 믿었다. 그러나 그는 곧 해군성이 자기 없이는 안 된다고 결정했다. 4월 말에 그는 롱 장관이 없는 한 주말 동안 36시간 자리를 비웠다. 이 부재 중에 작은 문제들이 발생하여 그는 월요일 오전까지 사무실에 남아있어야 했다. 당황한 루즈벨트는 롱 장관에게 사과했고 재발방지를 약속했다. 그리하여 그때부터 그는 롱 장관의 명시적으로 명령을 하지 않는 한 롱의 부재 중 결코 워싱턴을 떠나지 않았다.[139]

루즈벨트는 알프레드 머핸(Alfred T. Mahan)과 공모했다. 그 공모의 조건들은 루즈벨트가 해군성에 입성한지 2주만에 머핸에게 보낸 그의 편지에서 분명했다. 자기는 대통령과 장관의 정책을 단지 수행할 뿐이기 때문에 전적으로 비밀로 간주되어야 한다고 말하면서 루즈벨트는 그들의 외교정책에 대한 인식이 밀접하게 평행을 이루기 때문에 머핸에게 의지할 수 있음을 알고 있었다. 그는 외교정책에 대해 일반적으로 그런 것처럼 하와이(Hawaii)에 관한 머핸의 견해들을 취한다고 말했다. 만일 자기 마음대로 한다면 그들은 바로 내일 그 섬들을 병합할 것이다. 만일 그것이 불가능하다면 그는 그 섬들에 대한 보호령을 수립할 것이라고 루즈벨트는 말했다. 루즈벨트는 로지가 이런

---

138) *Ibid.,* p. 591.
139) H. W. Brands, *T. R.: The Last Romantic,* New York: Basic Books, 1997, p. 305.

노선에 따라 맥킨리 대통령에게 공작을 하고 있다고 보고했다.[140]

그러면서 루즈벨트는 시간이 본질이며 자기는 일본으로부터 위험에 대해 완전히 경계하고 있다고 말했다. 일본은 중(청)일 전쟁에서 승리한 뒤에 자신감에 차 있다며 하와이에서 일하는 일본인 근로자들의 조건에 걱정을 하고 있다. 일본의 해군성은 몇 척의 새 전함을 위해 영국의 조선소들과 계약을 했으며 2척의 강력한 선박들의 인도가 언제든 이뤄질 것이며, 이 두 전함이 영국을 떠나기 전에 즉시 행동해야 한다고 루즈벨트는 주장했다. 그는 <오레곤>(Oregon) 함을 파견할 것이며, 또한 필요하다면, <몬테레이>(Monterey) 함을 하와이에 파견하여 그 섬에 미국의 깃발을 세울 것이다. 상세한 것들은 조치 후에 둘 것이다. 상실할 시간이 거의 없다. 2주간의 기간이 차이를 만들 것이다. 그러나 신속한 성공이 신속한 조치를 보답할 것이다. 하와이가 일단 미국인들의 손안에 들어오면 대부분의 마찰의 위험이 사라질 것이라고 말했다.[141]

아주 넓은 태평양은 루즈벨트의 전략적 전부를 내포할 수 없었다. 그는 니카라과 운하(Nicaraguan canal)를 당장 건설해야 한다고 선언했다. 서인도에서 스페인과의 어려움들이 엄중한 조치를 요구하고 있다. 미국인들이 스페인을 이 섬들에서 몰아낼 때까지 미국인들은 항상 그곳의 말썽으로 위협을 받을 것이었다. 덴마크의 서인도를 획득하여 보완을 한 뒤에 쿠바와 푸에르토리코에서 스페인의 축출은, 구체적으로 독일이 아니라 해도, 어떤 유럽의 강대국도 약한 유럽국가

---

140) *Ibid.*, p. 309.
141) *Ibid.*

들을 대체함으로써 발판을 얻도록 허용되어서는 안 된다는 것을 알릴 것이었다. 루즈벨트는 세계에서 가장 강력한 함대를 가진 영국이 두렵지 않다고 주장했다. 왜냐하면 캐나다가 영국의 선한 행동을 위한 인질이라고 계산했기 때문이다. 그러나 기타 강대국들이 더 무모할 수 있었다. 이런 것들에 대비하여 미 해군력의 폭넓은 증대가 가치 있는 경고로 봉사했다. "미국은 12척의 새 전함들을 건설해야만 한다."142)

차관보로서는 다소 야심차게 루즈벨트는 심지어 대통령에게도 자신의 견해를 밀어붙였다. 해군성의 지도실에서 지도들에 접근을 획득한 일주일 내에 루즈벨트는 지도의 대양들을 거쳐 선박들을 이리 저리 밀어보기 시작했다. 4월 22일 그는 대통령에게 일본이 순양함 <나니와>(Naniwa)를 하와이 부근으로 막 파견했다고 해군정보부가 보고했다고 경고했다. 미국은 대응해야만 했다. 맥킨리 대통령에 깊은 인상을 주었을 세부사항에 주의를 기울이면서 루즈벨트는 대통령의 선택지를 내놓았다. 당시 하와이에는 나니와와 비슷한 수준의 미국 순양함 필라델피아(Philadelphia)가 보호되고 있지만 그 배는 아마도 그렇게 빠르지 않고 더구나 일본 배와는 달리 어뢰도 장착하지 않았다. 또한 척의 낡은 선박인 <마리온>(Marion)은 현대의 전함과 싸우기에는 아주 부적합했다. 하와이 바다에서 미국의 세력은 현재 샌프란시스코로 가고 있는 포함 <베닝턴>(Bennington)을 파견하여 강화될 수 있을 것이지만 루즈벨트는 전함 <오레곤>(Oregon)을 선호했다.143)

4일 후에 루즈벨트는 대통령과 다시 상담하고 있었다. 이번의 걱정

---

142) H. W. Brands, *T. R.: The Last Romantic,* New York: Basic Books, 1997, p. 310.
143) *Ibid.*

거리는 동부 지중해 지역이었다. 그곳에서는 그리스와 터키 간의 전쟁이 무역을 방해하고 다소 작은 미국의 이익을 위협하고 있었다. 미국이 군함을 파견함으로써 끼어들어야 하는 지의 문제가 발생했다. 루즈벨트는 지중해에 전함을 보내는 것은 권고할 만하지 못하다고 신중한 입장을 취하면서 미국은 전함들을 미국의 해안에서 유지해야 하고 쿠바에서 심각한 문제들이 발생하면 행동을 취할 준비를 갖추어야 한다고 주장했다.[144]

1897년 여름 동안에 루즈벨트는 쿠바에서 심각한 문제들이 확실히 일어나도록 열심히 공작했다. 쿠바에서 2년 동안 민족주의적 반란자들은 스페인의 식민통치에 반발하여 독립을 위한 선생을 수행했다. 그들은 1868－1878년의 10년동안 전쟁이 달성하지 못한 것을 달성하고자 했다. 미국은 거의 배타적으로 반란자들을 동정했다. 미국의 반식민주의 전통은 미국인들로 하여금 쿠바의 독립을 향해 경도하게 했다. 군주제와 카톨릭, 그리고 타락한 스페인에 대한 미국인들의 불쾌감이 같은 방향으로 기울었다. 더구나 반란자들은 선전기술을 마스터했으며 뉴욕에 홍보 사무실을 설립하여 그들의 대의명분에 호의적이고 스페인에 불리한 스토리들을 퍼트렸다. 이런 노력에서 그들은 미국의 선정적 신문으로부터 무한한 가치의 지지를 받았다.

1897년이 되어 쿠바의 상황은 교착상태에 빠졌다. 반란자들은 스페인 당국자들과 그들의 왕정 동맹자들에게 대하여 게릴라 전쟁을 단행했다. 스페인과 왕당파들은 보복과 반-게릴라 군사작전으로 대응하고 있었다. 양측은 쿠바의 많은 시골들을 황폐하게 만들었다. 표준적

---

144) *Ibid.* p. 311.

반-게릴라 전술이 별로 성공하지 못하자 스페인은 반란자들에게 농촌 지역을 거부하는 정책을 도입했다. 농부들은 캠프로 몰려 엄격한 감시를 받았다. 캠프 밖에 머무는 자는 누구나 반란자로 간주되어 즉시 체포나 즉결처형에 직면했다. 최선의 환경 하에서도 그런 정책은 대부분의 주민들을 소외시켰을 것이다. 아무도 총부리의 위협 하에서 삶의 뿌리가 송두리째 뽑히고 이주하는 것을 좋아하지 않는다. 그들의 삶에 땅의 접근성에 의존하는 농민들은 무엇보다도 삶의 뿌리가 뽑히는 것을 싫어했다. 내전의 와중에서 쿠바를 지배하는 상황은 공포로 휩싸였다. 캠프에 식량이 떨어졌다. 식수는 나빠졌고 위생은 무시되었다. 수십 명이 운집한 숙소들에서 콜레라 같은 전염병이 창궐하여 처음엔 수십 명이, 그리고 나중에는 수백 명이 죽어갔다.

루즈벨트는 쿠바인들이 자치정부를 잘해 나갈 지에 대해서는 의심을 했지만 그들이 쿠바를 운영하는 데 있어서 스페인인들보다 별로 못하지는 않을 것이라고 생각했다. 어떤 것도 스페인의 계속적 지배보다는 나을 것이라고 루즈벨트는 말했다. 루즈벨트는 쿠바에서의 싸움을 미국의 힘을 내세울 기회로 보았다. 쿠바의 독립은 그런 정책의 부산물이 될 수 있을 것이다. 미국은 근육을 풀고 스페인을 축출해야 하고 동시에 미국은 서반구에서 미국의 의도에 관하여 다른 강대국들에게 알려야 한다고 말했다.[145] 루즈벨트는 수년 동안 전쟁의 염원으로 몸이 근질거렸다. 이제 그는 그것이 일어나게 하는 데 도울 수 있는 지위에 있었다. 1897년 여름과 가을은 지금까지 그의 경력에서 가장 신이 나고 또 만족스러운 시기였다. 그가 경찰이사회 회장으로 열

---

145) *Ibid.*, p. 312.

심히 일했지만 부패와 다른 악행을 견제하기 위하여 자기 에너지의 3/4을 단지 선을 지키는 데 소모했다.

이와는 대조적으로 해군성에서는 진정한 성취의 가능성이 훨씬 더 좋았다. 물론, 롱 장관과 맥킨리 대통령이 그랬던 것처럼 의회가 자기가 할 수 있는 것을 견제했다. 그러나 의회는 오직 간헐적으로 해군에 관심을 가질 것이다. 그리고 그것도 대부분이 예산 결정 과정에서 그랬다. 루즈벨트는 기회가 있을 때마다 보다 많은 돈의 필요성을 역설했다. 그는 결코 충분한 예산을 받아본 적이 없었지만 주어진 예산 내에서 일을 해 나갔다. 대통령과 해군성 장관도 그에 대한 초기의 불신을 극복한 것으로 보였다. 맥킨리는 그와 정기적으로 협의했고 또 롱 장관은 루즈벨트를 장관대행으로 책임을 맡기고 해군성으로부터 상당 기간 동안 벗어나 있을 만큼 그에 대해 충분한 신임을 보여주었다. 그가 맥킨리 대통령과 협의한 것은 주로 장관대행이라는 루즈벨트의 권능에 있었다. 대통령은 루즈벨트보다 훨씬 덜 호전적이었지만 갈등이 발생할 경우에 해군성에 전쟁 강경론자를 가지고 있는 이점을 감지했다.146)

그해 여름 한가한 시간을 이용하여 루즈벨트는 강력한 해군의 필요성을 언급한 과거 미국 대통령들의 인용문을 담은 팸플릿을 편집했다. 그것이 발표되자 그 팸플릿은 잘난 체하는 차관보와 그의 덜 호전적인 상급자들 사이에서 균열을 암시하면서 관심을 끌었다. 루즈벨트는 맥킨리 대통령으로부터 질책을 어느 정도 기대했지만 그런 일은 발생하지 않았다. 루즈벨트는 동등하게 그가 일본에 관해서 행한 모

---

146) H. W. Brands, *T. R.: The Last Romantic,* New York: Basic Books, 1997, p. 313.

난 연설에 대한 대통령의 반응에도 만족했다. 대통령은 전체적으로 만족한 듯 보였다. 그러나 만족이 반드시 동의를 의미하지는 않았다. 맥킨리는 누구보다도 영리한 사람이었다. 그는 해외 모험의 선동을 주도하길 거부했다. 그는 그런 선동을 루즈벨트 같은 사람들에게 남겼다. 그들은 쿠바 같은 곳에서 미국의 개입을 배제하지 않았다. 민첩한 정치외교관인 맥킨리는 개입을 지지하는 여론이 형성되거나 아니면 그 문제의 김이 빠질 때를 기다렸다. 그 사이에 그는 평화 애호자로 보일 것이다. 즉, 맥킨리 대통령은 루즈벨트 같은 나쁜 경찰에 비해 좋은 경찰로 보일 것이다.[147]

맥킨리 대통령의 그런 스타일은 루즈벨트에게 아주 낯설었다. 이 단계의 정치적 경력에서 루즈벨트는 그가 잡을 수 있는 모든 황소의 뿔들을 거머쥐는 습관의 소유자였다. 루즈벨트는 맥킨리를 해석하는 데 어려움이 있었다. 그러나 차관보는 만일 상황이 강요한다면 대통령이 도전을 마주할 것이라고 확신했다. 루즈벨트는 비상사태시에 해군이 무엇을 할 수 있고 또 무엇을 해서는 안 되는 지에 관해서 맥킨리를 가르치기 시작했다. 그는 특수한 날, 특수한 시간에 함대의 운행을 위한 준비를 할 수 있지만, 해군의 전반적인 효율성을 감소시키지 않으면서 그것을 지속적인 경계태세로 유지할 수 없다고 설명했다. 루즈벨트는 만일 전쟁이 발생한다면 해군은 적절한 수단이 허용할 최선의 상태에 있을 것이라고 약속했다. 루즈벨트에게 기쁘게도, 맥킨리는 해군성이 함대의 증강을 위해 건설을 계속해야 한다고 지시했다.

루즈벨트는 대통령과의 면담 기회를 이용하여 만일 스페인과 전쟁

---

147) *Ibid.*, p. 314.

이 발생할 경우에 자기는 전투에 참가하기 위해 해군성의 자리를 스스로 사임하겠다고 말했다.[148] 그러자 맥킨리는 루즈벨트의 부인이 이런 계획에 대해 어떻게 생각하느냐고 물었다. 루즈벨트가 그녀는 그것을 좋아하지 않을 것이지만 그는 그녀와 상의하지 않을 것이라고 덧붙였다. 맥킨리는 웃으면서 만일 우연히 전쟁이 발발한다면 루즈벨트가 봉사할 기회를 얻도록 그가 할 수 있는 모든 일을 할 것이라고 말했다. 그리고 이 말은 루즈벨트를 더 없이 기쁘게 했다. 루즈벨트는 모두다 대통령과 아주 만족스러운 대화를 가졌다고 로지에게 전했다.[149]

대통령과 또 다른 면담 기회에 장관 대리는 총사령관인 대통령에게 스페인에 대항하는 행동계획을 제시했다. 그는 대통령에게 미국의 모든 배들이 어디에 있는지를 보여주는 종이 한 장을 건네면서 만일 스페인이 위협적이면 자기가 무엇을 해야 하는지에 대한 윤곽을 그렸다. 그리고 그는 만일 미국이 심각한 곤란의 기회를 피하길 원한다면, 그리고 일본인들이 끼어드는 것을 피하려 한다면 즉각적이고 신속한 선제적 조치를 취할 필요성을 역설했다.[150] 루즈벨트는 전쟁의 선포에 앞서 미국의 주력함대를 키 웨스트(Key West) 항구에 집결시킬 것을 주창했다. 만일 이것이 행해진다면 전쟁이 공식적으로 시작한 48시간 내에 미국의 배들이 쿠바의 해안에 도달할 수 있을 것이었다. 동시에 미 해군은 4척의 빠른 순양함들의 기동부대를 만들어 스페인의 전투함들이 카리브 해를 떠나 그곳에 합류할 때까지 스페인 해안을

---

148) *Ibid.*, p. 315.
149) *Ibid.*
150) *Ibid.*

공략할 수 있을 것이었다. 그 사이에 미국의 아시아 소함대가 마닐라(Manila)를 봉쇄할 것이고 또 가능하다면 스페인의 식민지 지위를 장악할 것이다.[151] 루즈벨트는 또한 쿠바에 지상군의 원정부대를 즉시 파견할 것을 촉구했다.

다른 한편으로, 느림보는 비싼 대가를 치를 것이다. 만일 미국이 주저하고 그리하여 스페인인들이 선제적 행동을 취한다면 그들은 미국의 해안으로 소함대를 파견하여 미국에게 커다란 일시적 괴로움을 줄 것이다. 뿐만 아니라, 전쟁이 발발할 것이 확실해지고 시간이 주어진다면 많은 독일, 영국, 그리고 아마도 프랑스의 장교들이 스페인인들에게 쿠바 항구의 방어를 위해 기뢰를 부설하고 어뢰의 사용 방법을 가르쳐 줄 것이다. 뿐만 아니라 미국인들의 등 뒤에는 일본인들이 있을 것이다.[152] 루즈벨트는 일반적으로 맥킨리 대통령을 전쟁 쪽으로 설득했다는 희망에 차서 백악관 브리핑에서 돌아왔다. 그러나 다음날 그는 아무런 조치도 볼 수 없었다. 그래서 그는 좌절감에 빠졌다. 맥킨리는 쿠바에서 고난을 평화적으로 해소할 필요성을 계속 다짐했다. 루즈벨트는 미국이 피 묻은 총검의 끝에 성조기를 흔들 필요가 있다고 믿고 또 바랐다.[153]

루즈벨트는 이 시기에 분명히 전쟁을 위한 북을 쳤다. 6월에 그는 머핸의 학교인 해군 전쟁대학에서 연설했으며 그곳에 모인 장교들에게 전사 신념의 영광과 필요성을 상기시켰다:

---

151) *Ibid.*
152) H. W. Brands, *T. R.: The Last Romantic*, New York: Basic Books, 1997, p. 316.
153) *Ibid.*

"마지막 수단으로, 우리가 평화를 위해 준비하고 기꺼이 싸울 용의성에 의해서만 평화를 확보할 수 있다는 사실을 망각한다면, 우리는 언젠가 느리고, 겁먹거나 다루기 어려운 부유한 국가가 모든 성질들 가운데 가장 가치 있는 '군인의 덕목'을 여전히 유지하는 인민들에게 쉬운 먹이가 된다는 것을 쓰라리게 깨닫게 될 것이다. … 모든 위대한 인종들은 싸우는 인종들이었다. 어떤 인종이 단단한 전투의 덕목을 상실하는 순간이 오면 그것이 어떤 다른 것들을 보유하고 있고, 통상과 재정, 과학과 기술에서 아무리 능란하다고 해도 그것은 최선의 인종과 평등하게 설 권리를 상실했다. 어떤 것도 용기의 부족을 보상할 수 없을 것이다. 한 개인의 경우에서처럼 한 인종에서 비겁함은 용서받을 수 없는 죄악이다."[154]

맥킨리 대통령의 현 입장에서 볼 때 루즈벨트는 앞장서서 스페인과의 전쟁을 요구할 수 없었다. 그래서 그 대신에 그는 전쟁의 준비성을 강조했다. 이것은 그의 수사학적 목적에도 거의 마찬가지로 잘 봉사했다:

"우리는 대 해군을 요구한다. 부분적으로는 그런 해군의 보유가 평화의 가장 확실한 보장이라고 생각하기 때문이고, 또 부분적으로는 어떤 국가적 삶도 영광과 명성의 상실에 굴복하기보다는 차라리 필요성이 발생할 때 만일 국가가 전쟁의 최고 중재에 모든 것을 걸고 그리고 우리의 피, 우리의 재무, 그리고 눈물을 물처럼 쏟지 않으려 하지 않는다면, 영유할 가치가 없다. 상처에 길들여진 굴복의 면에서나 억압받는 자의 비참함에 냉혹한 무관심에 굴복하기보다는 싸울 과잉 준비의 면에서 일천 번의 실수가 더 낫다. 왜냐

---

154) *Ibid.,* p. 317에서 재인용.

하면 국가나 개인이 그들의 영광의 권리를 얻는 것은 전투의 열기 속에서이기 때문이다. 평화의 어떤 승리도 전쟁의 최고의 승리만큼 아주 그렇게 위대하지 않다."155)

해군장관 대행으로서 루즈벨트는 진정한 권력의 첫 냄새를 맡았다. 그것은 권력의 맛이 아니라 단지 냄새였다. 그러나 그 증기마저도 그를 들뜨게 만들었다. 그가 들떠 있다는 것은 그가 세실 스프링 라이스(Cecil Spring Rice)에게 보낸 편지에서 가장 명백했다. 그 편지에서 루즈벨트는 여러 가지 아이디어들을 함께 끌어들이는 지구적 관계에 대한 철학을 상술했다. 그 결과는 현실주의, 급진주의, 그리고 낭만주의의 흥미로운 종합이었다. 그것은 수년 내에 그 자신의 외교정책을 상징할 것이다.156)

스프링 라이스 대사는 루즈벨트에게 러시아의 문제를 제기하면서 서방 국가들이 차르(Czar)와 그의 영토를 어떻게 처리해야 하는지를 물었다. 루즈벨트는 러시아 문제가 독일 문제에 달려있다고 생각했다. 그리고 독일 문제가 걱정스러웠다. 루즈벨트는 "작은 카이저(little Kaiser)", 빌헬름(Wilhelm) 2세를 존경하는지 확신할 수 없다고 말했다. 그러나 카이저의 식민지 계획에서 그가 독일 인종의 관점에서 보면 전적으로 옳다고 생각했다. 국제법은 여전히 유동적 상태에 있었다. 만일 루즈벨트가 독일인이라면, 그는 독일 인종이 팽창하기를 원할 것이다. 그런 팽창을 위해 적합한 2개의 장소는 남아프리카와 온화한 남아메리카이다. 그러므로 독일인으로서 그는 남아프리카에서

---

155) *Ibid.*
156) *Ibid.,* p. 318.

기쁘게 영국인들을 뒤엎고 또 남아메리카에서 미국인들과 그들의 먼로 독트린에 도전할 것이다. 물론 독일을 팽창하게 압박하고 있는 것과 정확하게 그런 이유에서 영국인들과 미국인들이 그런 독일의 팽창을 반대하는 것이 당연하다.

만일 루즈벨트가 영국인이라면 첫 기회를 포착하자마자 독일 해군을 박살내고 독일의 해상통상을 말살할 것이다. 그리고 그는 남아프리카에서 보어인들(the Boers)을 놓아두고 그곳에서 독일과 포르투갈의 소유지들을 장악할 것이다. 미국인으로서 루즈벨트는 만일 독일인들이 아메리카의 땅에 발을 붙이는 모험을 한다면 즉각 개입할 수 있을 만큼 미국 해군을 최고조로 유지할 것을 주창할 것이다. 그는 독일인들의 이민을 제외하고 서반구에서 독일인들을 보고 싶지 않다고 간단히 말했다. 만일 독일인들이 이곳에서 그들의 제국을 팽창하려 든다면 독일은 먼저 미국인들을 채찍질해야만 할 것이다. 그러면서 루즈벨트는 스프링 라이스 영국 대사에게 그들의 어느 정부도 그런 정책을 추구할 용기를 갖고 있다는 데 자신의 의구심을 털어 놓았다. 루즈벨트에게 그것은 그들의 지혜가 아니라 허약함이었다. 국가들은 충돌하는 이익을 갖고 있다. 현 시대에 애국주의가 사해동포주의에 앞서 있다.[157]

미국과 영국의 정책들이 독일에 반대해야 하지만 루즈벨트는 장기적으로 진정한 적은 러시아라고 예상했다. 지금은 미국과 러시아가 아주 잘 지내고 있지만 러시아인들과 미국인들 사이에 그들의 개인적 능력에서 공통점이 전혀 없다. 루즈벨트는 러시아인들에 관해서 생각

---

157) H. W. Brands, *T. R.: The Last Romantic,* New York: Basic Books, 1997, p. 319.

하는 것처럼 미국의 문명에 대해서도 거의 동일하게 심했다. 미국인들도 일종의 야만인들이라는 것이다. 역사를 결정하는 진리의 순간에 서방의 야만인들은 동방의 야만인들을 대항하여 자신을 유지해야 할 것이다. 영어를 말하는 인종들의 인민들이 슬라브(Slav)족과 미래를 분할해야만 할지도 모르지만 그러나 그들은 자기들의 공정한 몫 이상을 갖게 될 것이다.[158]

1897년 10월 스페인은 쿠바에 대한 새로운 정책을 발표했다. 그것은 죄 없는 자에 대한 인간적 대우와 쿠바의 자치로 나아가겠다는 것이었다. 이 발표는 맥킨리의 승리처럼 보였다. 그러나 불행하게도 쿠바에 대한 스페인의 발표된 개혁정책은 아바나(Havana)에서 왕당파들의 소요사태 앞에서 후퇴했다. 그 때 워싱턴 주재 스페인 공사인 드 로메(de Lôme)가 지각이 없는 편지 한 장을 반란군들의 손안에 들어가게 함으로써 자기 정부의 발등을 찍었다. 이 편지에서는 맥킨리 대통령이 허약하고 대중의 칭송을 구하는 사람으로 묘사되었다. 이 편지가 미국에서 반-스페인 신문에 누설되었을 때 이 드 로메의 편지는 미국의 대통령에 대한 믿을 수 없는 모욕에 대한 분노의 폭발을 촉발했다.

그러나 마침내 전쟁을 가져온 또 하나의 폭발, 실제적 폭발이 있었다. 아바나의 소요는 그곳의 미국 영사로 하여금 한 척의 미국 군함의 보호를 요청하게 만들었다. 맥킨리는 더 심한 폭력을 도발하길 원하지 않았기에 한동안 그 요구에 저항했다. 그러나 결국 그는 마음을 바

---

158) *Ibid.* 이런 시어도어 루즈벨트의 생각은 알렉산더 토크빌(Alexis Tocqueville)의 영향을 받았음이 분명하다고 생각된다.

꾸어 스페인 정부에 미국의 <메인>(U.S.S. Maine) 호가 아바나의 방문을 허용하는 허락을 요청했다. 그 방문의 비위협적인 의도의 표시로 그는 스페인의 배들이 미국의 항구를 방문하는 호혜적 방문을 초래했다. 최근의 긴장을 수습하고 싶었던 스페인은 <메인> 호가 아바나의 항구에 입항하는 것을 허락했다. 그리하여 1898년 2월의 첫 주에 미 해군의 가장 좋은 중간 크기의 군함들 가운데 한 척이 입항했다. 며칠 동안 조심스러운 기대의 분위기가 아바나 시 위에 걸려 있었다. 현지인들은 매끈한 강철 전함을 구경하기 위해 부두를 방문했다. 미국의 수병들은 그들의 평소의 레크리에이션을 찾아 해변으로 갔다.

1898년 2월 15일 저녁 때 파티가 갑자기 중단되었다. 무서운 폭발이 후텁지근한 공기를 깨트렸고 배의 선체를 조각 내고 거대한 잔해 덩어리들을 높게 그리고 만(bay)을 가로질러 멀리 날려버렸다. 연기가 가라앉고 물거품들이 검은 바다 물의 표면에 내려앉았을 때 오직 중앙 돛과 뒤틀린 상체 구조의 일부가 보였다. 당시에 자랑스러운 배의 나머지는 250명의 미국인 시체와 같이 항구의 바닥에 가라앉았다. 루즈벨트가 전에 바빴다고 생각했다면 <메인> 호의 파괴는 그를, 그리고 해군성의 나머지 사람들을 광분하게 만들었다. 루즈벨트는 마드리드(Madrid)와 맥킨리 행정부 사이의 움직임을 점증하는 격분으로 추적했다. 매주 전쟁이 연기되었지만 그는 무한정으로 연기될 수 없다고 생각했다. 때때로 그 생각이 그를 아주 화나게 만들었고 또 때로는 그를 거의 절망감으로 몰고갔다. 루즈벨트가 원하는 것은 전쟁이었다. 만일 스페인과 아니라면 어떤 다른 나라도 상관없었다. 실제로 스페인은 허약하고 타락했기에 독일이 더 가치 있는 상대방이 될 것이다. 불행하게도, 독일과 전쟁 기회는 없었다.[159]

　<메인> 호의 폭발이 있을 때까지 루즈벨트의 견해는 소수의 견해에 머물렀다. 그러나 이 비극이 미국에서 정치적 견해를 변환시켰다. 개입을 이미 찬성했던 사람들은 그 어느 때보다 크게 스페인의 피를 외쳤다. 개입의 반대자들은 일시적으로 유구무언이 되었다. 그들은 겁쟁이로 낙인이 찍히거나 더 나쁘게는 미국인의 생명과 명예에 대한 공격을 부추긴 것으로 매도되었다. 애매한 태도를 취했던 많은 사람들은 폭발의 힘에 의해서 전쟁진영으로 휩쓸렸다. 재앙을 맞은 다음 날 루즈벨트는 롱 장관에게 폭발이 사고인지 고의적인지를 명백하게 결정하는 것은 영원히 불가능할 것이라는 의견을 제시했다. 그러나 그는 그것이 고의적이었다는 쪽으로 믿고 있었다. 그러나 누가 혹은 무엇이 그런 악행을 범했는가와는 관계없이 해군성은 다음에 일어날지도 모르는 것을 준비하는 것이 마땅했다. 거기에는 정치적이고 전략적인 몫이 걸려 있었다. 드 로메(de Lôme) 공사의 편지와 같은 어떤 사건이나 <메인>호의 폭발과 같은 사건이 다시 갑자기 발생한다면 해군성은 준비 없이 의회와 국민적 불쾌감에 대해 완전히 책임을 져야만 할 것이다. 배들이 준비태세를 갖추는 데 아마도 2~3주가 걸릴 것이고 그리고 이 2~3주는 전쟁 발발시에 마적을 마비시키는 타격을 가하는 골든 타임(the golden time)을 대변할 것이다.

　루즈벨트는 적을 마비시킬 타격을 준비하는 과업을 스스로 짊어졌다. 해군성은 <메인> 호 재앙 이후 24시간 작업에 들어갔다. 2월

---

159) H. W. Brands, *T. R.: The Last Romantic*, New York: Basic Books, 1997, p. 323.

25일 금요일까지 롱 장관은 탈진했다. 다행히 다가오는 주말이 소강 상태를 보이자 롱은 자기 집무실을 일찍 떠날 수 있을 것이라고 생각했다. 자기 보스의 건강을 세심하게 챙기는 루즈벨트는 그에게 좋은 날과 달콤한 꿈을 꾸시라고 인사했다. 그리고 나서 그는 즉시 행동에 들어갔다. 루즈벨트가 행정에서 일하는 것처럼 상원에서 성실하게 일하고 있는 로지에게 메시지를 보냈다. 로지는 해군 문제에서 루즈벨트의 병참에 관한 전문성이 부족했다. 그러나 그는 정신적 지원을 제공할 수 있었다. 루즈벨트는 곧 명령서들을 작성하기 시작했다. 그리고 그것들은 해군성의 서기들에게 암호화해서 즉시 전 세계로 발송하게 했다. 해군장관 대행의 권능으로 그는 대서양과 태평양에 있는 미국의 전함들을 재배치했다. 그는 전쟁을 잘 시작할 수 있도록 충분한 석탄과 탄약을 주문했다. 그는 포들을 워싱턴의 해군성 마당으로부터 뉴욕으로 이전할 것을 명령했다. 그는 부두에 정박 중인 배들을 지시를 받자마자 항해할 준비를 시키는 지시들로 경계상태에 놓았다. 그는 의회에 메시지를 보내서 의회의 특별한 전시 입법을 요청했다.[160]

루즈벨트의 모든 지시들 중에서 가장 거창한 것은 일본에 기지를 두고 있는 미국의 아시아 소함대의 조지 듀이(George Dewey) 사령관에게 보낸 전문이었다:

"비밀이고 기밀: 모노케이시(Monocacy)를 제외하고 소함대는 홍콩으로 가라. 석탄을 가득 채워라. 스페인과 전쟁이 선포되는 경우에 당신의 의무는 스페인 소함대가 아시아의 해안을 떠나지 못하

---

160) *Ibid.*, p. 325.

게 경계하는 것이다. 그리고 나서 필리핀 섬들에서 공세작전을 펴라. 다음 명령이 있을 때까지 올림피아(Olympia)를 유지하라."161)

다음 날 루즈벨트는 스스로 만족한 채 자기 집무실을 떠났다. 롱 장관은 그의 부하가 한 일에 대해 전부 호의적이지는 않았지만 깊은 인상을 받았다. 그는 루즈벨트의 에너지를 고맙게 생각하는 것을 배웠다. 그는 후에 루즈벨트가 자기의 일에 마음과 영혼을 다 바쳤다고 기록했다. 전체적으로 루즈벨트는 해군성에서 긍정적인 영향을 미쳤다. 특히 그는 그의 주변에 모인 젊은 장교들에게 고무적이었으며 자기의 집무실을 벌집처럼 바쁘게 만들었다. 롱 장관은 루즈벨트가 도자기 가게에서 황소처럼 일했다고 비꼬듯 말하기도 했다. 롱 장관은 대부분의 루즈벨트 명령을 뒷받침했다. 그것들 가운데에 가장 중요한 것은 마닐라에서 스페인 함대를 무력화 하라고 듀이 사령관에게 보낸 명령이었다. 그 명령은 장관의 부재에 자극을 받아 루즈벨트가 생각해 낸 것이 아니었다. 오히려 그것은 전쟁의 발발시에 적합한 전략에 관해서 해군성에 있는 많은 사람들의 건전한 생각을 반영한 것이었다. 그러나 건전했든 아니면 경솔한 것이었든 이 특수한 날에 루즈벨트의 명령은 정확하게 그가 의도했던 대로 미국을 전쟁으로 밀어붙이는 효과를 가져왔다.162)

맥킨리 대통령은 여전히 전쟁열기에 반대했다. 그러나 곧 사건들이 맥킨리를 전쟁에 동의하게 만들었다. 실제로 조사위원회는 모든

---

161) H. W. Brands, *T. R.: The Last Romantic,* New York: Basic Books, 1997, p. 326 에서 재인용.
162) *Ibid.,* p. 327.

미국 수병들을 죽인 폭발이 <메인> 호의 선체 밖에서 시작했다고 선언했다. 바꾸어 말하면 그것은 사보타주의 행위였다는 것이다. 그 보고서는 명시적으로 스페인을 파괴 공작원으로 지목하지는 않고 독자들이 자신들의 결론을 내리게 했다. 맥킨리는 전쟁의 지혜에 대해 여전히 회의적이었지만 그러나 그 마저도 부상하는 호전성의 조류를 더 이상 저항할 수 없었다. 루즈벨트는 대통령을 벼랑 끝 너머로 밀 기회를 잡았다. 물론 그가 공개적으로 말할 수는 없었지만 그는 각료회의에 참석하여 대통령에게 무력 개입으로 이 문제를 타결하도록 강력하게 권고했다. 그는 대통령에게 아주 평이한 언어로 어떤 다른 길도 나라의 명예와 양립할 수 없으며 쿠바의 비참한 여자들과 어린이들을 위한 인류애와도 양립할 수 없다고 말했다.[163]

마침내 맥킨리 대통령이 굴복했다. 그는 마드리드에 여러 가지 사항들이 담긴 최후의 통첩(the ultimatum)을 넘기면서 쿠바의 독립을 간단한 요구로 요약했다. 스페인 정부는 머무적거리고 회피했다. 만일 스페인이 미국의 최후통첩을 거부한다면 그것은 미국과의 전쟁에 직면할 것이다. 그러나 만일 스페인이 수락한다면 그것은 국내에서 폭동을 마주하게 할 것이었다. 스페인은 적들을 경원하려고 미국의 최후통첩을 거부했다. 4월 11일 맥킨리 대통령은 의회에 쿠바에서 인류애의 이름으로 미국의 무력을 사용할 승인을 요청했다. 문제는 거기에서 끝나지 않았다. 의회가 대통령의 요청을 논의해야 했다. 이제 루즈벨트는 일주일 간 의회의 입장 정리와 결정을 기다려야만 했다. 의원들이 떠들어 대는 동안 그는 맥킨리 대통령이 뒷걸음치는 것을 간

---

163) *Ibid.*, p. 328.

파했다. 대통령은 여전히 고통스럽게 평화를 시도하고 있었다면서 루즈벨트는 대통령의 허약함과 좌고우면은 고통스럽기 보다는 훨씬 더 터무니없었다고 자신의 일기장에 휘갈겨 썼다.[164] 불확실성은 견딜수 없다고 루즈벨트는 화가 나서 투덜댔다. 그러나 결국 의회는 맥킨리 대통령의 요청을 승인했고 대통령으로 하여금 스페인과의 단교를 촉진하고 전쟁을 선포하게 촉구했다. 시어도어 루즈벨트는 그가 해군성 차관보가 된 이후 벌여온 지속적인 노력이 마침내 결실을 거둔 것이다. 루즈벨트는 이제 주저함이 없이 전사의 길을 택할 것이다.

---

164) *Ibid.*, p. 329.

제9장
의용 기병대장(the Rough Rider)으로 참전

"나는 세기의 가장 고결한 싸움에서 병사들을 이끌었다."
-시어도어 루즈벨트-

1898년 4월 20일 수요일, 맥킨리 대통령은 쿠바 섬에 대한 주권이나 관할권이나 통제권을 행사할 어떤 의도에 대해서도 고결한 부인과, 그리고 자유가 성취되면 그 섬의 정부와 통제를 그곳의 인민들에게 남기겠다는 약속과 함께 쿠바 결의안에 서명했다.[165] 다음날 목요일에 마드리드 주재 미국의 공사는 미국과 스페인 간의 외교관계가 단절되었다고 들었다. 동이 트기 전 금요일 새벽에 북대서양 소함대의 전함들이 키 웨스트(Key West) 항구를 조용히 빠져나가서 남동쪽을 향해 카리브 해를 향했다.

루즈벨트가 맥킨리 대통령과 롱 장관에게 자기는 참전에 관해서 진실로 진지하다고 설득하게 되자 그들은 자신들의 도움을 제공했다. 대통령이 전쟁선포를 의회에 요청했을 때 그들의 아버지나 할아버지

---

165) Edmund Morris, *The Rise of Theodore Roosevelt,* New York: Random House, 1979, p. 641.

가 남북전쟁 때 게티즈버그(Gettysburg)와 매나사스(Manassas)에 관해서 얘기해준 것을 막연히 기억하고 모두가 영광스러운 무장 갈등에 관해서 더 이상 아는 것이 없는 수만 명의 젊은이들이 악의적인 스페인인들에 대항하여 자신의 육체들을 전투에 던지려고 아우성이었다. 쿠바로 가는 루즈벨트의 길은 자칭 영웅들의 군중에 의해서 막혔다. 그러나 의회가 서부로부터 특별부대, 즉 카우보이들, 사냥꾼들, 황야의 스카우트들, 그리고 인디언들의 여단들의 설립을 승인했을 때 루즈벨트는 자신을 위한 문이 열리는 것을 보았다.[166]

루즈벨트는 신속하게 전쟁성(the War Department)의 최고수장에게 자기가 카우보이와 사냥꾼이었다고 상기시켰다. 그는 분명히 그런 집단에서 봉사할 자격이 있었다. 러셀 앨저(Russell Alger) 전쟁장관은 이에 동의했고 미국의 군사적 정치의 전통에 따라서 루즈벨트에게 그런 여단의 지휘를 제안했다. 그는 전쟁장관의 제안을 불평하지 않고 수락했다. 그러나 루즈벨트 자신도 기병대 대령이 무엇을 해야 하는지에 관해서 알아보기 위해 몇 주간이 필요하다는 것을 인정했다. 쿠바로 가려고 아우성을 치는 사람들의 넘치는 숫자로 인해 가장 어려운 싸움은 출항의 항구에서 배에 오르는 건널 판자에서 발생할 것이 분명했다. 그가 자기 임무에 관해서 배우는 동안 다른 사람들이 그가 배에 오르지 못하게 할 수 있었을 것이다. 그러면 그는 멕시코의 연안 지역(the Gulf Coast)에 있는 어떤 버려진 막사를 경계나 하게 되었을 것이다. 이것은 그가 워싱턴에 남아 있는 것보다도 더 최악이 되었을 것이다. 따라서 그는 앨저 장관의 지휘관 직을 사양하고 루즈벨트가

---

166) H. W. Brands, *T. R.: The Last Romantic,* New York: Basic Books, 1997, p. 337.

스스로 배워야 할 모든 것을 잘 알고 있는 직업군인인 레너드 우드 (Leonard Wood) 밑에서 봉사하는 중령의 계급을 선택했다.[167]

첫 자원 기병대는 즉각적으로 전국적 언론의 관심을 끌었다. 그것은 시민-군인의 이상을 가장 최근에 표명한 것이었다. 비록 선전포고는 4월에 나왔지만 병참의 타성이 6월 전에는 어떤 진지한 싸움도 막을 것이라는 사실이 분명해졌다. 그 사이에 종군기자들은 급료를 받고 그들의 스토리들을 제출해야만 했다. 한 익명의 기자가 "첫 자원 기병대에게 이름을 붙인 "의용 기병대(the Rough Riders)"가 최고의 홍보문을 제공했다. 그들은 주로 서부의 지역에서 모여들었다. 병사들의 모집은 에리조나, 뉴 멕시코, 오클리호미, 그리고 인디안 엉토에서 이루어졌다. 자원병들에 대한 소집은 그를 놀라게 하지 않은 만큼이나 루즈벨트에게 인상적인 앙상블(ensemble)을 가져왔다. 그들은 멋진 일단의 남자들이었다. 이 남서부인들은 키가 크고, 근육질이며, 결의에 차 있고, 햇볕에 그을린 얼굴을 갖고 있었으며, 그리고 주춤거리지 않고 사람을 똑바로 바라보는 눈을 갖고 있었다. 원래 여단 병력의 한계는 780명이었다. 전쟁성이 1,000개의 말 안장을 채울 가금을 발견했을 때 서부의 지원자들은 2백 명의 아이비리그인들(Ivy Leaguers)과 미국의 반에 해당하는 동부의 폴로 경기와 여우 사냥을 했다는 근거에서 합류되었다. 총 지원자는 결국 2만 3천 명에 달했다. 루즈벨트는 자기 연대병사들을 선발할 때 체격이 좋은 자들을 뽑으려고 신경을 썼다.[168]

루즈벨트의 여단은 텍사스에서, 즉 샌 안토니오(San Antonio)라는

---

167) *Ibid.*, p. 338.
168) *Ibid.*, p. 339.

녹슨 옛 선교마을의 밖에서 훈련을 받았다. 루즈벨트는 워싱턴에서 그의 마지막 며칠을 보낸 후 늦게 도착했다. 루즈벨트는 서부인들과 동부인들이 잘 어울릴지에 대해 의구심을 품었다. 그러나 그는 이 두 집단이 잘 어울리고 있다고 기꺼이 보고했다. 루즈벨트는 고온, 먼지, 그리고 땀으로 가득한 훈련장에서 낮 시간을 보냈다. 그리고 저녁에는 기온이 내려갔지만 모기들이 나왔다. 그럼에도 불구하고 루즈벨트는 그것을 진정으로 즐기고 있다고 말했다. 루즈벨트가 진실로 걱정하고 있는 한 가지는 자기가 참전하기도 전에 전쟁이 끝날지도 모른다는 것이었다.[169]

루즈벨트가 조지 듀이 사령관에게 보낸 비빌 전문들을 알지 못하는 대부분의 미국인들에게는 놀랍게도 그 갈등은 지구의 반대편에서 시작했다. 명령을 받은 대로 듀이는 갈등이 발생하자 필리핀으로 항해했다. 그곳에서 준비 없는 스페인 함대를 붙잡고 그것을 아침거리로 파괴하고 마닐라 만을 장악했다. 이 승리는 듀이를 즉시 영웅으로 변환시키고 자신감에 차 있는 미국인들에게 과잉 자신감을 가져다 주었다. 스페인이 공개적 전투에서 미국의 상대가 되지 않을 것이라고 이미 확신한 많은 미국인들은 스페인이 전쟁에 임할 것인지에 대해 의심을 하기 시작했다. 듀이의 경험을 증거로 볼 때 스페인인들은 백기를 들고 이베리아 반도로 허둥지둥 물러갈 것으로 보였다.[170]

루즈벨트는 텍사스에서 로지에게 쿠바가 독립하고 필리핀이 스페인인들로부터 장악되는 동안에 자원 기병대들이 푸에르토리코(Porto

---

169) *Ibid.,* p. 340.
170) *Ibid.*

Rico)를 얻을 때까지 평화에 들어가지 말라고 간청했다. 여기서 루즈
벨트의 팽창주의가 드러났다. 그러나 걱정하는 이 전사는 그렇게 말
하고 있었다. 왜냐하면 스페인은 미국 군대의 상륙이 없이도 쿠바에
독립을 인정하는 것이 전적으로 가능하게 보였기 때문이다. 루즈벨트
는 쿠바에서 해안에 오르는 첫 군대들 가운데 속하길 원했다. 그는 만
일 어떤 이유에서 쿠바에서 실패하면 필리핀으로 가서 적극적 봉사를
할 수 있을 것이라고 말했다. 만일 그와 그의 부대가 적극적 봉사를
하지 않는다면 워싱턴으로부터 그의 출발은 하나의 나쁜, 심지어 어리
석은 행동으로 판명될 것이었다. 그가 전선에 가는 데 지연되는 것에
안달을 하고 있는 동안 루즈벨트는 선우들에 의해서 깊은 인상을 받았
다. 그는 로지에게 과거에 이런 여단이 있었는지 진실로 의심한다고
과장해서 말했다. 호전적인 민족주의자로서 루즈벨트는 이 집단들의
본질적 미국주의에 의해 받는 인상을 피할 수 없었다. 여단은 일주일
만에 만들어질 수 없지만 그러나 그들의 심장은 올바른 곳에 있었고
또 그들의 머리도 그랬다. 그들은 스스로 여단에 속했기 때문이다.[171]

의용 기병대의 지휘 면에서 루즈벨트는 자신이 아주 자랑스럽지는
못했다. 그는 여단에서 두 번째 장교로서 우드를 제외하고는 최고의
지휘관이었지만 그러나 동시에 동료 카우보이와 평원의 주민으로서
따라서 병사들 중 하나로서 역할들을 해 혼란을 겪고 있었다. 그의 전
생애를 통해 그랬던 것처럼 그는 이 거친 사내들이 자기를 좋아하길
바랐다. 샌 안토니오 훈련장에서 초기에 그는 훈련을 마치면서 자기
부하들에게 말에서 내려 자기가 지불할 테니 모두가 들어가서 모든

---

171) *Ibid.*, p. 341.

맥주를 마시라는 명령으로 끝을 맺었다. 이런 명령은 늙은 중령에게 병사들의 환호성을 자아냈다. 그리고 모두가 가장 가까운 술집으로 갔다. 루즈벨트는 다음 몇 시간 동안 박수를 받으며 흥청거렸다. 그러나 그날 저녁에 우드 대령이 그를 불러서 사병들과 술을 마시는 것이 좋은 규율에 절대 기여하지 않을 것이라고 지적했다. 루즈벨트는 당황하여 그 책망을 수용하고 대령의 텐트를 떠났다. 그는 자신을 억제하지 못하고 대령의 텐트에 돌아와 경례를 부친 뒤에 자기가 그 캠프의 10마일 이내에서 "최악의 얼간이"였다고 말했다.[172]

루즈벨트는 로지 상원의원이 전선으로 가는 자기의 티켓일 것이라고 깨달았다. 워싱턴에서 로지의 위상은 그가 수개월 동안 진작시킨 선전포고에 따라 크게 부상했다. 의식적이든 아니든 루즈벨트는 제1자원 기병대(the First Volunteer Cavalry)의 전투능력을 로지에게 보여주고 싶었다. 기회가 주어지면 로지가 전쟁성이나 혹은 대통령과도 호의적인 말을 할 수 있을 것이다. 그래서 그는 로지에게 만일 그들이 쿠바로 파병되기 시작한다면 그들이 간다는 사실을 전신으로 알리겠다고 말했다. 로지의 영향력이 어떤 효과를 가져온 것 같았다. 왜냐하면 그후 곧 그의 의용 기병대가 이동하라는 명령을 받았기 때문이다. 그리고 다음날 쿠바로의 여행을 시작했다. 첫 여정은 기차로 플로리다(Florida)로 가는 것이었다. 기차는 천천히 건조한 높은 기온의 텍사스를 떠나 조금은 온화하고 습도가 힘들게 하는 멕시코만 해안의 평원을 향해 동쪽으로 향했다.

특별한 깜작 선물이 탬파(Tampa)에서 루즈벨트를 기다리고 있었

---

172) *Ibid.*, p. 342.

다. 자기 남편의 이동에 관해 로지 상원의원에게서 귀띔으로 알게 된 그의 부인 에디스(Edith)가 워싱턴에서 남쪽으로 가는 기차를 타고 와서 자기 남편을 가로챘다. 우드 대령은 루즈벨트에게 호텔에서 저녁과 밤시간을 함께 보낼 수 있도록 허락했다. 그리하여 그들은 4일간의 사랑스러운 날들을 가졌다. 탬파에 집결한 3만 명의 군인들이 쿠바로 가는 수송선들에 승선하기 시작했다. 집결된 병사들은 조직되지 않아서 이제 혼돈을 겪게 되었다. 일주일 이상 루즈벨트와 의용 기병 대원들은 수천 명의 다른 군인들과 함께 녹초가 되었다. 다이키리(Daiquiri)에서 미국인들의 상륙은 따분함의 극치였다. 비록 해안은 방어되지 않았지만 상륙작전은 느리고 어려움 부성이였다. 병사들은 팩(pack)과 소총을 들고 파도를 통해 휘청거렸다. 많은 병사들이 익사했고 해안은 죽은 말들과 노새들로 덮였다. 루즈벨트는 상륙하면서 말한 마리를 잃었지만 다행히 두 마리로 출발하여 예비용 말을 갖고 있었다.[173]

군사작전의 첫 목표는 다이키리에서 북서쪽으로 약 15마일 떨어진 쿠바의 산티아고(Santiago) 마을이었다. 열대의 여름과 결합된 질병이 그들을 잡기 전에 공격을 모색하면서 미국의 지휘관 윌리엄 샤프터(William Shafter) 장군이 그 마을로 즉각적인 진격을 명령했다. 조셉 휠러(Joseph Wheeler) 장군이 의용 기병대를 포함하여 대부분이 말을 타지 않은 기병사단을 지휘했다. 루즈벨트와 미군사의 역사를 아는 사람들은 휠러 장군을 남북전쟁 때 남부 국가연합 기병대의 늠름한 지도자로 알고 있었다. 휠러는 "싸우는 조(fighting Joe)"라는 자기의

---

173) *Ibid.,* p. 347.

명성에 따르는 정신을 전혀 잃지 않았다. 휠러의 행동에 대한 정열은 그로 하여금 산티아고로 가는 길로 맨 먼저 출발하는 것을 허용하는 방식으로 명령들을 해석하게 했다. 그들의 지휘관으로부터 신호를 받은 루즈벨트와 우드도 비슷하게 밀고 나갔다. 만일 밀고 나가는 그의 에너지가 없었더라면 그들은 분명히 전투를 놓쳤을 것이다. 루즈벨트의 부대는 그들이 극한적인 맨 앞 전선에 설 때까지 전진을 멈추지 않았다.174)

그들이 마침내 멈추었을 때 말을 타지 않은 카우보이들은 마치 물에서 나온 물고기처럼 거북하기 짝이 없었다. 의용 기병대의 상당수는 그들이 전 달에 입대하기 전에 아마도 1/4 마일도 걸어 본적이 없었다. 그들의 말들은 아직 플로리다에서 도착하지 않았다. 자부심에 찬 기병들은 불명예스럽고 지쳐서 저급한 보병으로 전락했다. 그들은 간단히 걸어서 확장된 진격을 할 수 있는 육체적 조건이 아니었다. 그들의 행군은 자주 멈추어야 했으며 멈출 때마다 병사들은 호흡을 가다듬기 위해서 땅에 주저 앉았고 그리고 다시 일어나서 부대가 이동할 때 그들의 속도를 재개했다. 태양이 그들에게 내리쬐는 동안 개활지에서 태양은 화덕 같고 팩은 납 같았다. 마침내 그들은 더 이상 견딜 수 없었다. 그들은 담요를 버렸고, 그 다음에는 고기 통조림을 버렸고, 그 다음엔 코트, 그 다음엔 내복을 던져버렸다. 그들에겐 마침내 그들의 총과 탄약만 남았다.

그러나 다음 날 그들의 행군은 보답을 받았다. 의용 기병대가 첫 전투의 맛을 본 것이다. 산티아고로 가는 길에 있는 라스 과시마스

---

174) H. W. Brands, *T. R.: The Last Romantic,* New York: Basic Books, 1997, p. 348.

(Las Guasimas)에서 미군의 전진 부대들이 소규모의 스페인 군을 마주했다. 스페인인들은 수적으로 크게 압도당했으며 분명히 미군의 진격을 늦추려고 의도했다. 미군의 주력부대는 작은 접전과는 무관했지만 우드 대령이 바로 최전선에 나서려는 결의로 인해서 의용 기병대는 교전에 들어갔다. 루즈벨트는 찰과상으로 황홀했다. 그들은 스페인인들을 몰아내기 전 2시간 반 동안 전투를 했다. 미군측은 12명의 사상자를 낳았다. 2시간 동안의 흥분이 수많은 시간의 지루함과 불편함을 보상해 주었다. 우드 대령이 서둘러 전투에 돌입함으로써 여단의 보급 짐들이 뒤에 처졌다. 루즈벨트를 포함한 병사들은 비와 땀에 젖은 채로 땅 위에서 사고 또 살았다. 그들은 매일 같은 옷을 입고 있었다. 불편을 차치한다면 전쟁의 현실이 정신이 들게 하고 있었다. 루즈벨트는 수백 마리의 독수리들이 머리 위에서 돌다가 시체들에 내려앉는 것을 묘사했다. 죽은 동물을 먹는 행위는 숲 속에서도 앞 다투어 일어났다. 관리의 혼란이 계속되고 부실관리는 미칠 지경이었다. 그들은 먹을 것이 거의 없었다. 그러나 그들이 전투를 하는 한 그런 것들은 작은 문제라고 루즈벨트는 기록했다.[175]

라스 과시마스에서 소규모 전투는 일주일 후에 있을 결정적 교전의 워밍업에 지나지 않았다. 샤프터 장군은 여전히 산티아고를 신속하게 밀고 나갈 의도였지만 그러나 그는 며칠 동안 길을 따라 흩어진 자신의 병력을 강화할 필요가 있었다. 휠러 장군은 실제로 늙은이처럼 행동하기 시작했다. 의용 기병대 여단의 지휘관인 사무엘 영(Samuel Young) 장군은 전신을 가누지 못할 지경이라서 우드에 의해서 책임

---

175) *Ibid.*, p. 350.

에서 벗어나게 되었다. 이러한 변화는 루즈벨트가 의용 기병대의 야전 지휘관(field commander)으로 남게 만들었다. 샤프터 장군이 거의 움직일 수 없었고, 말을 탈 수도 없었으며, 전투상황을 직접 관찰하기 위해 전선으로 이동할 수 없었기 때문이다.[176)]

여러 날 동안 상당수의 병사들은 자극이 필요해서 잠을 잘 수 없었다. 루즈벨트도 역시 다시 전진하기 위해서 초조했다. 그러나 과거처럼 아주 갈망하지는 않았다. 첫 전투의 경험이 그의 열기를 줄였다. 라스 과시마스 전투 후에 루즈벨트는 로지에게 자기의 여단이 지상에서 첫 전투를 수행했으며 잘 되었다고 말했다. 그러나 다음 수일간이 아무런 더 이상의 행동이 없이 지나가자 그는 다시 안달하게 되었다. 6월 30일 전진하라는 명령이 내려왔다. 긴 행렬은 동작으로 요동칠 상당한 시간을 필요로 했다. 비록 루즈벨트는 오후 직후에 자기 부하들을 준비시켰지만 그들이 실제로 열에 끼어 행군하기 시작한 것은 수시간 후였다. 산티아고로 가는 길은 마일마다 극적으로 다양했다. 어떤 곳들은 넓고 매끄러웠고 다른 곳들은 홈통처럼 좁았다. 길은 의용 기병대들이 본 적이 없는 그런 칙칙한 정글이었다. 이글거리는 태양이 머리 위로부터 계곡을 비추었다. 태양의 열기와 정글이 품어내는 습기 사이에서 루즈벨트의 많은 부하들이 위험스럽게 탈진상태에 가까웠다. 행렬은 여전히 어둠이 깔릴 때까지 계속되었다. 루즈벨트의 부대는 엘포조(El Pozo) 언덕으로 어둠 속에서 계속 행군했다. 그곳에서 그들은 무기를 베고 잤으며 비가 오기를 희망하면서 야영을 했다.

루즈벨트는 보초와 다가오는 전투의 일반적 흥분을 점검하는 책임

---

176) *Ibid.*

감으로 대부분의 병사들보다 덜 잤다. 그는 여명 이전에 일어났다. 아침 식사는 콩과 베이컨, 건빵과 커피였다. 하늘은 푸르고 높고 아름다운 산맥이 산티아고 평원을 둘러싸고 있었다. 그곳은 전투를 위한 원형 경기장 같았다. 그러나 그 아름다운 장면은 미국의 포들이 계곡 건너편에 있는 스페인 진지에 발포하기 시작하자 덜 아름답게 보였다. 하얀 연기가 여전히 자욱하여 스페인 포병들의 목표가 되기 십상이었다. 의용 기병대가 스페인과 미국의 포들 사이에 직선에 위치하고 있었기에 포격이 시작했을 때 이것이 함께 앉아 있던 우드와 루즈벨트를 특별히 염려하게 했다. 우드는 여단이 이동할 수 있기를 바란다고 언급했다. 그러나 그 말이 그의 입 밖에 나오자마자 스페인의 포탄이 그의 머리 위에서 폭발하기 시작했다. 파편조각이 루즈벨트의 팔에 맞아서 가벼운 상처를 냈다. 그의 동료들 중 4명은 행운이 덜해 깊은 상처를 입었다. 가까이에 있던 정규군 한 명은 날아가는 금속조각에 다리 하나를 잃었다. 멀지 않은 곳에서 이제 미국의 동맹인 여러 명의 쿠바인들이 두 번째 포탄으로 죽임을 당했다. 위험을 무시하고 루즈벨트는 자기 말에 올라 이 길로 달려 병사들 사이에서 그들을 엄호하기 위해 언덕의 반대편으로 가라고 그들을 재촉했다.[177]

전투가 개시되자 그들은 곧 우측으로 약간 떨어진 곳에 있는 다른 부대와 연결하라는 명령을 받았다. 루즈벨트는 이 부대가 어디에 있는지를 정확히 알지 못했지만 전투에 들어가고 싶은 초조감에서 그는 자기 부하들을 명령 받은 방향으로 이끌었다. 잠시 그리고 서두른 행군 후에 그들은 여울로 이어지는 작은 개울인 산 후안 리버(San Juan

---

177) *Ibid.*, p. 353.

River)에 도달했다. 스페인의 발포가 그들 주변에 비오 듯 쏟아졌다. 미국의 정찰을 위한 열기구 풍선(balloon)이 그들을 끌어들였던 것이다. 이런 공중정찰이라는 어리석고 값비싼 시도에 책임 있는 자들의 범죄적 어리석음을 저주하면서 루즈벨트는 스페인 포대들에게 열기구 풍선이 여울의 위치를 완전하게 알려주기 전에 강을 건너도록 부하들을 독려했다. 개울의 먼 측면에서 길은 두 개의 솟아오른 지상의 사이에서 좁은 골짜기로 연결되었다. 좌측에는 산 후안 힐(San Juan Hill)이 있고 우측에는 군인들이 케틀 힐(Kettle Hill)이라고 부르는 보다 작은 구릉지가 있었다. 스페인 군은 양쪽에 참호를 쌓고 그곳에서 미국인들에게 치명적 발포를 내리 갈겼다. 스페인의 소총수들은 독일제 마우저(Mauser)로 무장했는데 그것들은 미국인들이 지참하고 있는 구식의 스프링필드(Springfield)보다 훨씬 더 효과적이었다.[178]

스페인의 발포가 루즈벨트의 여러 부하들을 쓰러뜨렸다. 루즈벨트가 메시지 전달을 위해 소환된 병사는 경례를 하는 동안 쓰러져 루즈벨트의 앞으로 고꾸라졌고 피를 뿜어냈다. 루즈벨트는 재빠르게 다른 전령을 소리쳐 불렀다. 이 병사는 안전하게 출발했으나 우드나 합당한 권능을 가진 어느 누구도 찾을 수가 없었다. 세 번째, 그리고 네 번째 전령도 마찬가지였다. 루즈벨트는 마침내 명령이 하달되었을 때 자신의 권위로 명령을 내리려는 참이었다. 의용 기병대는 전진해서 언덕에서 공격하는 정규군을 지원하도록 되어 있었다. 루즈벨트는 다시 말에 올라 자기 부하들의 대열을 그들에게 전진을 촉구하면서 오르고 내리기 시작했다. 어떤 병사들은 민첩하게 반응했고, 그리고 다른 병사들

---

178) *Ibid.*

은 확신이 필요했다. 느리게 일어나 공격에 합류하려는 한 병사에게 루즈벨트는 자기가 말을 타고 있을 때 일어서기를 두려워하느냐고 고함을 질렀다. 그 병사는 일어서자마자 총알을 맞고 쓰러져 죽었다.

루즈벨트는 자기 부하들을 앞으로 이끌어 다른 부대들을 뚫고 나가 열심히 전선으로 나아갔다. 그가 맨 앞 여단에 도착했을 때 그는 병사들이 케틀 힐 기지에서 풀밭에 그냥 누워 있는 것을 발견하고 경악했다. 그는 그 여단의 지휘관인 대령을 찾았지만 그 장교는 어디에서도 보이지 않았다. 자기의 기회를 포착한 루즈벨트는 자기가 최고의 계급자임을 선포하고 그들에게 전진하라는 명령을 내렸다. 정규군 대위는 단지 의용군 장교의 명령에 따라 그런 위험한 공격에 들어가지 않으려는 것으로 보였다. 그의 꺼림은 루즈벨트를 분노하게 했다. 루즈벨트는 만일 그들이 전진하기를 원하지 않는다면 그의 부하들이 그들을 지나쳐서 통과하게 하라고 요구했다. 의용 기병대는 전방으로 공격해 나갔고 부끄러운 정규군이 그들에게 합류하게 했다.[179]

병사들은 비탈길을 달려서 올랐고 총을 쏘며 응원하고 소리를 질렀다. 루즈벨트는 말을 타고 가면서 병사들의 노력과 조정하고 있었다. 그의 병사들은 다른 방향에서 공격해 오는 다른 병사들과 이제 합류했다. 그때 루즈벨트는 말을 돌려 언덕을 향해 올라갔다. 산마루에서 돌을 던지면 닿을 거리에서 그는 철조망 안으로 달렸고 말에서 내려야 했다. 자신의 말을 풀어놓고 루즈벨트는 도보로 공격을 재개했다. 그는 고지에 최초로 도달한 군인들 중 하나였다.[180] 조금 후에 20

---

179) H. W. Brands, *T. R.: The Last Romantic*, New York: Basic Books, 1997, p. 354.
180) *Ibid.*, p. 355.

여 명의 다른 병사들도 도착했다. 수적으로 압도당하고 전투에서 밀린 스페인인들은 미국인들이 산마루를 장악할 때 도망쳤다. 승리의 스릴은 황홀했다. 그리고 병사들은 서로 등을 두드리며 축하했다. 그러나 축제는 반대편 언덕에 있는 스페인 진지로부터 소총과 포의 발포로 중단되었다. 의용 기병대는 그들이 발견할 수 있는 모든 피신처를 잡았다. 수분동안 그들은 스페인의 발포에 반격을 가했지만 그러나 상당한 손실을 입었다.

　루즈벨트는 미국의 다른 부대들이 산 후안 힐(San Juan Hill)을 공격하고 있는 것을 볼 수 있었고, 그래서 그는 그들과 합류할 결심을 했다. 부하들에게 자기 뒤를 따르라고 소리치면서 그는 철조망을 넘어 스페인의 참호들을 향해 개활지를 통과해 달리기 시작했다. 총알들이 그의 좌우 풀밭으로 쏟아졌고 포탄이 말 뒤에서 폭발했다. 아무도 자기를 따르고 있지 않다는 것을 그가 깨달은 것은 1백 야드를 달린 후였다. 전투의 소음 속에서 그의 부하들은 그의 명령을 듣지 못했던 것이다. 애처롭게 당황했지만 상황을 고려하여 그는 뒤돌아서 달렸다가 다시 시도했다. 이번에는 공격이 먹혔다. 스페인인들은 몇 분동안 용감하게 발포를 계속했지만 그러나 자기들에게 상황이 불리하다는 것을 인정하고 달릴 수 있는 자들은 약 1마일 정도 떨어진 산티아고로 도망쳤다. 루즈벨트와 그의 부하들이 고지에 도달했을 때 스페인인들은 거의 모두가 가버렸다. 루즈벨트는 <메인> 호에서 구제된 권총으로 패잔병들 중 하나에게 가까이서 총을 발사했다.[181]

　그 날의 원래 미국의 계획은 산 후안 하이츠(San Juan Heights)에서

---

181) *Ibid.*

산티아고로 즉시 진격하는 것이었다. 전투에 의해 감정적으로 과부하된 루즈벨트는 기꺼이 그렇게 하고 싶었지만 그날 전투의 치열함과 늦은 시간이 그의 상급자들 중지를 명령하게 했다. 미국인들은 최근에 스페인인들이 파 놓은 참호로 들어갔다. 어둠이 점진적으로 산티아고 근처에 있는 스페인 포대로부터 간헐적이고 효과도 없는 발포를 침묵시켰다. 그 사이에 미국 병사들은 스페인인들이 만들었지만 포기할 수밖에 없었던 음식으로 저녁식사를 했다. 루즈벨트와 그의 전우들은 편안한 자세로 그들의 승리의 스릴이 위험한 일을 잘 끝냈다는 데 대해 피곤한 만족감으로 녹아 들었다. 그들의 손실은 컸다. 2백 명 이상이 케틀 힐과 산 후안 힐과 주변 시역에서 죽었고 그 숫자의 5배가 부상을 당했다. 그러나 장교들과 병사들은 그들의 용기와 능력을 입증했고 또 영광스러운 승리를 쟁취했다.

루즈벨트는 이 전투에서 특별히 돋보였다. 정규군의 장군인 목격자 데이비스(Davis)는 그가 공격에서 가장 과시적 인물이었다고 선언했다. 이 장군은 신체적으로 전성기가 지나 안전을 추구하는 성향을 지녔다. 반면에 루즈벨트는 말을 타고 혼자서 공격했다. 그는 챙이 넓은 멕시코 모자에다 푸른 물방울 무늬 손수건을 둘렀다. 그것은 그가 진격할 때 그의 머리 바로 뒤에서 바로 부대의 기처럼 나풀거렸다. 후에 이 깃발을 따랐던 정규군 병사들은 이 물방울 무늬 손수건을 의용 기병대의 배지로 채택했다. 루즈벨트 자신도 포화 속에서 자신의 행동에 만족했다. 전투 후 오래지 않아 휠러 장군은 명예의 훈장(the Medal of Honor)을 위해 루즈벨트의 이름을 제시하려 한다고 언급했다. 최소한 이제 루즈벨트는 대령으로의 진급을 기대할 수 있

었다.182)

　루즈벨트는 로지 상원의원에게 그가 진급하고 훈장을 받는 것이 진실로 중요하지 않다고 말하면서 자기 생애의 위대한 10일 동안 자기가 여단을 지휘해서, 그래서 치열한 전투에서 승리로 이끌었다는 사실을 아무것도 빼앗을 수 없기 때문에 그것은 별로 차이가 없다고 말했다.183) 루즈벨트는 그의 무용의 인정이 자기의 미래 경력에 얼마나 중요할 수 있는지를 알고 있었다. 보다 깊고 개인적인 의미에서 루즈벨트는 진실을 말하고 있었다. 전쟁성이나 혹은 그 밖의 누가 그의 행동들에 대해 보답하는 것은 중요하지 않았다. 그는 자신을 시험하여 자기가 자기의 상상력 속에서 구성했던 영웅적 이상에 견줄 만한지를 알기 위해 군대에 입대했던 것이다. 그 시험은, 불의 최고의 시험이었고 그는 실제로 견줄 만했다. 그가 얻은 성취가 가져온 만족감의 내적 빛남은 결코 낮아지지 않았다. 20년 후 그가 죽기 수개월 전에 그리고 세상에 훨씬 더 가치 있는 많은 다른 성취들 후에 루즈벨트는 뒤돌아보면서 산 후안(San Juan)이 자기 생애의 최고의 날이었다고 선언했다.184)

　산 후안 힐의 전투가 미국 군대나 루즈벨트에게 스페인－미국 간의 전쟁을 종식시키지는 않았지만 그러나 그것은 모든 군대나 루즈벨트가 그 문제에 관해서 할 일을 다했다. 산 후안 하이츠와 근처의 엘 캐니(El Caney)를 미국이 장악한 것은 산티아고 만에 정박해 있던 스

---

182) H. W. Brands, *T. R.: The Last Romantic,* New York: Basic Books, 1997, p. 356.
183) *Ibid.,* p. 357.
184) *Ibid.*

페인의 해군 소함대의 사령관이 그들의 배가 미국의 포병의 포격 하에 들어가지 않도록 철수하게 만들었다. 강력한 미국의 전함들이 만의 밖에서 기다리고 있었기에 철수는 위험할 것이다. 그러나 푸른 대양의 사나이답게, 파스쿠알 체르베라(Pascual Cervera) 스페인 제독은 육지로 둘러싸인 항구에서 보다 바다에서 자기의 기회를 더 선호했다. 그래서 그는 바다로 나가길 결정했다. 그 결과는 재앙이었다. 총 6척의 스페인 전함들이 가라앉거나 좌초했다. 3백 명 이상의 수병들이 죽었고 1천 7백 명이 포로로 잡혔다. 미국 측에선 오직 한 명의 수병이 죽고, 다른 한 명이 부상을 당했으며, 미국의 배들에 대한 피해는 아주 가벼웠다.[185]

체르베라의 소함대의 파괴는 샤프터 장군과 그의 상급자들이 다음에 무엇을 할지에 대해 일종의 딜레마에 처하게 하면서 제5군단이 산티아고에 파견된 임무를 본질적으로 달성했다. 배들이 없다면 산티아고는 생명을 잃을 가치가 거의 없는 단지 조용하고 별 볼 일이 없는 마을이었다. 그러나 정치적 고려로 인해 그 마을이 장악될 필요가 있었다. 산 후안 힐에서 사상자들이 발생한 후에 미 육군은 아주 간단히 돌아서서 가버릴 수 없었다. 샤프터 장군은 항복을 협상하여 그 차이를 내려고 모색했다. 루즈벨트는 산티아고를 공격하는 데 있어서 지연은 샤프터 장군이 겁먹었기 때문이라고 가정했다. 루즈벨트는 그가 계속 지휘하게 하는 것은 죄악이며 그는 전적으로 비효율적이고 이제는 공포에 질려 있다고 거듭 말했다. 샤프터는 실제로 비효율적이었지만 그러나 공포에 질려 있지는 않았다. 2주간의 종잡을 수 없는 포

---

185) *Ibid.*, p. 358.

위작전 후에 그는 스페인 사령관에게 항복하도록 설득하는데 성공했다. 성공적 결과는 루즈벨트를 아주 조금은 부드럽게 만들었다.[186]

필리핀에서 듀이가 스페인 함대를 박살낸 뒤에 온 산티아고에서 스페인의 카리브 해 함대의 파괴는 스페인의 전쟁수행 능력의 후방을 깨뜨렸다. 미군에 의한 푸에르토리코(Puerto Rico)의 침공과 미군에 의한 마닐라의 포위가 최후의 일격을 가한 것이었다. 8월 12일 워싱턴에서 스페인의 대표들이 예비평화합의를 수락했다. 최종적 조약은 앞으로 있을 회담에서 이루어질 것이다. 루즈벨트는 제5군단의 나머지 병력과 함께 관찰자로서 전쟁의 마지막 주들을 보냈다. 산티아고의 항복 후에 전쟁성은 쿠바에 있는 군대들을 미국으로 철수할 결심이었지만 그러나 미국의 바다 수송능력에 대한 다른 요구들이 철수를 느리게 만들었다. 그 사이에 황열병이 쿠바에 있는 지상군에 퍼져 나갔다. 루즈벨트는 자기의 상급자들에게 편지를 썼다. 그는 샤프터 장군에게 병참이 허락하자마자 쿠바로부터 군대를 끌어내야 한다고 권고했다. 그곳에 머무는 것은 수천 명을 희생시킬 것이다. 그의 편지는 루즈벨트 자신을 포함하여 제5군단의 사단 및 여단의 지휘관들이 공동으로 서명하였다. 샤프터 장군은 그 편지가 출판되도록 허용하여 맥킨리 행정부가 질병으로 병사들을 낭비하기 전에 쿠바에서 군대를 철수하라는 압력을 증가시켰다. 워싱턴의 행정부 관리들은 철수 압력을 감지하지 못했다.

전쟁성은 이미 루즈벨트를 불신했다. 왜냐하면 의용 기병대가 쿠바에서 철수되어서 푸에르토리코의 침공에 합류하도록 파견되어야 한

---

186) *Ibid.*, p. 359.

다고 권고하는 편지를 수일 전에 앨저(Alger) 장관에게 편지를 보냈기 때문이다. 그런 조치의 정당화로 루즈벨트는 의용 기병대가 어느 정규군 못지 않게 훌륭하고 주 병력보다는 3배가 우수하다고 주장했다. 앨저는 겨우 대령으로부터 충고를 받을 습관에 있지 않았다. 그는 루즈벨트와 그의 부하들이 잘했지만 그들은 자신들을 과대평가해서는 안 된다고 답변했다. 의용 기병대는 다른 지원자들보다 더 나을 것이 없다고 말했던 것이다. 그러나 리처드 하딩 데이비스(Richard Harding Davis)와 다른 특파원들은 루즈벨트를 산 후안 힐 전투의 위대한 영웅으로 묘사하고 있었다. 로지는 루즈벨트에게 단지 개인적 영웅주의에 관한 한 그가 이미 얻은 것보다 더 많은 탁월함을 생취할 수 없을 것이라고 말했다.[187]

　로지는 루즈벨트의 정치적 미래에 미칠 전쟁의 효과를 논의한 영향력 있는 친구들과 회의에서 막 돌아왔다. 그들이 루즈벨트를 원하는 곳은 상원이었지만 그러나 그를 주지사로 만드는 쪽으로 아주 강력하게 이동하고 있었다. 로지는 루즈벨트에게 어떤 경솔한 일을 저질러 일이 꼬이게 하지 말라고 말했다. 로지는 대통령을 만난 뒤에 루즈벨트가 대령으로 승진할 것임을 알고 있었다. 곧 로지 외에 다른 사람들도 루즈벨트가 주지사 선거에 나올 것인지 여부를 묻기 시작했다. 루즈벨트는 주지사 직을 높게 보고 있지만 그러나 전쟁이 계속되는 동안에는 여단을 떠나는 것은 옳다고 느끼지 않는다고 대답했다. 그리고 로지에게 루즈벨트는 자기가 군에 머물지의 여부는 전투와 영광을 위한 기회들이 더 있을 지의 여부에 달려 있다고 보다 솔직하게

---

187) H. W. Brands, *T. R.: The Last Romantic,* New York: Basic Books, 1997, p. 361.

말했다. 루즈벨트는 자기 고향인 뉴욕 주에서 등장하는 지지의 확장을 감지하고 있었다. 그러나 여론은 변하기 마련이라는 것도 그는 잘 알고 있었다. 그리하여 지금은 광적인 지지가 선거일까지 유지될 지는 알 수 없었다.

훨씬 더 많이 문제가 되는 것은 뉴욕 공화당 보스들의 태도였다. 만일 그가 전국적인 선거에 나갈 돈을 갖고 있다면 그것은 다른 문제일 것이다. 그러나 평균치의 뉴욕 보스들은 관세청에서 짐마차에 관한 계약을 내주는 것과 같은 아주 중요한 문제들에 간섭하지 않는다면 전쟁이나 푸에르토리코의 획득과 같은 시시한 문제들에서는 기꺼이 그가 원하는 대로 하게 할 것이다. 2주 후에 전쟁의 종식은 루즈벨트가 군대에 남을지 아니면 나갈 지의 여부 문제를 해결했다. 이때 쯤엔 전쟁성이 쿠바에서 군대를 철수하라는 압력에 굴복했다. 그리고 평화합의의 소식은 루즈벨트와 의용 기병대가 산티아고에서 롱 아일랜드의 몬타욱 포인트(Montauk Point) 항구로 이동하는 와중에 도달했다. 이곳은 탬파(Tampa)보다 더 건강에 좋은 장소라면서 격리의 실시를 허용할 만큼 충분히 고립된 곳이라서 선택되었다. 비전염성이라는 조건이 충족되면 그들은 제대가 될 것이다. 시어도어 루즈벨트는 이제 전쟁 영웅이 되어 고향으로 돌아올 것이다. 그리하여 전쟁 영웅이라는 그의 명성과 영광은 이제 그의 다음 정치적 도약의 굳건한 발판이 될 것이다.

제10장
전쟁 영웅에서 뉴욕 주지사로

"지도자의 역할은 다른 사람들에게 정의와 올바름을 향하도록 가리키는
하나의 도덕적 나침반으로 봉사하는 것이다."
-시어도어 루즈벨트-

1898년 8월 15일, 월요일 수송선 <마이애미>(*Miami*) 호가 앞바다 3마일 지점에서 닻을 내리자 오전 내내 몬타욱 포인트(Montauk Point)의 모래밭에 흩어져 있던 군중들이 점점 늘어났다. 군인들과 민간인들, 여자들과 어린이들, 기자들 그리고 적십자사 직원들이 바닷물 너머로 실눈을 뜨고 보면서 의용 기병대가 언제 하선할 것인지를 궁금해했다. 거의 정오에 가서야 <마이애미> 호가 끌려 들어와 부두 옆으로 정박했다. 군중들은 선상의 깊은 군인들의 줄을 열심히 뚫어 보아 인정할 영웅을 찾고 있었다. 두 개의 안경 렌즈가 교각의 끝에서 프리즘처럼 번쩍였다. 옅은 갈색 제복을 입은 크고 구릿빛 얼굴을 한 남자가 자기의 군사작전 모자를 흔드는 것이 보였다. 약 1백여 명이 함성을 지르며 "루즈벨트! 루즈벨트! 테디와 의용 기병대 만세!"를 외쳤다.[188]

---

188) Edmund Morris, *The Rise of Theodore Roosevelt*, New York: Random House,

기자들이 "루즈벨트 대령님, 안녕하세요?"라고 소리쳤다. 그리고 주지사의 경주는 어떻게 되는가 라는 질문에 답변을 요구했다. 루즈벨트는 답변을 회피했다. 그가 "지금은 나의 병사들의 시간이다. 정치는 기다려야 한다"고 말했다.189) 정치와 루즈벨트가 기다려야 하는 것은 뉴욕 정치의 보스 톰 플랫(Tom Platt)이었다. 플랫은 수개월 동안 루즈벨트에게 주목했다. 당시 공화당 주지사인 프랭크 블랙(Frank Black)은 이리 운하(the Erie Canal)의 재건 자금에서 총액 1백만 달러의 부조리로 곤란에 처했다. 그래서 블랙은 재선될 수 없는 것으로 보였다. 플랫은 대안을 찾고 있었다. 카리브 해의 전문이 산 후안 힐에서 승리의 소식을 가져오자 루즈벨트의 시간이 분명했다. 플랫은 다른 사람을 선호할 것이지만 그러나 그는 현실주의자였다.

만일 루즈벨트 대령이 주지사 후보로 지명된다면, 그리고 만일 그가 선출된다면 독립적인 그를 통제하기가 어려울 것이라고 생각했다. 루즈벨트의 개혁주의적 기록에 비추어 볼 때 그는 주지사 루즈벨트는 플랫과 다른 정당의 보스들이 수년간 해온 많은 것들을 무효화할 것임을 두려워했다. 그러나 플랫의 보좌진들은 그에게 다른 선택이 없다고 주장했다. 플랫은 자기 부하들 중 한 명인 레뮤엘 퀴그(Lemuel Quigg)를 몬타욱에 있는 캠프로 보내 루즈벨트 대령과 인터뷰를 하도록 했다. 이 처음 접촉이 잘되자 플랫은 뉴욕 제5번가에 있는 자기의 호텔에 루즈벨트를 초대했다. 플랫은 루즈벨트가 그의 새로운 권력을 사용하여 정규 정당에 전쟁을 하지 않을 것이라는 확약을 원했다. 그

1979, p. 697.
189) H. W. Brands, *T. R.: The Last Romantic,* New York: Basic Books, 1997, p. 363.

174 시어도어 루즈벨트 -가장 사나이다운 대통령의 빛나는 리더십-

에 대한 교환으로 그는 루즈벨트에게 공화당 지명을 넘겨줄 준비가 되어 있었다. 루즈벨트는 플랫과 함께 일하는 것에 대해 오랫동안 자신의 유보를 억제했다. 지난 번에는 그런 원칙들이 그를 방해하여 뉴욕 시장의 지명을 놓쳤음을 그후 그는 크게 후회했었다. 이제 그는 같은 실수를 하지 않을 것이다. 그는 플랫에게 그가 요구하는 보장을 해주었다.[190]

루즈벨트는 산 후안 힐을 공격하는 데 그가 과시했던 동일한 활력을 가지고 총선을 공격했다. 실제로 자기 지명의 토대를 충분히 인정하고 있는 그는 총선을 전쟁에 대한 국민투표로 전환시키기 위해 최선을 다했다. 그는 개인의 삶에서처럼 국가의 삶에서도 커나란 책임을 마주해야 할 때가 오는 것이라고 자기 선거운동을 시작하는 연설에서 선언했다.[191] 미국인들은 그들이 세계의 인민들 사이에서 새로운 지위를 차지하고 또 새로운 역사에 진입했다는 사실의 직면을 회피할 수 없다. 미국은 전 지구에 문명과 미국의 국기를 나르고, 방금 스페인을 박살낸 것보다 훨씬 더 강력한 해군을 건설하고, 또 미국을 우습게 보지 말라는 메시지를 다른 유럽국가들에게 전달함으로써 자신의 운명을 수락해야만 한다고 덧붙였다.[192]

루즈벨트가 공화당원들의 전국적 기록으로 출마하는 것은 완벽한 의미가 있었다. 왜냐하면 그들의 최근 지역의 역사에서 그들을 추천할 만한 것이 아무 것도 없었기 때문이다. 보다 큰 정책, 즉 국가적

---

190) *Ibid.*, p. 365.
191) *Ibid.*, p. 366.
192) *Ibid.*

쟁점들이 안전하고 또 매력적인 대안이었다. 그래서 전쟁은 훨씬 더 매력적이었다. 루즈벨트는 자기가 지난 수개월 동안 어디에 있었는지를 유권자들에게 상기시키는 모든 기회를 포착했다. 그는 자기의 유세용 기차에 한 명의 나팔수와 여러 명의 의용 기병대원들을 태웠다. 그는 그를 보러 나온 유권자들에게 "여러분들을 오게 한 트럼펫 소리를 들었다. 나는 산티아고에서 전투하라고 우리를 부르는 그 소리를 열대의 여명에 들었다"[193]고 설명했다. 그리고 그는 청중들에게 그를 부상시킨 동일한 포의 파편이 자기의 손목을 쳤다고 알리면서 자기 여단의 한 부상병 영웅을 소개했다. 그는 자신을 위해 이전의 전우들이 증언하도록 초대했다. 종종 그들은 사전에 숙고하기 보다는 열정으로 그렇게 했다. 루즈벨트는 가는 곳마다 많은 군중을 모았다. 그러나 많은 경우에 루즈벨트에게는 실망스럽게도 그들은 호기심에서 모였고 루즈벨트에게 중요한 큰 국가적 쟁점에는 별로 열정을 보이지 않았다. 그 결과 루즈벨트는 전적으로 즐거운 유세를 갖지는 못했다고 말했다.[194]

루즈벨트는 현지의 문제들보다는 국가적 문제로 선거운동을 하는 것이 더 나은 기회를 가진다고 믿은 반면에 어떤 경우에는 국가적 문제가 그의 지지를 잃게도 했다. 칼 슈르츠(Carl Schurz)가 그에 대항하여 루즈벨트에게 투표하는 것은 미국의 제국주의를 위해 투표하는 것이라고 주장하고 나왔다. 그 비난은 정확했지만 루즈벨트는 그것을 회피하기 위해 최선을 다했다. 개혁자들의 투표를 잃지 않으려고 그

---

193) *Ibid.*, p. 367.
194) *Ibid.*

는 슈르츠에게 편지를 써서 전쟁은 이제 끝났고, 그래서 자기는 당신만큼이나 평화와 고요함을 열망한다고 말했다. 그 말은 명백히 허위였다. 슈르츠는 루즈벨트의 주장을 꿰뚫어 보았고 그래서 그의 반대를 재고하지 않았다.

루즈벨트에게는 놀랍게도 현지의 쟁점이 그에게 유리하게 선거를 결정했다. 그의 민주당 상대방인 아우구스투스 반 윅(Augustus Van Wyck)은 민주당의 동아리 태머니(Tammany) 보스 리처드 크로커(Richard Croker)에 의해서 선택되었다. 선거 직전에 크로커가 예상하지 못한 실수를 했다. 그는 문제의 판사가 태머니의 요구에 충분히 주의를 기울이지 않는다는 근거에서 뉴욕 주 대법원 민주당 판사에게 재지명을 거부했던 것이다. 루즈벨트는 반 윅의 연계를 거듭해서 강력하게 공격했다. 그 과정에서 그는 주지사 경쟁을 전쟁 영웅인 자기와 전선의 근처 어디에도 없었던 부도덕한 보스 크로커와의 경합으로 재정의했다. 그리고 그 전략은 성공했다. 뉴욕역사에서 가장 팽팽한 경합중의 하나에서 루즈벨트는 1백 30만 명이 행한 투표에서 1만 8천 표도 안 되는 차이로 신승했다.[195]

산티아고 전선에서 하루의 일이 그를 국가의 연인으로 만들었다. 이제 그가 보스들에게 가기보다는 보스들이 그를 찾아올 것이다. 루즈벨트는 자기 고향이며 미국에서 가장 큰 주의 주지사가 되었다. 그는 행운이 자기에게 미소를 보낼 때가 되었다고 생각했지만 그가 뒤돌아볼 때 행운의 역할을 충분히 의식했다. 그는 세실 스프링 라이스(Cecil Spring Rice)에게 이렇게 편지를 썼다:

---

195) *Ibid.*, p. 368.

"우선 전쟁에 뛰어들었고, 그리고 전쟁에서 나왔다. 그리고 나
서 당선되었다. 나는 언제나 열심히 일했고, 그래서 특별히 행운은
없었지만 그러나 이번 여름에 나는 행운이 있었다. 나는 그것을 마
음껏 즐기고 있다. … 나는 행운이 지속되지 않을 것이라는 사실을
완벽하게 알고 있다. 그리고 그것이 지속해야 할 필요는 없다. 나
는 뉴욕 주지사로 아주 만족스럽다. 그래서 내가 다른 공직을 맡을
지에는 관심이 없다."196)

　　루즈벨트는 행운을 부추기지 않으려고 그 이상의 어떤 것에 대해
서도 기대나 욕망을 거부했다. 미래는 차치하고라도 루즈벨트의 즉각
적인 문제는 그가 실제로 뉴욕의 주지사라는 것을 과시하는 것이었
다. 그가 지명될 때에 루즈벨트는 보스의 이익이 걸린 임명과 다른 문
제들에 관하여 플랫과 협의하기로 동의했었다. 그러나 "협의"란 다양
한 의미를 갖는다. 플랫은 루즈벨트가 미국의 상원의원이고 루즈벨트
의 당선에 가장 책임이 있는 사람임은 말할 것도 없고 당의 지도자인
자기에게 신세를 졌다고 믿었다. 루즈벨트는 임박한 임명에 관해서
보스에게 알린다는 생각에는 어려움이 없었지만 그러나 뉴욕 유권자
들이 톰 플랫이 아니라 시어도어 루즈벨트를 그들의 최고 행정관으로
선출했다는 것을 절대적으로 분명히 하려고 했다. 뿐만 아니라, 루즈
벨트는 자기가 그들을 필요로 하는 정도로 플랫과 공화당원들이 자기
를 필요로 한다는 것을 이해하고 있었다.197)

　　루즈벨트는 공식적으로 취임하기도 전에 자기의 독립성을 과시하

---

196) *Ibid.,* p. 369에서 재인용.
197) H. W. Brands, *T. R.: The Last Romantic,* New York: Basic Books, 1997, p. 370.

는 기회를 가졌다. 플랫과의 만남에서 어느 특별히 뛰어난 개인이 공공사업의 차기의 감독이 되기로 동의했다는 사실에 대해 주지사 당선자를 축하했다. 이리 운하(Erie Canal)를 둘러싼 비리 때문에 이것은 특별히 민감한 자리였다. 이때 그는 그 임명에 관해 처음으로 들었다. 루즈벨트는 그 사람의 집이 마을 운하를 따라 있다는 사실로 잠재적 이해 충돌을 발견했다. 보다 핵심적으로 루즈벨트는 보스가 아니라 주지사가 임명을 결정한다는 원칙을 수립하는 것이 필요하다고 느꼈다. 루즈벨트는 플랫에게 그 계획된 임명을 승인할 수 없다고 정중하게 알렸다. 플랫은 화가 나서 퉁명스럽게 누가 그를 공화당 지명자로 선출했으며 또 누가 그를 위한 표를 모았는가를 루즈벨트에게 상기시켰다. 그러나 루즈벨트는 조용하고 동요하지 않았다. 그는 상원의원이나 혹은 그 밖의 어느 누구로부터 충고 받는 것을 꺼려하지 않았지만, 어느 누구로부터도 지시를 받을 수 없다고 고집했다.[198]

플랫은 맹렬히 비난하면서 의심할 여지없이 이 배은망덕한 악당을 지원한 자신의 지혜를 의문시했다. 그러나 실용주의자였던 플랫은 어쩔 수 없이 고개를 숙이고 그 상황을 잘 이용하기고 결심했다. 그와 동시에, 루즈벨트도 자신의 주장을 관철했으니 보스를 모욕하거나 적대시하지 않으려고 애를 썼다. 실제로 루즈벨트는 그와 좋은 관계를 유지하려 했다. 보통 토요일 아침에 플랫의 호텔에서 주지사와 상원의원 사이의 조찬 모임은 뉴욕정치의 정규적인 특징이 되었다. 루즈벨트는 보스와의 협의를 전적으로 정치적 거래의 전통에 속한다고 방어했다. 플랫은 루즈벨트의 업무수행을 어렵게 혹은 쉽게 할 수 있었

198) *Ibid.*

다. 루즈벨트는 플랫이 그것을 쉽게 하는 걸 쉽게 하려고 모색했다. 만남의 장소는 복종이 아니라 지리를 반영했다. 플랫이 워싱턴에서 자기의 주들을 보내는 반면에 루즈벨트는 올버니에 있었다. 뉴욕시가 분명히 중간지점에 있었다. 뿐만 아니라 플랫은 늙고 점점 쇠약해지고 있었던 반면에 루즈벨트가 훨씬 더 쉽게 돌아다닐 수 있었다.[199]

미국에서 전쟁영웅들은 특히 일단 카키색 군복을 벗고 정치인의 복장을 하면 짧은 생명력을 갖는 경향이 있다. 영웅을 영웅으로 만드는 것은 지저분한 거래에 초연하고 또 일상적 정치를 하고 정파가 애국주의에 굴복하고, 분열이 통합에, 그리고 국가가 잃어버린 순결을 되찾고, 또 국민들이 공유된 목적의식을 갖는 천상의 영역으로 들어간다는 낭만적 생각이다. 어떤 전쟁 영웅들은 글자 그대로 그들을 하늘 높이 부상하는 동상을 위해 사용되고 있는 바위나 혹은 동이나 혹은 무엇으로든 재구성하여 이 고양된 위치를 유지한다. 루즈벨트는 한두 개의 동상을 꺼리지는 않았지만 그러나 여전히 살아 있기에 그의 조각가가 자기를 부동하게 만들어 앉아서 기다리는 것을 제안하지 않았다. 그 대신에 그는 그 과제를 스스로 착수했다. 그는 자기의 영웅주의가 의회에 의해서 비준되어서, 더 정확히 말해서, 명예 훈장(the Medal of Honor)을 받기를 모색했다. 그러나 워싱턴으로부터 훈장을 받기 전에 선거가 진행될 것이었다. 그 훈장이 선거 전에 도착하지 못할지라도 그것은 여전히 어떤 적수도 상대하기 어려운 인격의 확인을 제공했을 것이다.[200]

---

199) *Ibid.*, p. 371.
200) H. W. Brands, *T. R.: The Last Romantic*, New York: Basic Books, 1997, p. 372.

뿐만 아니라, 루즈벨트는 자기가 메달을 받을 자격이 있다고 생각했다. 그는 앨저 전쟁장관이 전쟁성의 쿠바에 있는 병력의 처리에 대한 비판에 여전히 화가나 있고 그가 메달을 받는 것을 막기로 결심했다고 믿었다. 루즈벨트도 적어도 동등하게 자기가 메달을 받았어야 한다고 결연했다. 그는 쿠바에서 자기 여단의 지휘에 대해 충분한 인정을 받지 못하는 데서 이미 모욕을 당했다고 판단했다. 그는 맥킨리 행정부가 자신에게 동의하게 하려는 노력을 벌였다. 그는 로지 상원으로부터, 이제 장군이 된 우드(Wood), 쿠바에 있었던 다른 장교들, 그리고 훈장 수여자들의 마음을 바꿀지도 모르는 그 밖의 누구에게도 편지들을 요청했다. 훈장 수여자들이 더 오래 버틸수록 그는 더 화가 났고 그는 더 밀어붙었다. 그런 경합은 그는 물론이고 어떤 당사자들에게도 도움이 되지 않았다.

그럼에도 불구하고 그 사이에 루즈벨트는 리본과 훈장보다도 더 설득력 있고 항구적인 방법으로 자신을 불멸화 하려고 모색했다. 루즈벨트가 쿠바에서 철수하려고 준비하고 있을 때 다양한 정기간행물들이 그에게 접근했다. 전문적 작가에 의한 기사들의 시장은 이미 홍수를 이루었다. 그러나 루즈벨트는 영웅적 산문의 세련된 작가일 뿐만 아니라 군인이었기 때문에 새로운 시각을 제공했다. 그가 처음에는 그런 제안을 거절했다. 그러나 그는 청중을 저항할 수 없었다. 그래서 마침내 대중은 행동하는 사람의 손으로부터 이야기를 읽을 권리가 있다는 <스크라이브너>(Scribner) 잡지 편집인들의 주장에 부응했다. 바쁜 시간을 보낸 직후 그는 자기의 인상을 조직하기 시작했다. 그의 노력의 산물은 1899년 1월과 6월 사이에 <스크라이브너> 잡지에 등장한 일련의 기사들이었다. 그 잡지의 편집인들은 그것이 싸우는 기구로서 그의 여단에 관한 권위 있는 얘기가 될 것이라고 기염을 토했다. 그 일련의 기사들이 실린지 오래되지 않아 그것들은 적절하게 카키색 클로스 바운드(cloth bound)의 책, <의용 기병대>(*The Rough Riders*)로 출판되었다. 그의 쿠바 이야기는 가슴을 부풀게 하는 얘기였다.201)

루즈벨트는 자기의 사나이다움을 입증하기 위해서 전쟁에 나아갔다. 그는 주지사가 되는 것과 같은 분명한 목적을 갖고 있지 않았다. 그는 주로 지명이 제안되었기 때문에 그리고 그것이 정치에 복귀하는 좋은 방식처럼 보였기 때문에 주지사 후보 지명을 수락했었다. 그러나 그는 급박한 의제나 그가 달성하고자 하는 어떤 주요 개혁안도 갖고 있지 않았다. 당선된 후 그는 그의 새 권능을 어떻게 사용할지에 대해 막연한 생각만을 갖고 있었다. 그는 영국에 있는 제임스 브라이스(James Bryce)에게 당시로서 필요한 것으로 보이는 모든 것은 정직한 행정이라고 편지에 썼다.202)

루즈벨트는 점차로 주지사에게 정직한 행정보다 더 많은 것이 필요하다는 것을 깨달았다. 그가 주지사로 취임한지 처음 수개월 동안 그는 임명하는 일이 하나의 끊임없는 두통거리였다. 플랫은 특수한 자리들에 특수한 개인들의 가치에 관해서 강력한 의견을 갖고 있었다. 독립적으로 투표하는 플랫의 반대자들도 동등하게 강력하고 일반적으로 반대되는 의견들을 갖고 있었다. 루즈벨트는 플랫의 영역

---

201) *Ibid.,* p. 373.
202) H. W. Brands, *T. R.: The Last Romantic,* New York: Basic Books, 1997, p. 377.

에 간섭하지 않았고 가능하면 언제나 플랫의 편에 섰다. 정치가 임명에 정당하게 고려된다면 조직의 관점에서 그것들을 고려한다고 그는 말했다. 만일 그가 조직을 위해 하지 않는 것은 그 자신이나 어떤 파벌을 위해서가 아니라 주를 위해서 한다고 덧붙였다. 때때로 루즈벨트는 그와 같은 타협(modus vivendi)에 충분히 만족하는 것으로 보였다.

그러나 그가 항상 확신에 차 있던 것은 아니었다. 그는 오랫동안 선과 악을 구별하는 것이 쉬운 일로 믿었다. 그러나 이제는 종종 옳은 길이 희미하고 막연해 보였다. 문제는 옳고 그른 것이 종종 예리하게 구분되지 않았다. 루즈벨트는 모호한 것을 쉽게 받아들이지 않았다. 그리고 그가 불편할 때에 그는 몰아세우는 경향이 있었다. 이 경우에 그의 목표물은 그의 플랫과의 친밀한 관계에 대해 그를 비판하는 독립적 투표자들이었다. 또 루즈벨트는 칼 슈르츠를 국가적 관계에서 불명예스럽고 시민 문제에 관해서는 부정직의 챔피언이라고 혹평했다. 슈르츠와 독립적 투표자들에 대한 그의 신랄하고 부당한 공격에도 불구하고 때때로 쟁점에 따라서 개혁자들의 편을 들 수 있다는 것이 루즈벨트에겐 아주 만족스러웠다.

1899년 주 의회의 회기 중 가장 중요한 그런 쟁점은 주가 개인 회사에 보상하는 독점사업권에 대해 세금을 부과하는 제안과 관련되었다. 수십 년 동안 철도와 전차에 배타적 독점사업권들을 보상하는 것은 혜택을 받는 회사들과 양 정당의 정치적 기구들 모두에게 수익성이 좋은 소득의 원천이었다. 독점 사업권에 세금을 부과하는 입법이 뉴욕 의회에 도입되었지만 그러나 보스들의 매복 습격을 받아 죽었다. 그런데 루즈벨트가 바로 이것을 구제하기로 결정했다. 그는 독점 사업권에 세금 조치를 지지할 것이라고 발표했다. 그에게 그것은 전적으로 합리적이었다.[203]

사업계와 보스들은 루즈벨트가 노골적인 사회주의를 주창한다는 반응을 보였다. 그들은 독점 사업권에 세금을 부과하는 것은 자유 시장의 미묘한 균형을 뒤집고 투자자들을 겁주고 또 월 스트리트(Wall Street)에 일종의 재앙을 증진하는 것이라고 주장했다. 1893년 같은 공황상태를 배제할 수 없다는 것이었다. 플랫은 루즈벨트에게 편지를 써서 자신의 실망감을 표현했다. 플랫은 독점사업권 세금에 대한 루즈벨트의 입장이 뉴욕의 사업공동체는 대중영합주의적 사고방식이 뉴욕 주의 공화당을 얼마나 장악하고 있는지를 의아해 하도록 야기했다고 덧붙였다.

루즈벨트의 답변은 플랫에 대한 그의 경계심과 자신의 공격에 집착하려는 결심을 반영했다. 그는 자신의 행동들이 상원의 걱정을 야기할 것이라는 데 대해 유감을 표현하고 그에게 자기는 브라이언(Bryan)주의자가 아니라고 안심시켰다. 오히려 그가 지지하는 그런 조치는 브라이언주의에 대항하는 가장 효과적인 입증이라고 주장했다. 즉, 대중의 복지와 공화당의 이익을 진작시키는 가장 효과적인 수단이라는 것이다. 그것은 대중 선동가들의 청중을 훔칠 것이라고 주장하면서 그는 다른 주들이나 나라들은 어떤 별다른 결과 없이 독점 사업권에 세금을 부과했다고 말했다. 그리고 당에 대한 효과에 관해서는 이 법안의 폐기는 내년 가을로부터 일년 후에 뉴욕을 민주당이 지배하게

---

203) *Ibid.*, p. 378.

만들 것으로 그는 믿었다. 공화당이 아니면 회사의 이익이 갈 곳이 없지만 인민들은 간다는 것이다. 독점사업권 세금을 통과시킴으로써 공화당은 그것이 인민들의 이익을 마음에 두고 있다는 것을 과시할 것이다. 주지사로서 그는 자기의 결정을 고집했다.204)

플랫 상원의원은 그가 루즈벨트 주지사의 마음을 바꿀 수 있는 것이 아무것도 없다는 것을 깨달았다. 그리하여 독점사업권에 대한 세금 법안은 법이 되었다. 그것의 반대자들은 법원을 통해 반격하기 전에 잠시 후퇴했다. 루즈벨트가 올버니를 떠난 오랜 뒤에야 독점 사업에 대한 세금의 헌법 합치성이 명백하게 확인되었다. 그때에는 플랫이 죽었겠지만, 그러나 그 법안 제출 당시에는 그가 살이 있었다. 보스 플랫 상원의원은 루즈벨트의 독립적인 마음을 잊지 않았으며 그것을 용서하지도 않았다.205)

루즈벨트는 이따금씩 자기가 주정부의 관리인지 아니면 국가적 관리인지에 대해 계속해서 혼동하고 있는 것으로 보였다. 어느 정도, 그 혼동은 획책 되었다. 그와 플랫이 주의 정치보다는 국가적 정치에 문제들에 서로 더 잘 어울린다는 것을 인식한 루즈벨트는 그런 공유된 감정의 주제들을 강조했다. 어느 정도로 그것은 가용한 가장 큰 무대로 끌리는 루즈벨트의 내적 성향을 단순히 반영했다. 주지사로서 첫 해 임기 동안에 국가적 무대에서 가장 큰 쟁점은 제국주의였다. 당시의 문제는 미국 상원이 필리핀과 푸에르토리코의 미국에 의한 합병을 요구하는 최근에 스페인과 협상된 조약을 비준해야 할 것인가 아니면

204) *Ibid.*, p. 380.
205) *Ibid.*

거부해야 할 것인가의 문제였다.206)

　푸에르토리코를 미국에 병합하는 아이디어는 헌신적 자결주의자들 사이에서 상당한 자기성찰을 야기했다. 그러나 가장 큰 논쟁을 촉발한 것은 필리핀이었다. 반-합병주의자들은 그럴 것이라고 의심받는 용의자들을 포함했다. 칼 슈르츠는 미국인들이 승리에 도취하여 그들의 선조들이 창조하기 위해 일하고 싸웠던 것을 폐기할 것이라고 두려워했다. 그는 공화국이 제국이 될 수는 없다고 경고했다. 하나의 전쟁이 끝났지만 또 하나의 전쟁이 시작될 것이었다. 왜냐하면 필리핀인들은 미국에 의한 병합에 온순하게 굴복하지 않을 것이기 때문이다. 그들은 자기들의 자유와 독립을 위해 스페인과 싸웠다. 그들은 자유와 독립을 위한 최근에 선포한 목적을 포기하지 않는 한 그들은 미국인들과 싸울 것이었다. <이브닝 포스트>(Evening Post) 지와 <네이션>(Nation) 지의 이 엘 고드킨(E. L. Godkin)은 캔자스와 다른 대중영합주의 근거지들을 들면서 미국인들은 자치의 능력을 보여주어야 한다고 주장했다. 하물며, 미국인들이 다른 인민들을 통치할 수 있다고 믿을 이유가 없다는 것이다. 미국인들은 스페인과의 전쟁으로 영광과 우쭐함으로 취했다. 그들의 만취상태는 필리핀인들을 향한 선의의 경건한 표명에서 큰 허위를 범하게 만들 것이라고 했다. 슈르츠와 고드킨은 미국의 미래를 위해 두려워했다.

　반-병합주의자들의 합창은 야간의 예상되지 못한 목소리들을 포함했다. 철강인 앤드류 카네기(Andrew Carnegie)는 병합이 단순히 필리핀인들뿐만 아니라 유럽의 제국주의자들과 진정한 전쟁으로 가는 길

---

206) H. W. Brands, *T. R.: The Last Romantic,* New York: Basic Books, 1997, p. 384.

이라고 비난했다. 제국주의자들은 전 세계에 걸쳐 다양하게 총검을 겨누고 있지만 극동에서 보다 더 적대감에 가까운 지역은 없다. 천둥 벼락이 기대되는 곳은 이 지역이다. 카네기는 미국인들이 어떻게 든 필리핀인들을 향상시킬 것이라는 주장을 비웃었다. 단지 필리핀의 점령만으로도 점령자들을 부패하게 할 것이다. 해외의 캠프에 주둔하는 군인들은 선교사들이기는커녕 원주민들보다 그들 자신들에게 선교사들을 필요로 할 것이라고 카네기는 말했다.207) 병합의 다른 반대자들은 맥킨리 대통령이 황제가 되려고 한다든가 필리핀이 인종들의 "마녀의 가마솥"이라고 진지한 표정으로 선언했다.

루즈벨트는 자기 반대자들에게서 지성이나 정직성을 인정한 적이 별로 없었다. 주지사들은 물론 조약을 위한 헌법상의 아무런 책임이 없었다. 그러나 아마도 전쟁 영웅들은 특별한 의무감이 있다는 이유에서 그는 논쟁에 뛰어들었다. 루즈벨트는 이렇게 선언했다.

"마닐라와 산티아고에서 당신과 당신의 전우들은 자신들의 역할을 잘해냈다. 아니 그 이상이었다. 이제는 그 승리가 헛되지 않도록 경계해야 하는 일은 우리의 정치가들에게 달려 있다."208)

루즈벨트는 필리핀을 거부한다는 것은 전쟁에서 죽은 사람들의 무덤을 짓밟는 행위에 해당할 것이며, 더 나아가, 미국의 길에 어떤 운명이 놓여 있는지를 부인하는 꼴이 될 것이라고 겁을 주었다. 그에게

---

207) *Ibid.,* p. 385.
208) H. W. Brands, *T. R.: The Last Romantic,* New York: Basic Books, 1997, p. 386 에서 재인용.

있어서 조약의 비준을 거부하는 것은 미국에 반할뿐만 아니라 문명에 반하는 범죄가 될 것이다.[209]

플랫 상원의원과 긴장의 시기에 그 조약은 루즈벨트에게 그가 깨끗한 양심으로 이 공화당 보스와 힘을 합칠 쟁점을 제공했다. 플랫은 팽창주의를 실존적 임무이기 보다는 정당의 문제로 인식했다. 플랫은 그 조약에 찬성하는 연설을 했다. 그리고 루즈벨트는 그 연설을 공화당원들이 자부심을 가져야 할 연설이라고 칭송했다. 그러면서 그는 모든 애국적 미국인들이 그 조약의 비준을 갈망하는지에 대한 이유를 광범위한 정신으로 제시했다. 반-제국주의자들이 예측했던 대로 병합의 전망은 필리핀인들의 무장한 저항을 촉발했다. 그 예측의 정확성을 무시하면서 루즈벨트는 그 어느 때보다도 이제 용맹한 심장과 엄중한 의지가 필요하다고 주장했다. 필리핀에서 미국의 문명화 작업은 다른 식민국가들이 다른 곳에서 시도했던 것과 정확하게 동일한 것이었다. 러시아가 투르키스탄(Turkestan)을 취한 것, 프랑스가 알제(Algiers)를, 그리고 영국이 인도를 취했던 것은 무한하게 세계를 위해 더 나은 것이었다고 그는 선언했다. 필리핀에서의 상황도 다르지 않았다. 루즈벨트는 필리핀인들을 절대적 정의로 다루어야 한다. 그러나 동시에 단호함과 용기를 가지고 다루어야 한다고 말하면서 그들은 정의가 우리 측의 약함에서 진행되지 않고 우리가 주인이라는 것을 깨닫게 해야 한다고 그는 말했다. 필리핀에서 반란은 가능한 자비롭게 발본해야 되지만 그러나 발본되어야 한다. 미국의 국기가 지금 휘날리는 곳에서 그것은 도전을 받지 않고 휘날린다는 것을 스페

---

209) *Ibid.*, p. 386.

인인들이 배운 것처럼 말레이(Malay)인들도 배워야 했다.[210]

루즈벨트는 최근의 사건들에 대한 다른 해석은 어리석음이나 두려움, 아니면 두 가지를 다 드러낸다고 말했다. 지속적인 테마를 표출하면서 루즈벨트는 이렇게 선언했다:

> "우리는 평화로 평화를 얻지 않는다. 우리는 노력의 결과로 얻는다. 만일 우리가 평화로 그것을 얻는다면 우리는 그것을 잃게 될 것이다. … 현재의 평화는 과거 노력의 성과이다. 이제 노력에서 물러선다면 미래는 무정부 상태와 전쟁일 것이다. 필리핀인들이 스스로 보살피도록 버려 두어야 한다는 짜증스러운 주장에 대해서 이런 가장 게으른 수다는 그것이 반복됨으로써 더욱 어리석게 될 뿐이다. … 그것은 인민들이 거대한 과업의 착수를 두려워하고, 그것을 자선활동으로 위장하는 어떤 용어를 사용함으로써 그들의 두려움을 덮는 것을 의미한다. 제 아무리 위장을 해도 그런 주장은 진실을 바꿀 수 없다. 만일 우리가 세계의 일에서 우리의 역할을 삼간다 해도 어차피 그 일은 이루어질 것이다. 즉, 그것은 우리 자신들이 약골임을 보였기 때문에 어떤 보다 강한 인종에 의해서 행해질 뿐이다."[211]

이 연설이 암시하듯 루즈벨트는 그 어느 때보다도 더 큰 정도로 국가와 신을 동일시하고 있었다. 그의 전 생애는 그가 약골이 아니라는 사실을 과시하기 위한 계속된 노력이었다. 스페인과 전쟁은 루즈벨트에게 그의 의구심을 잠재울 기회를 주었다. 동시에 그 전쟁은 한 나라로서 미국에게 그것이 국가들 사이에서 약골이 아니라는 것을 과

---

210) *Ibid.*, p. 387.
211) *Ibid.*에서 재인용.

시할 기회를 제공했다. 루즈벨트는 개인적 시험에서 통과했고 미국도 국가들의 시험에서 통과했다. 이제 미국인들은 그들이 전쟁에서 이겼던 것처럼 설득력 있게 평화를 얻을 수 있음을 과시해야만 했다. 루즈벨트는 미국인들의 자존심과 자신의 자존심을 위해 그들이 그렇게 해야 한다고 결심했다.212)

212) *Ibid.*, p. 388.

제11장
위장된 축복(Blessing in Disguise)의 부통령 시절

"국가는 영웅들을 필요로 한다. 그것은 용맹의 본보기들을 필요로 한다.
그리해야 그것이 바로 어떻게 행동해야 할지를 알 것이다."
-시어도어 루즈벨트-

루즈벨트는 주지사로서 그가 국가와 동일시하는 방식으로 뉴욕 주를 동일시할 수 없었다. 주들은 특히 내전 이래로 역사적 운명을 갖지 않았으며 국가 간 투쟁에서 어떤 뚜렷한 역할도 없었다. 루즈벨트에게 투쟁이 본질이었다. 투쟁이 없다면 삶은 개인에게나 국가에게 살아갈 가치가 없었다. 루즈벨트와는 대조적으로 톰 플랫 같은 구 노선의 정당 보스는 그들의 주와 자신을 동일시했다. 플랫이 국가적 연계와 존재성을 갖고 있었지만 그의 정치는 압도적으로 지방 중심적이었다. 그래서 그는 뉴욕과 그곳의 정당의 관심과 정사에 주된 관심을 기울였다. 따라서 플랫은 루즈벨트가 뉴욕 공화당에게는 나쁜 소식이었다. 플랫 스스로 루즈벨트에게 독점회사의 대표들이 주지사를 올버니에서 연방정부 차원의 티켓으로 축출할 것을 촉구하고 있다고 말해주었다. 만일 루즈벨트에게 두 번째 임기가 허용되면 그는 뉴욕 주의 경제를 파괴할 것이라는 소문이 나돌았다.213)

플랫 상원의원도 그가 1900년도를 위한 루즈벨트의 신년사에서 그런 증거를 보았을 때 그러한 주장에 동정적이 되었다. 그 신년사에는 최고의 도덕적 법률에 전적으로 일치하지 않는 수단으로 부를 획득한 공익사업 회사들에 대해 보스가 엄격한 통제를 강화할 필요성에 관한 도발적 언어를 포함하고 있었다. 주 정부는 대기업들의 모든 작동을 철저히 감시하고 조사할 권한을 가져야 한다는 것이다.214) 그리하여 보스는 루즈벨트를 제거할 결심이었다. 그러나 그는 그 일을 아주 사려 깊게 그렇게 해야만 할 것이라는 것을 깨달았다. 그는 아마도 1900년 루즈벨트에게 주지사를 위한 재지명을 거부할 권력을 갖고 있었다. 그러나 만일 그가 루즈벨트를 냉담하고 서투른 방식으로 밀어낸다면 유권자들이 아마도 공화당을 응징할 것이었다.215)

다른 한편으로, 만일 플랫이 루즈벨트의 정중한 출구를 공작할 수 있다면 뉴욕의 공화당은 이중으로 보상받을 수 있었다. 루즈벨트는 다른 사람들의 문제가 될 것이며 동시에 루즈벨트의 대단한 인기는 모든 차원에서 공화당 후보자들에게 잘 반영될 것이었다. 루즈벨트의 인기는 달이 갈수록 보다 더 분명해졌다. 1899년 6월에 루즈벨트는 라스베가스(Las Vegas)에서 개최되는 의용 기병대의 첫 재회를 위해 서부의 뉴 멕시코(New Mexico)로 향했다. 그가 가는 모든 노선에서

---

213) Edmund Morris, *The Rise of Theodore Roosevelt,* New Yok: Random House, 1979, p. 749.
214) *Ibid.*
215) H. W. Brands, *T. R.: The Last Romantic,* New York: Basic Books, 1997, p. 389.

그가 탄 기차를 맞으려 모여들었다. 인디애나, 일리노이, 위스콘신, 아이오와, 미주리, 캔자스, 콜로라도 그리고 뉴 멕시코에서 기차가 정차하는 모든 정거장에서 마치 그가 대통령 후보인 것처럼 많은 사람들이 그를 영접했다. 그러나 자기는 맥킨리의 지명을 찬성하며 모두가 그래야 한다고 말했다.[216]

이때 처음으로 대통령이 되는 비전이 루즈벨트의 머릿속에서 춤을 추기 시작했지만 그는 1900년이 자기의 해가 될 수 없다는 것을 인정할 만큼 충분히 현실적이었다.[217] 결연한 현직 대통령들은 대부분 자기들의 정당원들에 의해서 백악관으로부터 결코 쫓겨나지 않았다. 더구나 현직 대통령이 맥킨리처럼 경제회복과 영광스러운 전쟁을 주도했을 때 상대에게 불리함은 압도적이었다. 루즈벨트는 상황을 이해했고 또 자기의 첫 기회는 1904년이 될 것이라고 인식했다. 문제는 1899년부터 1904년까지 무엇을 할 것인가 였다. 1899년 마지막 달과 1900년 초 몇 달 동안 루즈벨트는 자기의 정치적 미래에 관한 온갖 종류의 충고를 받았다.

1899년 11월 부통령인 개릿 오거스터스 호바트(Garret Augustus Hobart)가 갑작스럽게 사망했다. 그것은 여러 가지 정치적 효과를 냈다. 루즈벨트가 가장 귀를 기울이는 상담자인 캐벗 로지 상원의원은 부통령직이 뉴욕의 주지사직보다 정치적 위험이 적다고 보고 부통령직을 찬성했다. 그러나 실제로 루즈벨트의 성향은 부통령직에 아주 많이 맞지 않았다. 그는 부통령직에는 그를 위한 것이 아무것도 없다고 생각했

---

216) *Ibid.*, p. 390.
217) *Ibid.*

다고 1899년 12월 말에 고백했다. 부통령직에서 그는 할 일이 아주 적지만 주지사로서 그는 많은 것을 달성할 수 있다고 생각했고, 더구나, 만일 그가 재선된다면 어쩌면 전쟁장관이나 아니면 필리핀의 총독과 같은 연방정부 직책의 제안을 받을 수 있을 것이다. 그러나 그가 부통령이라면 그는 그런 직책을 제안받거나 수락할 수 없었다.

　한동안 전쟁장관의 자리가 진정으로 가능성이 있었다. 맥킨리 대통령은 현재 장관인 앨저에 관해 루즈벨트의 의견에 점차로 근접했다. 그리고 1900년 봄에 대통령은 앨저 장관의 대체를 추진하기 시작했다. 그러나 루즈벨트가 단지 해군성의 차관으로서 파란을 몰고다닐 수 있었던 것을 목격한 맥킨리 대통령은 군사적인 문제에 대한 자기 자신의 판단에 대해 그의 의견이 산 후안 힐(San Juan Hill) 이래 그가 가는 길에 던져진 모든 월계수들에 의해서 확실히 감소되지 않은 의용 기병대에게 전 군대를 넘기는 것에 대해서 중대한 의심을 가졌다. 따라서 전쟁성은 결국 변호사인 엘리후 루트(Elihu Root)에게 돌아갔다. 그러자 루즈벨트는 잠시동안 필리핀의 총독이 되는 생각을 했었다.[218] 루즈벨트는 오랫동안 영국제국의 총독들, 즉 인도에서 커즌(Curzon)과 이집트에서 크로머(Cromer)에 대해 칭송했었다. 그리고 그는 자기도 좋은 총독이 될 것이라고 믿었다. 그러나 총독의 가장 매력적인 점은 누구의 간섭으로부터도 상대적인 자유였다. 총독은 대통령에게만 책임을 졌으며 대통령은 1만 마일이나 멀리 떨어져 있었다.

　1900년 봄에 약삭빠른 게임을 했다. 플랫은 아이작 헌트(Isaac Hunt)에게 루즈벨트를 좋아하게 되었다고 말하면서 그 말이 의심의 여지가

---

218) *Ibid.*, p. 392.

없이 루즈벨트에게 전달되길 기대했다. 그러나 루즈벨트는 플랫에게는 약간의 설득이 필요할 것임을 알고 있었다. 그래서 그는 플랫과 로지의 판단에 대한 자기의 믿음을 갖고 있지만 그러나 그에게 부통령직은 그가 뭔가를 할 수 있는 직책이 아니며 또한 아직 중년을 넘지 않은 나이에 뭔가를 할 기회가 별로 없는 직책이라고 플랫에게 말했다. 루즈벨트는 자기가 주지사직을 철저히 즐겼으며 주지사로서 모든 약속을 지켰다고 말할 필요는 없었다. 이제 주지사로서 그는 뭔가를 성취할 수 있지만 그러나 부통령으로서 그는 아무 것도 성취할 수 없을 것이라고 말했다. 뿐만 아니라, 그는 부통령이 된다는 것은 재미가 없을 것이며, 단순히 회의를 주재할 것이고, 그러면 자기는 지루할 것이라고 플랫에게 덧붙였다.

　루즈벨트는 부통령직 차출에 대한 가용성에 관한 추측을 불식시킬 수 있었다. 그가 해야 할 모든 일은 자기가 지명을 원하지 않으며, 만일 지명된다 해도 봉사하지 않을 것이라고 직설적인 성명을 스스로 발표하는 것이었다. 그는 그런 성명을 시작했다. 2월에 자기는 부통령이 아니라 주지사의 후보라고 공개적으로 선언했다. 그 사이에 그는 플랫에게 만장일치로 지명된다 해도 자기는 부통령직을 수락하지 않을 것이라고 사적으로 말했다. 그러나 이것이 그런 결과를 가져온 것은 아니었다. 만일 주지사나 다른 매력적인 자리가 가용 하다면 그는 명백히 부통령이 되길 원하지 않았다. 그러나 동시에 그는 어떤 것도 배제하지 않으려고 했다. 부통령직이 무직보다는 나을 것이고, 그리고 만일 대안이 없다면 그는 부통령직도 취할 것이었다.219)

---

219) *Ibid.*, p. 394.

다음 몇 개월 내내 루즈벨트는 주지사의 지명을 위해 노력했고 플랫은 루즈벨트의 부통령 지명을 위해 공작했다. 4월에 루즈벨트는 맥킨리의 관리인인 마크 한나(Mark Hanna)에게 편지를 써서 자기는 부통령보다는 주자사에 출마하는 것이 당에 훨씬 더 많이 가치 있을 것이라고 설명했다. 반면에 플랫은 한나에게 그를 부통령 후보로 하라고 압력을 가하고 있었다. 플랫은 스스로 말한 것처럼 루즈벨트를 좋아했을 지도 모르지만 그러나 루즈벨트가 올버니에서 계속 둘만큼 그렇게 충분히 좋아하지 않은 것이 분명했다. 그에게 루즈벨트는 공화당의 일에 계속 좋지 않았다. 루즈벨트는 보험산업에 아주 밀접한 연계를 가지고 있는 루이스 페인(Louis Payn)을 보험의 주 감독에서 몰아내려는 수작을 벌였다. 플랫은 페인을 그 자리에 계속 두기를 원했다. 왜냐하면 페인은 회사의 이사회의 방에서 당의 금고로 가는 편리한 도관이었기 때문이다. 플랫이 페인의 경고를 믿었는 지의 여부를 떠나 보스는 그 어느 때보다 루즈벨트는 곤란하다고 좀더 확신했다.[220]

마크 한나는 개인적으로 루즈벨트에 대해 아무런 호감이 없었다. 공화당 전당대회가 다가왔을 때 플랫은 펜실베이니아(Pennsylvania) 공화당의 주요 보스인 매튜 키(Matthew Quay)와 함께 루즈벨트를 찬성하는 표의 급증을 공작했다. 그 사이에 공화당의 서부인들은 루즈벨트를 그들을 위한 최선의 도박으로 간주했다. 모든 공작의 와중에서 루즈벨트는 점점 내숭을 떨게 되었다. 그는 부통령직을 결코 원하지 않는다고 다시 한 번 말했다. 그가 원하는 것은 주지사로서 재선되는 것이었다. 그는 뉴욕에서 대기업들이 그를 축출하기 위해서 민주

220) *Ibid.*, p. 395.

당원들과 세력을 합칠 것이라고 예측했다.

로지는 루즈벨트가 부통령직을 받기를 여전히 원했음에도 불구하고 만일 그가 진실로 지명되는 것을 여전히 원치 않는다면, 공화당 전당대회에 참석하지 않아야 한다고 말했다. 필라델피아 전당대회에 루즈벨트의 참석은 그의 지지자들을 위한 집결을 제공할 것이기 때문이다. 그러나 루즈벨트는 그런 권고를 거절했다. 만일 그가 참석하지 않는다면 겁쟁이로 간주될 것이라고 루즈벨트는 로지에게 말했다. 플랫을 거부한다는 것은 그가 무직으로 남을 가능성을 제기했다. 대중의 눈에서 사라지면 그의 정치적 인기도 가라 않을 것이다. 그는 기회가 지나가 버리게 한 것에 관한 자신의 교훈을 알고 있었다.[221]

루즈벨트는 전당대회에 불참하지 않았을 뿐만 아니라 그는 오히려 과시적으로 참석했다. 대통령 후보의 지명은 이미 결론이 나 있었다. 그리하여 부통령을 위한 싸움에 관심의 초점이 있었다. 루즈벨트의 참석과 그의 스타일은 산 후안 힐(San Juan Hill) 후에 있었던 승리를 암시했다. 루즈벨트는 플랫과 같은 기차를 타고 필라델피아로 갔다. 그들이 필라델피아에 도착했을 때 그들의 목적은 우연히 일치했다. 형식적으로 주지사가 자기는 부통령 후보가 아니라는 항의를 계속했지만 그러나 그와 보스는 플랫이 작동시킨 운동을 중단하기에는 거의 불가능하다는 것을 알고 있었다.[222]

루즈벨트를 믿고 또 그를 좋게 생각하는 사람들은 보다 큰 희망을 품었을지도 모르지만 루즈벨트가 당장 할 일은 맥킨리 대통령을 재선

---

221) *Ibid.,* pp. 396−397.
222) *Ibid.,* p. 397.

시키는 것이었다. 맥킨리는 부통령 지명에 대한 충돌로부터 초연한 자세를 취했고 그것은 공화당의 보스들이 결정하도록 맡겼다.[223] 정치적으로 중요한 대부분의 일에서처럼 이 경우에도 맥킨리는 그가 원하는 것, 즉 상대방 경쟁자인 민주당의 대통령 후보 브라이언(Bryan)만큼이나 갈채를 받을 인기 있는 제2인자를 얻게 되었다. 그리하여 맥킨리 대통령 자신은 집에 머물면서 대통령답게 보이도록 허용되었다. 루즈벨트는 자기에게 기대하는 것을 알고 있었고 그 기대에 부응하기로 했다. 전당대회 일주일 뒤에 루즈벨트는 한나(Hanna)에게 편지를 써서 그의 지시들을 추구했다. 즉, 그는 선거운동에서 한나가 바람직스럽고 현명하다고 생각하는 것을 다할 것이고, 그리하여 공화당의 티켓을 위한 최선의 결과를 생산할 것이라고 말했다.[224]

예상대로 루즈벨트는 맥킨리 대통령의 업적을 자부심을 갖고 지적했다. 맥킨리는 번영을 약속했고 번영이 돌아왔다. 그는 국가의 명예를 고양하겠다고 서약했고 미국은 전쟁에서 승리를 거두었다. 놀랍지 않게 루즈벨트는 전쟁의 승리를 특별히 강조했다. 한나의 고집으로 루즈벨트는 서부 지역에서 유세에 집중했다. 그는 올버니에서 시카고로 그리고 거기에서 평원을 거쳐 로키산맥(the Rocky Mountains)으로 갔다가 돌아왔다. 그 와중에 그는 의용 기병대의 전우들과 상봉했고 그것은 기자들에게 좋은 기사제목을 제공했다. 기자들에게 그는 부통령 후보였지만 대통령보다 훨씬 더 흥미로운 후보였기 때문이다. 콜로라도에서는 기차에서 빠져나와 여러 번 말을 타고 여행하여 훨씬

---

223) *Ibid.*
224) H. W. Brands, *T. R.: The Last Romantic,* New York: Basic Books, 1997, p. 400.

더 호의적인 언론의 반응을 낳았다. 그가 탄 기차의 후면에서 그리고 수십 차례나 기차역의 플랫폼에서 그는 맥킨리가 국내적으로 좋은 시절과 해외에서는 미국의 좋은 이름을 의미한다는 이중 메시지를 충분히 이해하도록 강조했다.[225]

민주당 대통령 후보인 브라이언(Bryan)은 필리핀에서 필리핀인들과 미국의 점령군 사이에서 발생한 싸움에 대해 공화당을 공격하고 있었다. 민주당원들은 제국주의를 선거운동에서 최우선 쟁점으로 부각시키면서 미국의 외교정책에서 군사주의(militarism)로 기우는 추세를 비난하면서 이런 불만을 최대한 이용했다. 루즈벨트는 필리핀에 관해서 미국이 잘못하고 있다는 것을 강력하게 거부하면서 민주당의 비난의 항목들을 비웃었다. 그는 미국이 건국하던 그 날부터 미국의 역사인 현재의 팽창주의 정책의 발전에 관련하거나 제국주의나 군사주의를 닮은 것은 아무것도 없는 것이 진실이라고 그는 반박했다. 그는 카리브 해와 태평양에서 미국의 팽창주의는 민주당의 우상들인 제퍼슨(Jefferson)과 잭슨(Jackson)을 포함하여 지난 5세대 동안 미국인들이 추구했던 것과 동등한 것이라고 주장했다. 그러면서 그는 이 팽창정책은 제퍼슨의 루이지애나(Louisiana) 정책이 제국주의적인 의미에서만 제국주의적이고 세미놀스(Seminoles)에 대한 잭슨의 정책이나 시옥스(Sioux)에 대한 커스터(Custer)의 정책이 군사주의를 구현한 의미에서만 군사적이라고 주장했다.[226]

민주당원들은 독과점들(oligarchies)에 관해서도 말했다. 그들은 미

---

225) *Ibid.*, p. 401.
226) *Ibid.*, pp. 401−402.

국의 산업을 지배하고 노동자들에게 겁주고, 그리고 점점 개인 기회를 숨막히게 하는 기업합동을 지적했다. 한나(Hanna)를 비롯한 공화당 연설자들은 대기업의 이익과 밀접하게 연계되어 있었기에 대답하기가 어려웠다. 루즈벨트는 기업에 저항한 그의 기록으로 보다 큰 신임을 전달했다. 그는 미시간에서 청중들에게 지난 2년 동안 공화당은 뉴욕에서 독점 사업 세금을 징수했다면서 루즈벨트는 기업합동을 옹호하지 않았다. 루즈벨트는 자기가 의도했던 것보다 더 많은 연설을 했지만 사람들은 그를 보고 싶어했고 그는 그들을 거부할 수 없었다. 군중들은 그에게 힘을 주었다. 그들은 산티아고의 영웅을 환영했고 그의 연설에 귀를 기울였다.

루즈벨트는 선거가 맥킨리의 지난 첫 번째 선거에서 보다 압도적인 승리를 가져온 11월까지 겁쟁이들, 반역자들, 해충 같은 인간들, 악마들, 그리고 무식쟁이들과 계속해서 싸웠다. 게다가 공화당은 하원에서 민주당과의 차이를 증가시키고 상원에서 두 석을 늘렸다. 루즈벨트는 이 역사적인 경합에서 연방국가의 티켓에 있었다는 것이 기뻤다고 선거결과가 들어오기 시작한 직후에 루즈벨트는 로지에게 말했다. 그리고 그는 성과에 대한 자기의 몫을 요구할 준비가 되어 있었다. 맥킨리와 한나의 다음으로 그는 그런 결과를 가져오는 데 그 누구보다도 많은 기여를 했다고 느꼈다. 선거운동의 광란 동안에 루즈벨트는 부통령직에 대해 자기가 유보했던 대부분의 사실을 잊었다. 적어도 경합이 계속되는 동안에 그는 오직 이기는 것만을 생각했다.[227]

루즈벨트는 5주 동안 사냥을 위해 사라졌다. 그는 새로운 세기, 즉

---

227) *Ibid.,* p. 404.

20세기 첫 겨울의 끝에서 5주 동안 콜로라도(Colorado)의 서부 경사지에서 크고 작은 사냥을 했다. 루즈벨트와 그의 사냥꾼들은 쿠가(couga)의 차가운 흔적을 발견했다. 산 사자인 쿠가가 전날 밤에 사슴을 죽인 생생한 흔적을 찾았다. 사냥개들이 광란했다. 개들이 지상에서 쿠가를 붙잡아 무서운 싸움이 뒤따랐다. 개들은 공격했고 쿠가는 무서운 발톱으로 그것들을 후려쳤다. 개들은 비틀거리고 피를 흘렸다. 개들은 다시 공격했고 쿠가도 다시 그어버렸다. 그 때 루즈벨트가 직접 나섰다. 그는 달려가서 어깨 뒤에서 쿠가를 칼로 찔렀다. 루즈벨트는 그날이 가장 만족스러웠다고 말했다.[228]

피의 욕망을 차치하고 루즈벨트의 사냥 여행은 대통령이 취임할 때까지 자신을 보이지 않게 하고 곤란한 일에서 벗어나기 위해서였다. 선거운동 기간 동안에 그는 맥킨리 대통령보다 더 많은 관심을 끌었고 따라서 그 문제는 어느 정도 악감정을 야기했다. 이제 대통령 취임이 몇 주 남지 않아 그는 자기 보스인 대통령을 압도하는 것으로 해석될 수 있을 어떤 일도 하기를 원치 않았다. 취임식 날이 있는 3월이 왔다. 그리고 루즈벨트는 서약했다. 당시의 관습에 따라 루즈벨트는 그 해의 휴회로 들어가기 전에 일주일 동안 상원이 열렸다. 루즈벨트는 부통령의 겸직인 상원의 의장으로서 개회와 폐회를 알리는 망치를 두드렸다. 그리고 나서 그는 부인 에디스 및 아이들과 함께 오이스터 베이(Oyster Bay)로 갔다. 그는 10월 초에 워싱턴으로 돌아올 생각이었다.[229]

42세의 부통령인 루즈벨트는 할 수 있는 일이 별로 없었다. 그는

---

228) *Ibid.*, p. 406.
229) *Ibid.*, p. 407.

행정부가 말썽에 휘말리게 할 모험을 하지 않고서 말을 할 수 없었다. 안전한 한 가지는 편지들을 쓰는 것이었다. 그는 필리핀에 총독으로 있는 윌리엄 하워드 태프트(William Howard Taft)[230]와 공화당의 정치와 여러 가지 문제에 관해서 견해를 교환했다. 그는 이제는 쿠바의 군사 통치자인 레너드 우드(Leonard Wood)를 그곳과 본국에서 일어나는 좌절에 직면하여 잘해 나가라고 격려했다. 그는 또한 앨프리드 머핸(Alfred Mahan)과 해군전략에[231] 관해 의견을 주고받았다. 그는 스펙 폰 슈테른부르크(Speck von Sternburg)와 보어전쟁(the Boer War)의 중요 사항들에 관해서 논의했다. 또한 그는 영국의 외교관인 세실 스프링 라이스(Cecil Spring Rice)가 영어를 사용하는 인민들의 미래에 관해서 말할 때 그를 격려했다. 그리고 물론 그는 캐봇 로지와 긴밀한 접촉을 유지했다. 지난 여름 공화당 전당대회 이후 로지는 1904년을 내다보면서 루즈벨트의 대통령 선거운동 관리자의 역할을 스스로 맡았다. 전당대회가 끝났을 때 그는 루즈벨트에게 그가 자신을 제시하는데 조심하라고 자문했었다. 직설적이지만 오만하지 않고, 결정적이지만 그러나 밀어붙이지 말 것이며 정열적이지만 항상 맥킨리 대통령에게 충성하는 부하가 되라는 것이었다. 이것은 앞으로 4년 동안 대단히 중요할 것이라고 주장하면서, 로지는 루즈벨트에게 현재에는 대통령직 지명의 순간에 그에게 대항할 사람은 아무도 없지만 그래도

---

230) Jeffery Rosen, *William Howard Taft,* New York: Times Books, 2018: Doris Kearns Goodwin, *The Bully Pulpit: Theodore Roosevelt, William Howard Taft and the Golden Age of Journalism,* New York: Simon and Schuster, 2013.

231) Allan Westcott ed., *Mahan on Naval Warfare: Selections from Writings of Rear Admiral Alfred T. Mahan,* Mineola, New Yok: Dover Publications, 1999. (초판은 1941년)

앞으로 4년 동안 무슨 일이 발생할지는 아무도 알 수 없으니 실수를 해서는 안 된다고 덧붙였다.[232]

로지는 6월에 있을 범-아메리카 박람회의 개회식에 함께 참석할 것을 조정하는데 도왔다. 그 후에 로지는 버팔로(Buffalo)에서 행한 그들의 연설이 센세이션을 일으켰다고 의기양양했다. 로지는 루즈벨트의 정치적 미래에 관해서 논의할 준비가 되어 있었다. 운명을 부추기고 싶지 않은 루즈벨트는 당장에는 쟁점들에 초점을 맞추길 선호했다. 미국은 중앙아메리카를 가로지르는 운하를 일방적으로 건설할 수 있도록 하기 위해서 미 행정부는 1850년에 영국과 체결한 클레이튼-불워 조약(Clayton-Bulwer Treaty)을 수정하거나 폐기하려는 노력을 하고 있을 때 루즈벨트와 로지 사이에 상당한 논의가 있었다. 루즈벨트는 만일 자기가 권한을 갖고 있다면 미국은 영국에게 미국인들은 우호적이길 원하고 영국인들의 자존심뿐만 아니라 미국인들의 자존심을 유지하는 조약을 원한다고 영국에게 말해야 한다는 입장이었다. 그러나 만일 이것이 불가능하다면 미국은 폐기해야 할 것이다. 그러나 그렇게 하는데 있어서 미국 정부는 있을 것 같지는 않지만 그래도 생각할 수 없는 것은 아닌 영국과 독일의 연합을 포함하여 그 결과를 처리해 나갈 준비를 갖추어야 한다는 것이다. 요컨대 루즈벨트는 옛 서부 전선의 원칙들에 따라 행동하기를 원했다. 그 원칙이란 "고함치지 말라, 너의 총을 과시하지 말라, 그리고 쏠 의도가 아니라면 결코 총을 뽑지 말라"는 것이었다.[233]

---

232) H. W. Brands, *T. R.: The Last Romantic,* New York: Basic Books, 1997, p. 408.
233) *Ibid.,* p. 409.

루즈벨트는 로지, 머핸, 우드, 태프트 그리고 다른 사람들과 함께 국사를 분석하면 할수록 자기가 권한을 가지고 있다면 무엇을 할 것인가에 관해서 더 많이 가상했으며, 그에게 권한이 없다는 사실을 더 고통스럽게 인식하게 되었고 또 그가 "부통령직의 절대적 무해(the absolute innocuousness)"라고 부른 것을 보다 더 예리하게 의식했다. 맥킨리는 도움이 안 되었다. 아니, 실제로는 정반대였다. 그는 루즈벨트에게 완벽하게 정중하고 우호적이었지만 그러나 그는 루즈벨트가 미국 행정부의 바닥에서 꼭대기까지 어떤 종류의 영향력을 갖게 되길 원하지 않았다. 맥킨리가 그의 부통령 지명 뒤에 있었지만 그것도 수동적이고 그러나 적지 않게 효과적이었다는 것을 루즈벨트는 뒤늦게 깨달았다. 맥킨리는 자기가 원하는 것을 얻었고 재선이 되었다. 그러나 이제는 루즈벨트가 더 이상 필요하지 않았다. 맥킨리 대통령은 계속해서 부통령인 루즈벨트를 무시했다.[234]

루즈벨트를 계속 정치적으로 가도록 하는 것은 그가 다음에 백악관으로 입성할 지도 모른다는 전망이었다. 그는 태프트에게 자기가 물론 대통령이 되고 싶고 또 대통령직을 잘 수행할 수 있을 것으로 느낀다고 말했다. 1901년 자기의 봄과 초여름을 "고인 물의 시간"이라고 묘사했지만 그는 8월에 콜로라도가 건국 125주년을 경축하는 것을 돕기 위해 서부로 갔을 때 그는 여전히 폭포의 포효 같이 다시 메아리치는 유세의 함성을 들을 수 있었다. 그는 콜로라도와 캔자스에서뿐만 아니라 미주리 그리고 일리노이에서까지 그에게 보여준 감정에 크게 놀랐다. 그러나 그런 여정은 초원의 폭풍 같은 것이었다.

---

234) *Ibid.,* pp. 410-411.

빠르게 폭풍이 되었다가 금세 흩어져 버렸다. 뿐만 아니라 서부에서 표출된 모든 흥분에도 불구하고 루즈벨트는 뉴욕의 공화당 기계의 지지에 의존할 수 없었다.[235] 후보자가 자기 주의 지지 없이 지명을 획득한다는 것은 본질적으로 들어본 적이 없었다. 어떤 경우라도 1904년은 아직 멀었다. 그리고 많은 것들이 그 이전에 일어날 수 있을 것이다. 그리고 2주 후에 실제로 그런 일이 일어났다.

1901년 9월 6일 자칭 무정부주의자인 리온 촐고츠(Leon Czolgosz)가 버팔로(Buffalo)에서 개최된 범-아메리카 박람회에서 맥킨리 대통령을 쏘았다. 그 상처는 심각했다. 총알이 그의 위를 앞에서 뒤로 구멍을 뚫었다. 그 상처가 치명적인지는 아직 알려지지 않았나. 루즈벨트는 버몬트(Vermont)의 연설 여행에서 그 소식을 받았다. 그의 첫 반응은 경악이었다. 그 보고는 믿을 수 없었다. 어떤 인간이 그렇게 악명 높은 악당이 될 수 있단 말인가? 맥킨리는 부자가 아니었다. 대통령에 대한 공격은 미국의 본질에 대한 타격을 대변했다. 그는 결코 금권통치의 회원이 아니었다. 그는 미국 공화정의 척추인 상인, 정비공, 서기 그리고 농부의 계급에 속하는 사람들 중 한 사람이었다. 대통령에 대한 암살 시도는 대통령의 계승자인 루즈벨트를 아주 묘한 지위에 올려 놓았다. 버팔로에 즉시 가지 않는 것은 무정하고 무관심한 것으로 보이게 할 것이다. 그렇다고 너무 빨리 그곳으로 가는 것은 부적절한 인상을 줄 수 있었다. 그는 기차를 징발하여 대통령의 곁으로 달렸다.[236]

---

235) *Ibid.,* p. 411.
236) *Ibid.,* p. 412.

루즈벨트가 그곳에 도착했을 때 의사들은 맥킨리의 상태를 안정시켰다. 외과 의사들은 최근에 발명된 엑스레이(X-ray) 장비의 사용에 반대했다. 그 장비는 근처의 박람회에서 전시되고 있었다. 그들은 상처를 세척하고 위와 복부의 가득 찬 물기를 제거했다. 이것은 당장의 위험을 끝냈다. 다음 72시간 동안 상황은 꾸준히 좋아지는 것으로 보였다. 대통령의 체온이 떨어졌다. 모든 증거로 보아 환자는 회복 중이었다. 루즈벨트는 외과 의사들의 유능한 솜씨가 대통령 암살범의 생명을 동시에 구했다는 데 화가 났다. 그는 이제 살인 미수만으로 기소되어 유죄판결을 받는다 해도 7년이면 가석방으로 풀려날 수 있을 것이었다. 그래서 그는 무정부주의자들뿐만 아니라 능동적이든 수동적이든 무정부주의자들에게 동조하는 모든 자들에 대하여 가차 없는 전쟁을 벌어야 한다고 주장했다.[237]

대통령의 상태가 계속 향상되자 루즈벨트의 감정도 안정되었다. 그리하여 9월 10일 그는 버팔로를 떠나 잠시 오이스터 베이를 들른 다음에 애디론댁 산맥(Adirondacks)에서 휴가 중인 부인과 아이들과 합류하기 위해 북부로 향했다. 최근 그의 한가한 여름은 하나의 이점을 가져왔다. 그는 수년 만에 신체적인 조건이 더 좋아졌다. 몇 주 후에 그는 워싱턴으로 향할 것이었다. 그래서 이곳에 자기 다리를 뻗고 또 자기의 바람을 시험할 기회가 있었다. 그는 마터호른(Matterhorn) 산은 아니지만 그래도 주변에서 가장 높은 5,300피트(약 1,615미터) 높이의 마시 산(Mount Marcy)을 오르기로 결심했다. 혼자서라면 그는 하루에 오르고 또 내려올 것이 거의 확실했다. 그러나 부인 에디스는 그가 종

---

237) *Ibid.*, p. 413.

종 그랬던 것처럼 그가 황야로 사라지도록 하려 들지 않았다. 그녀는 자기가 같이 갈 것이라고 발표했고 커미트(Kermit)와 에셀(Ethel) 두 자식들도 역시 같이 가야만 했다. 그 일행이 9월 12일 정오에 출발했을 때 그 일행은 거의 십여 명이나 되었다.[238]

그들은 정상 밑에 있는 작은 호수가에 있는 통나무 집에서 그날 밤을 보냈다 다음날 오전에 비가 내려 부인과 아이들은 더 이상 올라가는 것을 단념하고 한 명의 안내원과 같이 타호어스(Tahawus)로 돌아갔지만 그런 비가 루즈벨트를 좌절시키지 못했다. 그와 나머지 일행은 정오 직전에 정상과 거의 동시에 구름의 꼭대기에 도달했다. 루즈벨트는 단지 전망을 오랫동안 즐길 인내력의 소유자가 아니었다. 뿐만 아니라, 태양 빛에도 불구하고 비와 땀으로 젖은 옷에 바람은 차가웠다. 그들은 하산을 해서 점심을 먹기 전에 어떤 피난처를 찾아보기로 결정했다. 정상 밑 수백 피트 지점에 있는 한 우묵한 곳에 작은 호수 옆 땅의 경사지에서 휴식을 취하면서 점심을 먹고 있을 때 루즈벨트는 아래로부터 올라오는 자국이 있는 숲에서 한 사람이 나오는 것을 알아차렸다. 그는 우연한 등반객이 아니라는 것이 즉시 분명해졌다. 그는 그들을, 특히 부통령을 찾고 있었다. 루즈벨트는 후에 자기는 그가 나쁜 소식을 갖고 있음을 즉각적으로 느꼈다고 회상했다.[239] 정말로 그는 그랬었다.

받아 본 전문은 대통령의 상태가 악화되었다고 했다. 그 전문에는 대통령의 개인 비서인 조지 코텔유(George Cortelyou)의 서명이 있었

---

238) *Ibid*, p. 414.
239) *Ibid*.

다. 루즈벨트와 다른 일행들은 그들의 남은 음식을 배낭에 넣고 즉시 타호어스(Tahawus)로 즉시 출발했다. 내리막길이지만 길은 비로 인해 진창이고 또 미끄러웠다. 그들이 오두막에 도달하기 전에 거의 6시였다. 루즈벨트는 더 이상의 소식이 없다는 것을 알고 저녁식사를 위해 앉았다. 9시까지도 더 이상의 어떤 소식도 들리지 않았다. 만일 대통령의 상태가 정말로 심각하다면 뒤를 잇는 메시지가 있었을 것이라고 가정하고 그는 취침에 들어갈 준비를 했다. 그는 부인 에디스에게 그가 정말로 필요하지 않는 한 가지 않을 것이라고 말했다.

그러나 2시간도 안 되어 그의 잠을 깨우고 그의 마음을 바꾸는 새 보고가 도착했다. 대통령은 빠르게 악화되고 있었고 언제든 끝날 것 같았다. 루즈벨트는 급히 옷을 걸치고 가장 가까운 기차역으로 갈 수 있는 마차를 불렀다. 한밤중에 그는 마부 한 사람만 동행하고 숲속으로 출발했다. 그가 잠의 부족과 여행의 긴장으로 지친 채 노스 크릭(North Creek)에 도착했을 때 동쪽 하늘은 산을 넘어 동이 트기 시작했다. 그때 가서 맥킨리 대통령은 사망했다. 루즈벨트는 부통령으로서 그의 비서인 윌리엄 뢰브(William Loeb)로부터 전갈을 받았다.[240] 의사들이 너무 늦게까지 알아내지 못한 총알의 상처로부터 위의 구멍으로 퍼진 감염으로 맥킨리 대통령은 사망했다. 루즈벨트는 400마일의 여행 대부분 자기 자신의 생각에 젖어 있었다. 이제는 그가 나타나는 데 아무런 문제가 없었다. 대통령이 사망했으니 부통령은 국가적 애도를 하고 정부는 기능을 계속할 것이다.

루즈벨트는 여전히 복잡한 감정을 갖고 있었다. 대통령이 된다는

---

240) H. W. Brands, *T. R.: The Last Romantic,* New York: Basic Books, 1997, p. 415.

것은 굉장한 명예지만 그러나 이런 식으로 대통령이 된다는 것은 현저하게 욕망을 감소시켰다. 그런 부전승으로 보다는 공개적 경합에서 그것을 쟁취하는 것이 훨씬 더 좋았다. 그는 우연히 대통령이 되는 것이다. 그날 오후 1시 30분에 기차는 버팔로에 도착했다. 그는 기차역에서 맥킨리의 시신이 안치된 집으로 갔다. 그는 일순간 사자의 옆에 조용히 서 있었다. 그는 제정신이 아닌 미망인에게 애도를 표했다. 그리고 나서 그는 버팔로에 도착한 맥킨리의 각료들과 합류했다. 그는 그 지방 판사 앞에서 대통령직의 선서를 했다. 그리고 그는 마침내 미국의 제26대 대통령이 된 것이다.[241] 그때 그의 나이는 42세였다. 그는 역사상 최연소 미국 대통령이었다.

---

241) *Ibid.*, p. 416.

제12장
미국의 제26대 대통령에 취임과 정책적 비전

"리더십의 본질은 사람들이 보통은 스스로 가지 않지만
그러나 만일 그들이 자신들의 고유한 소명에 도달하고자 한다면
가야만 하는 방향으로 타인들을 움직이게 하는 것이다."
-시어도어 루즈벨트-

1901년 9월 14일 시어도어 루즈벨트는 제26대 대통령직 선서를 한 뒤 "평화와 번영과 그리고 우리의 사랑하는 나라를 위해 맥킨리 대통령의 절대적으로 중단 없는 정책을 계속하는 것이 나의 목표"라고 말했다.[242] 누구나 기억할 수 있는 이 가장 짧은 취임식은 심오한 인상을 남겼다. 그것은 서약, 강령, 그리고 정책 모두를 하나로 그 자리에 있었던 모든 사람에게 각인되었다. 루즈벨트는 특징적인 열정으로 말했다. 그는 힘차게, 진정성과 자기의 전임자의 기억에 대한 존경심으로 말했다. 그는 국가의 장엄한 도덕적이고 정신적인 균형을 상징했다. 그의 성명은 정치 및 통상의 위기를 즉시 해소했다. 각료들은 집단적인 안도의 숨을 내쉬었다.[243]

---

242) Edmund Morris, *Theodore Rex,* New York: Random House, 2001, p. 14.
243) *Ibid.*

9월 20일 고 맥킨리 대통령의 시신이 매장되는 날 오전 11시에 그의 첫 각료회의를 열었다. 그가 맥킨리 책상의 머리에 앉았을 때 그것은 낯선 순간이었다. 귀신같이 책임감이 그의 어깨 위에 내려 앉았다. 그러나 그는 동정심을 찾고 있지 않았다. 그는 각료들에게 그들의 충고와 상담이 필요하다고 말했다. 루즈벨트는 오직 법적인 이유로 그들 모두의 사임이 필요했다. 그리고 모두가 재임명을 수락해야만 했다. 그는 사양을 받아들일 수 없다고 말했다. 이 권위의 천명은 도전 받지 않았다. 편안하게 그는 행정부의 모든 부서에 관한 브리핑을 요구했다. 그의 장관들은 서열순으로 응했다. 루즈벨트는 질문으로 그들을 종종 중지시켰고 그들은 그가 정보를 흡수하고 골라내는 속도에 경악했다. 그의 호기심과 간교한 속임수의 부재가 그들을 매혹시켰다.[244]

루즈벨트는 대부분의 전임자들과는 달리 우연히 대통령이 됨으로써 별로 뚜렷한 약속이 없이 백악관에 입성했다. 대통령을 위한 모든 경주는 많은 사람들의 조정을 포함하고 이들은 이런 저런 방식으로 보상을 기대한다. 루즈벨트는 대통령직을 위해 출마하지 않았기 때문에 그 결과 명시적이든 혹은 묵시적이든 어떤 약속을 할 필요가 없었다. 더 나아가서, 이 시기에 루즈벨트에게 주된 공적 이익은 어떤 구체적인 공약들보다는 건전하고, 정직하고, 효율적인 리더십이었다. 루즈벨트가 구체적으로 그렇게 표현하지는 않았지만 그는 법의 정부보다는 사람들의 정부를 믿었다. 만일 사람들이 선하다면 선한 법을 따를 것이다. 그러나 사람들이 나쁘다면 최선의 법도 그들을 선하게 만들 수 없을 것이다. 그러므로 맥킨리의 정책과 계속성을 서약하는 동안에도 루

---

244) *Ibid.*, p. 44.

즈벨트는 이런 정책들을 국가의 명예와 안녕의 요구에 대한 자기의 개인적인 판단에 따라서 해석하고 수정할 권한을 유보했다.[245]

루즈벨트 대통령은 공화당과 민주당 하에서 워싱턴의 공직을 수행했던 경험과 빈번한 전국적인 선거운동으로부터 국내정치를 알게 되었다. 뿐만 아니라, 그는 실천하는 현직 외교가들이 아닌 누구보다도 국제정세에 관해서도 잘 알고 있었다. 그의 굳건한 공부와 심오한 생각은 그가 십여 년간 주장해왔고 또 연방국가가 최근에 포용한 "큰 정책(large policy)"을 뒷받침했다.[246] 루즈벨트는 지적인 영양실조를 뚫었다. 그의 기질은 담대한 밀치기와 과감한 돌진을 위해 비명을 질렀다. 그리고 그의 마음은 그의 기질을 수용했다. 그가 잘못된 것을 알게 되었을 때 그는 행동으로 튀어 올랐고 이 불완전한 세상에서 느닷없는 조치들은 단지 구악을 신악으로 대체하는 것뿐이라는 것을 생각하기 위해 멈추는 일이 거의 없었다.[247]

루즈벨트는 틀린 것은 올바르게 되기 위해 존재한다는 낭만적 견해를 갖고 있었다. 그는 적어도 근대 사회에서 악은 단지 나쁜 사람들의 고의적인 짓이 아니라 평범하고 치명적인 제도적 장치들의 산물이라고 인정할 만큼 충분히 세련되었다. 그러나 그렇다고 할지라도 사회의 각 악에게는 해결책이 있다고 믿을 만큼 충분히 순진했다. 지성이 그 해결책을 발견할 수 있을 것이며 그리고 용기가 그런 효과를 가져올 것이다. 용기와 결합된 지성, 바로 이것이 루즈벨트에게는 리더십의

---

245) H. W. Brands, *T. R.: The Last Romantic,* New York: Basic Books, 1997, p. 418.
246) *Ibid.,* p. 419.
247) *Ibid.,* p. 420.

방정식이었다.[248) 그리고 대통령직은 다른 공직자에게 주어지지 않는 방식으로 리더십을 행사할 기회를 제공했다. 대통령은 미국의 정치에서 그 어느 곳에서도 견줄 수 없는 권한들을 소유했다. 루즈벨트는 링컨 이후 어느 대통령보다도 그리고 평화시에는 잭슨 대통령 이후 더 결정적으로 그 기회들을 포착했다. 그는 헌법이나 법률에 의해서 그런 행동이 금지되지 않은 한 국가의 필요가 요구하는 것은 무엇이든지 해야 할 권리뿐만 아니라 의무가 대통령에게 있다고 믿었다.[249)

당시 경제회복은 맥킨리의 회복이었다. 따라서 주식시장이 맥킨리의 사망으로 마구 흔들렸다. 새 대통령은 투자자들을 안심시키기 위해서 그가 할 수 있는 일을 했다. 그는 자기가 대통령이 된 첫 날에 주식과 채권이 내려가는 것을 보고 싶지 않다고 언론인 친구인 허만 콜사트(Hermann Kohlsaat)에게 말했다. 그것은 루즈벨트가 맥킨리의 정책들을 따르기로 서약한 어느 누구 못지 않게 투자자들을 달래기 위한 것이었다. 그는 맥킨리의 내각이 그대로 남을 것이라고 발표했다. 거의 모든 경우에 그는 맥킨리에 의해서 발의되었지만 완결되지 않은 임명들을 수행했다. 다른 임명에 관해서는 마크 한나, 톰 플랫, 매튜 키 및 다른 공화당의 지도부와 협의하려는 가시적 애를 썼다. 그는 철도회사의 제임스 제이 힐(James J. Hill)과 만찬을 하고 뉴욕의 상인협회 간사와 오찬을 했다.

루즈벨트는 유명한 흑인 교육자인 부커 티 워싱턴(Booker T. Washington)과도 만찬을 했다. 그는 1895년 애틀랜타에서 목화 주 박

---

248) *Ibid.*
249) *Ibid.*

람회(The Cotton States Exhibition) 이후 전국적 인물이 되었다. 그 때 그는 미국에서 인종관계의 문제에 대한 묵시적 타협안을 제안했었다. 워싱턴은 만일 백인들이 흑인들의 교육과 경제향상을 지지한다면 당장의 정치적 평등에 대한 고집을 철회할 것이라고 선언했다. 그것은 많은 백인들에게 굉장한 호소력이 있었다. 10월 16일 루즈벨트 대통령과 몇 사람들이 만찬 모임을 위해 함께 앉았다. 논의는 교육은 물론 정치를 포함했다. 루즈벨트는 남부에서 이루어져야 하는 연방정부의 어떤 임명에 워싱턴의 권고를 추구했다. 그러나 곧 언론들이 루즈벨트의 만찬 모임을 비난하고 나섰다. 루즈벨트는 그런 반응에 크게 놀랐다. 루즈벨트는 선형적인 분노를 터드리며 비록 사적이긴 했지만 그의 비판자들을 후려치고 겁먹지 않겠다고 맹세했다. 그러나 실제로 루즈벨트는 워싱턴을 다시는 만찬에 초대하지 않았다. 오히려 그는 그와의 만찬의 중요성을 최소화하려고 했다. 루즈벨트는 당시에 상황을 이해하지 못한 사람이었다. 이제 워싱턴의 공적인 포용이 남부를 자기 편에 끌어들이는 수단으로 반생산적일 것으로 보이자 그는 백악관 만찬 명단에서 부커 워싱턴을 빼고 비슷한 실수들을 피할 결심이었다.[250]

루즈벨트는 공화당 의원들과 좋은 관계를 배양하는데 훨씬 더 많은 주의를 기울였다. 1901년 가을 내내 그는 공화당 의회 의원들을 위해 백악관에서 그들을 즐겁게 대접했다. 자기의 첫 대통령직 2달 동안에 공화당 지도부와 루즈벨트가 갖는 협의의 핵심은 그가 12월 초에 의회에 보내는 신년 메시지였다. 다른 대통령들은 그들

---

250) H. W. Brands, *T. R.: The Last Romantic,* New York: Basic Books, 1997, p. 424.

의 신년 메시지를 내각 그리고 다른 관련된 사람들에게 떠맡겼다. 그 결과는 예상되었듯이 누더기였다. 루즈벨트는 자신의 메시지를 직접 작성하길 고집했다. 그러나 그도 다른 사람들을 불러들일 필요성을 감지했다. 그는 자기가 아직 통달하지 않은 연방정부의 측면들이 있다는 것을 인정했다. 그래서 그는 대통령으로서 처음으로 전달하는 메시지로 당황하고 싶지 않았다. 동등하게 그는 그가 무슨 말을 하든 그것이 영향력 있는 입법자들의 뒷받침이 없이는 지나가는 바람에 지나지 않을 것임도 이해했다. 따라서 그는 의회 지도자들, 특히 상원의 공화당 충성분자들의 의견을 구하고 그들의 가슴에 가까운 쟁점을 다루는 부분의 초안들을 그들이 직접 비판하도록 격려했다. 루즈벨트는 그들이 메시지에 책임감을 느껴서 그것이 윤곽을 제시한 계획의 성공을 원했다.[251]

　　루즈벨트는 당연히 존 헤이(John Hay)와 엘리후 루트(Elihu Root) 같은 핵심 각료위원들과 협의했다. 헤이 국무장관은 40년 간의 공직생활을 거의 완성하고 있었다. 맥킨지의 암살은 그가 봉사했던 첫 대통령인 링컨 대통령의 암살이라는 고통스러운 기억을 상기시켰다. 헤이는 또한 내전 중에 시어도어 루즈벨트의 아버지와의 우정도 기억했다. 그는 워싱턴에서 날카로운 비판자들 중의 한 사람이었다. 루트 전쟁장관은 헤이 장관과 달랐다. 그는 유머감각을 소유했고 대통령과 자신의 유머를 공유하는 걸 좋아했다. 루즈벨트는 윌리엄 태프트(William Taft)를 종종 제외하고는 자기의 가장 능력 있는 보좌관으로 간주했다. 헤이나 루트보다 더 가까운 인물은 로지(Lodge)였다. 맥킨

---

251) *Ibid.*, p. 425.

리가 암살되었을 때 로지는 프랑스에 있었다. 10월에 돌아오자마자 그는 백악관으로 갔다. 로지는 루즈벨트의 의회에 보내는 제안된 메시지에 건설적인 비판을 제안했지만 대부분에 대해서 지지와 격려를 아끼지 않았다.

루즈벨트 대통령은 격려를 필요로 하지 않았다. 그는 일단 어떤 것이 자기가 해야 할 옳은 일이라고 자기 머릿속에 박히면 그것을 의문시하는 일이 거의 없었다.[252] 그러나 그의 신년 메시지에 로지가 최종적 수정을 가하는 동안 로지가 그를 응원하게 하는 것이 상처가 되지는 않았다. 왜냐하면 그것은 그가 지금까지 행해온 가장 야심적인 정치적 성명이며 어느 미국 대통령에 의한 깃에 비추어도 가장 야심적인 것 가운데 하나였기 때문이다. 그 성명의 저자가 선거에 의해서가 아니라 우연히 백악관 주인이 되었다는 사실과, 그리고 그가 대통령이 된 지 3개월도 채 되지 않았다는 사실은 그 신년 메시지를 더욱 더 담대하게 만들었다. 그것은 2만 자에 달하는 긴 성명이었다. 당시에는 대통령들이 그것을 직접 구두로 전달하지 않던 시절이었다.

루즈벨트의 첫 신년사는 그의 정책적 비전을 명확히 제시한 것이었다. 루즈벨트는 예상된 맥킨리의 추도사로 시작했다. 그리고 그는 이어서 무정부주의를 격렬하게 비난하고 가장 위험한 형태의 정치적 이단에 대해 더욱 강력한 조치들을 촉구했다. 루즈벨트는 다음과 같이 주장했다:

---

252) *Ibid.*, p. 426.

"무정부주의는 전 인류에 대한 범죄이며 따라서 모든 인류는 무
정부주의자에 대항하여야 한다. 미국의 민주주의를 전복시키려고
생각하는 자들에게 경고하는 것이 좋겠다. 왜냐하면 미국의 시민들
은 그런 허무주의적 허튼 수작을 결코 용납하지 않을 것이다. 미국
인들은 분노하는 데 느리지만 그러나 일단 그들의 분노가 불붙으
면 그것은 강렬한 불길처럼 타오른다."253)

의심할 여지없이 계획적으로 루즈벨트는 이 문구로부터 기업들의
보다 큰 정부 통제의 필요성을 다루는 긴 구절로 넘어갔다. 그가 처음
제이 굴드(Jay Gould)에게 도전했던 이래 루즈벨트는 기업의 계급의
이익이 항상 전체 공동체의 이익이라는 데에 최소한 회의적이었다.
쿠바의 개입을 포용하지 않으려는 기업 지도자들의 저항이 그에게 재
정과 제조업의 거물들은 애국심보다 이익을 우선시한다고 확신시켰
다. 독점기업과 정당의 보스들 사이의 유착이 양측에 대한 그의 의심
을 배가했다. 이 의심들은 뉴욕의 독점기업 징세에 대한 투쟁과 그를
부통령직의 선반에 올려 놓은 독점기업들의 결의에 의해서 입증되었
다.254) 그가 형식적으로는 지위가 향상된 것 같지만 아무런 권한이
없는 부통령 후보로 옹립된 것은 정경유착으로 부패한 공화당 간부들
의 획책이었다. 뉴욕에서 루즈벨트는 정의감에 불타는 순진한, 일종의
모난 돌이었다. 바꾸어 말하면 정상배들 속에서 루즈벨트는 진정한
사나이였던 것이다. 아이러니하게도 그렇게 밀려난 루즈벨트가 맥킨
리 대통령의 뜻밖의 피살로 최고 실권자인 대통령직을 계승한 것은

253) *Ibid.,* p. 427에서 재인용
254) *Ibid.,* p. 427.

참으로 역사의 유희였다.

루즈벨트는 주식시장을 발광하게 하거나 은행으로 달려가게 할 욕망이 없었다. 그래서 그는 그의 반-기업 메시지를 안심시키는 보수적 언어로 말을 했다. 이 대륙을 가로질러 철도체제를 운영하고, 미국의 상업을 건설하고, 미국의 제조업을 발전시킨 산업의 주역들은 전체적으로 미국 국민들에게 아주 좋은 일을 했다. 그들이 없었다면 미국은 지금 정당하게 자랑스러워하는 물질적 번영을 결코 성취하지 못했을 것이다. 더 나아가서 이런 사람들은 짐스러운 규제에 의해 방해받지 않고 그들의 부를 창조하는 일을 가장 잘 할 수 있었다. 현대 사업의 작동원리는 아주 미묘해서 경솔하거나 무지의 정신으로 그것에 간섭하지 않도록 극단적 조심을 해야 한다. 똑같이 기업들은 그들의 주주들에 대해서 뿐만 아니라 일반 공동체에 대해서도 그들의 책임감을 인정해야만 한다. 그들이 종종 그러는 것처럼 스스로 그렇게 하는데 실패할 때 그들은 그들의 방식을 수정하도록 만들어야 한다. 만일 그들이 공적 손상을 입히는 일에 면허를 행사하는 것이 발견된다면 주들 사이에서 상업에 종사하는 기업들은 규제되어야 한다. 전 정치에서 폭력의 범죄를 제거하는 만큼이나 기업의 세계에서 교활한 범죄를 제거하는 것이 사회적 개선을 추구하는 사람들의 목표가 되어야 할 것이었다. 결국 대기업에게 그들의 상업활동을 수행할 기회를 허용하는 것은 법을 통해 행동하는 대중이다. 대기업들은 오로지 미국의 제도들에 의해서 창조되고 보호되기 때문에 존재하는 것이다. 그러므로 그들이 이 제도들과 조화롭게 일하도록 주시하는 것이 미국인들의 권리이며 의무이다.[255]

---

255) H. W. Brands, *T. R.: The Last Romantic,* New York: Basic Books, 1997, p. 428.

루즈벨트는 규제를 약속함으로써 자본가들에게 놀랄 원인을 제공한 다음에 그들에게 조직된 노동을 포용함으로써 더 많이 주었다. 농업 이익을 유일하게 제외하고 그 어떤 문제도 임금 근로자들의 복지만큼 전 미국인들에 중대한 문제는 없다. 임금 근로자들은 보호되어야 한다. 노동 계급의 여자들과 어린이들은 과도한 노동시간이나 불건전한 조건을 금지하는 특별규제에 의해서 더욱 보호되어야 한다. 노동자들의 삶의 개선은 개인적으로 각자의 노력에 주로 달려있지만 그러나 근대에 와서 그것은 집단적 행동도 요구한다. 임금 노동자들의 협회나 노조에 의해서 아주 좋은 일들이 성취되었고 또 성취될 것이다. 정부는 그런 책임 있는 노조의 활동들을 격려할 것이다. 루즈벨트는 기업 계급이 완전히 상실감에 빠지게 두지 않았다. 그는 금본위제도와 보호관세를 인정했다. 그는 감세에 수반되는 정부 지출의 절약을 요청했다.256)

그러나 루즈벨트는 자유방임주의 주창자들에게 더 많은 나쁜 소식들을 전달했다. 철도는 규제되어야 한다는 것이었다. 철도는 공적 봉사이다. 그 요금은 모든 해운회사에 똑같이 올바르고 공개되어야 한다. 은행제도는 보다 주의 깊게 되어야 한다. 국가의 자연자원은 미래 세대를 위해 현명하고 조심스럽게 관리되어야 한다. 숲의 보존은 확대되고 과학적 관리하에 두어야 한다. 정부는 홍수통제와 관개시설 계획들을 착수해야 한다. 물의 흐름을 막고 홍수물을 보존하기 위해서 거대한 저장 작업이 필요하다. 그것들의 건설은 사적인 노력으로 착수하기에는 너무나 방대하다는 것이 결론적으로 드러났다.

---

256) *Ibid.*

루즈벨트의 기업 정향의 청취자들은 그가 마침내 외교문제를 다루는 메시지로 들어갔을 때 틀림없이 안도했을 것이다. 그는 필리핀, 푸에르토리코, 그리고 하와이의 획득에 관해 본질적 정당함을 재천명했다. 현재 필리핀인들과 어려움을 인정하면서 그는 그 길에 머물겠다고 약속했다. 미국의 노력은 자치정부로 가는 험하고 어려운 길을 따라 이 인민들을 향상하도록 돕는 것이다. 그러나 자치정부란 하룻밤 사이에 오지 않은 것이며 필리핀인들을 단지 풀어 놓는 것만으로 달성되지 않을 것이다. 지금의 시점에서 필리핀을 떠난다는 것은 그들이 엄청난 살인적 무정부 상태로 빠진다는 것을 의미했다. 그런 의무를 저버리는 것은 인간애에 대한 범죄가 될 것이라고 루스벨트는 말했다. 비슷한 책임감이 다른 지역에서도 미국의 외교정책을 안내할 것이다. 미국은 먼로 독트린(Monroe Doctrine)을 방어하고 강화해야 했다. 그리하여 유럽의 간섭자들에 대항하여 서반구에서 미국의 지위가 확실하고 도전 받지 않도록 만들어야 했다. 무엇보다도 이 목적을 위해 미국은 해군을 계속해서 건설해야만 했다. 현재 9척 전함의 보충은 진행 중이고 계획된 일이 제시간에 끝날 때까지 17척으로 확대되어야 한다. 미국은 중앙아메리카를 가로지르는 운하를 건설하기 위해 외교적으로 조정해야만 한다. 그것은 오직 위대한 국가만이 성공의 전망을 가지고 착수할 수 있고 또 그것이 이루어졌을 때 국가의 물질적 이익에서 항구적 자산일 뿐만 아니라 건설능력의 영원한 기념비가 될 위대한 국가사업 중의 하나가 될 것이다.[257]

로지 상원의원은 상원에서 그렇게 많은 관심과 주의를 끈 신년 메

257) *Ibid.*, p. 429.

시지를 결코 본 적이 없었다면서 하원에서는 훨씬 더 현저했다고 보고했다. 로지는 자기 친구의 처녀연설을 격려하는 것으로 기대될 수 있었지만 그러나 실제로 나라 전체가 이 시험되지 않은 행정수반이 말하는 것을 듣고 싶어 주의를 기울였다.[258] 반응은 놀랍게도 차분했다. 루즈벨트 메시지의 징후를 독자들이 어떻게 하든 그것의 논조를 오해하는 것은 불가능했다. 이것은 맥킨리의 말이 아니었다. 이것은 누군가 새로운 사람, 자신 있게 주장하는 사람, 지금까지 대통령직을 거쳐간 누구보다도 훨씬 더 웅대한 공공 목적의식을 가진 사람의 말이었다. 이 개시 연설에서 루즈벨트는 7년 반 동안 대통령직을 이끌 테마를 제시했다. 가장 분명한 테마는 자기 휘하의 권력을 거머쥐고 그것을 국민을 위해 사용하려는 용의성, 아니 열정이었다.[259]

시어도어 루즈벨트는 대통령으로서 5만 달러의 연봉을 받게 되었다. 그것은 지금까지 그가 얻은 소득보다 훨씬 많은 것이었다. 영부인 에디스(Edith)는 오랫동안 돈을 현명하게 관리할 줄 알았다. 정부는 대통령 관저를 혁신하기 위해 비용을 지불했으며 루즈벨트는 대통령 관저가 지금부터는 공식적으로 백악관(the White House)이 되어야 한다는 대통령 명령을 발표했다. 영부인 에디스는 맥킨리의 암살사건으로 인해 루즈벨트의 안전에 대한 걱정이 컸다. 그러나 비밀 경호 업무가 강화되고 경호원들은 어디에서나 대통령을 그림자처럼 따랐다. 이런 암살 걱정을 차치하면 백악관에서 삶은 에디스에게 잘 어울렸다. 루즈벨트는 전 생애를 통해 불운한 환경에서조차 만족감과 즐거움을

258) *Ibid.,* p. 430.
259) *Ibid.*

발견하려 했다. 이제 행운의 여신이 진실로 그에게 미소를 지었고 그는 미소로 답하는 것을 피할 수 없었다. 대통령이 되는 것은 쉬운 일이 아니지만 그는 그것을 철저히 즐겼고 또 지금까지는 잘해 왔다고 자기 아들 테드(Ted)에게 털어 놓았다.[260] 그가 대통령이 된 후 한달만이었다.

---

260) *Ibid.*, p. 433.

제13장
미국 석탄왕들과 결투

"위대한 민주주의는 전진해야 한다. 그렇지 않으면 민주주의가 곧 멈출 것이다."
-시어도어 루즈벨트-

　1901년에 미국 정치의 가장 큰 스토리는 시어도어 루즈벨트가 대통령직에 오른 것이었다면 미국 기업의 가장 큰 스토리는 미국철강회사(the United States Steel Corporation)의 설립이었다.[261] 10억 불 이상의 자본의 미국 첫 회사인 이 기업 합병은 미국의 사업과 재정에서 가장 큰 이름들의 연대를 대변했다. 철강의 강자인 앤드류 카네기(Andrew Carnegie), 그의 주식이 오래 전부터 자연자원에서 철로 쏟아진 석유 왕 존 디 록펠러(John D. Rockefeller), 은행의 거물 제이 피 모건(J.P. Morgan)이 주관했다. 그의 축복이 그 결합을 가능하게 했다. 강철의 합동은 점차 미국의 경제적 삶을 통제하는 기업결합의 가장 크고 가장 가시적인 것이었다.[262]
　1890년 이미 의회는 반기업합병법을 통과시켰다. 그러나 셔만 법

---

261) H. W. Brands, *T. R.: The Last Romantic,* New York: Basic Books, 1997, p. 434.
262) *Ibid.*

(the Sherman Act)이 특히 곧 실행되는 길을 발견하면서 많은 사람들로 하여금 정직하지 못한 방법으로 기업들을 방어하는 시도가 있었다. 연방 대법원도 1895년 미국의 설탕 정제회사의 독점을 깨려는 법무부의 노력이 헌법상 부당하다고 판결한 나이트(E. C. Knight) 사건의 결정으로 이 견해를 강화했다. 의회는 상업을 규제할 수 있는 권리가 있지만 제조에는 권리가 없다는 것이었다. 설탕기업의 합동은 오직 우연히 통상을 하고 있었고, 그러므로 연방 정부의 법적 한계를 넘었다는 것이다. 기업합동 추진자들의 입장에서 나이트 사건의 격정이 1901년 미국 철강합동까지 확대된 통합의 새로운 파도에 문을 열어주었다. 1902년 12월 루즈벨트 대통령의 신년 메시지는 그의 경고였다.263)

1902년 2월에 그는 진지하게 전투를 시작했다. 그 달의 셋째 주에 그는 법무부 장관 필랜더 녹스(Philander Knox)에게 정부가 북부증권회사(the Northern Securities Company)를 깨기 위해 소송을 시작하고 있다는 사실을 발표하게 했다. 그것은 미국의 북서부 주요 철도의 1/4을 차지하는 당시에 설립된 지주회사였다. 북부증권회사는 미국의 가장 큰 기업합동들 중의 하나는 아니었다. 그러나 다른 요인들이 그것에 불리하게 작용했다. 그것은 새로운 회사였고 그리하여 전례를 형성하는 기간의 속성이 부족했다. 그것은 논란의 여지가 없이 주간 통상업무를 수행함으로써 헌법의 통상 구절의 범위안에 들어왔다. 루즈벨트는 가장 엄격한 비밀로 그의 공격을 준비했다. 그는 또한 언론에 누설의 가능성을 최소화 하길 원했다. 그에 따라 행정부는 1902년 2월에 통상의 폐쇄까지 조용히 진행했다. 그리고 나서 중개인들이 그

---

263) *Ibid.*, p. 435.

날의 거래를 정산하고 귀가를 준비하는 동안에 녹스 법무장관이 그의 폭탄을 투하했다. 그 소식은 다음 날 시장을 미끄러지게 만들었다.[264]

철도합병의 보험업자였던 제이 피 모건은 대통령의 조치를 자기에 대한 직접적인 모욕으로 해석했다. 그는 1894년 미국 재무성의 금공급이 부족할 때 클리블랜드 대통령 정부를 긴급구제한 이후 재정을 자신이 수장인 정부의 제4부로 간주했다. 그는 대통령이 자기와 자기의 이익을 그렇게 무신경하게 취급하는 것은 결례라고 생각했다. 그래서 그는 곧 백악관을 방문했다. 그는 대통령의 판단이 잘못되었다고 생각했지만 그것에 관해서 크게 불평하지 않았다. 그러나 그는 대통령이 자신의 판단을 전달한 비신사적 태도라고 생각되는 것에 빈대했다. 그는 루즈벨트에게 만일 그들이 뭔가를 잘못했다면 사람을 보내면 그들이 고칠 수 있다고 말했다. 루즈벨트는 그럴 수 없다고 대답했다. 그러자 녹스 장관이 충성스럽게 "우리는 그것을 고치려는 것이 아니라 중단시키길 원한다"고 덧붙였다.[265]

루즈벨트는 원칙적으로 기업합병에 반대하지 않았다. 그가 그의 신년사와 그후 많은 경우에 인정했듯이 대기업들은 국내적 번영과 해외에서 존중의 기저가 되는 눈부신 경제성장을 가능하게 만들었다. 비록 그가 정치적인 이유로 토마스 제퍼슨(Thomas Jefferson)을 싫어하지는 않았지만 루즈벨트는 농부들의 국가에 대한 제퍼슨의 비전에 별로 동정심이 없었다. 루즈벨트는 농부들을 충분히 좋아했지만 그러나 그의 낭만주의는 다른 종류의 것이었다. 그것은 목가적인 것이 아

---

264) *Ibid.*, p. 437.
265) *Ibid.*

니라 호전적인 것이었고, 구식의 미덕이 아니라 현대 기술이었다. 루즈벨트의 견해에 의하면 어떤 기업합병들은 그것들이 기업 통합이어서가 아니라 그것들이 사악한 동기를 가진 인간들에 의해서 운영되기 때문이었다.[266] 그러나 칭송할 만한 목적을 가진 선량한 사람들에 의해서 운영되는 대기업들은 격려되었다. 어떤 회사가 법을 엄격히 지키고 다른 회사들의 권리를 꼼꼼히 지키면서 생산을 자극하고 가격을 낮추거나 서비스를 개선함으로써 공동체에 봉사하면서 이윤을 추구하는 것이 발견된다면 그 회사의 자본이 아무리 크거나 기업의 규모가 아무리 크다고 해도, 그런 회사는 정부가 최대한의 보호를 제공함으로써 훨씬 더 풍부한 생산이나, 보다 나은 봉사를 하도록 고무될 것이다. 그것이 루즈벨트의 장기적인 목적이었다.[267]

루즈벨트는 모든 형태의 폭정 가운데 가장 덜 매력적이고 가장 추악한 것은 한낱 부의 폭정, 즉 금권정치라고 말했다. 이 폭정을 전복하는 것이 북부증권(Northern Securities) 사건을 소송하는 루즈벨트의 목적이었다. 북부증권은 미국에서 최악의 기업합동은 아니었지만 그러나 루즈벨트는 어디에선가 시작해야 한다는 것을 깨달았다. 그리고 철도 거인이 시작하기에 좋은 것으로 보였다. 만일 철도를 개혁하는 데에만 관심이 있었다면 그는 모건과 합리적으로 거래를 했을 것이다. 그러나 모건과 철도는 모든 대기업의 잘못을 대변했다. 그래서 루즈벨트는 그것들을 본보기로 삼을 결심이었다.[268]

---

266) H. W. Brands, *T. R.: The Last Romantic,* New York: Basic Books, 1997, p. 438.
267) *Ibid.*
268) *Ibid.,* p. 439.

1902년의 중간선거는 루즈벨트에게 아주 중요했다. 그는 집에 앉아 있을 수 없었다. 따라서 그는 뉴 잉글랜드 지역을 여행하기 위해 8월 하순에 오이스터 베이를 떠났다. 그 지역은 그에 대한 지지가 미국의 다른 지역에서만큼 결코 강하지 않았다. 그래서 그는 금년에 이 지역에서 잘 하길 희망했다. 그러나 9월 3일 불행한 사고가 그의 선거운동을 중단시켰고 거의 그의 목숨을 앗아갈 뻔했다. 피츠필드(Pittsfield)에서 통제에서 벗어난 시내 전차가 대통령의 마차에 돌진하여 현장에서 그의 경호원 한 명과 다른 승객들을 죽게 했다. 루즈벨트, 매사추세츠 주지사 더블유 머레이 크레인(W. Murray Crane), 그리고 루즈벨트의 비서인 조지 코텔유(George Cortelyou)를 도로 위로 널려버렸다. 크레인과 코텔유는 가벼운 상처를 입었지만 그러나 루즈벨트는 길 바닥에 처박혀 한쪽 다리에 심한 타박상을 입었다.

루즈벨트는 상처의 정도를 최소화하고 잠시 오이스터 베이에 돌아온 뒤에 그의 연설 여행을 재개했다. 그는 서쪽으로 테네시(Tennessee)를 통과해 인디애나(Indiana)로 들어갔다. 그동안 그의 부은 얼굴이 가라 앉으며 좋아졌고 또 얼굴의 자상도 치유되고 있었다. 그러나 그의 다리가 낫지 않았다. 오히려 그의 다리는 이상한 색으로 변했으며 이상하리만치 아팠다. 그가 인디애나폴리스(Indianapolis)에 도착했을 때 그것을 검진한 의사들은 놀랐다. 분명히 감염이 되었고 패혈증이 그를 위협했다. 미국은 1년전에 감염으로 대통령을 잃었다. 그래서 루즈벨트의 핵심적 적들을 제외하고는 누구도 또 하나의 대통령을 감염으로 잃기를 원하지 않았다. 상태의 심각성을 알게 된 루즈벨트는 수술에 응했다. 이 상처는 뼈에까지 스며들 수 있었고 그래서 부패된 세포조직이 제거되었다. 수술은 어렵지 않았지만 회복은 고통스러웠다. 왜냐하면 그 때는 항생제가 나오기 전이어서 진실로 추가적인 감염의 위험이 있었다.

이번에는 그 상처가 치유되기 시작했다. 루즈벨트는 활동을 줄였다. 그는 다시 오이스터 베이로 돌아가 잠시 동안 침대에만 머물렀다. 수주 동안 그는 자기의 다리에 무게를 싣지 않도록 했으며 휠체어로 움직이는 것을 배웠다. 루즈벨트는 비교적 짧은 기간의 비활동이 좌절스럽게만 느껴졌다. 그는 운동을 할 수 없었고 열띤 논의도 할 수 없었다. 그는 의회의 도서관 사서에 연락하여 읽을거리를 요청했다. 그는 중세 사람들의 역사에 관해서 요청했고 메소포타미아(Mesopotamia)와 폴란드(Poland)에 관한 작품도 요청했다. 그는 오만(Oman)이라는 저자의 전쟁 기술(the art of war)에 관한 흥미로운 책을 읽었다.[269]

루즈벨트는 전쟁 기술에 관해서 공부를 다시 시작할 이유가 있었다. 왜냐하면 바로 이때 그는 1870년대의 몰리 맥과이어 사건들(Molly Maguires) 이후 미국사회를 귀찮게 하는 제2라운드 산업 전쟁을 형성하는 것의 와중에 처해 있었기 때문이다. 광산에서 상태도 그때 이래 별로 개선되지 않았다. 왜냐하면 석탄에 대한 또 다른 수요가 미국 경제의 지속적인 산업화로 증가했음에도 불구하고 계속되는 이민자들의 홍수가 광산업과 다른 미숙련 직업에서 임금에 모자를 씌웠기 때문이다. 행정부와 법원의 뚜렷한 비우호적인 태도가 조합의 조직자들의 길에 추가적인 장애물을 던졌다. 그럼에도 불구하고 존 미첼(John Mitchell) 같은 조합 지도자들은 집요했다. 1902년 봄에 미첼은 다시 광산업의 자기 부하들을 이끌고 추가 임금, 노동시간 감축, 그리

---

269) H. W. Brands, *T. R.: The Last Romantic,* New York: Basic Books, 1997, p. 450.

고 저울 조작의 중지를 요구했다. 일주일 내에 약 14만 명이 삽과 끌을 내려 놓았다. 무연탄 광산의 전 지역에서 일하지 않았다.

루즈벨트는 경제와 정치의 압박을 일으키는 장기적 석탄 파업의 잠재력을 즉시 감지했다. 거의 모든 것이 석탄으로 굴러갈 때 석탄 없이는 거의 모든 것이 멈출 것이다. 대통령은 조용히 한나(Hanna)에게 2년 전처럼 광산업자들에게 접근하라고 격려했지만 광산업자들은 이번에는 한나를 거부했다. 그들은 과거에 바보같이 당했다고 느꼈다. 그래서 이번에는 다시 당하지 않을 생각이었다. 루즈벨트는 그들의 비타협적인 자세를 보고 그들이 바보들이라고 생각했다. 그는 상황을 주의 깊게 모니터하면서 파업 원인과 파업의 전개에 소사를 명령했다. 6월 하순에 그는 녹스 법무장관에게 이 문제에서 법적 선택지에 관한 의견을 물었다. 녹스는 광산에서 질서의 파괴가 없는 상태에서 상황은 헌법상 자기들 손 밖에 있다고 대답했다. 대통령으로서 루즈벨트는 아무것도 할 수 없다는 것을 인정하는 일이 거의 없었으나 이번에는 당분간 아무 일도 하지 않기로 했다.[270]

주장할 수 없었던 한 가지는 석탄 재고의 감소였다. 따뜻한 날씨가 계속되는 동안 생산 부족의 주된 결과는 높아진 가격이었고 그것은 석탄의 산업 소비자들의 이윤이 초췌해진 것이다. 이것은 공화당 행정부의 문제였지만 그러나 심각한 것은 아니었다. 심각한 문제는 연료 부족이 광범위한 해고를 촉발할 다가오는 가을에 있었다. 그때 가서 석탄의 기근은 미국의 전 북부지역에 살고 있는 사람들이 추위에 떨 것이다. 만일 파업이 11월과 12월 그리고 그 이상으로 계속된다면

---

270) *Ibid.*, p. 452.

수백만 명 이상의 사람들이 난방이 되지 않은 공동주택과 판자집에서 얼게 되는 상황을 전적으로 상정할 수 있었다. 그런 상황에서 루즈벨트보다 훨씬 덜 강력한 대통령도 행동할 수밖에 없었을 것이다. 루즈벨트는 점진적 해결책을 추진했던 맥킨리와는 달리 초조했고 사건들이 자기를 앞질러 가는 것을 두고 보지 않았다. 루즈벨트는 언젠가 "나의 규칙은 현재 가지고 있는 것으로 최선을 다하는 것이고 그것을 지금 행하는 것이다"고 말했었다.[271]

루즈벨트는 그런 자기의 규칙을 석탄 파업에 적용했다. 9월 말에 석탄가격은 톤당 5달러에서 20달러로 4배나 올랐다. 이곳저곳에서 폭도들이 자기의 공동체를 지나가는 기차의 석탄차들을 장악했다. 생명을 위협하는 고통이 아직 많은 사람들에게 들이닥치지는 않았지만 의회의 선거가 다가오는 상황에서 이것은 집권당 공화당에게는 나쁜 소식이었다. 루즈벨트는 당황스러웠다. 한주 한주가 지나감에 따라 공화당의 공직자들과 후보자들은 갈수록 워싱턴에 다가오는 큰 낭패에 관해 경고를 보냈다. 그는 여전히 무엇을 할 수 있을지를 확신하지 않았지만 루즈벨트는 뭐든지 하는 것이 아무 것도 하지 않는 것보다는 낫다고 계산했다. 그는 추운 날씨가 들어 닥치기 전에 광산업이 운영으로 복귀하는 것이 절대적으로 중요하다는 것을 깨달았다. 그는 더 이상의 지연을 좋아하지 않았다. 이 시점에서 루즈벨트는 자기가 바로 이 문제에 있어서 헌법상의 의무나 권리가 없다고 인정했지만 그러나 그는 현재의 위기가 아무 것도 하지 않는 데 대해 어떤 헌법적 이유를 찾으려는 과거 뷰캐넌(Buchanan) 대통령의 원칙에 입각해 행동할

271) *Ibid.*, p. 453.

상황이 아니라고 생각했다.[272]

　루즈벨트의 첫 조치는 파업 중인 양측의 대표들을 자기와 그리고 상호간에 만나도록 초대하는 비교적 온건한 것이었다. 그의 아픈 다리로 인해 휠체어를 타야 하는 것이 자기의 주장을 강조하기 위해 그가 습관적으로 사용하는 몸짓을 크게 줄였다. 그에 대한 대자본가들의 의심을 알고 있는 루즈벨트는 약간의 안심을 제공하고 싶었다. 그는 손님들을 환영함으로써 회의를 개시했고 그리고 나서 파업에 간섭할 헌법적 혹은 법적 권리를 명시적으로 부인함으로써 광산업자들의 마음을 편안하게 하려고 시도했다. 당장의 상황이 심각했기에 그는 게으름을 피울 수 없었다. 상황은 갈수록 용인할 수 없게 되어갔고 나라는 재앙을 마주했다. 양측은 공공복지의 이름으로 함께 해야만 했다. 루즈벨트는 "나는 여러분의 애국심에, 개인적 고려사항을 가라 앉히고 그리고 일반적 선을 위해서 개별적인 희생정신에 호소한다"고 말했다. 미첼은 분쟁을 중재하기 위해 대통령이 선발하는 재판소를 제안했다. 만일 업자들을 대변하는 분들이 그런 재판소의 결정을 수락한다면 광부들은 비록 그것이 그들의 주장에 반한다고 할지라도 그것을 기꺼이 수락하겠다고 미첼은 선언했다. 루즈벨트가 고개를 끄덕이면서 미첼에 대한 그의 과거 호의적인 의견이 강화되었다.[273]

　그러나 광산업자들은 분개했다. 그 집단의 대변인인 베어(Baer)는 미첼의 상극이었다. 그는 미첼을 용인할 수 없는 선동가이며 루즈벨트를 부당한 벼락 출세자로 간주하고 있음을 감추지 않았다. 대통령

---

272) *Ibid.*, p. 454.
273) H. W. Brands, *T. R.: The Last Romantic,* New York: Basic Books, 1997, p. 455.

에게 말하면서 그는 존 미첼이 수장인 미국광산노동자연합(the United Mine Workers)이 시작한 범죄를 규탄했다. 대통령은 무정부 상태를 부추기는 자들과 협상하여 광산업자들의 시간을 낭비해서는 안 된다. 대통령은 재산권을 보장하는 법을 집행해야만 하며 광산노조를 무역을 방해하는 음모로 해산해야 한다고 베어는 말했다. 다른 업자들도 대통령에 대한 공격에 합류했다. 존 마클(John Markle)은 일단의 무법자들과 거래를 하라는 것이냐고 대들었다. 그들은 이구동성으로 루즈벨트가 오래 전에 파업을 깨뜨리기 위해 군대를 파견해야 했다고 주장했다. 그리고 합의된 성명에서 그들은 만일 그것이 법의 위반자들과 폭력과 범죄의 선동가들과 오직 타협함으로써 국민의 생명과 재산 그리고 편안을 확보할 수 있다면 행정부는 경멸스러운 실패가 될 것이라고 선언했다. 루즈벨트는 이런 오만의 과시에 속이 부글거렸다. 그는 광산업자들 중 한 사람에 관해서, "만일 내가 고위 공직자가 아니었더라면 나는 그의 뒷목과 다리를 잡아 그를 창문 밖으로 던져버렸을 것이다"고[274] 말했다.

타결을 성취하려는 루즈벨트의 희망은 광산업자들의 고집으로 좌초되었다. 어느 편인가 하면, 그 모임은 반생산적이었다. 왜냐하면 미첼이 파업 중인 광부들에게 공정한 몫을, 강요되지 않는 한, 결코 주지 않으려는 광산업자들이 동굴 속에 사는 혈거인에 지나지 않는다는 그의 믿음을 확인했기 때문이다. 루즈벨트도 노조 지도자들의 판단을 부정할 수 없었다. 그는 광산업자들이 무연탄 광산의 현재 소유나 적어도 무연탄 광산의 관리가 시험대 위에 있다는 것을 알지 못하는 것

---

274) *Ibid.*

같다고 말했다. 루즈벨트는 자기의 다음 조치가 무엇이 될지를 확신하지는 않았지만 그러나 그 모임 이후에 루즈벨트는 광산업자로부터 어떤 타협이나 혹은 심지어 합리적인 자기이익의 평가를 기대할 수 없다고 확신했다. 그리하여 루즈벨트는 광산업자들의 태도가 그런 기업들에 대해 정부가 감독과 규제의 어떤 권한을 가질 필요성을 두드러지게 하는 것이라고 더욱 강력하게 생각했다. 그는 우선 무연탄에 대한 상당히 급진적 실험을 하고 싶다고 말했다.[275]

광산업자들과 광부들을 만나서 그들 각각을 탐색한 루즈벨트는 양측 사이의 문제를 개인적인 관점에서 생각할 수 있었다. 그는 광부들이 현재보다 더 니은 대우를 받을 자격이 있다는 생각으로 이미 기울었다. 광산업자들은 분쟁의 와중에 그들이 행한 성명들로 인해서 호의적으로 이끌지 못했다. 가장 도발적인 성명은 조지 베어(George Baer) 사무실에서 나왔다. 하느님의 통치는 폭력과 범죄가 아니라 법과 질서의 것이라는 그의 주장은 분노의 돌풍을 일으켰다. 베어의 태도는 석탄 파업에 관하여 미국의 대중들의 마음속에 고통스러운 모호함을 제거해버렸다. 대중의 생각이 변하자 루즈벨트는 광산업자들을 더욱 더 문책할 용기를 얻었다. 루즈벨트는 이런 저런 방법으로 광산업자들을 나라의 현실을 깨닫도록 밀어붙일 결심을 했다. 그는 최근에 링컨 대통령의 비서들이었던 존 헤이(John Hay)와 존 니콜라이(John Nicolay)가 함께 쓴 링컨의 생애를 다시 읽고 있었다.[276] 링컨이 통일과 자유를 위한 투쟁의 매 단계마다 양측의 극단주의자들로부터 모순

---

275) *Ibid.,* p. 456.
276) H. W. Brands, *T. R.: The Last Romantic,* New York: Basic Books, 1997, p. 458.

되는 권고를 받았던 것과 꼭 마찬가지로 지금 자기는 양측의 극단주의자들을 조심스럽게 경계해야 한다고 말했다.[277]

루즈벨트는 노동조합을 부적절하게 격려하는 것으로 보이길 원치 않았다. 그는 미첼과 다시 접촉하여 대통령 위원회가 분쟁의 쟁점들을 조사하는 동안 광부들을 일터로 복귀시키라고 다시 제안했다. 루즈벨트는 그런 일방적 제안이 수락될 것이라고 기대하지 않았다. 미첼이 그 제안을 거절했을 때 루즈벨트는 그것을 잘못으로 간주하지 않았다. 미첼은 광부들이 반절 이상으로 나왔다고 주장하면서 양보는 광산업자들의 차례라고 말했다. 루즈벨트는 동의하지 않을 수 없었다. 대통령은 광산업자들에게 바로 그런 양보를 하도록 압박을 가할 계획을 마련하기 시작했다. 조용하게, 그러나 그들이 들을 수 없을 만큼 그렇게 조용하게는 아닌 방식으로 그는 군대가 광산의 통제를 장악하게 할 준비를 했다. 그는 제이 엠 스코필드(J. M. Schofield) 장군을 불러 그가 광산들을 점령하여 운영할 수 있는지를 물었다. 탄전에서 상황이 남북전쟁 이래 그 어느 것보다도 더 위험스럽다고 말하면서 루즈벨트는 그가 염두에 두고 있는 것은 실질적으로 전쟁조치가 될 것이라고 설명했다. 스코필드 장군은 자기는 준비가 되어 있으며 필요한 일을 기꺼이 하겠다고 선언했다. 대통령은 명령만 내리면 되었다.[278]

루즈벨트 계획의 헌법적 토대는 모호했다. 그러나 루즈벨트는 헌법적 거리낌이 남북전쟁 중에 링컨과 다른 연방정부 지도자들의 방식에 그런 거리낌이 방해가 되었던 이상으로 헌법적 거리낌이 자신의

---

277) *Ibid.*
278) *Ibid.,* pp, 458–459.

방식을 방해하게 둘 수 없다고 결정했다. 자기 의도의 진정성을 강조하기 위해서 루즈벨트는 그의 전쟁장관 루트(Root)가 석탄업자들과 지속적 연락을 하고 있는 모건과 얘기하도록 보냈다. 루트가 어느 정도로 루즈벨트의 속을 귀띔해 주었는지는 분명하지 않지만 그러나 얼마 되지 않아 광산업자들은 조금은 수그릴 신호를 보냈다. 그들은 만일 광부들이 일에 복귀한다면 전문가들의 패널에 의한 구속력 있는 중재에 동의했다. 그들의 꿍꿍이는 그들이 전문가 이사회의 구성원에 내놓을 협소한 제약들이었다. 그것은 미국 육군이나 해군의 공병단의 장교, 민간인 광산 기술자, 동부 펜실베이니아의 판사 그리고 광산업이나 다른 광산이나 석탄판매의 사업에 적극 참가하는 자로 각각 1명씩 구성되어야 한다는 것이었다. 아주 작은 양보로서 광산업자들은 이사회가 사회학자로서 탁월한 저명한 인물을 포함할 수 있다고 허용했다.

루즈벨트는 고무되었다. 왜냐하면 이것은 광산업자들이 지금까지 동의한 것 이상이었기 때문이다. 그러나 그는 광부들이 광산업자들에게 아주 유리하게 기운 패널을 수용할 것으로 생각하지 않았다. 그리고 실제로 미첼은 그 제안을 거부했다. 그 대신에 10월 15일 오전에 대통령과의 만남에서 노조 지도자는 역제안을 했다. 만일 광산업자들이 그 중재 패널을 7명으로 확대하는 데 동의한다면 노조는 중재를 수용하고 일터로 돌아갈 것이라는 것이었다. 그들이 제시한 5명에다가 대통령이 지명하는 2명을 추가하는 것이었다. 루즈벨트는 그 역제안이 합리적으로 보인다며 그렇게 시도하겠다고 미첼에게 말했다. 루즈벨트는 실제로 시도했지만 그러나 처음에는 아무런 진전이 없었다. 광산업자들이 이 계획을 거절했다. 그들은 자기들의 제안이 아니면

안 된다는 것이었다. 이것은 협상할 소중한 틈을 별로 남기지 않았다. 회의가 계속되는 동안 루즈벨트는 광산업자들의 양자택일적 명제의 수락을 거절하고 두 명의 모건 사람들은 긴장하고 불안해졌다. 루즈벨트는 그 어느 때보다도 더 좌절했지만 광산업자들이 자존심으로 보이는 것에 너무 많은 것을 걸고 있어 그를 더 혼란스럽게 만들었다. 그들은 아주 어리석어 보였다. 돌파구는 베이컨(Bacon)이 위원회의 추가적인 선발이 광산업자들이 제시하는 주제하에 이루어지는 한 위원회에 개인들을 지명하는 재량권을 어쩌면 인정할 것이라고 미끄러졌을 때 왔다. 일단 루즈벨트는 이런 정보를 받자마자 그는 상황이 아주 밝아졌다고 설명했다.[279]

석탄 위기는 걱정스러웠지만 그러나 그것이 실제로 위험한 단계에 다다르지는 않았다. 그리고 광산업자들은 영리했다. 그들은 자기들이 할 수 있는 한 오랫동안 공갈을 쳤다. 그러나 자기들이 후퇴할 필요가 있다고 인정했을 때 자신들의 체면과 미래를 위해 대통령을 끌어들였다. 앞으로도 협상들과 대치들이 있을 것이다. 노조에 굴복하는 것은 미래의 파업을 간단히 장려하는 셈이 될 것이다. 그러나 여기저기에서 작은 문제에서 대통령에게 양보하는 것은 아량과 애국심의 표식으로 옹호될 것이다. 위원회는 10월 말에 소집되어 다음 4개월 동안 정보를 수집하고 청문회를 열었다. 그 사이에 광부들은 지하로 돌아갔고 석탄가격은 떨어졌다. 마침내 위원회는 광부들에게 10%의 임금인상으로 보상했다. 양측이 서로 승리를 주장했다.[280]

279) *Ibid.*, p. 460.
280) *Ibid.*, p. 462.

단지 광산업자들만이 아니라 기업의 총수들은 계속해서 루즈벨트에 대해 불평을 늘어놓았지만 전체적으로 그가 석탄 파업을 처리하는 솜씨는 환호를 일으켰다. 공화당 신문은 그것을 위대한 개인적 승리라고 불렀다. 다른 동정적인 신문은 지난 몇 달간 대통령의 행동들은 그의 대통령직에 로맨스와 기사의 편력의 색을 부여했다고 선언했다.281) 조직된 자본이나 조직된 노조는 제3자, 즉 거대한 대중이 그런 위기에서 중대한 이익과 압도적인 권리를 갖고 있다는 것을 철두철미 이해하는 것이 긴요했다고 루즈벨트는 강조했다. 석탄 파업에서 루즈벨트가 대중을 구한 것은 1902년 중간선거 전에 극적인 첫 신문제목들(headlines)을 만들어 냈다. 그리고 그 덕택으로 공화당은 굳건한 다수당으로 상·하원 의회에 돌아왔다. 이것은 행정권한의 대담한 사용에 대한 비준으로 간주하면서 루즈벨트는 선거의 결과에 아주 만족한다고 선언했다.

---

281) *Ibid.*

제14장
먼로 독트린(Monroe Doctrine)의 확립

"부드럽게 말하라, 그러나 큰 몽둥이를 지참하라."
―시어도어 루즈벨트―

    루즈벨트는 문명이 성장함에 따라 전쟁은 외교관계에서 갈수록 정상적인 상태가 아니게 된다고 말했다. 그러나 강대국이 질서를 유지할 필연적인 책임의 지적을 저항할 수 없었다. 갈수록 더 증가하는 상호의존과 국제정치적 및 경제적 관계의 복잡성은 모든 문명화된 질서 있는 강대국들로 하여금 세계의 적절한 정찰을 위해 개입하는 것이 필요하게 만들었다. 현재로선 수평선에 한 점의 구름도 없으며 외국과 곤란해질 가능성은 전혀 없다고 그는 덧붙였다. 그러나 실제로는 1902년 말에 미국은 독일과 전쟁의 벼랑 끝에 섰다.[282]

    루즈벨트는 11개월 동안 그 위기가 다가오는 것을 보았다. 그것은 익숙한 상황이었다. 즉, 라틴 아메리카 공화국이 유럽의 채무를 갚는 데 실패한 것이다. 이번에는 베네수엘라(Venezuela)였다. 내전과 부패

---

282) Edmund Morris, *Theodore Rex,* New York: Random House, 2001, p. 177.

로 고혈을 짜낸 베네수엘라는 영국과 독일이 주도하는 짜증난 협력단에게 2백만 볼리바르(bolivar)를 빚지고 있었다. 있을 것 같지 않은 동맹으로 행동하면서 이 강대국들은 이제는 카라카스(Caracas)가 모두 지불할 때까지 다국적 함대로 베네수엘라를 봉쇄하겠다고 제안하고 있었다. 양국은 미국에게 오직 빚을 회수하는 데에만 관심이 있으며 서반구에 발판을 수립할 욕망이 없다고 세심하게 보장했다. 루즈벨트 대통령은 그들의 좌절에 공감했다. 엄격한 도덕주의자였던 그마저도 명예로운 의무를 무시하는 데 대해 베네수엘라의 키프리아노 카스트로(Cipriano Castro)를 책망했다. 그는 라틴 아메리카인들이 책임 있는 행동을 배워야 한다고 생각했다. 루즈벨트는 현재 자기 집에 손님으로 와 있는 독일 외교관 스펙 폰 슈테른부르크(Speck von Sternburg)에게 "만일 남아메리카의 국가가 유럽의 국가를 향해 버릇없이 군다면 유럽국가들은 그 국가의 볼기를 때리게 하라"고 권고했다.283)

　　루즈벨트가 신세계 공화국들에게 "볼기 때리기"를 용납했을 때 우리는 그가 신년사에서 밝힌 중대한 한정어를 기억해야만 할 것이다. 그것은 처벌이 어떤 비 아메리카의 강대국에 의해서도 영토의 획득형식을 취하지 않는다는 가정이었다. 현제 영-독의 온건한 의도는 이 한정어가 준수되고 있다는 것을 암시했다. 루즈벨트는 적어도 영국이 하는 말을 믿었다. 헤이-폰스풋 조약(Hay-Pauncefote Treaty)은 에드워드 왕(King Edward)의 정부가 서반구에 대해 아무런 계획이 없다는 것을 보장하는 것에 해당했다. 그러나 항해국장 헨리 클레이 테일러(Henry Clay Taylor) 해군소장이 보낸 비밀 정책 건의서는 독일이

---

283) *Ibid.*, p. 178.

다르게 기울었다고 경고했다. 테일러는 카이저(Kaiser)의 해군이 만일 카스트로 대통령이 봉쇄를 저항한다면 수주일 내에 베네수엘라를 포격할 것이라고 썼다. 그리고 나서 그는 비용에 대한 보상을 분명히 요구할 것이지만 카스트로는 돈이 없었다. 그리하여 논리적 귀결은 베네수엘라는 영토나 혹은 베네수엘라가 독일에 완전히 의존하게 하는 방식으로 국가예산을 담보로 제공할 수 있을 것이다. 미국은 어느 쪽도 허용할 수 없을 것이지만 그러나 배상금에 대한 독일의 권리는 반박의 여지가 없었다. 미국에게 열려 있는 유일한 길은 미국이 베네수엘라로부터 그런 안전을 취하면서 배상금을 지불하거나 아니면 전쟁이었다. 테일러 소장은 첫 번째 방법이 가장 값싸고 두 번째 방법이 가장 가능성이 높다는 결론을 내렸다. 그의 주장은 힘이 있었다.

루즈벨트는 전체 상황이 슬펐다. 그는 개별적으로 그리고 하나의 국가로서 독일인들에 대해 충심으로 진정한 호감을 갖고 있었다. 독일 문화에 대한 그의 동질성은 깊고 강했으며 드레스덴(Dresden)에서 10대 학생으로 보낸 날들로 거슬러 올라갔다. 독일의 피가 그의 정맥에 흘렀다. 그는 독일의 <니벨룽겐의 노래>(Niebelungenlied)의 긴 문단을 가슴으로 암송할 수 있었다. 프레데릭 대왕(Frederick the Great)과 오토 폰 비스마르크(Otto von Bismarck)는 그의 개인적 영웅들 가운데 자리를 잡았다. 그의 일부의 마음은 베네수엘라와 같은 국가들이 우월한 문명으로 혜택을 볼 것이라는 근거에서 라틴 아메리카에 독일의 투자 개념을 환영했다. 그러나 다른 일부의 마음은 독일이 신세계에서 배당금 이상을 원한다는 테일러 해군 소장에 동의했다.[284]

---

284) *Ibid.*, pp. 178 – 179.

"일시적"이라는 형용사는 1898년에 카이저 빌헬름 2세가 중국의 교주만(Kiauchow)을 일시적으로 획득했고 그 조차는 어찌어찌하여 99년간으로 연장되었다는 사실을 그에게 상기시켰다. 스프링 라이스(Spring Rice)의 말처럼 독일의 잘 알려진 삶의 공간(Lebensraum), 즉 그것의 굴절된 감정은 새로운 수평선의 폭발적 욕구로 번역되었다. 독일 제국은 매달 1백만 명의 새로운 입을 먹이고 매 10년마다 배가 되는 총국민생산의 시장을 찾아야 했다. 독일의 군대는 이미 세계에서 가장 막강했으며 이제 독일은 거대한 새 해군을 건설하고 있었다. 독일은 테오도르 몸젠(Theodor Mommsen)의 <로마사>(*History of Rome*)를 최근에 다시 읽은 대통령에게 유럽에서 새로운 군사적 제국의 출현을 예고했다. 절름발이가 된 베네수엘라보다도 오늘에는 채무로서 그리고 내일은 식민지로 더 좋은 곳은 없어 보였다. 스프링 라이스와 폰 슈테른부르크는 수년에 걸쳐 루즈벨트에게 독일 군사지배계급의 세계정책(*Weltpolitik*)의 기민한 아이디어를 제공했다. 베른하르트 폰 빌로브(Bernhard von Buelow) 수상 같은 팽창주의자들은 미국의 먼로 독트린(Monroe Doctrine)을 하나의 모욕, 적어도 하나의 공허한 위협으로 간주했다. 해군성 장관인 알프레드 폰 티르피츠(Alfred von Tirpitz)는 30만 명의 독일인들이 살고 있는 브라질과 화란의 카리브 해 섬들에 해군기지를 수립하려는 자기의 욕망을 숨기지 않았다.[285]

그러므로 독일은 남미에서 해외침략의 쇼크에 그 자신을 버팀목으로 생각하는 루즈벨트의 시야에서 고립되어 있었다. 1890년대 말 이래 독일은 태평양에서 그리고 점점 카리브 해에서 미국을 미행했다.

285) *Ibid.*, p. 179.

스페인과의 전쟁 동안에 루즈벨트는 스페인이 독일에게 도움을 호소할 것을 두려워했다. 그러나 독일인들은 스페인의 가능성이 너무나 희박하여 미국을 자극하는 것을 정당화할 수 없었다. 마찬가지로 독일 해군은 마닐라 부근에서 듀이에게 거친 제스처를 했다. 전쟁 이후 독일 은행들과 기업들은 남미의 여러 나라에서 정부에게 돈을 빌려주고 베를린의 활기찬 외교를 도우면서 그들의 통상의 주장을 확대하고 있었다. 루즈벨트와 그의 공화당 동료들은 서반구에서 독일의 경제적 노력을 확실하게 반대할 수 없었다. 맥킨리 하에서 공화당은 "문호개방" 이론을 내세웠기 때문이었다.[286]

한동안 독일 투자자들은 베네수엘라 정부의 채무미지불의 방조에 초조해 갔다. 베네수엘라의 현 통치자인 키프리아노 카스트로가 간단히 지불 무능력을 호소했더라면 독일 채권자들은 그들이 과거에 한번 이상 그랬던 것처럼 빚의 지불 시기를 재조정했을 것이다. 그러나 카스트로는 채무 분쟁을 베네수엘라 민족주의의 결집 사항으로 이용했다. 그래서 독일이 엄두를 낸 것이었다. 카스트로에 비슷한 재정적 문제를 가진 영국, 그리고 주니어 파트너로 따라가는 이탈리아와 함께 독일은 그의 채무를 확보하기 위해 무력을 사용할 것이라고 발표했다. 그리하여 1902년 12월에 독일과 영국의 전함들이 베네수엘라 해안에 봉쇄를 실시했다. 베네수엘라는 저항했지만 여러 선박들이 나포당하고 해안에 있는 2개의 요새가 포격을 당했다.

루즈벨트는 베네수엘라 문제를 아주 애매하게 보았다. 한편으로 그는 베네수엘라가 유럽인들의 응징을 받을 만한 것으로 보았다. 그

---

286) H. W. Brands, *T. R.: The Last Romantic,* New York: Basic Books, 1997, p. 464.

러나 다른 한편으로는 베네수엘라 정부가 말할 수 없는 악당 같은 작은 원숭이라는 이름을 들을 정도는 결코 아니었다. 미국이 필리핀인들에게 그리고 푸에르토리코인들에게, 그리고 정도는 조금 가볍지만 쿠바인들에게 문명화된 행위를 강요하고 있던 시기에 루즈벨트는 독일과 영국이 베네수엘라인들에게 같은 일을 하는 데 대해 독일과 영국에게 분노를 일으키기 어려웠다.

그러나 다른 한편으로 아메리카의 공화국에 대해 유럽의 무력 사용은 루즈벨트의 먼로 독트린의 민감성에 거슬렸다.[287] 베를린과 런던은 어떤 영토적 목표도 인정하지 않았다. 즉, 그들은 자기들의 주장을 내세우고 그들의 돈을 받은 뒤에 봉쇄를 풀고 세관과 항구들을 베네수엘라의 통째로 돌려줄 것이었다. 루즈벨트는 이 점에 관해서 런던의 확약을 기꺼이 수락했다. 그러나 루즈벨트는 독일을 불신했다. 카이저 빌헬름 2세는 가늠하기 어려운 인물이었다. 카이저는 자기 조국을 위해 야심적이었고 그리고 자기의 야심들을 실행할 결심이었다. 국내의 파벌적 정치로 좌절하던 시기에 루즈벨트는 카이저의 비교되는 무책임성을 부러워했을 것이다. 그러나 동시에 바로 이 무책임성이 카이저를 소위 평형수가 없이 독일 외교정책들이 이번 주에는 우현으로, 다음 주에는 좌현으로 요동치는 배와 같은 결과를 낳았다. 빌헬름의 제멋대로 스타일은 그것이 독일을 다루는 대통령의 과제를 복잡하게 만들었기 때문에 더욱 더 그에 대한 루즈벨트의 존경심을 감소시켰다.[288]

---

287) *Ibid.,* p. 465.
288) *Ibid.*

루즈벨트의 마음에 독일은 미국의 해외 이익에 유일하게 심각한 위협을 제기했다. 그러나 루즈벨트는 독일만이 예측할 수 없는 외교 정책을 가진 국가가 아니라는 것을 깨달았다. 미국의 외교정책도 역시 반복들을 보였다. 대통령은 그런 외교정책은 개연성을 입증할 것이다. 즉, 미국의 비일관성은 독일로 하여금 모험을 부추기고 그러면 미국은 군사력으로 반격할 수밖에 없었을 것이다. 의회가 미 해군에 추가적으로 필요하다고 생각한 것에 예산지원을 실패한 뒤에 루즈벨트는 로지 상원의원에게 편지로 불길한 예언을 했다:

"독일인들은 금년 해군 건실이 진행이 실패한 것을 우리의 발작적 준비가 끝났다는 징표로 간주할 것이라고 나는 알고 있다. 수년 후에 독일인들은 서인도와 남아메리카에서 어떤 조치를 취할 지위에 있게 될 것이다. 그것은 우리로 하여금 먼로 독트린에 대해 밀고 나가거나 입을 다물게 만들 것이다."[289]

1902년 가을에 석탄왕들과 결투가 베네수엘라에 대한 독일과 영국의 봉쇄의 잠재적 결과들을 충분히 숙고하지 못하게 관심을 끌었다. 그래서 존 헤이를 통해 대통령은 그들의 합동조치의 정당성을 문제삼지 않았다. 그러나 일단 석탄왕과 결투에서 승리하고 활력을 얻자 그는 마음을 바꾸어 카이저에 도전하기로 결정했다.[290] 그는 의심할 여지없이 미국 언론의 민족주의자들이 아메리카에 유럽인들의 최근 참

---

289) H. W. Brands, *T. R.: The Last Romantic*, New York: Basic Books, 1997, p. 466 에서 재인용.
290) *Ibid.,* p. 466.

견에 대해 강력한 항의를 제기하지 않는다고 할 지라도 그렇게 했을 것이다. 그러나 그들은 강력히 항의했다. 그런 언론의 선동은 그의 결의를 높였다. 루즈벨트는 너무 호전적이라고 비난을 받는 데 익숙했다. 그는 개인적으로 그것을 즐겼다. 그는 너무 부드럽다고 불리는 데 익숙하지 않았다. 그는 그것을 전혀 좋아하지 않았다.[291]

루즈벨트는 독일이 인정하고 있는 것 보다 훨씬 더 큰 계획을 가지고 있다고 확신했다. 즉, 독일은 베네수엘라의 모종의 항구를 장악하여 그것을 독일이 최근에 움켜쥔 중국의 교주만을 모델로 삼아서 강력하게 요새화된 무기의 장소로 전환하려 한다고 그는 생각했다. 그렇게 함으로써 독일은 지협 운하의 미래에 대해서, 그리고 일반적으로 남미의 문제들에 대해 상당한 정도의 통제력을 행사하려 들 것이라고 루즈벨트는 확신하게 되었다. 루즈벨트는 독일인들이 베네수엘라인들과 그들의 차이들을 중재해야 한다고 권고했다. 독일인들은 간단히 거절했다. 독일 공사는 베네수엘라의 점령이 일시적일 것이라는 자기 정부의 서약을 단지 되풀이할 뿐이었다. 루즈벨트는 더 이상의 지연으로 어떤 유용한 목적도 이루어지지 않을 것이므로 자기는 그에 따라 조치를 취할 것이라고 말했다. 루즈벨트는 듀이(Dewey) 제독의 지휘 하에 미국의 함대를 집결하여 푸에르토리코(Porto Rico) 주변에서 기동할 것이며, 듀이 제독에게는 함대가 사용 가능하며 전투 형태로 유지되어야 하고 한 시간 전의 알림에 항해할 준비가 되어야 한다고 지시했다.[292]

---

291) *Ibid.*
292) *Ibid.*, p. 467.

12월 8일 루즈벨트는 독일 대사인 테오도르 폰 홀레벤(Theodor von Holleben)을 백악관으로 불렀다. 그는 대사에게 베네수엘라와 차이를 평화적으로 타결하지 않으려는 독일의 거절은 미국에게 받아들여질 수 없다고 통보했다. 홀레벤 대사도 또 다시 베네수엘라 영토의 점령은 일시적이라는 형식을 되풀이했다. 루즈벨트는 독일이 교주만의 점령도 역시 일시적이라고 불렀다고 응수했다. 그는 남아메리카의 카리브 해안에 교주만 같은 것을 묵인하지 않을 것이었다. 홀레벤이 자기 정부는 베네수엘라와 분쟁을 중재에 맡기지 않을 것이라고 재천명했다. 루즈벨트는 만일 중재를 위한 아무런 통지가 다음 10일 동안에 오지 않는다면 듀이 제독에게 그의 함대를 베네수엘라 해안으로 파견해서 독일군이 어떤 영토도 소유하지 않도록 하라고 명령을 내릴 것이라는 사실을 홀레벤 대사에게 독일 정부에 알리라고 요구했다.[293] 이것은 사실상 루즈벨트가 독일에 대한 최후의 통첩을 암시하는 것이었다.

이것은 대사의 주의를 끌었다. 그는 대통령이 그런 길을 따를 심각한 결과를 인식하고 있는 지의 여부를 엄중하게 물었다. 루즈벨트는 그렇다고 홀레벤 대사에게 보장했다. 그는 그 조치를 결정하기 전에 비용을 철저히 계산했다고 말하면서 대사에게 지도를 보라고 요청했다. 지도를 보면 미국과 갈등이 발생했을 때, 독일이 카리브 해에서 보다 더 크게 불리한 곳은 세계에 없을 것임을 알 수 있었다. 적당히 훈계를 받은 홀레벤 대사는 대사관으로 돌아가 아마도 그 메시지를 본국에 전달했을 것이다. 그러나 아무 일도 일어나지 않았다. 일주일

---

293) H. W. Brands, *T. R.: The Last Romantic,* New York: Basic Books, 1997, p. 467.

후에 대사는 루즈벨트와 또 한 번의 인터뷰를 가졌지만, 두 사람은 수분 동안 중요하지 않은 주제에 관해 담소를 나누었다. 홀레벤 대사가 일어나서 가려하자 루즈벨트는 그를 멈춰 세우고 자기의 요구에 대해 독일 정부로부터 온 어떤 답변을 가지고 있는지를 물었다. 그는 없다고 대답했다. 이 시점에서 루즈벨트는 자기의 최후의 통첩(ultimatum)을 전달했다. 루즈벨트는 그에게 더 이상의 기다림은 쓸모가 없다면서 듀이 제독이 그가 정한 것보다 24시간 앞서 항해하도록 명령을 받을 것이라고 알렸다. 마침내 그 말이 결과를 낳았다. 홀레벤 대사는, 루즈벨트가 지시한 24 시간이 되기 전에, 독일정부가 그에게 직접 중재를 착수하도록 요청하라는 훈령을 내렸다고 알려왔다.[294]

카이저가 중재에 동의한 후 얼마 되지 않아 루즈벨트는 독일 지도자를 자기가 어떻게 다루었는지에 관해서 얘기했다:

> "내가 그에게 양보를 강요할 때 나는 그에게 황금의 다리를 건설해서 세계의 얼굴에 그의 존엄성과 명성이 안전하다고 느낄 만족감을 그에게 주려고 꼼꼼하게 열성을 다했다. 다른 말로 말해서 내가 그로부터 알맹이 하나를 취할 때 나는 그가 가능한 모든 껍데기를 갖도록, 그리고 그 껍데기는 어떤 식이든 그가 원하는 색으로 페인트를 칠하려고 애를 썼다."[295]

실제로, 카이저가 자신이 직접적으로 위협을 당한다는 것을 깨닫지 못한 채 최후의 통첩이 그것의 효과를 가져왔다면 그것은 루즈벨

---

294) *Ibid.,* p. 468.
295) *Ibid.,* p. 470에서 재인용.

트의 목적에는 아주 이상적이었을 것이다. 카이저가 베네수엘라에 대해 가진 계획을 포기하는 데에는 다른 이유들이 있었다. 독일 정부는 베네수엘라에 관해서 영국과 협력하려고 애를 썼지만 독일과 베네수엘라에 관하여 영국에서 비우호적 감정의 폭발로 인해 영국은 그것의 군대가 착륙하기 거의 직전에 후퇴해 버렸다. 독일은 외로운 악당이 될 전망에 직면했다. 그리하여 카이저는 루즈벨트로부터 어떤 명시적 경고가 있기 전에 혹은 설사 경고가 없었다 해도 스스로 중재에 동의를 결정했을 것이다.

루즈벨트가 중재자 역할을 수행한다면 그가 그 과정에서 어떤 진정한 이득이 있을 것임을 인식했음에도 불구하고 중재자 역할을 맡아달라는 카이저의 초청을 사양했다. 그 대신에 그는 그 문제를 헤이그에 있는 국제재판소에 위임할 것을 권고했다. 카이저가 헤이그 중재의 원칙을 수용했을 때 위험은 지나간 것처럼 보였다. 1902년 성탄절 다음날에 루즈벨트 대통령은 물론 중재의 조건들의 타결과 관련하여 언제든 혼란이 일어날 수 있을 것이지만 그러나 조건들에 관한 혼란이란 외교관들이 조정해야 할 것이라고 말했다.[296]

전체적으로 루즈벨트는 아주 만족스러웠다. 그는 헤이그 법원을 유지시켰고, 중재의 대의에 좋은 기여를 했으며, 국제적 윤리 법전의 준비를 향하여 한 걸음 나아갔으며, 그리고 먼로 독트린에 대한 유럽의 인정을 확보하는 데에도 진전을 이루었다. 루즈벨트의 활력과 야심에도 이 결과는 좋은 일이었다.

---

296) *Ibid.*, p. 470.

제15장
파나마 운하(the Panama Canal)의 건설

"지도자는 만일 그가 가고자 하는 길을 생생하게 보여주지 못한다면
국가를 이끌 수 없다."
-시어도어 루즈벨트-

1903년 봄, 루즈벨트는 지난 가을에 그의 다친 다리가 훨씬 심해져서 중단해야만 했던 여행을 완결하기 위해 워싱턴에서 서쪽으로 여행했다. 그 여정에서 그는 시카고 대학교에서 명예박사 학위를 받았고 그 자리에서 먼로 독트린을 옹호하고 보다 큰 해군을 요청했다. 캘리포니아 대학교도 그가 콜롬비아 대학교에서 받지 못한 법학 학위를 수여했다. 그는 샌프란시스코 만을 지나 골든 게이트 파크(Golden Gate Park)에서 맥킨리 전 대통령의 동상을 위한 착공식에 참석했다. 그러나 루즈벨트의 관점에서 그 여행을 가치 있게 만들어 준 것은 대학의 군중이 아니라 서민들이 진실로 자신들의 첫 대통령이라고 느끼는 그를 보려고 먼 곳에서 차로 혹은 걸어서 모여든 군중들이었다. 그가 미주리에 도착한 뒤 돌아오는 영웅처럼 그는 메도라와 리틀 미주리 지역을 방문했다. 서부 여러 곳을 더 방문한 뒤 루즈벨트는 6월

15일 워싱턴으로 돌아왔다. 루즈벨트는 워싱턴에 오직 몇 주만 머물렀다.

6월 말에 그와 그의 가족은 오이스터 베이를 향해 떠났다. 간소한 연방정부와 냉방기계가 없던 당시에 여름 동안에는 워싱턴을 정기적으로 텅텅 비웠다. 루즈벨트는 연방정부 활동의 범위를 확대함으로써 제1의 결함을 수정하는데 기여했다. 1903년 9월 루즈벨트가 다시 백악관으로 돌아왔을 때 그의 책상에는 다른 것들보다 더 짜증나게 하는 문제들이 그를 기다렸다. 관세 로비가 쿠바의 호혜적 조약을 공격하고 있었다. 그 조약은 미국에서 쿠바로 수출하는 상품들에 대한 관세의 감세 대가로 쿠바에서 들어오는 관세를 낮추는 것이다. 로비스트들은 경제적인 근거에서 그 합의를 규탄하는 반면에 루즈벨트는 그것이 미국과 서반구에 중대하다고 방어했다. 그는 그 조약이 보통의 호혜적 조약과 다르다면서 그것은 쿠바에 있는 군사적 필요에 의해서 요구된다고 설명했다. 이 호혜적 조약 하에서 쿠바는 번성할 것이고, 그리고 그는 균등하게 중요하게도 미국과 불가분의 관계에 있다고 주장했다. 루즈벨트는 베네수엘라의 채무에 대해 독일 카이저와 가졌던 모든 곤란 후에 쿠바가 비슷한 적자로 독일인들이나 다른 외국인들을 유혹하길 원치 않았다. 만일 쿠바인들이 빚을 진다면 미국인들에게 빚을 지게 할 것이다.[297] 뿐만 아니라 플랫(Platt) 수정법안은 미국에게 쿠바의 문제에 개입할 비상한 권한들을 미국에게 부여했다. 그러므로 미국의 시장에 대한 쿠바인들의 접근을 거부하는 것은 플랫 법안에 가장 불쾌한 측면이 될 것이었다.

---

297) H. W. Brands, *T. R.: The Last Romantic,* New York: Basic Books, 1997, p. 478.

쿠바가 루즈벨트에게 특별히 민감한 주제가 된 것은 쿠바가 중앙 아메리카의 지협(isthmus)에 가깝다는 점이었다. 1903년 가을까지 지협을 통과하는 운하를 건설할 미국의 권리에 대한 협상이 교착상태에 빠졌다. 그가 대통령직을 계승한 처음 몇 달 동안 루즈벨트는 1850년의 클레이튼-불워(Clayton-Bulwer) 조약으로부터 미국을 영국이 풀어준 영국과의 회담종결을 감시했었다. 그 조약은 상대방의 동의 없이는 어느 한 국가의 운하건설을 막았었다. 1850년에 이 조약은 운하 건설의 마음을 먹기 쉬웠던 영국의 손을 묶어 둠으로써 미국의 이익에 봉사했다. 그러나 1900년에 와서 지위가 역전되었다. 이 역전은 이 기간 동안에 만일 영국이 우아하게 퇴장하지 않는다면 일방적 폐기에 관한 루즈벨트의 언급을 촉발했을 것이었다. 그러나 전 대서양에서 작전을 계속하면서도 영국이 퇴장했다. 그리하여 루즈벨트는 현지인들, 즉 하나의 제안된 노선을 지배하고 있는 니카라과(Nicaragua)의 정부나, 아니면 또 다른 노선의 장소인 파나마를 당시에 지배하고 있는 콜롬비아(Columbia) 정부와 거래를 체결하는 일만 남았다. 두 정부의 대표들은 미국의 호의를 얻기 위해 경쟁했다.

그러한 구상을 제시한 스타는 그의 출생이 의문스럽지만 부인할 수 없는 야심과 에너지의 프랑스인 필리프 뷔노 바리야(Philippe Bunau-Varilla)였다. 그는 1880년대 파리의 공학도로서 수에즈(Suez)의 정복자인 위대한 페르디낭 드 레셉스(Ferdinand de Lesseps)가 대서양과 태평양을 연결하는 또 하나의 거대한 운하에 관한 그의 꿈을 서술하는 것을 들었을 때 파나마 운하의 아이디어에 매혹되었다. 정글과 산들, 그리고 열대지역의 질병이 그 레셉스를 패퇴시켰지만 그러나 그것들은 자기의 동포가 실패한 곳에서 성공하려는 뷔노 바리야의 욕망을 심화시켰을 뿐이었다. 루즈벨트가 백악관의 주인공이 되었던 시간에 전문가들의 의견은 경쟁적 두 노선의 기술적 장점에 대해서 분열되어 있었다. 니카라과 노선은 더 길지만 해수면이어서 바위들이 필요하지 않았다. 반면에 파나마 노선은 보다 직선적이지만 산들을 옮기고 댐들과 바위들의 크고 정교한 결합을 건설하는 일이 필요했다.

루즈벨트는 비록 그가 니카라과 쪽으로 기울고 있었지만 그 분쟁에서 아무런 강력한 입장을 취하지 않았다. 그는 운하를 원했지만 그러나 그곳이 어디가 될 것인가에 관해서는 세심하게 주의를 기울이지 않았다.[298] 그러다가 1901년 12월에 파나마가 더 좋은 노선이라는 것을 확신시키는 공학 보고서 하나를 받았다. 발굴과 건설기술의 향상이 고지대를 낮추고 파나마의 강물을 올리는 것을 그 전보다 더 가능하게 만들었다. 그리고 바다로 나가는 선박들의 증가하는 크기가 중대한 니카라과의 수로들이 점차로 경련을 일으키게 했다. 이 보고서는 대통령이 파나마로 시선을 돌리도록 설득했다.

9월에 루즈벨트가 백악관으로 돌아왔을 때 그의 첫 방문객은 해군성 장관 윌리엄 헨리 무디(William Henry Moody)였다. 백악관을 나서면서 무디 장관은 운하의 상황에 대해 공식적 정책선언을 했다. 그는 루즈벨트 대통령이 콜롬비아 의회가 마음을 바꿀 최소한의 가능한 희망이 있는 한 행동하지 않을 것이라고 말했다. 대통령은 이것이 아주 중요한 문제이며 또한 최종적 결정은 수세기를 위한 결정이라는 입장

---

298) *Ibid.*, p. 479.

을 취하고 있다고 강조했다.[299] 10월 5일 루즈벨트는 마크 한나(Mark Hanna)에게 쓴 편지에서 자기는 운하에 대해서 공적으로 단 한마디도 말하지 않았다면서 의회에 보내는 메시지에서 언급할 것이라고 말했다. 그는 11월에 의회의 특별회의를 소집하기로 결정했다. 그것은 분명히 쿠바의 호혜조약에 대한 양원의 승인을 확보하기 위해서 뿐만 아니라 파나마에서 비상조치가 필요할 경우에 대비하여 입법부의 지지를 받기 위한 것이었다.[300]

파나마 지역이 콜롬비아 연방으로부터 곧 이탈할 것이라는 데는 이제 의심의 여지가 없었다. 운하조약에 대한 보고타(Bogota)의 거절과 그 거부에 대한 워싱턴의 분명한 수락은 파나마 지역 사람들에게는 이중적 타격이었다. 그들은 오랜 숙원인 수로를 잃었을 뿐만 아니라 니카라과 운하가 사업을 개시하면 그들의 철도 역시 불필요하게 될 것이다. 문제의 일부는 지리적이었다. 아찔한 산들과 단단한 나무들의 숲은 파나마를 콜롬비아의 다른 지역들로부터 분리시켰다. 그리하여, 육로의 여행과 커뮤니케이션이 본질적으로 불가능했다. 포장된 도로나 교량도, 소규모 산업, 그리고 소규모 통상도 없이 그들은 정글의 삶으로 돌아가게 될 것이다. 지리적인 인접성에도 불구하고 파나마는 콜롬비아에서도 하나의 외국이었다.

루즈벨트는 동정하는 마음을 피할 수 없었다. 당시 보고타까지 편지들이 가는 데 15일이 걸렸으며 설사 그것들이 도착한다 해도 오직 믿을 만한 전달은 지협에서 세금을 이송하는 사람들뿐이었다. 파나마

---

299) Edmund Morris, *Theodore Rex,* New York: Random House, 2001, pp. 270–271.
300) *Ibid.,* p. 272.

의 한 지방으로서 파나마의 정치적 지위도 역시 미약했다. 그곳은 1821년 콜롬비아가 스페인으로부터 새 그라나다(New Granada)로 독립하자 새 그라나다 연방(New Granadian Federation)에 자연스럽게 합류했고, 그리고 1830년에 그것의 붕괴로 이탈했다. 보고타가 12년 후에 지배를 재주장했고, 그리고 그때부터 쭉 파나마는 준-자치와 굴종 사이를 격렬하게 오고 갔다. 루즈벨트는 1846년 이래 53차례에 달하는 지협의 반란, 소요, 시민 혼란, 그리고 폭동을 셀 수 있었다. 아무도 미국의 도움을 받지 않았다. 그러나 10번의 경우에 워싱턴은 파나마 철도를 따라 반란 운동과 운송을 봉쇄했었다.[301]

그러는 과정에서 미국은 내전이 방해하는 철도의 중립적 통행권을 보호하려는 것뿐이라고 주장했었다. 이제는 무한하게 더 큰 권리, 즉 모든 통상 국가들이 파나마 운하의 이득을 향유할 권리가 단 일개 정부의 부패에 의해서 거부되었다. 이것은 그들이 니카라과로 반드시 가야 한다는 것을 의미하지 않는다면서, 루즈벨트 대통령은 미국인들이 도덕적으로 정당하고, 또, 그러므로 1846년 조약 하에 간단히 말해 개입하는 것이 법적으로 정당하다고 확신하고 있다면서 운하는 건설되어야 하고 그것을 멈추어서는 안 된다고 기록했다.[302] 수십 년에 걸쳐 이런 저런 파나마인 도당들이 거의 끊임없이 콜롬비아 정부에 대항하여 반란을 일으켰지만 루즈벨트의 시대까지 폭동들은 모두 실패했다. 그런데 1902년 가을에 루즈벨트 자신이 그 게임에 조금 개입했는데 그때 그는 콜롬비아와 파나마의 가장 최근 민족주의적 유망주

---

301) *Ibid.*, p. 273.
302) *Ibid.*

들 사이에 있었던 1천일 간의 전쟁의 종식을 가져온 협상을 위한 포럼으로서 미국 전투함의 사용을 승인했었다.[303]

그러나 1903년 처음 몇 달 동안 루즈벨트는 파나마의 독립문제에서 자신과 미국의 입장을 재고했다. 미국의회는 최근에 니카라과 노선에 찬성하면서 운하 문제에 끼어들었다. 그러자 뷔노 바리야가 그 투표를 뒤집기 위해 자신의 모든 노력을 기울였다 그는 파나마 루트의 기술적 이점들을 설명하면서 영향력 있는 상원의원들과 하원의원들을 간곡히 만류했다. 그는 드 레셉스가 습득한 경험이 어떻게 그 건설에 속도를 낼 수 있는지를 설명했다. 미국인들이 수십 년 동안 안전하게 어행헤 온 파나마와 대조적으로 니가리과를 통과하는 운하를 위험에 빠뜨릴 어두운 불안정의 힌트들을 제시했다. 그러나 그의 주장을 고정시키는 또 다른 형태의 불안정이 있었다.

1903년 봄, 마르티니크(Martinique)에서 화산이 폭발하여 1만여 명이 죽었다. 마르티니크는 결코 니카라과에 가깝지 않았지만 미국의 입법자들은 항상 지리에 약해서 카리브 해에서 화산들의 아이디어들이 의회로 하여금 그런 시끌벅적한 일이 제안된 운하 근처에 존재하는 지의 여부를 묻도록 충격을 주었다. 니카라과 정부는 걱정할 것이 없다고 발표했다. 니카라과에 화산들이 있지만 그러나 그것들은 모두가 평화롭게 수면상태에 있었다. 그러나 뷔노 바리야는 그렇지 않다고 절규했다. 니카라과의 대표적 풍경의 하나인 모모톰보(Momotombo) 산이 단지 몇 개월 전에 실제로 연기를 내뿜었다. 실제로 니카라과 정부는

---

303) H. W. Brands, *T. R.: The Last Romantic,* New York: Basic Books, 1997, pp. 480–481.

그것의 강력한 꼭대기의 기념비적 아름다움에 너무나 취해서 그것을 우표에 불멸화 했었다. 신이 난 뷔노 바리아는 우표 판매소들을 뒤져서 모든 우표를 움켜쥐었다. 그리고 나서 그는 미국 의회의 지도층에게 인사 카드들을 보냈다. 이 공식적 증거를 담은 카드들은 니카라과 정부에 대한 불신과 니카라과 풍경의 불안정성을 모두 증언해 주었다. 그후 얼마 지나지 않아 미국 의회는 운하문제에 대해 새로운 투표를 실시해서 통로가 파나마에 있어야 한다고 명령했다.[304]

이러한 변화가 콜롬비아 정부를 기쁘게 했다. 콜롬비아 정부는 미국이 건설할 운하에 관하여 분명히 행복한 독점적 지위에 오르게 되었다. 루즈벨트도 기뻤다. 그는 존 헤이 국무장관에게 서류를 준비하라고 지시했다. 국무장관은 연간 25만 달러의 지불과 조약서명 보너스로 1천만 달러를 지불하는 대가로 폭 6마일의 통과 영토를 99년간 미국에게 통제권을 인정하는 조약을 협상하기로 진행했다. 루즈벨트는 헤이장관의 일에 기뻐했고 준공을 내다보았다. 상원에 의한 비준은 결코 당연시될 수 없었다. 왜냐하면 거부가 단지 1/3에 더하기 1 표를 요구하고 있었기 때문이다. 그러나 운하는 미국의 국가이익에 너무나도 명백해서 민주당원들과 반제국주의적 공화당원들조차도 같이 가야만 할 것이었다.[305]

그러나 루즈벨트와 대부분의 다른 미국인들에게 아주 놀랍게도 콜롬비아의 상원은 콜롬비아가 같이 갈 필요가 없다고 결정했다. 8월에 콜롬비아의 상원은 만장일치의 투표로 그 조약을 거절했다. 워싱턴으

---

304) *Ibid.*, p. 481.
305) *Ibid.*, p. 482.

로부터 너그러운 해석은 콜롬비아인들이 그들의 태어난 땅에 너무나 집착하여 그들이 작은 일부의 땅이라도 내주는 것을 견딜 수 없다는 것이다. 그러나 냉소적 해석은 그들이 더 많은 돈을 받아 내길 희망한다는 것이었다. 루즈벨트는 너그러운 해석에 기울지 않았다. 그는 콜롬비아의 거절을 금전갈취에 비교했다. 그는 보고타가 미래 문명의 고속도로들 가운데 하나를 항구적으로 막도록 허용해서는 안 된다고 생각했다. 그래서 그는 화가 나서 패배시키기로 결심했다. 루즈벨트는 잠깐 동안 만일 그들이 할 수 있다면 콜롬비아인들에게 스스로 운하를 파라고 말할 아이디어를 만지작거리기도 했다. 미국은 니카라과에서 미국의 운하를 건설하면 될 것이다.

그러나 루즈벨트는 그것에 관해서 생각하면 할수록 콜롬비아인들에게 더 많은 분노가 끌었다. 루즈벨트는 그들이 지금 하는 일은 단지 수십 년이 아니라 수세기 동안 중대한 결과를 낳을 것이기에 지금 그들은 행동하기 전에 올바른 길을 가고 있다고 확신해야만 했다. 루즈벨트는 2가지 대안을 깊이 생각했다. 하나는 간단히 진행시켜서 파나마에서 운하를 파기 시작하는 것이었다. 1846년 콜롬비아와 체결한 조약을 독창적으로 해석하면 미국은 콜롬비아 정부의 염원에 반한다고 할지라도 파나마에서 운하를 팔 권리를 갖고 있었다. 루즈벨트는 유혹을 받았다. 만일 미국이 1846년 조약 하에서 운하를 파고 건설할 권리의 색조를 띤다면 그의 즉석 판단은 그런 진행을 찬성할 것이라고 그는 헤이 장관에게 말했다. 그러나 그는 어떤 일에도 급하게 하길 원치 않았다. 그는 보고타 사람들과 어떤 더 이상의 거래도 할 의향이 없다고 9월 중순에 오이스터 베이에서 역시 휴가 중인 헤이 국무장관

에게 편지를 썼다.306)

다음 6주 동안 루즈벨트는 니카라과 대안을 영구히 폐기했다. 그의 기술자들이 계속해서 파나마가 낫다고 권고했다. 어떤 기술자들은 니카라과를 통해 운하를 갖는 것보다는 차라리 운하가 없는 것이 더 낫다고 말하기까지 했다. 루즈벨트는 그 어느 때보다도 파나마가 그 자리라고 더욱 더 확신했다. 그러나 까다로운 콜롬비아 정부와 잠재적으로 회의적인 미 의회에 대항하여 그런 신념에 따라 행동하는 것은 맞부딪치는 것이었다. 루즈벨트는 대담성을 요구하는 어떤 것에도 의회는 망설일 거라고 짐작했다. 그 문제의 윤리는 대통령에게 전혀 걱정거리가 아니었다. 루즈벨트의 유보는 파라리 모양새, 즉 정치와 관련이 있었다. 아직 미국인들은 무력으로 운하를 건설하는 것이 암초에 걸리기를 원하지 않을 것이라고 그는 10월 첫 주에 언론인 앨버트 쇼(Albert Shaw)에게 말했다. 그러나 콜롬비아 정부는 무력이 유일한 대안임을 즉, 조약의 권리가 합리적인 조건에서 얻어질 수 있는 글자 그대로 유일한 길임을 확실히 하기 위해 그들의 최선을 다했다. 동일하게, 루즈벨트는 앨버트 쇼에게 편지를 써서 뇌물이나 폭력으로 그런 조건을 얻어내는 것은 잘못일 거라고 말했다.307)

루즈벨트는 뇌물을 항상 무례한 것으로 경멸했지만 그러나 그에게 좋은 명분을 위한 무력사용에는 아무런 문제가 없었다. 같은 편지에서 루즈벨트는 앨버트 쇼에게 미래가 어떻게 전개될 지에 대해 암시를 주었다. 그는 직접적인 미국의 장악 외에도 파나마 운하로 가는 다

---

306) H. W. Brands, *T. R.: The Last Romantic,* New York: Basic Books, 1997, p. 483.
307) *Ibid.*

른 길들이 있을 것이라고 제안했다. 그는 짐작할 수 있었다. 운하에 관한 조약을 콜롬비아의 상원이 거절한 것은 그것이 루즈벨트를 화나게 했던 것보다도 훨씬 더 뷔노 바리야로 하여금 열을 받게 했다. 왜냐하면 미국 대통령은 운하의 건설로 오직 불멸성을 얻겠지만 반면에 이 프랑스 공학자는 수백만 달러를 획득할 것이기 때문이다. 그래서 루즈벨트가 자기의 때를 기다릴 수 있는 처지라면 뷔노 바리야는 그럴 수 없었다. 왜냐하면 그가 넘겨 받은 양해는 1904년에 소멸할 것이기 때문이었다. 콜롬비아가 미국의 제안을 거절한 후 2개월 동안 이 프랑스인은 미국의 국무성, 의사당, 그리고 헤이 장관과 루즈벨트가 법적 의견과 성치석 권고를 소중히 여기는 전직 외교관이며 번호사인 존 바셋 무어(John Bassett Moore) 같은 영향력 있는 인사들의 개별 응접실을 빈번히 드나들었다.

그리하여 10월 둘째 주에 그는 루즈벨트 대통령을 직접 만났다.[308] 이 프랑스인은 지협을 파나마인들의 정당한 독립의 염원을 좌절시키고 있는 혐오스러운 정치적 열정의 희생자라고 선언하면서 파나마의 불안정한 상황을 묘사했다. 루즈벨트는 현재 상황의 결과가 무엇이 될 것이냐고 그에게 물었다. 그는 한동안 말이 없다가 느리지만 단호한 태도로 "대통령 각하, 혁명입니다"라고 말했다. 뷔노 바리야는 대통령이 깊은 놀라움의 반응을 보였다고 회고했다. 그러나 그의 반응이 무엇이든지 그것은 뷔노 바리야의 말이 맞는 경우에 그가 무엇을 할지에 대해 어떤 공약도 포함하지 않았다. 뷔노 바리야가 짐작했던 것은 루즈벨트가 운하에 대한 대가로 파나마의 혁명의 성공을 보장할

---

308) *Ibid.*, p. 484.

것이라는 점이었다. 그리고 바로 이것이 정확하게 일어난 일이었다. 이 프랑스인은 파나마인들에게 미국의 대통령이 그들의 프로젝트를 찬성하고 있다는 것을 알렸다. 그리하여 11월 초에 그들은 또 하나의 독립적 파나마 공화국을 선포했다. 24시간 내에 편리하게 그 지역에 있던 미국의 순양함이 해병대를 착륙시켜 혁명가들과 운하의 양해에 연계된 사적 이해당사자들에 의해서 매수되지 않은 콜롬비아의 장교들과 사병들을 효과적으로 무력화시켰다. 추가적인 48시간 내에 루즈벨트는 파나마의 새 정부를 승인했다. 그것은 보고타가 반란을 진압하기 위해 계획했을 모든 노력에 대항하여 새 파나마 공화국의 생존을 본질적으로 보장하는 것이었다.[309]

새 조약을 협상하는 데에는 조금 긴 시간이 필요했다. 뷔노 바리야는 파나마 정부를 대변하는 제안을 했다. 그는 그 거래로부터 수백만 달러를 벌어들일 처지였다. 그래서 그는 이 위급한 시간에 지연되는 생각을 견딜 수 없었다. 미국의 상원에 의해서 수용을 촉구하기 위해서 뷔노 바리야는 루즈벨트가 콜롬비아인들과 협상한 것으로부터 그 거래에 상당히 달콤하게 했다. 진정한 파나마 대표들이 워싱턴에 도착했을 때 그들은 신임장을 받지 않은 프랑스인이 한 일에 대해서 깜짝 놀랐다. 그러나 그들은 만일 그들이 같이 가길 거절한다면 눈썹을 닦고 돌아가서 파나마에서 받을 영접을 고려하지 않을 수 없었다. 그들의 연약한 존재는 미국의 선의에 달려 있고 그리고 콜롬비아의 분노에 대항하여 그들의 개인적인 안전도 역시 마찬가지였다. 그들은 자기들의 염려를 집어 삼키고 그 조약을 파나마로 가져갔다. 파나마

309) *Ibid.*, p. 485.

의 입법부도 그 조약을 수용했다.[310]

파나마 사태는 루즈벨트에게 그가 원하는 운하를 주었다. 아니, 보다 정확히 말해서 운하를 건설할 기회를 주었다. 그러나 그것은 또한 루즈벨트에게 속 쓰림도 가져다 주었다. 그는 그 문제에서 그의 행동들이 어떻게 전적으로 명예롭고 공명정대했는지를 설명하면서 다음 여러 주를 보내야 했다. 그는 지협에서 혁명을 선동하지 않았으며 만일 잘못이 있다면 그것은 미국의 관리들에게 있는 것이 아니라 콜롬비아인들에게 있다고 말했다. 콜롬비아인들은 조약체결에 대해 악명 높은 나쁜 신념에서 행동했을 때 그들은 자기들의 사망 보증서에 서명했다. 미국은 콜롬비아인들에게는 아니겠지만 파나마인들에게는 좋은 일을 했다. 만일 의회가 그가 한 일을 거부하지 않는 한 파나마에 대한 콜롬비아의 장악은 영원히 사라졌다고 그는 언론인 앨버트 쇼(Albert Show)에게 말했다. 영국 대사인 스프링 라이스(Spring Rice)에게 루즈벨트는 콜롬비아인들이 거래하기가 절대적으로 불가능하다고 말했다. 그들은 단지 부패했을 뿐만 아니라 정부가 전적으로 무능하다면서 그들은 미국과 프랑스 회사를 협박했다고 말했다. 미국이 제안한 그 조약은 콜롬비아인들에게 이익이 되었지만 그들은 스스로 자신들의 목을 찔렀다고 루즈벨트는 말했다.[311]

만성적인 반-루즈벨트 신문들은 위선적인 위압에 대해 호되게 비난했다. 언제나 그래 왔듯이 루즈벨트는 자신의 적들에게 가장 추악한 동기들의 탓으로 돌렸다. 미국이 파나마인들을 콜롬비아의 과시된

---

310) *Ibid.,* p. 486.
311) *Ibid.*

무능력에 넘겨 주었어야 한다는 암시는 수치스럽게 틀린 것이다. 그보다 더 사악할 수는 없다고 루즈벨트는 선언했다. 그런 길을 주장하는 자들은 그것이 미국의 이익일 뿐만 아니라 동시에 세계의 이익에 크게 부합하고 또 근본적인 올바름의 법률에 따르는 경우에 조차도 끊임없이 이 행정부의 조치를 반대하는 소수의 소리만 요란한 일단의 내시들에 지나지 않는다고 루즈벨트는 반격했다.312)

　　루즈벨트는 자신의 행동을 남북전쟁시 링컨에 비견했지만 보다 더 적합한 비견은 루이지애나 구매(Louisiana Purchase)시에 토마스 제퍼슨에 비견될 수 있을 것이다. 당시 토마스 제퍼슨의 비판자들은 프랑스와의 조약을 문제 삼겠다고 위협했지만 그러나 결국 그들은 그런 명백한 거래를 거절할 수 없었다. 비슷한 고려 사항들이 루즈벨트의 민주당 정적들도 같이 가게 만들었다. 그리하여 미국은 10년간의 건설 후에 운하를 얻게 되었고 루즈벨트는 세계 지리의 역사에서 자기의 지위를 얻었다.313) 루즈벨트는 파나마 운하에 대한 권리의 획득을 대통령으로서 자기의 임기 중 대표적인 업적으로 간주했다. 그는 미국인들도 역시 그렇게 간주할 것이라고 생각했다.

---

312) *Ibid.*, p. 487.
313) *Ibid.*, p. 488.

제16장
역사상 최고의 표차로 대통령에 재선

"진보는 혁명에 의해서가 아니라 진화를 통해 이루어 진다."
-시어도어 루즈벨트-

1904년은 총선과 대선의 해였다. 루즈벨트는 본격적으로 1903년 12월에 의회에 보낸 신년 메시지로 자기의 1904년 선거운동을 시작했다. 미국의 국내 및 해외 정책에 관해서 전해에 이룬 상당한 양의 업적에 대해 축하를 받아 마땅했다. 그는 알래스카(Alaska)와 브리티시 콜롬비아(British Columbia) 사이의 국경에 대한 작은 분쟁의 타결에 자부심을 가졌다. 그는 베네수엘라와 채권국가들 사이의 분쟁도 헤이그에서 중재를 통해 무난하게 진행되고 있었다. 그는 미 해군의 지속적인 건설을 칭찬했다. 그는 또한 파나마 문제의 처리도 옹호했다. 그런 자화자찬은 현직 대통령으로부터 기대되는 것이었다. 그러나 기업의 거물들은 대통령이 그들을 위해 혹은 그들에게 무엇을 제안할지 듣고 싶어했다. 루즈벨트는 기업가들이 좋아하지 않는 상업과 노동성을 창설하고 그들이 더욱 좋아하지 않은 기업국(the Bureau of

Corporations)을 신설했다. 그러나 그는 그리고 나서 그 기업국의 업무가 엄격히 정보수집에 지나지 않는다고 강조함으로써 그들의 불안을 덜어주었다. 루즈벨트는 기업에 영향을 주는 최근 조치들의 "분별 있고 보수적인" 성격을 강조했다. 그리고 루즈벨트는 자기 온건함의 메시지가 너무나 중요하다고 생각해서 그는 그 신년사에서 몇 문단 뒤에 진보는 혁명에 의해서가 아니라 진화에 의해서 이루어진다면서 급진적 어떤 것도 행해지지 않았으며 조치는 온건하고 확고하다고 자기가 한 말을 반복했다.[314)

기업의 총수들은 루즈벨트의 공언한 온건성을 액면 그대로 받아들일 만큼 어리석지 않았다. 루즈벨트가 대통령에 일단 재선되어 백악관에 다시 자리잡으면 그가 무엇을 할지 알 수 없었다. 그러나 적어도 루즈벨트의 단어의 선택은 당시 "범죄적 부자들(the criminal rich)"이라는 표현에 비해 결정적인 향상이었다. 만일 그것이 선거 후에 그를 구속하지 않는다고 할지라도 적어도 그것은 기업이 선거운동 중에 축구공이 되지는 않을 것이라는 것을 암시했다. 뿐만 아니라 기업가들은 고위직에 있는 그들의 친구들이 대통령에 견제를 행사할 수 있을 것이라고 여전히 희망할 수 있었다. 상당수의 기업가들은 마크 한나(Mark Hanna)를 믿었다. 루즈벨트에 대한 한나의 관계는 흥미로운 것이었다. 맥킨리 대통령의 죽음은 한나를 개인적으로 비탄에 빠뜨렸다. 그것은 또한 한나와 루즈벨트 사이 힘의 균형을 역전시켰다.[315)

그러나 루즈벨트는 우연한 대통령이었다. 한나는 공화당의 킹메이

---

314) H. W. Brands, *T. R.: The Last Romantic,* New York: Basic Books, 1997, pp. 491–492.
315) *Ibid.,* p. 492.

커(kingmaker), 그리고 잠재적인 왕 파괴자(king-unmaker)로 남았다. 1900년에 한나는 루즈벨트가 그랬던 것처럼 자기 자신을 맥킨리 대통령의 가치 있는 후계자로 간주했다. 그는 1904년에 자신의 공화당 지명을 획득할 희망을 품고 있었을 것이다. 어쩌면 그는 단순히 누가 지명을 획득할 것일지를 결정하길 원했을 지도 모른다. 그러나 어떤 경우에서든 그는 그 문제를 가능한 한 오랫동안 열어 두기를 원했다. 반면에 루즈벨트는 명백한 이유에서 지명을 고정시키길 원했다. 한나처럼 오하이오 출신인 조셉 포래커(Joseph Foraker) 상원의원은 한나의 그림자 속에서 활동하는 데 지쳤다. 그래서 그는 1903년 여름에 한나를 야화시킬 계획을 마련했다. 포래커는 오하이오 공화당이 일년 전에 루즈벨트의 지명을 인정하자고 제안했다. 그런 조치는 별로 낯설지 않았다. 여러 주의 공화당 대회가 이미 루즈벨트를 지명했다. 그러나 한나 자신도 1895년 맥킨리를 위해서 그 책략을 사용했었다. 한나가 그런 제안을 지지한다면 그것은 자신의 후보를 그냥 배제하는 것이 될 것이었다. 반면에 한나가 그 제안을 반대하는 것은 자신을 공적으로 대통령의 적으로 표적을 만들게 될 것이었다. 루즈벨트는 스스로 인정했듯이 그의 총솜씨는 결코 정확하지 않았지만 표적을 삼아 발사할 많은 시간을 가지고 한나를 맞추는 데에는 아무런 어려움이 없었다.[316]

서부로의 활기찬 여행 중인 루즈벨트는 한나 상원의원이 자신의 딜레마의 출구를 찾으려고 앞뒤로 왔다갔다하면서 오하이오에서 중얼거리는 소리를 들을 수 있었다. 한나가 할 수 있는 최선은 1903년 오

---

316) *Ibid.,* p. 493.

하이오 공화당 대회가 대통령 후보 지명 문제에서 다음 해의 당대회를 구속할 권리가 없다는 것을 주장하는 것이었다. 한나는 루즈벨트에게 그가 관련된 모든 사실을 알게 되면 자기의 반대를 승인할 것이라고 합리화했다. 그러나 루즈벨트는 모든 사실들을 기다리지 않았다. 대통령은 그의 전보를 받았다며 자기는 누구에게도 자기의 지지를 요청하지 않았다고 말했다. 루즈벨트가 이 답변을 공개하자 한나는 방법이 없었다. 그는 자신의 항복을 전문으로 알렸다. 그는 오하이오 주 공화당 대회가 루즈벨트의 지명과 후보의 인정을 반대하지 않겠다고 밝힌 것이다. 루즈벨트는 그 항복을 만족스럽게 받아들였다. 루즈벨트는 이틀 후에 한나를 달래는 편지를 씀으로 해서 그가 한나를 고정시키는 데 화룡점정을 찍었다. 그는 상원의원과 행정부 사이에 발전된 분명한 균열은 그들의 공동의 적들에게 마음을 주고 또 그들의 공동 목적의 달성을 위협하는 것이라고 설명했다. 그는 어쩔 수 없이 그렇게 한다면서 자기는 입장을 취해야만 한다고 덧붙였다. 진정으로 큰 인물이 아닌 누구도 맥킨리의 사망 이후 1년 반 동안 그만큼 자기를 대우할 수 없었을 것이라고 말하면서 루즈벨트는 그와 협의했고 또 그 누구보다도 그의 판단에 의존했다고 말했다.[317]

한나를 효과적으로 선반에 올려 놓은 루즈벨트의 지명은 보장되었다. 그러나 대통령은 아무것도 우연에 맡길 수 없었고 그래서 그는 한나가 지배한 공화당의 부분에 대해 장악하길 착수했다. 공화당은 정당으로서 남북전쟁 후 재건의 종식 이래 철저히 민주당으로 남은 남부의 문제에 영향력이 거의 없었다. 그러나 그것의 정반대도 진실이

317) *Ibid.*, pp. 494-495.

아니었다. 그러나 남부의 공화당원들은 지명대회에서 전국적 정당의 흡인력을 여전히 갖고 있었다. 남부는 1900년에 마지막 순간까지 한 나에 충성하면서 루즈벨트의 매력에 저항했다. 남부에 자기 자신의 기지를 세우려는 루즈벨트의 욕망은 그가 많이 비난을 받은 부커 워싱턴(Booker Washington)과 만찬을 가져왔었다. 그리하여 그는 일반적으로 인종문제들에 대해 보다 강력한 입장을 취하게 만들었던 것이다. 어떤 인종 문제도 사적 처벌(lynching)보다 더 폭발적이지는 않았다. 남부의 흑인들에게 사적 처벌은 헌법상의 제13조, 14조, 그리고 15조 수정법의 서류상 보장에도 불구하고 백인들이 흑인들을 가난하고 무력하게 유지하는 보다 광범위한 탄압의 특별히 무서운 수단이었다. 남부의 백인들에게 사적 처벌은 흑인들의 범죄적 폭력 성향에 대한 백인들의 분노의 개탄할 만하면서도 그러나 이해할 만한 표현이었다. 인종문제에 관해서는 그 어떤 것보다도 사적 처벌은 남부 백인들이 외부인들의 비판에 대해 극도로 민감한 주제였다.

자기 시대의 많은 백인들과 마찬가지로, 루즈벨트는 사적 사형제도에 대해서 뒤섞인 감정을 갖고 있었다. 어떤 때에 그는 그것을 거친 형태의 대중적 정의로, 즉 공식적 범죄적 정의 제도의 실패에 대한 필연적인 하나의 교정으로 해석할 수 있었다. 그러나 다른 한편으로 사적 교수형에 반대하는 중대한 주장을 구성하는 것은 바로 이 무법이었다. 그리고 이것을 루즈벨트는 흑인들이 사적 교수형을 당하는 경우에 종종 그러는 것처럼 고문으로 죽이는 비인간적 측면이라고 부르는 것이었다. 1903년 여름에 루즈벨트는 에번즈빌(Evansville)에서 발생한 인종폭동을 멈추기 위해 대담하고 용기 있게 행동한 인디애나의 주지사인 윈필드 더빈(Winfield Durbin)에게 축하 편지를 썼다. 루즈벨트는 이 편지가 공개되길 기대했다. 그 결과 메시지는 폭동을 촉발하는데 많이 작용한 사적 처벌의 주제에 대한 공식적 천명으로 작성되었다.318)

   루즈벨트는 침묵을 지킬 수 없다고 느꼈기 때문에 사적 처벌에 관해서 말했다. 그는 다른 명예로운 시민도 침묵할 수 없을 것이라고 주장했다. 루즈벨트는 조심스러운 개혁가였다. 그는 혁명가와는 거리가 멀었다. 루즈벨트에게 무정부 상태는 문 앞에 있는 늑대였고 사적인 처벌이 자물쇠를 풀었다. 군중의 폭력은 간단히 무정부 상태의 하나였다. 그는 자신의 남부 전략에 관해서 아주 계산적으로 결코 말하지 않았다. 그는 그런 식으로는 생각조차 하지 않았다. 그는 자기가 정의에 봉사한다고 느꼈다. 이때쯤 루즈벨트는 남부의 전략이 비참하게 실패했다고 인정할 준비가 되었다. 그러나 실상은 남부에서 루즈벨트의 약세는 중요하지 않았다. 공화당에 대한 한나의 장악은 1904년 초기에 계속해서 빠져나갔다. 그 때 장티푸스의 열이 진단되었다. 한나는 치명적 위험에 처했다. 얼마 후 한나는 사망했다. 루즈벨트는 다행히도 한나가 아프기 전에 자기에 대한 모든 반대가 몰락했다고 말했다. 이제 루즈벨트는 한나의 죽음이 공화당 내 보수주의자들에게서 그들의 핵심 지점, 가장 경륜 있는 관리자, 즉 그들의 지시하는 정보를 박탈했다는 것을 깨닫지 않을 수 없었다. 다시 한 번 루즈벨트는 다른 사람의 죽음으로 덕을 보았다. 맥킨리가 사망했을 때만큼 그렇게 현저하지는 않았지만 그러나 그럼에도 불구하고 상당히 덕을 보았

318) H. W. Brands, *T. R.: The Last Romantic,* New York: Basic Books, 1997, p. 496.

다. 때로는 죽음이 루즈벨트를 개인적으로 힘들었지만 그러나 그것이 그의 경력을 위해서 기적을 행했다.[319]

루즈벨트는 공화당 전국위원회(the Republican National Committee) 의 의장으로서 한나를 대체할 인물을 선택해야 했다. 처음에 그는 과 거에 내무장관을 지냈으며 한나와 밀접했던 뉴욕의 코넬리우스 블리 스(Cornelius Bliss)에게 의장직을 제안했다. 블리스는 잘 알려진 기업 가로서 그의 임명은 금융가에 어필할 것으로 기대될 수 있었다. 그러 나 블리스는 그 제안을 거절하고 재무장관직에 남기로 했다. 이번에 는 루즈벨트가 자신의 사람 가운데 한 사람으로 지명했다. 그는 조지 코텔유(George Cortelyou)로 과거 클리블랜드 대통령과 맥킨리 대통령 의 개인 비서로 일한 전직 법원 서기였다. 루즈벨트가 그를 새로 설립 된 상업과 노동부의 첫 장관으로 임명하여 각료급으로 그의 지위를 부상시켰다. 루즈벨트는 그의 지명이 말썽을 일으킬 것임을 알고 있 었다. 그러나 아주 건장하고 또 아주 활기찬 현직 대통령에게 그의 정 당이 저항하기 어려웠다. 코텔유의 선택은 번복될 수 없었다. 루즈벨 트는 코텔유에 대한 반대나 불충을 간단히 공화당에 대한 불충의 표 현으로 간주한다고 루즈벨트는 거듭 강조했다. 그의 권력정치는 성공 했다. 거의 확실하게 재선될 대통령의 분노를 각오할 전국위원회의 위원들은 거의 없었다. 루즈벨트는 공화당을 지배하는데 만족하지 않 았다. 그는 국가를 위해서 자기가 백악관에 돌아가는 것을 국가가 필 요로 한다고 완전히 믿고 있었다.[320]

---

319) *Ibid.*, p. 501.
320) *Ibid.*, p. 504.

이제 루즈벨트는 1900년에 맥킨리가 재지명을 단단히 문단속을 했던 것처럼 완전히 자신의 지명에 문을 걸어 잠갔다. 6월에 공화당원들이 시카고에서 전당대회를 개최했을 때 그들은 환호성으로 그를 추대했다. 아무도 대통령에 반대하고 나서지 않았다. 그러나 공화당의 부통령 지명은 1900년에 그랬던 것만큼이나 예측할 수 없었다. 루즈벨트는 일리노이 주 출신 하원의원이며 오랫동안 하원외교 분과위원회의 운영에 우호적이었던 로버트 히트(Robert Hitt)에게 지명이 돌아가길 원했다. 물론 루즈벨트가 원한 것은 히트가 일리노이 주의 큰 유권자들의 투표를 가져오는 데 도울 것이며 또한 자기에게 대들지 않을 것임을 의미했다. 그러나 루즈벨트 마음대로 되지 않았다. 공화당 의장으로 코텔유에 대한 도전이 날라가 버렸음에도 불구하고 그의 임명이 야기한 분노가 히트에 대한 반대로 바뀌었다. 전당대회는 인디애나 출신의 상원의원인 찰스 페어뱅크(Charles Fairbank)를 두드렸다. 부통령직의 비중요성을 개인적으로 경험했고 다음 4년간을 전적으로 살아갈 의도인 루즈벨트는 이 작은 후퇴를 품위 있게 수락했다.[321]

정당의 강령은 완벽하게 예측할 수 있었다. 그것은 자부심을 가지고 미국인들의 생활 수준을 높이고 있는 번영, 1898년 스페인과의 현명하고 용기 있는 결정에 뒤따른 국가적 영광과 국제적 지위 향상, 그리고 지난 8년 동안 미국인들이 향유한 여러 가지 다른 요긴한 것들을 지적했다. 전당대회에서 하나의 작은 흥분거리는 전당대회에게 보내는 것이 아니라 모로코에 있는 미국의 영사에게 보내는 자극적인 메시지였다. 2개월 전에 아이온 퍼디캐리스(Ion Perdicaris)라는 이름

---

321) H. W. Brands, *T. R.: The Last Romantic,* New York: Basic Books, 1997, p. 505.

의 한 미국인과 그와 함께 여행하는 그의 친척이 라이술리(the Raisuli)라는 산적단에 의해 납치되었고 그 산적단은 그들의 석방 대가로 몸값을 요구했다. 산적들은 그 지역에서 수세기 동안 이런 종류의 행위를 해왔다. 루즈벨트를 못마땅하게 한 것은 그 문제에 대한 모로코 정부의 명백한 무관심이었다. 행동을 진작시키기 위해 그는 탕헤르(Tangier) 앞바다에서 미 해군의 증가를 명령했다. 미국의 상륙작전의 암시조차 있었다.322)

이런 조치들은 모로코의 술탄의 마음을 집중하게 하는 데 도왔다. 술탄은 그 문제를 자국 내에 국한시키기를 선호했고 그래서 그는 포로들의 석방을 조정했다. 그러나 이 좋은 소식이 미국으로 돌아가기 전에 루즈벨트는 그 기회를 이용하여 나른하게 만드는 공화당 전당대회를 소생시켰다. 가장 졸리는 수난에 그는 전당대회 의장이며 하원 의장인 조셉 캐논(Joseph Cannon)과 조정하여 서기로 하여금 모로코에 보내는 최후의 통첩을 읽게 했다. 그것은 미국인들이 퍼디케리스가 살거나, 아니면 라이술리가 죽기를 원한다는 것이었다. 이 최후통첩의 낭독은 전당대회 대표단들이 대통령의 돌진과 에너지를 응원하면서 발을 동동 구르게 만들었다. 인질들이 잠시 후 살아서 등장했을 때 대통령의 대담성은 이번에는 전국적으로 또 하나의 환호성을 불러일으켰다. 탕헤르에 보내는 전문을 작성했던 존 헤이 국무장관은 극적인 것에 대한 루즈벨트의 재주에 탄복했다.323)

공화당을 장악한 뒤 루즈벨트는 선거운동 자체를 제한했다. 무거

---

322) *Ibid.*
323) *Ibid.*

운 짐은 다른 사람들에게 남겨야 했다. 그의 공식적 기여는 공식적으로 지명을 수락하는 그의 편지로 구성되었다. 그는 민주당원들을 결의의 부족과 잘못된 대표성에 대해 호되게 비난했다. 그는 퇴역군인들의 연금 문제에 대해 피 묻은 셔츠를 흔들었다. 그는 부끄럼 없이 민주당의 잠식에 대항하여 기업의 권리를 옹호했다. 그는 관세를 바로 미국의 섬유질의 일부라고 극찬했다. 그는 예외 없이 현정부의 정책의 전복이나 포기는 재앙이 될 것이라고 단언했다. 기업과 관세에 대한 루즈벨트의 언급이 과시했던 것처럼 그는 자본가들을 끌어들이기 위한 자신의 노력을 계속했다. 민주당원들은 동부 기성세대의 기둥인 앨톤 파커(Alton Parker) 뉴욕 판사를 지명함으로써 기업 이사회를 향해 건성으로 제스처를 보냈다. 그러나 그는 윌리엄 제닝스 브라이언과는 아주 거리가 먼 사람이었다. 파커는 들고 나오는 쟁점이 거의 없었다. 민주당은 브라이언을 포기함과 동시에 은화를 잃었다. 비록 전통이 그를 선거유세에 참가하지 않게 했지만 그는 자신을 위해 그 노력에 깊이 개입했다.[324]

코텔유를 앞세우면서 루즈벨트는 기자들과 편집자들에게 자기의 설득력 있는 기술을 적용했다. 그 당시에 대통령은 언론인들에게 보다 자유롭게 말할 수 있었다. 당시 인습은 행정수반이 공개적으로 말하지 않는 한 혹은 그렇게 하도록 구체적으로 승인하지 않는 한 결코 인용될 수 없었으며 심지어 직접적으로 밝힐 수 없도록 되어 있었다. 루즈벨트는 이 인습을 위반한 자들에 대한 제재를 준공식화 함으로써 이 정책을 향상시켰다. 그는 백악관에서 뭔가를 듣고 그것을 밖에서

---

324) *Ibid.*, p. 506.

되풀이하는 기자들을 위해서 "아나니아스 클럽"(Ananias Club)을 창설하였다. 즉, 회원들은 비밀 정보에 대한 더 이상의 접근이 부인되었다. 아나니아스 회원들은 그들의 처벌을 불만스럽게 받아들였다. 듣기 더 어려운 것은 그가 행한 것으로 그들이 완벽하게 알고 또 그도 완벽하게 알고 있는 천명의 대담한 부인이었다. 루즈벨트는 이 부인을 그렇지 않으면 수많은 보좌진들과 그가 결코 자유롭게 말할 수 없을 것이라는 이유에서 정당화했다. 이런 사적인 의견교환은 비공식적이며 그래서 공식적 정책의 무게에 의해 부담을 갖지 않고 그렇게 유지되어야 한다는 것이다. 그가 대중에게 말해야 하는 것은 공개연설, 의회에 보내는 메시지, 혹은 선포가 될 것이다. 어느 누구도 그를 대신해서 말할 수 없다는 것이다. 보다 간단히 말해서 이런 사적인 대화에서 그가 말한 것이라고 그에게 돌리는 어떤 천명도 거부할 권리를 보유한다고 루즈벨트는 천명했다.[325]

기자들과 다른 사람들은 각료들, 입법부 의원들, 그리고 다른 공직들과 대화에 그것이 적용될 때 그 논리를 받아들였을 것이지만 그러나 많은 사람들은 루즈벨트가 그 금지에 언론인들을 포함했을 때 너무 멀리 나갔다고 생각했다. 그러나 루즈벨트는 단호했다. 대다수의 언론인들은 루즈벨트의 기본 규칙들을 받아들였다. 그 결과 루즈벨트는 그가 말한 것이 그에게 불리하게 사용될 지도 모른다고 걱정하지 않고서 사태의 자기 측면을 설명하면서 편집자들과 그들의 부하들에게 생각나는 대로 말할 자유를 느꼈다. 그는 그 대가로 여론의 상태에 관하여 중요한 정보를 얻었다. 동등한 가치가 있게도 그는 종종 영향

---

325) *Ibid.*, p. 507.

력 있는 공모단에 해당하는 것을 창조했다. 1904년 선거운동 중에 루즈벨트는 자기의 뉴스 네트워크를 거의 24시간 가동했다. 자신의 시간에 대한 다른 요구들이 별로 없어 그는 멀고 가까운 곳의 언론인들에게 편지들을 쓸 충분한 시간을 갖게 되었다. 자신의 책상에서, 그의 사무실에서 어정거리면서, 면도를 하거나 머리를 깎으면서, 그리고 자식이나 그 친구들과 놀이를 하면서도 그는 일종에 백 채널(a back channel) 선거 운동에 해당하는 것을 수행했다.[326]

파커에 대한 자기의 명백한 이점에도 불구하고 루즈벨트는 결정의 날이 다가오자 점점 더 불안해졌다. 뉴욕의 <선>(Sun) 지가 그를 인정했다는 것을 알게 되었을 때 루즈벨트는 아주 걱정스럽고 놀랍다고 말했다. 대통령은 선거권자들의 마음에 관해서 자기 지식의 부족에 관해 고통스럽게 인식하고 있었다. 후보자는 자신의 전망에 대해 결코 많은 것을 알 수 없다고 말하면서 그는 투표들이 계산된 후에 가서야 결과에 자신할 것이라고 덧붙였다. 마지막 순간까지 그는 결과가 막상 막하일 것이라고 생각했다. 그러나 루즈벨트는 파커가 5백 10만 표를 받은 데 비해 7백 60만 표를 받아 민주당 경쟁자에게 엄청난 표차로 승리를 쟁취했다. 늘 그랬듯이 그 차이는 선거인단에서 확대되어 현직 대통령이 총 336 대 140으로 도전자를 물리쳤다. 루즈벨트는 거의 자동적으로 민주당의 옛 국가연합 외의 모든 주를 휩쓸었다. 그는 심지어 미주리에서도 승리했다. 그의 강세는 서부에서 특별히 인상적이었다. 캘리포니아에서 2 대 1로, 그리고 오레곤(Oregon)과 워싱턴 주에서는 4 대 1로 이겼다. 또한 그는 다코타, 네브라스카,

---

326) *Ibid.,* p. 508.

그리고 북부 중서부를 차지했고 미시간에서 그의 다수표는 투표한 50만 중에서 거의 23만에 달했다. 뉴욕 주에서는 17만 5천 표의 차이로 승리했다. 그런 압도적인 승리에 루즈벨트 자신도 놀랐다. 숨을 가다듬으면서 루즈벨트는 그렇게 휩쓸 것이라고는 전혀 생각하지 못했다고 선언했다.[327] 1904년 선거는 많은 것을 노출시켰다. 그때까지 미국에서 과거의 어느 대통령 후보자도 그런 유권자의 투표 차이로 승리한 적이 없었다.

루즈벨트의 압도적인 승리는 그의 반대자들을 경악케 했으며 그의 지지자들을 충족시켰다. 루즈벨트는 자기가 거대한 신임투표에 깊이 명예롭다면서 대통령은 1901년 9월에서 1905년 3월까지 3년 반 동안을 조지 워싱턴이 그런 것을 이해했을 의미에서 자기의 첫 임기로 간주할 것이라고 말했다. 그는 대통령을 2번의 임기로 제한하는 현명한 관습은 형식이 아니라 내용에 관련된다면서 어떤 경우에도 그는 또 한 번의 지명을 위해 후보자가 되거나 지명을 수락하지 않을 것이라고 선언했다. 루즈벨트의 성명은 그에게 가장 가까운 사람들마저 충격을 받았다.[328]

그가 다시는 대통령 후보자가 되지 않을 것이라고 11월 8일에 발표한 것은 루즈벨트에게 낭만적이었다. 이 성명은 권력의 사랑이 옳고 그른 것에 관한 자기의 감각을 삐뚤어지게 만들었다고 주장하는 사람들에 대한 루즈벨트의 반격이었다. 바로 장엄함의 환상이 그를 장악했을 승리의 순간에 그는 권력의 포기를 선언했다. 보다 고결하

327) *Ibid.,* p. 513.
328) H. W. Brands, *T. R.: The Last Romantic,* New York: Basic Books, 1997, p. 514.

거나 보다 드라마틱한 제스처를 정치인에게 기대하기 어려웠다. 그런 제스처를 하는 데 있어서 루즈벨트는 자신의 사적 이익이 아니라 공적인 선을 위해서만 봉사한다는 자기의 주장을 단호하게 확인할 것이라고 믿었다.[329] 루즈벨트는 역시 사나이들 중의 사나이였다.

---

329) *Ibid.*, p. 517.

제17장
미국이 서반구의 보안관(Sheriff)임을 선포

"리더십의 본질은 그것을 사용할 어떤 충동적 강제가 없이 큰 힘을 유지하는 능력이다. 그 힘은 그것을 정의의 대의를 위해서 사용할 필요가 있을 때까지 그리고 그렇지 않는 한 유보되어야 한다."
-시어도어 루즈벨트-

1904년 11월 8일 재선된 시어도어 루즈벨트 대통령은 12월에 백악관의 어느 전임자가 생각했던 것을 넘어서는 정책을 발표했다. 즉, 그는 미국이, 그리고 그것은 사실상 자기 자신이 지금부터는 남북 아메리카, 즉 서반구의 보안관으로 행동할 것임을 선언했다.[330] 이 정책은 곧 먼로 독트린(the Monroe Doctrine)을 뒤따른 "루즈벨트의 귀결(the Roosevelt Corollary)"이라고 불리게 되었다. 그것은 또한 베네수엘라에 관하여 독일 카이저와의 괴로운 경험에 기인한 것이었다. 비록 루즈벨트가 독일의 중재 수락을 조용한 외교적 승리로 간주했지만 그는 독일과 다른 유럽 국가들이 라틴 아메리카의 문제에 끼어들려는 유혹이 계속될 것임을 인정했다. 여러 라틴 아메리카 정부들은

---

330) H. W. Brands, *T. R.: The Last Romantic,* New York: Basic Books, 1997, p. 523.

유럽의 채권자들에게 큰 빚을 지고 있다는 점에서 베네수엘라의 본보기를 따르거나 자신의 전례를 세웠다. 채무가 야기하는 불만에 의해 들어선 그런 정부들이나 때로는 계승자들은 자기들의 빚을 적시에 지불하지 않았다. 독일, 프랑스, 그리고 이탈리아는 베네수엘라에서 발생했던 것처럼 징수자로서 행동하라는 압력을 받고 있었다.

과거처럼 루즈벨트는 그런 문제들에 관해서 두 개의 마음을 갖고 있었다. 그는 라틴 아메리카 대부분의 국가들의 정책에 대한 존경심이 없었다. 그리고 원칙적으로 자결주의자임에도 그는 베네수엘라와 콜롬비아와 같은 무능하고 추악한 정권들은 외부 강대국들에 의해 더 잘 통치되는 때때로 징벌을 필요로 한다는 데 아무런 의심이 없었다. 다른 한편으로 루즈벨트는 어떤 유럽의 강대국도 그 징벌을 실행하도록 허용하길 싫어했다. 왜냐하면 그는 독일과 베네수엘라의 경우에서처럼 나쁜 지도자들의 볼기를 때리고 빚을 징수하기 위해 상륙한 군대가 그들의 주둔을 연장할 이유들을 쉽게 발견할 것임을 두려워했기 때문이다. 그리고 이런 행위는 먼로 독트린을 위반할 것이다. 바꾸어 말해서, 먼로 대통령이 주장했고 또 루즈벨트와 로지 같은 지도자의 박차로 미국이 지난 10년 동안 적극적으로 강화하고 있는 서반구에서 미국의 이익권을 훼손할 것이다.[331]

1823년에 출범할 때 먼로 독트린은 전 서반구에 적용되었다. 루즈벨트가 세실 스프링 라이스(Cecil Spring Rice) 영국 대사에게 보낸 그의 이전 편지에서 언급했던 대로 먼로와 존 퀸시 애담스(John Quincy Adams)는 남쪽으로 스페인과 프랑스의 확장만큼이나 먼 북서지역에

---

331) Ibid.

서 러시아의 잠식을 염려했었다. 이론상으로는 서반구의 건설이 여전히 적용되었지만 그러나 실제로 루즈벨트와 그의 세대는 카리브 해 지역(the Caribbean basin)에 그들의 관심을 집중했다. 캐나다는 영국의 문제였다. 아르헨티나와 칠레는 너무 멀고 또 너무 문명화되어 미국의 관심을 많이 끌지 않았다. 그러나 중앙아메리카와 카리브 해의 섬들은 가깝고, 또 종종 혼돈스러웠다. 그리고 이제 미국의 중대한 동맥들의 하나가 될 것에 위험스럽게 가까운 파나마에서 운하가 건설 중이었다. 발굴을 착수하게 하는 그런 어려움을 경험한 루즈벨트는 어떤 부채를 떼어먹으려는 독재자도 작업장에 공구(wrench)를 던지게 내버려 두지 않았다.[332] 그에게 있어서 파나마 운하 건설의 방해자는 누구도 용서받을 수 없었을 것이다.

곤혹스럽게, 바로 그런 것과 비슷한 일이 당시 도미니카 공화국(Dominican Republic)이라고 종종 불리던 산토 도밍고(Santo Domingo)에서 막 발생하고 있었다. 기나긴 반란의 폭력 선에서 가장 최근에 일어난 혁명이 파나마 운하 조약을 낳은 협상의 종결이 있은 지 단지 몇 주 후인 1903년 말에 발생했다. 루즈벨트는 싸움이 확산됨에 따라 걱정하고 괴롭게 되었다. 왜냐하면 카리브 지역의 말썽은 상원에 의한 파나마 운하 조약의 승인을 복잡하게 만들 것이기 때문이다. 1898년 쿠바에서 발생했던 것처럼 산토 도밍고의 어떤 세력들은 미국을 모욕하는 것이 자신들에게 유리하게 작용할 것이라고 결정했다. 그래서 1904년 2월에 산토 도밍고의 마을에 있는 부두에서 미국인 한 명이 죽임을 당한 뒤 오래지 않아 반란자들이 항구에 있는 미국의 전함

---

332) *Ibid.*, p. 524.

에 불을 질렀다. 루즈벨트 대통령은 그 지역에 있는 미국의 사령관에게 미국인의 생명과 재산을 보호하기 위해 즉각적인 조치를 취하라는 명령으로 반응했다. 사령관에 의해 해석된 이 조치들은 반란자들의 기지를 포격하고 부두의 이웃을 정찰하기 위해 해병대를 상륙시키는 것을 포함했다.[333]

미국의 포격과 해병대의 상륙은 그 상황을 잠시 안정시켰지만 그러나 투쟁 저변의 원천들은 그대로 남았다. 루즈벨트는 산토 도밍고가 혼돈으로 빠져들고 있다면서 1백년 동안의 자유 뒤에 그 나라는 정부가 작동하기에 전적으로 무능함을 보여준다고 말했다. 아주 어쩔 수 없이 그는 그곳에 개입하는 첫 조치를 취해야만 했다. 그는 자기가 더 나아가기 전에 좋아지길 희망했다. 그러나 그는 지나치게 낙관하지 않았다. 조만간 미국이 카리브 해 지역에서 이 모든 작은 국가들에 관하여 보호와 규제의 태도를 취하는 것이 필연적인 것으로 보였다. 그는 가능한 한 미루어지길 희망하지만 그것이 피할 수 없을 것임을 두려워했다. 파나마 문제에서 루즈벨트의 역할에 이어 산토 도밍고에서 군사적 행동은 루즈벨트가 산토 도밍고에 대한 보호령을 협상하려고 시도하거나 어쩌면 그 나라를 아예 병합하려 할 것이라고 미국의 언론에서 추측을 낳았다. 이 추측은 적들에 대항하여 미국의 도움을 얻으려는 사면초가에 몰린 도미니카 정부에 의한 노력에서 나온 것이었다. 루즈벨트가 대통령이 되기 전이었다면 그는 병합의 아이디어를 품었을 지도 모른다. 그러나 아주 중요한 파나마 조약이 여전히 상원에 의한 조치를 기다리고 있는 루즈벨트는 자기의 비판자들에게 방해

---

333) *Ibid.*

할 추가적인 기회를 줄 의향이 없었다. 그는 한 언론인에게 산토 도밍고인들이 제대로 행동하여 어떤 방식으로는 자기가 행동하지 않게 되길 3개월 동안 희망하고 또 기도하고 있다고 말했다. 그는 산토 도밍고에서 경찰관이 해야 할 일이 아닌 어떤 일도 하고 싶지 않다고 말했다.[334)

그러나 루즈벨트가 그런 부인을 한 바로 그날 베네수엘라와 그것의 채권국가들 사이의 이전 말썽을 심판보고 있던 국제 재판소가 루즈벨트로 하여금 자기의 부인을 재고하게 만드는 판결을 발표했다. 헤이그 법원은 독일인들과 영국인들에게 유리하게 판결하여 처음에 그것을 법원에 가져간 일종의 포함외교(gunboat diplomacy)에 대해 승인을 했다. 무력이 성공했다. 그리고 그에 따라 그것이 되풀이될 것으로 기대할 수 있었다. 루즈벨트는 헤이그 법원 판결의 징후를 이해했지만 그러나 1904년 선거가 다가옴에 따라 그는 극적인 어떤 것도 사양했다. 확실히 그는 산토 도밍고를 위해 가장 이로운 것은 모종의 미국 보호령이 되는 것이라고 굳게 믿었다. 만일 그가 순전히 이타적인 인도주의적 의무에 따라 행동한다면 그는 그 섬의 가장 좋은 사람들의 기도를 인정하고 당장 내일이라도 그곳을 부분적으로 소유할 것이라고 비밀리에 말했다. 그러나 환경은 그런 요긴한 일의 부여를 막았다.[335)

정치가 공적인 조치를 배제하는 동안 사적으로 루즈벨트는 정책의 중대한 전환을 위한 토대를 준비했다. 한 필라델피아의 편집자에게

---

334) H. W. Brands, *T. R.: The Last Romantic,* New York: Basic Books, 1997, p. 525.
335) *Ibid.*

대통령은 산토 도밍고와 인접지역에서 대소동과 적절한 미국의 대응에 관한 자기의 견해를 피력했다. 그는 산토 도밍고와 인접지역을 향한 어떤 소유감정이나 혹은 그들의 내부적 문제에 개입할 어떤 욕망도 없다는 것을 되풀이했다. 그러나 미국의 국가이익은 여전히 그런 관여를 강제할 것이다. 절대적으로 필요할 때 질서와 문명의 이익을 위해 이 나라들을 단속하는 것이 미국인들의 의무라고 루즈벨트는 말했다.[336]

루즈벨트는 루트 전쟁장관에게 쓴 편지에서 미국인들이 원하는 모든 것은 모든 이웃 나라들이 안정되고, 질서 있고, 그리고 번영하는 것이라면서 그의 국민들이 스스로 잘 운영하는 어떤 나라도 미국인들의 다정한 우정에 의존할 수 있다고 말했다. 만일 어떤 국가가 산업과 정치적 문제에서 품위 있게 행동할 줄 안다면, 즉 만일 그것이 질서를 유지하고 자국의 부채를 지불한다면, 그러면 그 국가는 미국의 간섭을 두려워할 필요가 없다. 반면에 올바로 행동하지 않는 국가들은 간섭을 요구하고 있는 것이다. 잔인한 잘못된 행동, 혹은 문명 사회의 연계를 일반적으로 풀어주는 결과를 가져오는 무기력은 마침내 어떤 문명 국가의 개입을 필요로 할 것이다. 그리고 서반구에서 미국은 이 의무를 무시할 수 없다고 루즈벨트는 말했다.[337]

루즈벨트 대통령이 의도했던 대로 루트 장관은 그 편지를 쿠바 공화국의 수립의 두 번째 기념식에서 읽었다. 가까운 집단의 반응은 호의적이었지만 그러나 보다 넓은 여론에서 비판자들은 대통령의 오만

---

336) *Ibid.*, p. 526.
337) *Ibid.*

과 관련된 죄를 책망했다. 루즈벨트는 선거운동 기간 동안 조용히 넘기기로 결정했다. 물론 언제나처럼 그는 비판자들의 무지와 사악함을 힐난했다. 그는 루트에게 오직 바보나 겁쟁이만이 그것을 그 밖의 어떤 것으로 취급할 것이라고 말했다. 만일 미국인들이 독일이나 영국에게 카리브 해의 경찰관으로 행동하도록 허용한다면 그러면 미국인들은 거대한 잘못이 발생해도 간섭할 수 없을 것이다. 그러나 만일 미국인들이 유럽의 강대국들에게 손을 떼라고 말하려고 한다면, 그 때는 조만간 미국인들이 스스로 질서를 유지해야만 한다고 루트에게 말했다.[338)]

카리브 해에서 미국의 경찰력에 관한 모든 생각을 시작한 베네수엘라의 곤란이 예상하지 못한 채 재등장하자 루즈벨트는 결정적인 성명에 더욱 더 가까이 갔다. 베네수엘라의 카스트로 대통령은 지불을 거절하고 약간의 미국인들을 포함하여 외국의 재산을 장악함으로써 헤이그 법원의 판결에 대응했다. 그는 또한 몰수된 재산들 중 하나에 관련하여 미국인 한 사람을 체포하고 잠시 동안 감금했다. 루즈벨트는 헤이 국무장관에게 카스트로가 몰락으로 달려가는 것 같다면서 그가 몰락해야 한다면 미국이 그렇게 해주는 것이 더 낫다는 것이 자기의 인상이라고 말했다. 루즈벨트는 계속해서 물론 미국인들이 주말에 작전하길 원하지 않지만 그러나 선제적 조치를 취해서 카스트로에게 예리한 교훈을 주도록 결심을 해야 한다고 말했다. 대통령은 베네수엘라의 세관들을 장악하기 위해 해병대의 파견을 제안했다.

루즈벨트는 정복하려는 것이 아니라는 것을 과시하기 위해서 미국

---

338) *Ibid.*, pp. 526−527.

은 그후 세관을 헤이그 법원의 대표들에게 넘겼다. 잘못된 행동을 향하여 보다 엄격한 태도에 관해서 그의 모든 힌트들을 보여준 후에 안전하게 재선된 루즈벨트가 먼로 독트린의 당연한 귀결을 발표했을 때 그것은 아무런 큰 놀라움 없이 나왔다. 81년 전의 먼로처럼 루즈벨트도 그의 새로운 메시지를 의회에 보내는 그의 연례 신년사에 포함시켰다. 그의 시도의 본질은 길지만 단 하나의 문장으로 나타났다:

"만성적 비행, 혹은 문명사회의 유대를 약화시키는 무기력은 다른 곳에서처럼 아메리카에서도 문명국가에 의한 개입을 궁극적으로 필요로 하며 서반구에서 미국의 먼로 독트린에 대한 준수는 제아무리 마지못해서일지라도 미국으로 하여금 그런 비행이나 무기력의 노골적인 경우들에서 국제 경찰력을 행사하도록 강제할 것이다."[339]

그러나 루즈벨트는 결코 몇 마디로는 충분하다고 생각하지 않는 사람이었다. 그래서 그는 계속해서 미국은 이웃 국가들의 문제에 간섭할 욕망이 없다고 말했다. 미국은 오직 마지막 수단으로만 개입할 것이며 그리고 그때에도 국내외에서 그들의 정의를 행할 무능력이나 용의성의 결핍이 미국의 권리를 위반하거나 혹은 아메리카 국가들 전체에 손상이 되는 외국의 침략을 초래하는 것이 분명해질 경우에만 그렇게 할 것이라고 말했다. 훌륭한 시민정신이 개인들에게뿐만 아니라 국가들에게도 적용되었다. 아메리카에 있든 아니면 다른 곳 어디에 있든 자국의 자유와 독립을 유지하길 갈망하는 모든 국가는 그런 독립의 권리가 그것을 잘 이용하는 책임으로부터 분리될 수 없다는

---

339) *Ibid.*, p. 527에서 재인용.

것을 궁극적으로 깨달아야만 한다고 루즈벨트는 말했다.[340]

적어도 카리브 해 지역에서 어떤 국가가 자신의 독립을 선용하는지 그리고 언제 그렇지 않은지를 결정하는 권리를 루즈벨트는 자신에게 유보했음은 당연했다. 루즈벨트는 언제나 자신을 그리고 비슷한 의견을 가진 다른 미국인들을 외국의 행동에 대한 정당성에 판결을 하는데 특히 적합하다고 간주했다. 그러나 지금까지 신세계에서 가장 강력한 직책을 가진 루즈벨트 대통령이 자기 판단을 강요하는 그런 범주를 향유하지는 못했다. 모두가 알고 있는 것으로 충분했다.

---

340) *Ibid.*, p. 528.

제18장
러일전쟁에서 평화의 중재자로 노벨평화상을 수상

"평화는 약하고 근시안적이며 게으른 사람들 사이에서 흔하다.
반면에 용기는 사악한 성질과 나쁜 성격의 소유자들 가운데에서 많이 발견된다.
그러나 어느 것도 그 자체로는 쓸모가 없다. 국가 간의 정의와 인류의 향상은
지혜를 가지고 평화를 사랑하지만 그러나 평화보다는 공정함을 더 사랑하는
강력하고 담대한 사람들에 의해서만 성취될 수 있다."
-시어도어 루즈벨트-

1905년 3월 4일 시어도어 루즈벨트는 그의 두 번째 대통령 취임선서를 했다. 그는 취임사를 어렵게 읽었다. 비단 코안경 리본이 그의 옆 얼굴을 때리고 있었다. 자기의 부인과 의사 릭시(Rixey)를 제외한 누구도 최근 권투의 타격으로 인해 그가 왼쪽 눈의 시력을 잃어가고 있다는 사실을 알지 못했다. 그는 양손으로 자기가 읽는 카드를 단단히 잡아야만 했다.341) 취임사의 길이는 기대에 벗어났다. 그는 6분 정도만 말했으며 수사학적 꾸밈도 별로 없고 실질적인 것에 관해서는

---

341) Edmund Morris, *Theodore Rex,* New York: Random House, 2001, p. 376.

아무 말도 하지 않았다. 수천 명의 구경꾼들은 새 상원이 특별히 소집되고 외무 장관들은 그가 러일전쟁을 중재하길 기대하고 있는 상황에서 의도적으로 가능한 대중에게 단조로운 얼굴을 보여주는 대통령을 이해하지 못하고 약간 어리둥절한 채 환호했다.[342]

루즈벨트는 1904년 "루즈벨트의 귀결"을 선포한 뒤 신세계(the New World)에서 가장 강력한 사람이 되는데 만족하지 않고 있음을 곧 보여주었다. 그는 구세계(the Old World)에서도 역시 결정적 영향력을 모색했다.[343] 1904년에 들어서면서 일본과 러시아는 동북아시아의 주도권을 위한 치명적 대결에 빠져 있었다. 구 전쟁은 포트 아서(Port Arthur, 뤼순)에 있는 러시아 함대에 대한 놀라울 정도로 성공적인 일본의 기습으로 시작했다. 루즈벨트는 일본의 대담한 시도를 칭송하지 않을 수 없었다. 그는 그 전쟁을 면밀히 추적했다. 대통령은 2월 중순에 러시아인들이 현재의 곤란을 자초했다고 생각했다. 수년 동안 러시아는 극동에게 아주 나쁘게 행동했다. 미국을 포함하여 모든 국가들을 향한, 그러나 특별히 일본을 향한 러시아의 태도는 아주 고압적이었다. 루즈벨트는 일본과 러시아의 충돌을 기대했다. 그의 주된 두려움은 러시아가 일본에 승리하여 그 어느 때보다도 더 기분 나쁘게 되는 것이었다. 그는 일본의 승리를 아주 기뻐했다. 왜냐하면 "일본은 미국의 게임을 하고 있었기 때문이다."[344]

일본이 미국의 게임을 계속하는 한 루즈벨트는 그 싸움에서 거리

---

342) *Ibid.*, p. 377.
343) H. W. Brands, *T. R.: The Last Romantic,* New York: Basic Books, 1997, p. 528.
344) *Ibid.*, p. 529.

를 유지했다. 그는 러시아의 현 상황에 대해서 좋은 말을 거의 하지 않았다. 그는 스프링 라이스 영국 대사에게 이렇게 말했다:

"러시아인들이 올바른 방향 전환을 한다면 슬라브인들의 미래를 믿지만 그러나 그것이 참담한 폭정 하에 있는 동안에는 어떤 인종의 미래도 믿지 않는다. 일본인들은 아리안 족이 아니고 비기독교인들이었지만 그들은 러시아인들과 같은 그런 폭정의 무게 하에 있지 않다. 그러므로 비록 러시아인들이 근본적으로 우리에게 더 가깝거나 아니면 기회가 주어진다면 그렇게 될 수 있겠지만 그들은 현재 실제로 더 가깝지 않다. 우리들처럼 느끼는 사람들은 오늘날 러시아에서 사는 것보다는 일본에서 사는 것이 더 행복할 것이다."[345]

루즈벨트는 일본이 러시아의 공식적 얼굴에서 거만하게 천박한 미소를 빼앗을 것을 불평하지 않는 반면에 전쟁에서 결정적인 일본 승리의 생각도 달갑지 않았다. 루즈벨트는 "만일 일본인들이 이긴다면 슬라브족뿐만 아니라 우리 모두가 동아시아에서 새로운 강대국의 출현을 예상해야만 할 것"[346]이라고 걱정했다. 미국을 포함하여 그 지역에서 영향력 있는 다른 경쟁자들에게 일본과 중국의 바다들을 접하는 땅들은 많은 것들 중에서 하나의 이익을 대변했다. 일본에게 그 땅들은 모든 것이었다. 지금까지 여러 경쟁국들 사이에서 대충 힘의 균형이 어느 한 강대국이 동아시아의 거대한 상(prize), 즉 중국을 장악

345) H. W. Brands, *T. R.: The Last Romantic,* New York: Basic Books, 1997, p. 529 에서 재인용.
346) *Ibid.,* p. 529.

하는 것을 막았다. 그러나 러시아에 대한 결정적 승리는 당연히 일본에게 유리하게 균형을 기울게 할 것이고 또 일본으로 하여금 그 상을 장악하도록 유혹할 것이다.[347]

만일 일본이 중국을 재조직하려 착수한다면 전 세계가 경계해야만 할 것이다. 백인종들에 관한 한 균형의 중심부에 진정한 변환이 있을 것이다. 개인적으로 루즈벨트는 첫 번째 아니면 가능하게는 두 번째로 거대한 문명 강대국들을 만들 길을 따라 스스로 발전하고 또 중국을 발전시키려 할 것이지만 그러나 물론 문명은 백인종들과는 다른 형태가 될 것이라고 믿었다:

> "인종이 결정적인 역할은 아니라 해도 역할을 할 것이다. 단지 인종이 그런 엄청난 차이를 야기할 것임을 의미하지는 않지만 우리 식으로 교육받아 그들의 감정과 사고방식에서 우리와 거의 같아 보이는 일본인들과 심지어 중국인들도 만났으나 그러나 그들은 자기들 조상들의 문명의 무게가 우리처럼 되는 것을 막을 것이다."[348]

이런 말 뒤에, 루즈벨트는 전쟁의 현 단계, 즉 결과가 불확실한 때에 그런 생각은 단지 추측에 지나지 않는다는 사실을 인정했다. 아직 누구도 일본의 전략이 무엇인지 혹은 러시아의 예비병력이 얼마나 될 것인지에 대해 충분히 이해할 수 없다고 말했다. 두 강대국 모두가 아주 지칠 때까지 싸울 것이고 그리고 나서 황화(the yellow peril)나 슬

---

347) *Ibid.*

348) H. W. Brands, *T. R.: The Last Romantic,* New York: Basic Books, 1997, p. 530 에서 재인용.

라브 화(Slav peril)의 창조를 의미할 조건에서 평화가 올 것이라고 루즈벨트는 스프링 라이스에게 말했다.[349]

봄과 여름이 지나면서 일본군은 포트 아서(뤼순)를 포위하고 만주에서 러시아인들의 추방을 위협했다. 6월에 대통령은 일본대사인 고토로 타카히라(Kotoro Takahira)와 하버드 대학교 동창인 영향력 있는 일본 민간인 겐타로 가네코(Kentaro Kaneko)와 오찬을 함께했다. 루즈벨트는 일본군의 성공에 대한 찬양을 표했지만 그러나 일본이 승리에 도취하여 무례하고 침략적인 행동을 시작하지 않을지 두렵다고 솔직하게 말했다. 말할 필요도 없이 이것은 일본의 이웃 국가들에게 불쾌할 것이다. 그러나 어쩌면 그 표현은 일본에게 훨씬 더 불쾌할 수 있을 것이다. 이런 걱정을 피력한 뒤에 루즈벨트는 자기는 그런 미리 정해진 그런 결과가 올 것으로 보지 않는다고 자기의 손님들을 안심시켰다. 그는 일본이 그들에게 뭔가를 가르치고 또 뭔가를 배우면서 거대한 문명국가들 사이에서 자리 잡기를 희망한다고 말했다. 그는 미국이 카리브 지역에서 최고의 지위에 있는 것과 꼭 마찬가지로 일본이 황해(the Yellow Sea) 주변 지역에서 최고 지위에 있는데 반대하지 않을 것이다. 그러나 미국이 쿠바를 존중한 것보다도 작은 나라들을 정복하려는 더 많은 욕망을 보이지 않고 또 미국이 서인도에서 영국과 프랑스에 보인 것보다도 강대국에게 더 많은 호전성을 보이지 않길 루즈벨트는 희망했다.[350]

타카히라 대사와 가네코와 만남에서 루즈벨트는 말을 주저하지 않

---

349) *Ibid.*, p. 530.
350) *Ibid.*, pp. 530 – 531.

앉다. 일본은 동북아에서 제한된 목적을 갖고 있었다. 일본은 일단 원하는 것을 얻으면 거기에서 멈출 것이다. 황화에 관해 엉성한 말을 하는 미국인들은 일본이 동일한 경험을 했다는 것을 기억해야 할 것이다. 즉, 일본은 13세기 몽골의 침공 형태로 자신의 황화를 경험했었다. 많은 미국인들은 일본이 필리핀에서 미국의 지위를 위험하게 한다고 생각하는 것처럼 보였다. 이것은 전적으로 잘못된 것이었다. 일본은 필리핀에서 미국의 우월성을 존중할 것이다. 루즈벨트는 걱정하지 않는다고 대답했다. 그는 미국이 일본에게 침략을 위한 어떤 명분도 제공하지 않을 것이라고 말했다. 그러나 그는 만일 침략해 온다면 미국은 자신을 방어할 충분한 능력이 있을 것이라고 덧붙였다.[351]

그후 몇 달 동안 루즈벨트는 일본이 강대국가들의 세계 속으로 선도하는 것을 도울 각오였다. 다른 것에서도 그러는 것처럼 미국의 선거가 어떤 드라마틱한 시도도 연기했다. 그리하여 전투장과 바다에서 일본의 계속적인 성공도 그랬다. 상황이 그것의 방식으로 전개되자 일본은 총검을 서류가방과 바꾸려고 서두르지 않았다. 일본인들에 대한 루즈벨트의 존중은 그들의 뛰어난 능력에 대한 각 보고서와 함께 성장했다. 12월 하순에 그는 조지 메이어(George Meyer) 주 러시아 대사에게 러시아는 대부분의 곤란을 스스로 자초했다고 말했다.[352]

1905년 처음 몇 달 동안 일본의 승리가 계속되었다. 2월에 포트 아서(뤼순)가 떨어졌고 일본군이 만주에서 깊숙이 치고 들어갔다. 그럼에도 러시아인들은 여전히 전쟁의 종식을 모색하길 거부했다. 그들

---

351) *Ibid.*, p. 531.
352) *Ibid.*, p. 532.

은 일본 해군을 박살내기 위해 인도양을 통과하고 있는 발틱 함대(the Baltic Fleet)에 희망을 걸고 있었다. 러시아의 배들은 5월 하순에 도착했다. 5월 27일 쓰시마(Tsushima) 전투는 트라팔가(Trafalgar) 해전 이후 가장 큰 교전이었다. 세계가 경악하게도 일본은 4척의 새 전함을 포함하여 22척의 러시아의 배들을 침몰시키고 7척을 포획했다. 일본은 그 과정에서 오직 3척의 어뢰정만을 잃고 4천 명의 러시아 수병들을 죽였다. 러시아의 로제스트벤스키(Rozhdestvenski) 제독은 포로가 되었다. 발틱 함대는 쓰시마 해협의 전투에서 완전히 괴멸되었다.[353] 차르의 굴욕은 완전했다. 루즈벨트는 역시 놀랐다. 그는 일본인들이 버틸 것이라고 생각했지만 그들이 러시아인들을 그렇게 철저하게 분쇄할 것으로는 확실히 기대하지 않았다.[354]

이 절정의 전투는 모든 당사자들에게 전쟁이 충분히 이루어졌다고 확신시켰다. 러시아인들은 마침내 그들이 상실한 것을 회복하지 못하리라는 것을 깨달았다. 일본인들은 자신들의 입장을 입증했고 과잉전개를 원하지 않았다. 유럽의 강대국들은 동북아에서 적어도 균형의 모습을 보존할 신속한 타결을 희망했다. 게다가, 독일의 황제는 극동에서 재앙이 러시아에서 혁명의 악마들을 촉발시키지 않을까 하고 두려워했다. 그는 러시아의 혁명이 폭발되면 그것이 자국을 포함하여 다른 국가들의 정권에 대항하여 터져 나올 지도 모른다고 염려했다. 루즈벨트는 러시아에서 작은 혁명에 신경을 쓰지 않았지만 유럽인들과 상당히 동일한 견해를 취했다. 그는 타카히라 일본 대사가 자기에

---

353) Edmund Morris, *Theodore Rex,* New York: Random House, 2001, p. 387.
354) H. W. Brands, *T. R.: The Last Romantic,* New York: Basic Books, 1997, p. 533.

게 요청하지 않는 척하면서도 러시아인들이 거래에 임하도록 설득해 달라는 고도의 비밀 접근에 회의적으로 반응했다.[355] 요컨대 일본인들은 전쟁을 끝내길 원했지만 그러나 그렇게 보이길 원치 않았다.

루즈벨트는 러시아의 대사에게 타진했다. 그는 처음에 러시아는 백인종의 전쟁을 하고 있다는 취지로 루즈벨트가 그의 습관적인 길고 복잡한 얘기로 대답했다. 루즈벨트는 그렇다면 러시아가 왜 다른 백인들을 그렇게 나쁘게 취급하느냐는 의문으로 그에 답변했다. 상트 페테르부르크의 외교사절에 안달이 난 루즈벨트는 러시아의 수도에 있는 미국 대사를 통해 차르를 접촉했다. 이번에 반응은 비호의적이 아니었지만 그러나 여전히 조심스러웠다. 러시아인들은 일본인들 못지 않게 평화를 청구하는 것으로 보이길 원하지 않았다. 양국은 기이하게도 모두 워싱턴에서 만나기를 원했지만 루즈벨트는 그들이 헤이그에서 만나는 것이 훨씬 더 좋을 것이라고 생각했다. 양측은 각각 협상을 통해서 얻을 수 있는 것에 대하여 과장된 생각을 품고 있는 것으로 보였다. 도쿄의 최근 행동들의 근거에 입각해 루즈벨트는 의심할 여지없이 일본은 일본의 이익이 요구하는 것보다 훨씬 많은 것을 갈망할 것이라고 예측했다. 러시아는 더 안 좋았다. 주된 문제는 러시아인들이 그들의 정책이 가져온 패배에 적합한 어떤 징벌도 지불하지 않고 피해가려고 시도할 것이라는 점이었다.[356]

루즈벨트는 양측의 기대를 현실에 부합하게 하려고 최선을 다했다. 이 목적을 향해서 그는 마지못해 워싱턴을 회의 장소로 받아들이고

---

355) *Ibid.*
356) *Ibid.*, p. 534.

기본 규칙을 정하는 중간자로서 행동했다. 일본인들은 그들의 협상 대표들에게 완전한 결정권을 부여할 의도였다. 대통령이 러시아인들에게도 그렇게 하도록 촉구하는 동시에 루즈벨트는 일본에게 협상대표의 정확한 권한은 중요한 문제가 아니라고, 분명히 그 문제로 협상을 지연시킬 만한 그런 일이 아니라고 말했다. 루즈벨트는 결코 좋은 직업 외교관이 될 수 없었을 것이다. 왜냐하면 그는 너무 초조해했기 때문이다. 그는 거대한 인적 및 경제적 비용으로 1년간 전쟁을 계속하기보다는 일본은 유리한 조건을 얻을 수 있다면 평화로 가는 것이 진정한 일본의 이익이다. 만일 러시아가 동아시아에서 축출되지 않고 10년 전에 비해 물질적 축소 없이 동아시아에서 자국의 국경선이 그대로 남을 수 있다면 러시아는 지금 평화로 가는 것이 훨씬 더 좋을 것이라고 루즈벨트는 로지 상원의원에게 말했다. 그것은 미국에게도 이익이었다. 러시아의 승리는 문명에 대한 타격이 될 것인 반면에 동아시아의 강대국으로서 러시아의 파괴는 불행일 것이다. 러시아는 일본과 마주하도록 남아서 각국이 서로에게 온건한 행동을 하는 것이 최선이라는 견해를 루즈벨트는 갖고 있었다.[357]

이 상호간의 온건한 행동이 루즈벨트의 목적이었다. 그는 일본과 러시아의 정부에 계속해서 압력을 넣어 그들의 완강한 자세를 중지하고, 그들의 사전 조건들을 취소하고 전쟁을 끝내는 일에 전념하라고 촉구했다. 이 두 정부들은 한 걸음 전진했다가 한 걸음 후퇴하고, 그리고 두 걸음을 옆으로 갔다가 다시 모두가 열기로 동의한 다가오는 평화회담에서 원하는 것을 얻으려고 노력했다. 물론 그 사이에 양국

---

357) *Ibid.*

의 군인들은 계속해서 죽어갔다. 마침내 루즈벨트의 고집이 효과를 보았다. 러시아와 일본은 평화회담에 자기들의 외무장관들을 보내기로 합의했다.358) 일본에 대한 루즈벨트의 칭송은 이제 정점을 지났다. 그는 여전히 작은 섬 제국이 육지와 바다에서 러시아에게 굴욕을 준 것에 놀라워했다. 그러나 일본이 그런 기적들을 달성한 바로 그 효율성이 루즈벨트로 하여금 일본이 할 수 있는 미래의 팽창을 의심하게 만들었다. 이제 그는 미국이 보다 많은 전함을 주문하고 그것들을 더 크게 구축하고 더 빨리 진수해야 한다고 훨씬 더 많이 확신했다.359)

1905년 7월 초에 존 헤이 국무장관이 사망하자 그는 후임으로 전 전쟁장관이었지만 지금은 사적인 삶을 살고 있는 엘리후 루트(Elihu Root)를 임명했다. 루즈벨트는 루트가 미국에서 국무장관으로 최선의 인물이라고 말했지만 외교라는 피아노를 치는데 습관이 된 대통령은 재능 있고 유능한 루트 국무장관에게도 피아노 건반을 포기할 생각이 없었다. 루즈벨트는 자기 자신의 국무장관이길 좋아했고 또 그는 자기가 좋아하는 것을 할 수 있는 지위에 있었다.360) 행복하게도 대통령은 일본의 타로 가쓰라(Taro Katsura) 수상 정부를 달래기에 확실한 방법으로 자기의 메시지를 전달할 두 사람의 효과적인 특별 사절에 의존할 수 있었다. 그들은 이제 21살이 된 그의 장녀인 앨리스(Alice) 와 윌리엄 하워드 태프트(William Howard Taft)361) 전쟁장관이었다. 루즈벨트는 그 두 외교 사절을 <만추리아>(Manchuria)라는 증기선에

358) *Ibid.,* p. 535.
359) Edmund Morris, *Theodore Rex,* New York: Random House, 2001, p. 397.
360) H. W. Brands, *T. R.: The Last Romantic,* New York: Basic Books, 1997, p. 536.
361) Jeffrey Rosen, William Howard Taft, New York: Times Book, 2018.

태워 지구의 반 바퀴를 도는 항해를 시켰다. 그 배에는 약 30쌍의 의회 의원들 부부와 직원들과 하인들이 함께하고 있었는데, 그 항해는 태프트 일행에 대통령 대표단의 분위기를 주었다. 그의 주된 목적은 의원들을 필리핀의 여행에 데려 가는 것이라고 주장했다. 그러나 루즈벨트는 태프트에게 공개적일 뿐만 아니라 사적인 이유에서 일본을 먼저 방문하라고 요구했다.[362] 앨리스는 이제 확실한 명사였다.

그들이 1905년 7월 25일에 도쿄에 도착했을 때 앨리스는 일본인들을 너무나 황홀하게 하여 의원들의 부인들은 배에서 내리지도 않았다. 그녀는 독립적 서양식 방식에도 불구하고 현지 문화에 맞추어 일본 천황과 오찬을 하면서 몇 시긴 동안 피로함이 없이 다리를 꼬고 앉았다. 그녀는 태프트 장관이 가쓰라 수상과 식사를 할 때에도 역시 함께 앉아 있었지만 자기 아버지의 평화 수립에 직접적으로 영향을 주는 일을 위해 두 사람이 일하는 것에 대해 전혀 알지 못했다. 7월 27일 그들은 "대화의 메모랜덤(memorandum of conversation)"에 동의했다. 태프트는 그것이 전문으로 즉시 백악관으로 전송할 만큼 충분히 중요하다고 생각했다. 비록 그 메모랜덤이 무엇에 위해서가 아니라 오직 무엇에 관해서만 동의한 것이지만 그것은 동아시아에서 일본의 안보와 서태평양에서 미국의 안보 관련해서 비공식적 의도의 솔직한 선언이었다.

자국의 대통령을 대변하는 태프트와 자국의 천황을 대변하는 가쓰라였기에 그 대화는 행정부의 특권(행정협정)을 향유했다. 그리하여 어느 쪽의 입법부 의원들도 그것을 비준하거나 혹은 심지어 그것에

---

362) Edmund Morris, *Theodore Rex,* New York: Random House, 2001, p. 399.

관해서 알 필요가 없었다.363) 그후 20년간 드러나지 않은 이 만남은 그 지역에 지속적인 결과를 갖게 될 것이다.364) 강요할 수는 없지만 도덕적으로 구속력이 있고, 우호적이지만 그러나 경계하는 것으로 그것의 중요성은 일본을 일급 강대국으로 인정할 평화조약의 상정된 협상의 단지 몇 주 전에 이루어졌다는 타이밍(timing)에 있었다. 태프트는 하와이와 필리핀이 다가오는 미래에 위협을 받지 않을 것이라는 가쓰라 수상의 보장을 원했다. 그리고 가쓰라는 코리아(Korea)를 원했다.365) 가쓰라 수상은 코리아가 러일전쟁의 직접적인 원인이었다고 주장하면서 일본은 군사적 성공의 논리적 귀결로 코리아 반도에 종주권(suzerainty)의 자격이 있다고 말했다. 코리아인들이 과거에 그랬던 것처럼 그들의 운명을 잘못 관리하도록 허용하는 것은 앞으로의 전쟁을 초래하거나 아니면 이 전쟁의 무한한 연장을 초래할 뿐이다. 가쓰라가 태프트에게 특별히 중요한 주제라고 이해한 가쓰라는 필리핀에 관해서 일본의 유일한 이익은 필리핀이 미국과 같이 강력하고 우호적인 국가에 의해서 통치되는 것을 보는 것이다. 만일 "같이"라는 단어가 살짝 모호성의 힌트를 전달했다고 할지라도 태프트는 그것을 알아차리지 못한 것 같았다. 그리하여 그는 수상의 강조하는 어조에 의해 격려되었다.366)

태프트는 자기 판단에 루즈벨트 대통령이 코리아에 대한 일본의

---

363) *Ibid.*

364) Doris Kearns Goodwin, *The Bully Pulpit: Theodore Roosevelt, William Howard Taft and The Golden Age of Journalism,* New York: Simon & Schuster, 2013, p. 432.

365) Edmund Morris, *Theodore Rex,* New York: Random House, 2001, p. 399.

366) *Ibid.*

견해에 동의할 것이라고 말했다. 그러나 그는 1882년에 체결된 미국과 코리아 간에 체결된 통상조약을 폐기할 권한이 없다고 주의를 주었다. 만일 수상이 더 많은 동의의 증거를 필요로 한다면 그가 할 수 있는 최대의 일은 그들의 대화 내용을 루즈벨트 대통령과 루트 국무장관에게 전달하는 것이라고 태프트는 말했다. 태프트는 전신문에서 만일 그가 너무 자유롭게 혹은 부정확하게 혹은 자신도 모르게 말했다면 그것을 정정할 수 있고 또 그럴 것이라면서 반대할 것이 있느냐고 물었다. 루즈벨트 대통령은 간결한 두 문장으로 답변했다:

> "가쓰라 백작과 당신의 대회는 모든 면에서 절대적으로 옳다. 가쓰라에게 당신이 말한 모든 단어를 확인한다고 말할 수 있기를 바란다."[367]

루즈벨트에 관한 한 코리아는 러시아의 식민지나 아니면 중국의 식민지로 사는 것보다는 일본의 식민지로 사는게 더 나았다. 그러면 미국의 이익이 크게 향상될 것이다.[368]

루즈벨트는 워싱턴을 러일 간의 평화회담 장소로 이미 수락했음에도 불구하고 루즈벨트는 협상 장소를 바꾸는데 성공했다. 워싱턴의 여름은 심지어 그곳의 원주민들에게도 시련이라고 지적하면서 러시아와 일본의 보다 선선한 기후에서 오는 외교관들에게 8월은 아주 맥빠지게 할 것이라고 말했다. 뉴 잉글랜드가 훨씬 더 편안할 것이다. 게다가 그는 어쨌든 워싱턴에 있지 않을 것이며 오이스터 베이에 여

---

367) *Ibid.*, p. 400.
368) *Ibid.*

를 백악관을 정할 것이다. 그는 회담 장소를 워싱턴을 피해서 뉴 햄프셔 주의 포츠머스(Portsmouth)로 결정했다. 러시아와 일본 정부는 아무런 진지한 불평이 없이 포츠머스를 회담 장소로 수락했다. 포츠머스로 가는 길에 러시아와 일본의 협상 대표들은 롱 아일랜드(Long Island)에서 루즈벨트 대통령을 방문했다. 일본의 수석 협상대표인 주타로 고무라(Jutaro Komura)가 먼저 도착해서 일본인들에 대한 루즈벨트의 대체로 긍정적인 의견을 높였다. 루즈벨트는 고무라의 인상이 호의적이었다고 태프트 전쟁 장관에게 말했다. 고무라의 상대역인 러시아의 세르게이 비테(Sergei Witte)는 루즈벨트에게 고무라에 비해 덜 인상적이었다.[369]

포츠머스 평화회담에서 가장 어려운 사항은 러시아가 일본에게 배상금을 지불할 지의 여부였다. 일본 정부는 자국의 국민들에게 전쟁에서 희생된 사람들을 보상하는데 도움이 될 멋진 배상금을 기대하게 만들었다. 반면에 이미 많은 것을 잃은 러시아인들은 당연히 더 많은 것을 포기해야 하는데 저항했다. 협상으로부터 물리적 거리를 유지하면서 루즈벨트는 포츠머스에서 진전과 진전의 부족을 철저히 평가했다. 로만 로젠(Roman Rosen) 러시아 대사가 사가모어 힐(Sagamore Hill)로 자주 찾아와 루즈벨트를 만났다. 마찬가지로 일본을 위해 가네코(Kaneko)도 그랬다. 예전처럼 일본인들은 루즈벨트에게 전쟁에서 여전히 재앙의 깊이를 수락할 수 없거나 아니면 수락하지 않으려는 것으로 보이는 러시아인들보다는 훨씬 더 합리적으로 보였다. 일본인들은 그들의 여러 개의 초기 요구들을 조용히 집어치우고 러시아로부

---

369) H. W. Brands, *T. R.: The Last Romantic,* New York: Basic Books, 1997, p. 537.

터 그들이 처음에 제안했던 것보다 더 작은 배상금의 지불을 수용하려고 했다. 더구나, 그들은 배상금이라는 용어를 사용하지 않겠다고 제안하고 러시아인들이 그것을 사할린 섬의 남부에 대한 통제권을 일본으로 이전을 위한 지불이라고 부르게 했다. 그 섬의 반인 북부는 일본에 의해서 러시아에 복귀될 것이다.

일본의 이런 제안으로 루즈벨트는 일본이 공정한 것으로 생각했다. 그래서 그는 러시아인들에게 그렇게 말했다. 그는 차르 니콜라스(Nicholas)에게 편지로 수락할 것을 촉구했다. 루즈벨트는 만일 평화가 그런 조건으로 실제로 얻어질 수 있다면 그것은 양국에게 정당하고 명예로울 것이며 평화가 이렇게 얻어질 수 있을 때 전쟁을 계속한다는 것은 무서운 참화일 것이라고 말했다. 그와 동시에 루즈벨트는 미국 주재 독일 대사인 자기의 옛 친구인 스펙 폰 슈테른부르크(Speck von Sternburg)에게 그가 차르에게 말하고 있는 것을 언급하면서 독일의 카이저 빌헬름이 그 과업을 위해 그 자신의 설득력 있는 솜씨를 적용하라고 제안했다.[370]

러시아를 일본 쪽으로 밀고 있는 자기의 노력에 대해 차르로부터 반응을 기다리는 동안 루즈벨트는 일본을 러시아 쪽으로 끌어당기려고 시도했다. 그는 일본인들에게 그들의 배상금 요구를 더 낮추라고 촉구했다. 원칙적으로 배상금 지불이 아무리 합리적이라 해도 만일 그것이 협상을 실패하게 한다면 그것은 비합리적일 것이다. 그는 가네코에게 러시아 인들에게 아주 강력하게 평화를 이루라고 권유했다면서 균등하게 일본에게 금전적 배상금을 위해 전쟁을 계속하지 말라

---

370) *Ibid.*, p. 538.

고 강력히 권유한다고 말했다. 만일 일본이 전쟁을 계속한다면 일본에 반하는 여론의 상당한 전환이 있을 것으로 믿는다고 루즈벨트는 덧붙였다. 국제여론은 차치하더라도 만일 일본이 전쟁을 계속한다면 그것은 일본이 배상금으로 러시아인들부터 받아 내길 희망하는 것을 전쟁에서 신속하게 탕진할 것이고 그러면 그것은 현재보다 나을 것이 없을 것이라고 루즈벨트는 가네코를 설득했다.[371]

루즈벨트는 똑같은 주장을 영국 대사에게도 말했다. 1902년 1월 말 이래 영국은 일본의 동맹국이었다. 비록 이 동맹은 러시아와의 전쟁에 적용되지는 않았지만 루즈벨트는 그것이 런던에게 일본이 이성을 보게 하는데 영향력을 행사해 주길 희망했다. 지금까지 영국은 개입하길 거절했다. 루즈벨트는 영국이 즉시 개입해야 한다고 생각했다. 만일 일본이 단지 배상금을 받아내기 위해 전쟁을 한다고 전 세계에 보여준다면 그 효과는 모든 면에서 일본에게 나쁠 것이고 더 나아가서 배상금을 받는 대신에 일본은 보다 많은 것을 잃을 것으로 생각한다고 그는 영국 대사에게 말했다. 그러면서 영국인들이 자기의 견해를 받아들이길 희망했다. 러시아인들이 여전히 고집을 피울 때 루즈벨트는 다름 아닌 러시아의 이익이 일본의 조건에 가까운 것을 수용하는 것이 필요하다는 점을 다시 강조했다. 그런 조건으로 평화를 이루려는 노력을 거절한다는 것은 러시아에게 무서운 재앙을 초래하는 것으로 보인다고 그는 러시아의 수석 대표인 비테(Witte)에게 경고했다. 루즈벨트는 자기가 러시아의 외무장관이라면 그는 절대적으로 정의롭고 명예로운 대안이 있을 때 그런 재앙의 가능성에 책임을 지기

---

371) *Ibid.*

싫어할 것이라고 말했다.372)

일본에 대한 또 하나의 찌르기로, 루즈벨트는 만일 일본이 곧 평화를 이루지 않는다면 일본이 전쟁에서 획득한 것을 잃을 것이라고 다시 설명했다. 일본은 코리아와 만주에서 통제권을 획득했고 러시아의 함대를 파괴하는 데 있어서 자신의 함대를 배가했고 뤼순(旅順), 다롄(大連), 만주철도를 얻었다. 일본은 사할린도 얻었다. 대통령은 전쟁을 멈추기 위해 일본의 이익에 호소했다. 그는 일본의 윤리적 책임도 거론했다. 인종적으로 일본은 이 위기에서 전 세계에 의무를 지고 있는 것으로 보인다면서 문명 세계는 일본이 평화로 가길 기대하고 있다고 가네코에게 말했다. 그러나 회남은 여전히 꼼짝 없이 움직이지 않았다. 거래를 풀어갈 마지막 시도로서 루즈벨트는 구체화된 배상금 대신에 양측이 사할린을 위한 이전 지불금의 양에 관한 중재를 수용하라고 제안했다 일본은 마지못해 동의했지만 러시아는 여전히 거부했다.373)

루즈벨트는 이제 독일 카이저에게 직접 편지를 써서 그가 차르 니콜라스에게 공작하게 했다. 대통령은 일본의 조건은 아주 온건하다고 선언했다. 그러나 차르는 워싱턴에서 오는 어떤 것도 불신하는 것처럼 보였다. 아마도 카이저가 차르 니콜라스의 두려움을 누그러뜨릴 수 있을 것이었다. 그는 카이저에게 그가 자기나 그 밖의 누구보다도 차르에게 더 많은 영향을 미칠 것으로 느낀다고 말했다. 상황이 극도로 긴장되고 전권대사들 사이의 관계가 어느 정도 심각해졌기에 즉각

---

372) H. W. Brands, *T. R.: The Last Romantic,* New York: Basic Books, 1997, p. 539.
373) *Ibid.*

적인 조치가 필요했다. 루즈벨트는 카이저가 이 조건들을 차르에게 즉시 제시함으로써 선도할 수 있겠느냐고 카이저에게 물었다. 이 문제에서 카이저의 승리는 전 문명세계가 그에게 빚을 질 것이라고도 했다. 차르는 카이저를 존경했고 그래서 그에게 확실히 귀를 기울일 것이다. 루즈벨트는 러시아가 카이저의 요청을 어떻게 거부할 지를 자기는 알 수 없다고 편지에 썼다.[374] 그러나 러시아는 회담을 거의 확실한 최종적 교착으로 몰아넣으면서 거절했다. 루즈벨트는 차르의 이해할 수 없는 외고집에 분노와 좌절을 품지 않을 수 없었다. 일본인들이 너무 많이 요구하지만 그러나 러시아인들은 너무나 어리석고 진실을 알지 못하기 때문에 열 배나 더 나쁘다고 루즈벨트는 기록했다.

48시간 동안 회담은 몰락으로 치달았다. 극동에서 전쟁을 재개하기보다는 자국 내에서 막 시작된 혁명을 두려워하고 또 일본에 대항하여 약세가 혁명을 조장할 걸을 두려워한 차르 니콜라스가 이 거부에 고집을 부렸다. 그러나 마지막 가능한 순간에 루즈벨트의 주장이 러시아인들이 아니라 일본인들에게서 먹혀 들었다. 마침내 배상금이 전쟁을 계속하는 비용을 커버하지 않은 것이라는 루즈벨트의 견해로 일본인들이 돌아섰다. 그래서 그들은 그 요구를 철회했다. 루즈벨트는 고무라 남작에게 너무 기쁘다는 전문을 포츠머스로 보냈다. 일본 천황에게 그는 일본이 과시한 지혜와 아량에 대해 진정한 축하를 전달했다. 러시아의 차르에게 보낸 루즈벨트의 메시지는 결과에 축하한다면서 성취된 것에 대한 감사에 모든 다른 진지한 평화의 염원자들의 감정을 공유한다는 보다 자제된 것이었다. 독일의 카이저에게 루즈벨

---

374) *Ibid.*

트는 그의 협력에 대해 깊은 감사를 표현했다.[375]

루즈벨트 대통령은 사적으로 현명했다고 말했다. 러시아인들에 관해서 말한다면 그들은 여전히 화가나 있었다. 루즈벨트는 해결에 만족했다. 그는 모든 것이 결국은 잘되었다고 말했다. 그는 평화가 단지 일본과 러시아에게 정당할 뿐만 아니라 영국과 미국에게도 좋은 것이라고 말했다. 시어도어 루즈벨트는 러일 간의 전쟁을 종결 짓는 이 포츠머스 평화회담에 기여한 공로로 다음해인 1906년에 미국인으로는 역사상 처음으로 노벨평화상을 수상했다.[376]

---

375) H. W. Brands, *T. R.: The Last Romantic,* New York: Basic Books, 1997, p. 540.
376) 러일전쟁과 특히 포츠머스 평화회담에 대해 보다 더 상세한 저자의 논의를 위해서는, 강성학, <시베리아 횡단열차와 사무라이: 러일전쟁의 외교와 군사전략> 서울: 고려대학교 출판부, 1999에서, 특히 "제7장 전쟁의 종결: 포츠머스 평화"(pp. 379 – 428)를 참조. 루즈벨트의 평화 중재자 역할에 관한 보다 일반적 논의를 위해서는, Frederick W. Marks III, *Velvet on Iron* : The Diplomacy of Theodore Roosevelt, Lincoln and London: University of Nebraska, 1979을 참조.

제19장
공정한 거래(Square Deal)의 원칙을 수립

"모든 리더십은 결국 도덕적 리더십이기 때문에
지도자의 신념은 굳건히 수립되어야 한다."
-시어도어 루즈벨트-

권한의 범주가 비교적 헌법의 억제와 균형에 의해 제약되지 않은 외교 문제의 자유를 즐겼던 만큼이나 그는 대통령이 국내에서도 자신의 위치를 얻었다고 이해했다. 그는 러일 간 외교의 와중에 영국의 역사가 조지 트리벨리안(George Trevelyan)에게 편지를 썼다. 자기가 본 문제가 될 것들을 요약하면서 루즈벨트는 이렇게 설명했다:

"기업공동체의 에너지를 마비시키지 않고 대기업을 통제하고 또 임금노동자들이 결합하여 자신들을 향상시키려는 모든 적합한 노력을 정중히 도우면서도 노동조합 측의 어떤 폭정도 막을 수 있는 방법들을 우리는 어떻게든 만들어 내야 할 것이다."377)

---

377) H. W. Brands, *T. R.: The Last Romantic,* New York: Basic Books, 1997, p. 541 에서 재인용.

이 편지는 루즈벨트의 "공정한 거래(Square Deal)"의 기저를 이루는 철학에 관해서 노정하고 있었다. 그리고 후에 가서 그것은 루즈벨트의 "신 민족주의(new nationalism)"로 등장했다.378)

루즈벨트는 기업의 대규모 크기를 근대화 과정의 피할 수 없는 요소로 받아들였다. 문제는 대기업들의 행위에 대한 공적 통제의 부족이었다. 루즈벨트는 북부증권 합동에 대한 자기의 소송으로 반기업합동에 대항하여 진보적 운동을 시작했었다. 북부증권 소송에서 그의 승리에도 불구하고 루즈벨트는 반기업합동을 철학적 대의로 채택하는 것을 거부했다. 부분적으로는 그가 결코 농부나 소기업인이 되었던 적이 없었기 때문에, 그리고 또 다른 부분적으로는 권력을 즐겼기 때문에 그는 결코 자작농부나 정비공 국가의 목가적 이상을 포용하지 않았다. 근대는 강철의 시대였다. 그것은 그가 사랑하는 해군에게 필요했다. 그리고 강철은 가정의 난로에서 만들어질 수 없었다. 강력한 국가는 가장 발전된 산업기술을 고용해야만 했다.379)

루즈벨트가 러시아와 일본 사이에 힘의 균형을 노렸던 것과 꼭 마찬가지로 그는 경영과 노동 사이에 힘의 균형을 모색했다. 루즈벨트는 산업 노동자들과 밀접한 개인적 관계를 결코 갖지 않았지만 그러나 그들이 정직한 사람들이라고 가정했다. 그는 노동자들이 자신들과 자기 가족들의 조건을 개선하는 수단으로 조직할 권리가 있다고 믿었다. 그 과정에서 건전하고 적극적인 조합이 대기업들의 야심을 억제할 것이다. 그러나 현재 그리고 내다보는 미래에 노조들은 가장 큰 기

---

378) *Ibid.*, p. 541.
379) *Ibid.*, p. 542.

업합동과의 오래 투쟁할 힘이 부족했다. 더구나 노조의 지도자들은 기업총수들과 똑같은 유혹에 직면했다. 조직된 노동과 조직된 자본은 누구에게도, 특히 일반대중의 이익에 봉사하지 않았다. 양측에 책임 있는 행위의 규칙을 집행한다는 것이 정부의 과제였다. 그리고 그것은 특별히 연방정부의 과제였다.[380]

루즈벨트는 특별히 연방정부의 감시가 필요한 것으로 철도회사들을 찍었다. 그들의 성질상 그들은 철도가 운영되는 지역에 살고 있는 사람들의 삶과 재산에 대해 독점적 권력을 종종 행사했다. 루즈벨트는 개혁자들의 깃발을 낚아채어 높이 들었다. 정부는 주들 간 통상에 종사하는 철도의 운영을 점차로 감독하고 규제해야만 한다고 루즈벨트는 선언했다. 항상 급진주의를 피하는 루즈벨트는 그가 의도하는 본질적 보수주의를 설명했다: "그런 증가하는 감독만이 한편으로 현재 사악함의 증가에 대해서 그리고 다른 한편으로는 보다 급진적인 정책에 대한 유일한 대안이다."[381]

가장 분명한 종류의 감독은 요금에 대한 권한이었다. 그런 권한이 없이 주간통상협회(the Interstate Commerce Commission)가 크고 작은 운송자들 사이에 공정성을 집행하고 짧은 거리에 물건을 보내는 고객들에게 훨씬 더 긴 거리에 보내는 요금을 물리는 것과 같은 비정상을 바로잡기가 매우 어려웠다. 어떤 규제의 주창자들은 주간통상협회가 단단히 요금을 정해야 한다고 했고 다른 사람들은 최고 한도만 정해야 한다고 주장했다. 루즈벨트는 두 입장의 사이에서 망설였다. 루즈

---

380) *Ibid.*, p. 543.
381) *Ibid.*, p. 544.

벨트는 1905년 11월에 레이 스타나드 베이커(Ray Stannard Baker) 기자에게 만일 협회가 최고의 요금 한도 대신에 요금을 정하는 권한을 갖는 것이 더 좋을 것이라고 생각한다고 말했다. 그러나 신임 법무장관 윌리엄 무디(William Moody)의 권고에 따라 대법원의 태도가 의심스러워 헌법상의 문제를 피하길 희망했다. 그러나 반-철도 광신자들은 강제적인 요금을 원했다. 그리고 그들이 그것을 계속 밀어붙일 때 루즈벨트는 과잉 개입에 대항하여 철도회사들을 옹호해야 하는 예상 밖의 입장에 처할 자신을 발견했다. 자신을 미국 역사상 두 위대한 영웅들의 입장에 세운 루즈벨트는 성공은 중용으로 자르는 것을 필요로 한다는 자신의 마음을 이렇게 재천명했다:

"정치적인 개혁에서처럼 사회적 및 경제적 개혁에서 오만하고 강렬한 반동주의자가 질서에 대한 최악의 친구인 것과 꼭 마찬가지로 난폭한 혁명적 극단주의자는 자유에 대한 최악의 친구이다. 연방정부와 자유의 효과적인 옹호자는 웬델 필립스(Wendell Phillips)와 광신적 폐지론자들이 아니라 링컨이었다. 우리에게 국가적 독립을 확보하고 그리고 나서 그것이 없이는 독립이 축복이 아니라 저주가 되었을 국가적 단결과 질서를 확보하는 데 진정한 일을 한 것은 자유의 폭도 지도자들이 아니라 워싱턴이었다."382)

그러나 베이커와 다른 진보주의자들의 반대에도 불구하고 공화당의 보수주의자들은 루즈벨트가 철도 규제의 추구에서 진정으로 도발했던 사람들이었다. 현상유지의 가장 단단한 방어자들은 상원에서 집

---

382) H. W. Brands, *T. R.: The Last Romantic,* New York: Basic Books, 1997, p. 545 에서 재인용.

단을 이루었다. 반규제주의자들은 이제는 펜실베이니아의 상원의원인 필랜더 녹스(Philander Knox)와 루즈벨트의 오랜 친구이며 보통 믿을 만한 정치적 동맹인 캐벗 로지 상원의원도 포함했다. 만일 요금 투쟁이 루즈벨트와 보수주의자들 사이에 정치적 차이를 가져왔다면 그것은 동시에 루즈벨트와 로지와의 관계에서 일어나고 있는 개인적 변화를 노출했다. 두 사람은 친구로 남았지만 그러나 루즈벨트가 대통령이 되고 특히 1904년 그의 독립적인 승리는 미묘하지만 분명하게 두 사람 사이의 역학 관계를 변화시켰다. 1901년 전에는 두 사람 중 로지가 항상 보다 더 영향력 있고 더 많이 성취했었다. 그러나 그 이후 루즈벨트가 로지를 앞질렀다. 루즈벨트는 로지가 꿈도 꿀 수 없는 권력과 위신 그리고 인기를 획득했다. 로지는 많은 사람들에게 루즈벨트를 저항할 수 없게 만드는 개인적 매력이 부족했다. 상원이 로지가 선거정치에서 갈 수 있는 높이였으며 그도 그것을 알고 있었다. 루즈벨트도 역시 그것을 알고 있었다.383)

요금 투쟁이 결판으로 이동하자 대통령은 로지의 마음을 변경시킬 기회를 위해 로지의 부인에게 접근했지만 루즈벨트는 로지나 혹은 다른 강경 진보주의자들을 움직이는 데 별로 행운이 없었다. 1906년 봄에 루즈벨트는 동맹세력과 반대자들 그리고 유보자들과 끊임없는 협상을 벌였다. 그 과정은 아름답지 않았지만 그러나 마침내 그것이 효과적인 것으로 드러났다. 루즈벨트는 요금을 정하는 문제에서 대법원이 개입할 권한을 증가시키는 공화당 윌리엄 앨리슨(William Allison)의 수정안을 수락했다. 전술적 수정이 승리로 가는 길을 열었다. 1906년

383) *Ibid.*, p. 546.

5월 18일 상원이 그 법안을 승인했다. 그리고 6주 후에 루즈벨트는 그 법안에 서명했다.[384]

루즈벨트는 요금 문제로 철도업자들과 싸우는 동안에도 그는 거대 정육업자들과 붙었다. 그는 업튼 싱클레어(Upton Sinclair)라는 탐사 개혁자가 쓴 작품에 의해 정육업자들에게 관심을 고정하고 있었다. 싱클레어의 유명한 <정글>(The Jungle)은 우연히 정육업계를 청소하라는 요구였다. 그는 자기의 소설에서 정육업자는 자본주의에 대한 집단적인 은유였다. 저자는 노동자들이 통조림 쇠고기가 아니라 자본주의를 통조림 하길 원했다. 루즈벨트는 더 나은 것들을 살 수 있었기에 쇠고기 통조림을 많이 먹지 않았다. 그러나 그는 즉각적으로 정육업에서 오용에 대항하는 선거운동에서 승자를 보았다. 그는 싱클레어의 책을 내려 놓기도 전에 농무장관 제임스 윌슨(James Wilson)에게 싱클레어가 묘사하고 있는 상태들을 조사하라고 지시했다. 정육업계에 대한 조사는 싱클레어가 모든 것에 관해서 속이 뒤틀리게 하는 묘사에서 실질적인 진실을 말하고 있다는 것을 폭로했다. 루즈벨트는 싱클레어에게 편지를 써서 그가 지적한 구체적인 악들이 제거될 것이라고 말했다.[385]

1906년 5월에 비버리지(Beveridge) 상원의원이 정육업이 연방정부 관리들의 검사에 임하고 그리고 통조림 상품에 생산일자를 써 붙이는 것과 같은 다른 개혁들을 수용하게 하는 조치를 도입했다. 대통령은 비버리지 상원의원에 관해서 유보하고 있었지만 그의 조치를 충심으

---

384) *Ibid.*, p. 548.
385) *Ibid.*, p. 549.

로 지원했다. 루즈벨트는 하원 농업분과위원회 공화당 의장이며 정육업자들과 그들의 동맹세력에 보다 수용될 만한 수정안의 작성자인 제임스 워즈워스(James Wadsworth)에게 편지를 써서 과감하고 철두철미하지 않은 어떤 입법도 쓸모가 없을 것이라고 말했다. 이 시점까지 루즈벨트는 정육업계의 오용에 대한 위원회의 보고서 중 구체적인 것을 발표하지 않고 있었지만 그러나 이제 의회에서 정육업자들에 의해 지지부진해지는 것을 직면한 그는 그 보고서를 발표하도록 명령했다. 루즈벨트는 그런 상황에서는 자기 판단이 기초한 사실들이 이제는 의회 앞에 펼쳐져야 한다고 느꼈다.386)

전형적으로, 루즈벨트는 자기 자신을 정육업사들의 최악의 행동에 의해서 위험하게 된 사람들의 이익뿐만 아니라 동시에 목축업자들을 포함하여 산업 그 자체의 이익의 지배인으로 생각했다. 죄 없는 목축업자들을 항구적으로 보호하고 혜택을 주는 유일한 방법은 법에 의해서 철저하고 적절한 감시를 확보하는 것이었다. 루즈벨트는 처음에 워즈워스의 수정안이 자기의 철저하고 엄격한 목적을 달성하기엔 불충분하게 엄격하다고 보았다. 그러나 헵번(Hepburn) 법안에 대해서처럼 대통령은 어떤 제안에도 자신을 묶지 않았다. 루즈벨트의 융통성은 치명적임이 드러났다. 루즈벨트는 궁극적으로 워즈워스의 수정안이 그가 얻을 수 있는 최선임을 인정하지 않을 수 없었다. 의회가 그 법안을 통과시킨 뒤에 그는 승리를 선언하고 거기에 서명했다.387)

또 하나의 다른 쟁점이 루즈벨트답지 않은 모호성을 불러일으켰다.

386) *Ibid.*, p. 550.
387) *Ibid.*, p. 551.

그것은 관세문제로 루즈벨트에겐 혼란스러운 것이었다. 그것은 그에게 양심의 문제가 아니었다. 왜냐하면 비록 그가 보호의 치마 밑에 숨은 부조리와 모호한 명분들을 인식했지만 그는 자유무역을 인정하기에 너무나 민족주의자였고 또 너무나 공화당원이었다. 그러나 동시에 어떤 문제도 영감과 리더십을 위한 이 진보적 대통령에게 기대하는 금융가의 방해자들 사이에서는 수정에 대한 그런 요구를 도발하지 않았다. 관세문제가 전적으로 그에게 달려 있다면 그는 그의 습관적인 강경 입장을 취하고 그것에 관해 뭔가를 했을 것이다. 그러나 그는 자신의 정당과 이미 충분히 어려움을 겪고 있었기에 다른 싸움을 위해 자신의 에너지를 절약하기로 했다. 루즈벨트는 다음 대통령 선거 이전에 관세를 수정한다는 것이 가능할 지에 대해서 의구심을 가졌다. 그는 1908년에 출마하지 않기로 서약했기에 그에게는 시간의 부족이 변변치 않은 변명이었다. 루즈벨트는 관세에 관한 자기의 기록에 자부심이 없었다. 그가 백악관에서 자기의 업적들을 자랑할 때에도 그는 가시적으로 관세에 관해 어떤 언급도 하지 않았다. 현상의 그런 부분에 대한 공격으로부터 아무 것도 얻지 못하고 잃을 것이 많았기에 루즈벨트는 나쁜 상태 그대로 두기로 선택했다. 그의 공정한 거래의 원칙과 신념도 관세와 같은 큰 쟁점 앞에서는 멈출 수밖에 없었다.[388]

---

388) *Ibid.*, p. 552.

제20장
예방외교(Preventive Diplomacy)의 실천

"현명한 지도자는 항상 자기가 가용할 수 있는 모든 자원을 사용하지만
그러나 그는 수단과 목적을 결코 혼동하지 않는다."
-시어도어 루즈벨트-

1898년에서 1902년까지 미군은 쿠바 섬을 점령했다. 그 대부분의
기간 동안 쿠바는 루즈벨트의 친구인 레너드 우드(Leonard Wood)의
지휘 하에 있었다. 미군의 철수를 위한 협상은 루즈벨트가 대통령이
되기 이전에 시작했다. 루즈벨트의 또 다른 절친인 엘리후 루트(Elihu
Root)가 미국 측의 협상을 다루었다. 내부적 무질서가 쿠바에 있는 미
국인의 재산을 위험에 빠뜨리고 해외 강대국들에 의한 개입을 초래할
것임을 두려워 한 루트는 미국의 개입할 권리를 미국의 법에, 미국과
쿠바간 조약에 그리고 쿠바의 헌법에 명문화 할 것을 마련했다. 미국
에서는 플랫 수정안(the Platt amendment)[389]으로 알려진 이 조항은
1901년 여름에 효력을 발휘하기 시작했다.

---

389) 여기서 플랫은 뉴욕 주가 아니라 코네티컷 주 출신의 상원의원의 이름이었다.

대부분의 쿠바인들은 플랫 조항에 관해서 열성적이지 않았으며 그것은 쿠바가 막 획득하려는 독립을 심각하게 손상시켰다. 그러나 독일의 배들이 카리브 해를 순항하고 있고 또 쿠바는 스페인에 대항하는 최근의 반란에 의해 분열되어 있었기에 부분적 독립을 보존하는 미국의 공약과 내부적 질서를 보장하는 것은 획일적으로 나쁜 아이디어는 아닌 것으로 보였다. 더 나아가 쿠바의 상인계급은 미국에 의한 호의적인 관세대우를 희망했다. 마침내 미국인들은 만일 쿠바가 미군의 제거를 원한다면 플랫이 그 대가임을 분명히 했다. 플랫 수정법안에 소동을 일으키는 것은 거의 확실하게 미국 의회에서 보호주의자들의 이미 단단한 심장을 더 단단하게 할 것이다. 물론 쿠바는 설탕을 재배했고 미국의 사탕무 재배자들은 열정적으로 로비를 했다. 그리고 대부분 성공적으로 쿠바의 사탕수수를 수입품목의 목록 위에 올려 놓았다. 2년 동안 사탕무 업자들은 루즈벨트의 상호 호혜적 조약을 방해했다. 1903년 여름에 와서야 돌파구가 생겼는데 그 때 설탕 생산자들의 주요 합병이 몇 개의 가장 큰 사탕무 재배자들을 쿠바의 사탕수수 이익을 포함하는 합병을 이루었다. 그 합병은 보호주의적 정책을 취소했고 쿠바의 상호 호혜성이 굴러가게 되었다. 설탕 합동의 이익이 무엇이었든지 간에 상호 호혜성이 쿠바의 병폐를 치유하진 않았다. 수세기 동안 외국의 지배에 익숙한 쿠바인들은 자치정부의 요구에 적응하는 데 어려움을 겪었다. 대통령 토마스 에스트라다 팔마(Tomás Estrada Palma)는 쿠바에 공화정은 있으나 시민이 없다고 불평했다. 쿠바의 정치는 갈수록 추악해져 갔다.[390]

---

390) H. W. Brands, *T. R.: The Last Romantic,* New York: Basic Books, 1997, p. 568.

1906년 여름에 쿠바의 온건주의자들과 자유주의자들 사이에 정규적 싸움이 폭발했다. 반-팔마 반란자들은 세력을 얻었고 쿠바의 대통령은 플랫 법안을 들먹이고 루즈벨트에게 군대의 파병을 요청하면서 미국에 도움을 청했다. 카리브 지역에서 미국의 헤게모니는 본질적으로 의문의 여지가 없었다. 이런 이유들로 인해서 루즈벨트는 개입에 강력하게 저항했다. 그가 어쩔 수 없이 개입해야 한다면 자기에게 다른 길이 없다는 것이 분명해져야 한다고 말했다. 개입에 대한 루즈벨트의 반대는 그로 하여금 팔마 쿠바 대통령이 개입의 요청을 하는 것마저도 막으려고 시도하게 만들었다. 9월 9일 루즈벨트는 조지 트리벨리안에게 그들이 그렇게 하는데 대하여 가장 강력한 항의를 그들에게 보냈다고 말했다.391)

불행하게도 쿠바에 대한 기존의 의무가 루즈벨트로 하여금 어쩔 수 없이 개입을 향하여 그를 끌어당겼다. 플랫 법안은 미국을 쿠바에 정치적으로 연계시켰다. 그것은 루즈벨트에게도 중요했다. 스페인에 대항한 개입과 그에 따른 점령은 미국을 양심상 쿠바 섬에 묶었다. 대통령으로서 루즈벨트는 쿠바가 혼돈으로 빠지는 동안 간단히 모른 척할 수 없었다. 그는 쿠바가 잘못된 통치와 무정부 상태로 떨어지는 것을 항구적으로 두고 볼 수만 없다고 루즈벨트는 말했다. 그럼에도 불구하고 루즈벨트는 성급하게 어떤 것도 하지 않으려 했다. 그가 쿠바로부터 받은 보고서들이 모호하자 그는 이제 전쟁장관인 윌리엄 태프트에게 쿠바로 가서 상황을 직접 평가하라고 명령했다. 그는 태프트에게 워싱턴에게 연락할 시간이 없는 비상상황이 발생한다면 미군들

---

391) *Ibid.,* p. 569.

을 상륙시키는 권한을 인정했다. 그러나 루즈벨트는 전쟁장관에게 "개입"이라는 용어를 피하라고 주의를 주었다. 그는 아바나에서 생명과 재산을 구하기 위해 착륙했다고 간단히 말하게 했다.[392]

태프트의 첫 인상은 반대파들 사이에 타협이 미국의 개입을 불필요하게 만들 것이라는 희망을 제시했다. 그는 그런 타협을 추진했다. 그러나 루즈벨트는 팔마 대통령에게 편지를 써서 그에게 태프트의 중재 노력을 지지하라고 촉구했다. 그러나 팔마는 루즈벨트의 권고를 일축하고 루즈벨트 대통령이 반란자들에게 미국의 지원을 생각하게 만들었다. 반란자들은 태프트와 함께 갈 의향을 표현했기 때문이다. 그는 태프트에게 팔마가 행동하지 않으면 미국은 태프트의 계획이 행해질 때까지 그의 대신에 다른 사람을 임명할 것이라고 말했다. 루즈벨트는 이런 수단으로 미국의 개입의 필요성을 피하길 원했다. 태프트는 루즈벨트를 설득하여 반란자들의 지원을 하지 않고 해병대를 파견하도록 설득했다. 전쟁장관은 반란자들이 쿠바가 필요로 하는 리더십을 제공할 수 없다고 판단했다. 그는 쿠바의 문제에 대한 쿠바의 해결은 불가능하다고 주장했다. 그러나 양측은 미국을 개입시키려고 결심한 듯 보였다.

루즈벨트는 태프트의 판단에 상당한 신임을 발전시키고 있었다. 그는 태프트 주장의 힘과, 그리고 쿠바에서 상황의 무게에 응했다. 대통령은 군대 파견의 결점들을 알고 있었고 그래서 아마도 아바나에서 새로운 정부를 형성하는 책임에 부담을 갖게 되었다.[393] 이런 결점들

---

392) *Ibid.*, p. 570.
393) *Ibid.*, p. 571.

가운데에는 반란 세력이 불만스러운 정부를 교체하는데 성공적으로 고용될 것이라는 신호를 쿠바인들에게 보내는 것이었다. 혁명가들이 격려되는 것은 의심할 여지없이 아주 사악한 일이며 그런 본보기가 쿠바 섬에 제공되어서는 안 되었다. 그러나 팔마 같은 사람들이 정권을 잡고 있는 한 미국은 별로 다른 선택의 여지가 없었다. 그러나 개입을 승인하면서 루즈벨트는 태프트에게 "개입"이라는 용어를 피하라는 그의 경고를 되풀이했다. 가능하면 미국의 수병들과 해병들의 상륙을 미국의 이익의 토대 위에 두고 상륙의 일시적인 성격을 강조하라고 루즈벨트는 말했다.394)

산토 도밍고 조약에 대한 의회의 반대에 빠져든 루즈벨트는 의사당에서 더 이상의 속상함을 최소화하기 위해 가능한 모든 일을 하길 원했다. 전쟁장관에게 "개입"이라는 말이 그의 입에서 새나가지 않도록 하라고 경고하는데 있어서 그것은 단지 쿠바인들을 위해서 뿐만 아니라 국내에서 자기의 적들을 충족하기 위해서라고 루즈벨트는 설명했다. 국내의 반대자들은 군사적 이기주의, 설탕 자본가들과 충돌, 덜 확실하고 그리고 쿠바의 상황에 보다 관련이 없는 실패들에 대해 루즈벨트 대통령을 공격했다. 그러나 가장 뼈아프고 또 잠재적으로 가장 파괴적인 비난은 루즈벨트가 의회의 권한을 침입하고 있다는 것이었다. 미국이 전쟁 중이 아닌 나라를 점령하기 위해서 해병대를 파견한 전례가 거의 없었다. 그리고 그가 의회와 협의 없이 그렇게 할 권한이 있는 지의 여부에 대한 상당한 의문이 있었다. 루즈벨트 자신도 그가 그런 권한을 갖고 있다고 확신하지 않았기에 그의 행동을 쿠

394) *Ibid.,* p. 572.

바의 개입이라고 부르는 것을 피하고자 했던 것이다.395)

루즈벨트는 권력이란 사용되는 것을 의미한다고 믿었다. 그는 자기가 민주주의와 인민 정부에 대한 그의 진정한 신념에서 제퍼슨주의자(Jeffersonian)이지만 그는 그의 정부에 관한 견해, 특별히 연방정부에 의해 광범위한 권한행사에 관하여는 해밀턴주의자(Hamiltonian)라고 한때 설명했었다. 그리고 더욱 특별한 것은 해외문제에서 대통령의 권한들에 관해서 이것은 여전히 진실이었다. 입법부는 즉각적인 행동이 요구되는 경우에 외교정책을 수립하는데 적합하지 않았다. 루즈벨트가 쿠바에 상륙을 승인한 것은 부분적으로 군대를 파견하는 자기의 권한을 과시하기 위한 것이었다. 대통령은 태프트 장관에게 의회와 오랜 언쟁을 기다리지 않고 좋은 선례를 수립하려 한다고 편지를 썼다. 입법부 지도자들은 불평할 것이지만 그러나 그 사항은 정치적 비용의 가치가 있었다. 행해야 할 중요한 일은 후임자들이 스스로 선제적 행동을 하고 싶지 않은 경우라 할지라도 후임자들이 따를 전례를 대통령이 수립하는 책임을 기꺼이 수락하는 것이라고 루즈벨트는 말했다.396)

루즈벨트는 개입주의적 전례를 수립하는 데 있어서 자기가 꿈꾸던 것보다 더 잘해냈다. 그의 바로 후임자들은 쿠바 유역에 거듭해서 개입할 것이다. 20세기 내내 대통령들은 군대를 해외에 파견하는 데 있어서 그들이 협의하는 것보다는 훨씬 더 빈번하게 의회를 무시할 것이다. 결국 미군은 해밀턴마저도 필요하다고 생각했을 대규모 전쟁을

---

395) *Ibid.*
396) *Ibid.*, p. 573.

의회의 선언 없이 수행할 것이다. 이런 미증유의 전례의 수립은 오직 사나이다운 시어도어 루즈벨트 대통령에 의해서만 가능했던 것이다.

어쨌든 루즈벨트 대통령은 갈등보다는 질서에 보다 높은 가치를 부여했다. 베네수엘라에서, 동북아시아에서 그리고 가장 최근에는 쿠바에서 그는 질서를 유지하거나 회복시키길 추구했다. 1905－1906년 여러 달 동안에 질서가 다시 위협을 받았다. 이번에는 유럽에서 그리고 다시 한 번 루즈벨트는 그 질서의 파괴에 끼어들었다. 그리고 다시 한 번 그는 독일의 카이저와 마주하는 자신을 발견했다. 카이저에 대한 루즈벨트의 존경심은 계속해서 어리둥절함에 의해 경감되었다. 카이저는 종종 자기 자신이 최악의 적이었다. 세세가 사기에게 집난석으로 대항한다고 확신한 그는 집단적 대항을 낳는 식으로 행동했다. 국제관계에서 밀치기가 기대되는 시대에 독일인들은 대부분의 사람들보다도 더 밀어부쳤다. 그러나 반대에 직면했을 때 독일인들은 아니면 적어도 그들의 지도자는 공세를 취했고 또 만족감을 위해 고함 소리를 질렀다.

알헤시라스(Algeciras) 회의에서 루즈벨트를 관련시킨 것은 바로 그 고함 소리였다. 1905년의 과정 동안 카이저는 다른 유럽 강대국들이 식민주의자들에 의해서 아직 소유권이 주장되지 않은 아프리카 대륙의 몇 나라들 중 하나인 모로코(Morocco)에서 독일을 밀어내려 한다고 확신하게 되었다. 모로코 그 자체는 별로 큰 상이 아니었다. 그곳은 공짜로 제국적 나눠 먹기밖에 남아 있지 않았다. 그런 모로코는 아마도 철도 한두 개보다 더 많은 것은 의미했다. 그것은 존경심이나 아니면 그것의 부재를 의미했다. 카이저는 스페인과 특히 영국의 지원을 받는 프랑스가 모로코의 시장과 자원을 자기들이 독점하려고 공모하고 있다는 음모를 루즈벨트에게 서술했다. 독일 회사들은 모로코에서 사업할 모든 권한을 갖고 있었다. 스펙 폰 슈테른부르크 대사를 통해 카이저는 독일이 이 문제에 대해 보다 깊은 우려를 하고 있다고 덧붙였다. 독일은 국가적 존엄성을 생각하고 있다는 것이다.

미국인들을 프랑스와 영국에 대한 균형 축으로 사용하길 희망하면서 카이저는 루즈벨트 대통령에게 모로코의 운명을 결정할 국제회의를 주선해 달라고 요청했다. 그런 회의는 미국이 중국에서 내세우는 문호개방 정책의 원칙들을 적용할 것이다. 그리하여 모로코에서 모든 국가의 평등한 권리를 보장하자는 것이었다. 카이저는 루즈벨트가 영국에 한 말씀하면 큰 의미가 있다고 하면서 만일 독일이 만족할 결과를 가져오지 않는다면 그는 독자적으로 행동할 수밖에 없을 것이라고 경고했다. 루즈벨트에 보낸 전형적인 3인칭 메모랜덤에서 카이저는 노련한 외교관들이 직접 협상을 위해 예약해야 한다는 말까지 하면서 자기는 프랑스와의 전쟁의 가능성과 전쟁을 피하기 위해서는 프랑스가 제안해야만 할 그런 조건들의 조사 사이에서 선택해야만 할 것이라고까지 언급했다. 루즈벨트는 변덕스러운 카이저를 심각하게 받아들여야 할 지의 여부를 알지 못했다. 루즈벨트의 불확실성은 모로코가 미국에게는 아무런 의미가 없다는 자기의 평가에 추가되어 처음에는 독일 황제를 멀리하려고 했다. 카이저의 몽상이 이번 주에는 모로코를 잡고 있다면서 미국은 밖에 머물러야 한다고 그는 태프트에게 말했다. 그는 이 문제에서 프랑스와 독일 사이에서 어느 한쪽 편도 들고 싶지 않다는 것이었다.[397]

---

397) H. W. Brands, *T. R.: The Last Romantic,* New York: Basic Books, 1997, p. 575.

그러나 정말로 전쟁이 터질 것만 같았다. 루즈벨트 대통령은 모로코가 미국에게는 중요하지 않지만 유럽에는 중요하다는 결론에 도달했다. 가장 큰 2개의 대륙 강대국들 사이의 전쟁은 카이저가 무엇을 생각하든 미국이나 누구에게도 이롭지 않을 것이다. 자기의 마음을 바꾸는 이유를 대면서 그리고 카이저의 중재 요청에 따라 루즈벨트는 이렇게 썼다:

> "우선, 내가 할 수 있다면 나는 전쟁을 방지하려고 시도하는 데 명예로움을 느꼈다. 왜냐하면 나는 그런 전쟁이 문명에 진실로 재앙을 초래할 것이라고 느꼈기 때문이다. 그리고 다음으로, 내가 러시아와 일본 사이에 평화를 가져오려고 이미 노력했기 때문에 나는 새로운 갈등이 글자 그대로 세계의 대 참화를 가져올 것이라고 느꼈다. 그리고, 마지막으로, 그는 프랑스에게 큰 재앙이 될 것이라고 느꼈다."[398]

이 마지막 사항에 대해서 루즈벨트는 프랑스가 자국이 직면하고 있는 것을 깨닫지 못하고 있음을 두려워했다. 그는 프랑스 대사에게 그를 통해 프랑스 정부에게 이 위험을 설명하려고 노력했다. 그는 프랑스가 영국의 지원을 받는다고 할지라도 그 지원은 독일과 전쟁에서 큰 의미가 없을 것이라고 지적했다. 영국의 힘은 해군에 있고 그것은 독일군이 라인강을 넘어오는 것을 거의 막지 못할 것이었다. 그는 프랑스 정부에게 국제회의에 동의하라고 촉구했다. 이런 상황에서 카이저에게 이 불리한 처지에서 후퇴할 길을 내주는 아량이 모두에게 이

---

398) *Ibid.*, p. 576에서 재인용.

로울 것이다. 프랑스가 대통령의 제안에 원칙적으로 동의했을 때 루즈벨트는 카이저가 아주 흡족해 하거나 혹은 프랑스가 줄 생각이 없는 추가적인 양보를 요구함으로써 승리를 망치지 않도록 방지하기 위해 애를 썼다.399)

프랑스와 독일은 회의의 조건과 의제에 대해 실랑이를 벌였다. 그러나 협상이 깨지기 직전에 루즈벨트가 연필로 쓴 여러 개의 대담한 말로 그 실랑이를 갈랐다. 그는 두 정부가 아무런 사전 프로그램 없이 회의에 와서 모로코에 관한 모든 문제를 논의하기로 동의해야 한다고 썼다. 대통령은 이 노트를 프랑스와 독일 대사들에게 주었다. 양측에서 루즈벨트를 정직한 중재라고 존중한다는 설명이 교착상태를 뚫는 추동력을 제공했다. 그리하여 회의는 1906년 1월 셋째 주 동안에 스페인의 알헤시라스(Algeciras)에서 시작되었다. 루즈벨트는 직접 참석하지는 않았지만 그러나 두 나라의 대사들을 통해 프랑스와 독일 사이를 계속해서 중재했다. 대부분의 주요 강대국들이 독일에 대항하여 프랑스의 편을 들었기에 카이저는 늘 그러는 것처럼 의심하고 또 변덕스러웠다. 2월 19일 대통령은 4개항의 계획을 제공했다. 카이저는 3개 항은 수락했지만 4번째 항을 거부했다. 루즈벨트는 양국의 대사들과 추가적인 논의를 했다.

마침내 3월 중순에 카이저가 자기를 축출하지 않는 것으로 보이는 외교적 수사학적 입장으로 탈출하는 것으로 보였을 때 루즈벨트는 보다 강력한 어떤 것을 시도했다. 그는 자기 자신과 카이저 사이에 오고 간 모든 통신을 발표하겠다고 위협했다. 그것은 독일의 명예와 신의

---

399) *Ibid.*, p. 576.

를 나쁘게 만들 것이다. 다른 한편으로 만일 카이저가 합의에 도달하는 것이 가능하다고 발견할 수 있다면 루즈벨트는 그 통신을 비밀로 유지할 것이며 지혜와 상냥함에 대한 모든 공헌을 카이저에게 주기 위해 자기는 빠질 것이라고 말했다. 이것은 카이저에게 그가 굴복하기 위해 필요한 격려를 제공했다. 그리하여 그 국제회의는 명목상으로 모로코의 독립과 통상을 위해 오는 모든 국가들에게 평등의 원칙을 확인했다. 프랑스는 모로코 국립은행의 통제권을 얻고, 그리고 프랑스와 스페인은 모로코의 경찰에 대한 권한을 얻었다. 알헤시라스 회의는 포츠머스 회담보다는 상당히 적지만 루즈벨트의 명성을 높였다.[400] 강대국들이 1906년에 전쟁을 피하기는 했지만 알헤시라스는 독일의 고립을 과시했고 카이저는 그 어느 때보다도 압박을 느끼게 만들었다.[401]

1906년 10월 샌프란시스코 학교 이사회는 아시아계 어린 학생들을 동양공립학교(the Oriental Public School)라고 불리는 기관으로 분리하라는 명령을 내렸다. 그 명령은 일본인들뿐만 아니라 코리아인과 중국인 어린이들을 포함했다. 그러나 코리아인과 중국인은 그들의 이민자 어린이들이 머나먼 캘리포니아에서 무슨 학교에 다니고 있는지에 관한 걱정이 없이도 많은 곤란을 겪고 있었다. 그러나 최근에 서양 국가들과 자신이 평등하다고 생각하는 데 익숙해진 일본에게 샌프란시스코의 조치는 지독한 모욕으로 다가왔다. 먼저 미국인들은 포츠머

---

400) *Ibid.*, p. 578.
401) 알헤시라스 분쟁의 중재에 관한 보다 상세한 논의를 위해서는, William Henry Harbaugh, *Power and Responsibility: The Life and Times of Theodore Roosevelt,* New York: Farrar, Straus and Cudahy, 1961, 제1장을 참조.

스 평화회담에서 일본이 어렵게 획득한 배상금을 박탈하더니 이번에
는 일본인 어린이들은 중국인이나 코리아인보다 더 나을 것이 없는
것으로 분류했다.

1882년 중국인 배제법안(the Chinese Exclusion Act)을 작동시킨 반-
아시아주의는(1892년에 확대되고 그리고 1902년에 항구화 했다) 최근에
일본의 이민자들에게 초점을 맞추었다. 이전처럼 태평양을 건너온 이
민자들에 대한 적대감은 경제, 문화, 그라고 인종적 영향에 의해서 이
루어졌다. 서부 해안 근로자들은 아시아 일꾼들의 저임금 경쟁에 반
대했다. 그리고 그들과 그들의 이웃들은 이민자들의 이국적인 신앙과
라이프 스타일을 두려워하고 경멸했다. 아시아 이민자들의 맨 처음이
고 그리고 가장 수가 많은 중국인을 금지하는 법률에 의해서 타결되
었다고 생각된 이민 문제는 1898년에 하와이의 합병에 따라 다시 확
타올랐다. 수만 명의 일본인들이 합병 이전에 하와이로 이민 갔었다.
수천 명이 계속되었다. 병합조약의 조건 하에서 그들은 미국의 본토
로 자유롭게 이주를 계속할 수 있었다.

민주주의 이상과 평범한 사람들에 대한 모든 포용에 대한 그의 모
든 믿음에도 불구하고 그는 주나 지방정부에 대해 높은 존경심을 결
코 갖지 않았다. 민주적 과정의 해충들이 가장 멋대로 민초들을 먹고
산다고 그는 믿었다. 그는 이것을 뉴욕시와 올버니에서 진실임을 잘
알고 있었다. 그래서 그는 캘리포니아에서도 역시 진실일 것이라고
의심했다.[402] 포츠머스 회담 이래 그는 미일관계가 악화되고 있는 상
태에 관해서 걱정하게 되었다. 포츠머스 회담에서 일본의 대표들이

---

402) H. W. Brands, *T. R.: The Last Romantic,* New York: Basic Books, 1997, p. 580.

배상금 없이 빈손으로 돌아오자 일본인들은 예상대로 크게 실망했다. 포츠머스 회담에 앞서 일본정부 관리들은 배상금에 관해서 웅대한 약속을 했었다. 그들은 10년 전 중(청)일 전쟁을 종결하는 시모노세키(Simonoseki) 조약에서 엄청난 배상금을 받았었던 기억이 생생했기 때문이다.[403] 일본의 정치인들은 배상금의 기대치를 너무 높게 올린 자기들의 어리석음을 고백했다. 그러나 속죄양을 찾아서 그들은 루즈벨트 대통령을 책망했다. 노르웨이의 노벨상 위원회가 그를 수상자로 선택하고 있던 바로 그때에도 반미 소요사태가 도쿄와 일본의 다른 도시들에서 발생했다. 다혈질의 광신자들은 미국과의 전쟁에 관해서 말하기까지 했었다.[404]

샌프란시스코 학교이사회의 명령은 미일관계에 예리한 타격을 가했다. 일본인들의 감성과 캘리포니아의 민주주의를 고려하여 루즈벨트에게는 전쟁이 아주 불가능하지는 않아 보였다. 루즈벨트는 즉시 개연성을 꺾기에 착수했다. 그는 가네코 남작에게 편지를 써서 이번 일본에 상처를 준 것에 깊은 우려를 표명하고 그에게 샌프란시스코의 조치는 약간의 일본 물개 밀렵꾼들에 의한 미국인들에 대한 최근의 비행이 일본의 의견을 대변하지 않는 것처럼 미국의 의견을 대변하지 않는다고 보장했다. 그는 법무부가 법원을 통해 학교이사회의 명령을 무효화하기 위한 조치를 취하고 있다고 말했다. 그럼에도 불구하고

---

403) 이 사실에 관해서는, 강성학, <시베리아 횡단 열차와 사무라이: 러일전쟁의 외교와 군사전략>, 서울: 고려대학교 출판부, 1999, pp. 135－136; 강성학, <용과 사무라이의 결투: 중(청)일 전쟁의 국제정치와 군사전략>, 서울: 리북 2006의 제9장에서 조진구, "시모노세키 강화조약의 체결과정, 결과와 그 의미," pp. 365－392 참조.

404) H. W. Brands, *T. R.: The Last Romantic,* New York: Basic Books, 1997, p. 579.

동시에 그는 대통령이 일하는 제약을 인정해야만 했다. 미국의 정부 형태는 많은 장점들이 있지만 약간의 단점들도 있다면서 그것들 가운데 하나가 이와 같은 이주 문제를 다루는 것이라고 덧붙였다.[405]

루즈벨트는 만일 사태가 그 지경이 오면 폭도들의 폭력으로부터 일본의 이민자들을 보호하기 위해 연방 군대를 사용할 계획을 마련했다. 그 사이에 그는 반일 감정의 문제를 그 원천에서 공격하려고 모색했다. 이 일본인 문제의 핵심은 일본인 노동자들을 유입하는 것이었다. 루즈벨트는 미국인이 좋아하든 그렇지 않든지 간에, 일본의 노동자들이 이곳에 오면 태평양 지역의 노동자들이 미국 전역에 있는 노동자들의 따뜻한 승인을 받아 일본인들에게 지속적으로 더욱더 적대적이 될 것이라는 사실을 직면해야 한다고 생각한다면서 루즈벨트는 가네코에게 각국의 노동자들이 상대국에 들어가지 않음으로써 일본과의 합의를 가져오기 위해 자기는 최선을 다하고자 한다고 말했다. 그는 가능하면 일본인들이 그런 제의를 동의할 수 있게 일본인들에게도 기쁘게 만들기를 원한다고 덧붙였다.[406]

이 점에 있어서 루즈벨트의 입장은 부분적으로 수사학적이었다. 왜냐하면 미국과 일본 사이의 상황은 루즈벨트가 제안한 것처럼 전혀 균등하지 않았다. 일본에 들어가려는 미국의 노동자들은 줄을 서있지 않은 반면에 흐름은 모두 반대 방향을 향했다. 그러나 미국인의 일본으로 입국에 대한 장애들을 지적함으로써 그는 일본의 근로자들이 미국에 들어오는 것을 막을 주장을 구성할 수 있었다. 그가 비록 열정적

---

405) *Ibid.*, p. 580.
406) *Ibid.*

인 의미의 개혁가는 아니었지만 값싼 노동을 들여놓으려는 대기업가들에게는 일말의 동정심도 갖고 있지 않다고 말했다. 또한 그는 미국에 입국하도록 허용되는 아시아 근로자들의 수를 제한하는 것에 관해서도 아무런 도덕적 거리낌이 없었다. 루즈벨트는 이민의 제한주의자들의 주장의 일부의 정당성을 인정했다. 그는 일본인이든, 중국인이든, 아니면 어떤 다른 나라 사람들이든 미국은 다른 나라들의 인구과잉을 위한 쓰레기 하치장이 아니었다.[407]

그러나 루즈벨트는 일단 입국이 허용된 사람에게는 누구에게나 미국은 정의를 행해야 한다고 주장했다. 서부에서 웅성거림은 아시아인들이 투표권과 시민권의 다른 측면을 행사하지 못하게 막으려는 욕망을 가리켰다. 이것은 부당하고 현명하지 않았다. 그는 미국 땅에 있는 사람들의 선거권을 박탈하는 것은 가능한 좋은 일이 아니었다. 그는 미국에 온 모든 일본인들에게 선거권과 학교 시설들을 의도적으로 주어야 한다고 생각했다. 루즈벨트가 두려워하는 것은 이민자들 그 자체가 아니라 이민자들이 미국의 삶에서 완전한 참여의 울타리 밖에 두는 것이었다. 그는 어떤 이민자도 단지 하나의 노동자로 간주할 수 없으며 미국인들은 그를 한 사람의 시민으로 간주해야만 한다고 생각했다.[408]

일본의 문제가 1906년 의회선거의 전야에 들끓은 것은 우연이 아니었다. 그리고 선거 후에도 자기의 반대자들이 그 문제에 관해서 입장을 취하는 것을 발견하는 것이 대통령을 놀라게 하지도 않았다. 그

---

407) *Ibid.*, p. 581.
408) *Ibid.*

러나 루즈벨트를 가장 화나게 한 것은 캘리포니아인들이었다. 협소한 무지나 얼빠진 이기심에서 그들은 도시와 주의 오도된 이익을 국가 전체의 이익 앞에 우선하고 있었다. 그들의 행동이 가져올 결과를 잘 납득시키기 위해서 루즈벨트는 샌프란시스코 학교이사회 회원들과 그 도시의 시장을 워싱턴으로 오라고 초대, 아니 사실상, 명령했다. 그는 캘리포니아의 의회 대표들도 불러들였다. 그리고 그는 새로 선출된 편리하게도 공화당 캘리포니아 주지사인 제임스 질레트(James Gillette)에게 긴 편지를 썼다.

질레트 주지사에게 루즈벨트는 일본인의 문제를 선동하고 있는 난폭한 극단주의자들이 그들이 추구한다고 공언한 바로 그 목적을 그가 달성하는 것을 거의 불가능하게 만들고 있다고 설명했다. 루즈벨트는 일본의 노동자들을 막는 목적을 공유하고 있지만 그러나 그는 쓸데없이 일본정부를 모욕하는 것은 절대 그것을 달성하는 길이 아니라고 주장했다. 의회는 유럽의 선진 국가들로부터 오는 근로자들의 입국을 금지하는 것이 맞지 않다고 보았다. 그런데 특별하고 비우호적인 대우를 위해 일본만을 골라내는 것은 미국과 태평양 아시아에서 가장 발전되고 강력한 국가 사이에 불필요하게 긴장을 악화시킬 것이다.

더 나아가서 대통령은 일본정부와 조용한 협상을 벌였다고 말했다. 일본정부는 이미 미국에 있는 일본인들이 어떠한 공식적인 차별을 받지 않는 한 미국으로 노동자들의 이민을 막기로 약속했다. 더구나, 샌프란시스코 이사회의 위원들과 그의 계속되는 대화에서 그는 양측의 체면을 구하기로 약속한 합의를 이끌어 냈다. 일본인이든 다른 국적의 사람들이든 모든 외국 어린이들은 그들이 나이를 먹거나 영어 구

사능력의 부족이 그들의 정규 수업에 참여하는 것을 막을 때 별도의 학교나 수업에 배치될 것이다. 거의 모든 사람들에게 만족스러운 해결이 가까웠다. 연방정부가 이 목적을 확보하는 데 있어서 오직 한 가지 어려움이 있다고 지적하면서 루즈벨트가 그것은 그들이 최선을 다하고 있는 바로 그 순간에 일본인들의 축출을 가장 소리 높게 반복하는 이 어리석고 공작하는 선동가들에 의해서 야기되는 어려움이라고 주지사에게 설명했다. 루즈벨트는 질레트 주지사에게 이런 미친 자들을 깨뜨리라고 말할 만큼 그렇게 퉁명스럽지는 않았다.[409)]

루즈벨트는 주지사 말고 누구에게 편지를 써야할 지 몰랐다. 왜냐하면 질레트 주지사도 루즈벨트처럼 캘리포니아인들에게 명령할 수는 없었기 때문이다. 그러나 그는 주지사가 바로 그 순간에 캘리포니아 입법부를 통해 그들의 일을 하고 있는 어떤 추가적으로 모여가는 법안들을 탈선시키길 기대했다. 루즈벨트가 주지사에 보낸 굳어지게 하는 편지가 보람이 있었다. 질레트 주지사는 캘리포니아 상원의 지도자들과 함께 대통령의 감정을 공유했고 그래서 문제의 조치들을 되돌렸다. 그러나 루즈벨트는 곧 새크라멘토(Sacramento)에서 또 하나의 반일 시도가 계획 중이라는 것을 알게 되었다. 그래서 그는 또 하나의, 더 길고, 그리고 심지어 보다 더 강력한 편지를 주지사에게 보내야 할 의무를 느꼈다. 그는 일본과의 합의는 본질적으로 완성되었다고 설명했다. 그러면서 그는 편지에서 이렇게 주장했다:

---

409) *Ibid.*, p. 582.

"그러므로 미국인들은 이제 미국에서 모든 일본인 노동자들을 배제할 절대적 권한을 갖고 있고 또 이렇게 그들의 배제를 확보하는데 유일한 장애는 캘리포니아의 선량한 사람들 그리고 특히 샌프란시스코의 선량한 사람들을 그들이 갖고 있다고 공헌하는 바로 그 목적을 패배시킬 행동과정으로 속이려 드는 그런 어리석고 사악한 선동가들의 행동에 있는 것으로 보인다."410)

　　이런 추가적인 격려를 받은 질레트 주지사가 일본과의 소위 신사협정(the Gentlemen's Agreement)이 조용하게 효력을 발휘하게 허용하면서 가장 최근의 선동적 조치를 교살했다. 흥정은 루즈벨트가 일찍이 그것을 설명한 대로였다. 즉, 일본인의 이민에 아무런 미국의 장애를 두지 않고, 미국에서 일본인에 대한 어떤 법적인 차별도 하지 않지만, 그러나 일본정부에 의해 일본인 노동자들의 추가적인 미국 이민을 막는 비공식적 조치를 취한다는 것이었다. 그는 신사였기에 조용하지만 굳건한 외교라는 자기의 방식에 대한 중대한 승리에 해당하는 것에 대해서 공개적인 환성을 거부했다. 그러나 그는 스스로 딱 한 사람에게는 자랑을 했다. 그는 앤드류 카네기(Andrew Carnegie)에게 이 일본인 문제에서 만일 어떤 대통령이 자기가 이룬 평화를 확보하기 위해 더 많은 일을 할 수 있었을 것이라고 생각하지 않는다고 아주 진지하게 말했다. 그는 확정할 수 없는 정도의 과장으로 당시의 상황은 아주 위험했다고 그는 덧붙였다.411)

---

410) H. W. Brands, *T. R.: The Last Romantic,* New York: Basic Books, 1997, p. 583 에서 재인용.
411) *Ibid.*

제21장
루즈벨트 대통령의 후계자 선임

"지도자란 변함없이 다른 지도자들의 최선의 속성을 진지하게 모방하며 자기의
삶을 살아간다. 영웅들은 항상 영웅들을 갖고 있다."
─시어도어 루즈벨트─

1906년 11월 초에 루즈벨트와 영부인 에디스는 자기들의 은신처라 부른 파인 노트(Pine Knot)로 여행을 했다. 3일 동안 그들은 워싱턴이나 오이스터 베이에서는 거의 불가능하게 된 단순한 즐거움을 향유했다. 루즈벨트 부부는 오이스터 베이에서 투표하기에 충분할 만큼 길게 문명으로 돌아왔다. 그는 파나마를 방문할 결심이었다. 11월 8일 그와 영부인은 미국해군의 <루이지애나>(Louisiana)호에 올라 자기가 총애하는 프로젝트의 발전과정을 보기 위해 남쪽으로 향했다. 날씨는 좋았고 여행은 완벽했다. 그의 경쟁자들은 그에 닿을 수 없었고 그와 에디스는 갑판 위를 거닐었다. 그는 타키투스(Tacitus), 밀턴(Milton) 그리고 현대 독일소설 등을 읽을거리로 가져왔다.[412]

---

412) H. W. Brands, *T. R.: The Last Romantic,* New York: Basic Books, 1997, p. 585.

항해의 즐거움은 아주 만족스러웠지만 목적지가 즐거움을 배가했다. 파나마는 거대한 장관이었다. 루즈벨트는 아름다운 색조의 새들, 거대한 나비들, 숨막히게 하는 난초들, 해로운 뱀들 그리고 이국적 도마뱀들을 감상했다. 그러나 루즈벨트에게 파나마가 생명력을 가져다 준 것은 그곳에서 5천 명의 미국인들이 성취하고 있는 것이었다. 지협의 운하는 루즈벨트에게 좋아하는 화제였고, 그리고 나서 집착이 되었고, 그리고 나서 그가 그것의 완성을 위해 거의 인질이 될 때까지 그의 대통령직의 가장 논란이 된 행동의 대의였다. 건설은 희망했던 것처럼 순조롭게 진행되지는 않았다. 기술적인 어려움이 프로젝트를 짜증나게 했다. 역사상 그런 어려운 조건히에서 그렇게 많은 흙을 아무도 옮긴 적이 없었다. 행정적인 골칫거리들이 끈적거리는 파나마의 붉은 진흙만큼이나 거의 형편없이 기술자들을 꼼짝 못하게 했다. 루즈벨트는 기술적인 문제들에 관해서 뭘 할 수 있다고 기대하지 않았다. 그러나 그는 그가 그곳에 있음으로써 정치적으로 그 프로젝트를 밀어줄 수 있기를 희망했다.[413]

정치는 차치하고라도 루즈벨트는 세계의 십자로를 유린했던 모든 정복자들과 해적들도 달성하지 못했던 어떤 것을 자기가 가능하게 만들었다는 스릴감을 느꼈다. 대통령은 그 지역을 분쇄한 반란들과 내전들을 추적했다. 그리고 이 척추 같은 땅을 가로질러 운하를 건설하려는 프랑스와 타국들의 실패한 시도들을 상기했다. 이제 미국인들이 그 일을 맡았다. 그는 아주 고도의 효율성과 정직성으로 그 일이 수행되고 있다고 믿고, 아니, 믿고 싶었다. 그 파나마 여행의 살아남은 가

413) *Ibid.,* p. 586.

장 유명한 사진은 그때까지 그곳에 모두를 저항했던 산들을 정복하고 있는 거대한 굴착기들 중 하나에서 운전대에 있는 루즈벨트의 모습이다. 미국을 위해 운하지대를 장악한 루즈벨트가 지금 운하를 파고 있었다. 그 사진은 대통령의 대중적 이미지, 그리고 대통령의 자신에 대한 이미지에 아주 잘 어울렸다.[414]

푸에르토리코에서 잠시 머문 뒤에 루즈벨트 대통령은 귀국하여 그가 떠난 뒤에 터져 나온 또 하나의 난리법석에 직면했다. 1906년 8월에 텍사스 주의 브라운스빌(Brownaville)에서 몇 명의 흑인 군인들이 백인 마을 여러 사람들과 난폭한 싸움에 들어갔다. 백인 마을 사람들 중에서 여러 명이 총을 맞았고 한 명은 치명적이었다. 처음 증거는 약 10여 명의 군인들을 가리켰지만 동료들이 서로에게 증언하길 거부했을 때 조사는 교착상태에 빠졌다. 루즈벨트는 이 엄연한 불복종에 분개했다. 그것은 그에게 군규율의 핵심을 공격하는 것으로 보였고 무정부 상태에 익숙한 그의 오장육부를 뒤집었다. 그는 죄 없는 사람들이 그렇게 죄를 옹호할 결심이라면 그들은 군인의 신분이 아닐 때 그들을 옹호할 수 있을 것이라고 생각했다. 11월 5일 파나마로 떠나기 직전에 그는 관련된 3개 부대의 일당들을 불명예 제대 시키고 군대로의 재편입을 영원히 금지했다.[415]

루즈벨트 대통령이 카리브 해를 순항하고 파나마에서 총감독과 기술자로 행동하고 있는 동안에 미국의 언론은 브라운스빌 사건에 대해 심각한 대결을 다시 벌였다. 이번에 루즈벨트는 불편하게도 자

---

414) *Ibid.*, p. 587.
415) *Ibid.*, p. 588.

기가 남부의 편에 선 것을 발견했다. 옛 남부국가연합의 편집자들은 대체로 대통령의 단호한 대응을 환호했고 흑인 신문들은 굉장히 비판적이었다. 루즈벨트의 즉결 심판으로 군에서 추방된 사람들 가운데에는 여러 명이 명예훈장을 받았었다. 말할 필요도 없이 루즈벨트는 정의 외에 정치적 혹은 다른 어떤 고려가 그 일에 영향을 끼쳤다는 걸 맹렬히 부인했다. 그는 계속해서 그가 처벌한 그런 행위의 처벌의 실패보다도 더 엄중한 불행이 미 군대에서 발생할 수 없다고 선언했다. 실제로 흑인 군인들에 불리한 증거는 처음 생각했던 것보다는 덜 결정적이었다. 어쨌든 루즈벨트는 군대가 과도하게 흥분했음을 알고 있었지만, 군인들이 직면했던 욕설과 모욕이 진실로 도발 이유라는 주장을 받아들이지 않았다. 루즈벨트는 비판에도 불구하고 자기의 제대 명령을 재고하지 않았다. 루즈벨트는 흑인들이 잘못을 저지른 자들을 보호해야 한다고 단정하는 데 있어서 치명적인 도덕적이고 정치적 실수를 했다고 믿었다. 그는 그런 태도를 강력히 규탄한다고 말했다.[416]

브라운스빌 문제에서 대통령의 가장 유명한 적대자는 조셉 포래커 (Joseph Foraker) 상원의원이었다. 루즈벨트는 오하이오 주 출신 상원의원이 정직하게 자신과 의견과 달리하고 있다고 믿지 않았다. 루즈벨트가 내린 유일한 결론은 포래커 상원의원이 흑인들의 투표를 낚고 있거나 아니면 기업의 개혁을 옹호하는 행정부에 단지 보복하고 있다는 것이었다. 포래커에 대한 루즈벨트의 적대감은 1907년 1월 하순에 워싱턴의 언론인들과 정치적 거물들이 주관하는 연례 그리디론 클럽

---

416) *Ibid.*, p. 589.

(the Gridiron Club) 만찬장에서 극적으로 터져 나왔다. 루즈벨트는 손님들에게 포래커가 주도하고 있는 상원의 조사는 상원이 브라운스빌 문제에 대한 관할권이 없다는 점에서 학술적일 뿐이라고 말했다. 그 말을 들은 모든 사람들은 그것이 포래커 상원의원에 대한 직접적인 도전이라고 간주했다. 더구나 브라운스빌 혼란을 선동하는 것을 규탄하면서 그것은 개인으로서 그와 그리고 전체로서 상원에 대한 강의로 간주되었다. 포래커가 답변하기 위해서 일어났을 때 그는 창백했다. 그는 자기와 자기 머리 너머로 상원에 대한 까닭 없는 악담을 반격했다. 그는 대통령에게도 상원으로서 그의 의무에 대해 가르칠 권리는 없다고 말했다. 그가 마침내 말을 끝내자 루스벨트는 반박하기 위해 단상에 뛰어올랐다. 포래커의 언급에 즐거운 사람들은 미국의 대통령에 마땅한 예의를 잊었다면서 브라운스빌 사건에 대한 자기의 조치를 옹호했다. 그리고 그 사건은 종결되었다고 재천명했다. 루즈벨트는 마음에 상처를 입고, 약간 당황했지만, 그럼에도 불구하고 그 전투에 황홀감을 느끼면서 백악관으로 돌아갔다.[417]

워싱턴에서 윌리엄 태프트는 루즈벨트의 오른팔이었고 신임하는 각료였다. 그러나 루즈벨트는 태프트를 악마의 주창자(a devil's Advocate)로서 원하지 않았다. 정확하게 그가 무엇을 원하는 지는 말하기 어려웠다. 1904년 워싱턴에 태프트가 도착한 직후부터 내부자들에겐 대통령이 그를 후계자로 다듬고 있는 것으로 보였다. 이것은 충분히 사실이었다. 루즈벨트와 태프트 사이에 발전된 개인적 관계는 정치를 초월했다. 기이한 방식으로 태프트는 비록 루즈벨트보다 한 살이 많기

---

417) *Ibid.*, p. 592.

는 했지만 루즈벨트에게 동생같이 되었다.[418] 루즈벨트가 명사가 된 이상 진정한 우정은 더 어려워졌다. 가까운 친구들 가운데에는 캐벗 로지(Cabot Lodge)가 있었다. 그런데 최근에 로지가 멀어져 가고 있었다. 그것은 부분적으로 두 사람의 변화된 상대적 신분 때문이고 또한 부분적으로 로지의 정치가 루즈벨트의 현재 구미에는 너무나 보수적이었기 때문이다. 루즈벨트가 로지로부터 멀어지고 있다고 느끼면 느낄수록 그는 태프트에 더 가까이 갔다.[419]

태프트가 온탕에 있었던 이유는 그에 대한 루즈벨트의 의도가 명백해지고 있었기 때문이다. 그러나 공화당에서 모두가 1908년 이후 백악관에 루즈벨트의 복제가 주인이 되는 아이디어를 좋아한 것은 아니었다. 어떤 사람들은 뉴욕 주의 주지사 찰스 에반스 휴즈(Charles Evans Hughes)를 선호했고 다른 사람들은 펜실베이니아 상원의원인 필랜더 녹스(Philander Knox)를 밀었고, 엘리후 루트는 공화당에서 누구 못지 않게 유능하다고 일반적으로 인정되었다. 찰스 페어뱅크스(Charles Fairbanks)는 대통령을 승계할 두 번째 부통령이 되는 꿈을 꾸었다. 그러나 루즈벨트가 태프트를 원했다. 그리고 루즈벨트는 그를 위해 기꺼이 싸울 생각이었다. 포래커는 태프트를 원치 않았다. 그는 자기가 대통령이 되는 희미한 희망을 품고 있었다. 포래커에게 한방 날린 루즈벨트는 태프트도 그렇게 하라고 촉구했다. 그러나 태프트는 루즈벨트 식으로 백병전에 호의적이지 않았다. 1904년 승리의 그날 밤 이래 때때로 루즈벨트는 1909년에 백악관을 떠나는 자기의 의도

---

418) H. W. Brands, *T. R.: The Last Romantic,* New York: Basic Books, 1997, p. 595.
419) *Ibid.*

를 되풀이했지만 그러나 여러 가지 이유로 다양한 집단들이 그의 말을 액면 그대로 받아들이지 않았다.[420]

루즈벨트가 자기의 미래에 관해서 사람들이 추측하게 허용하는 한 그는 두 세계의 최선을 즐겼다. 하나는 자신에 또 한 번의 임기를 고도의 마음에서 부인한 기록을 세우고 또 하나는 동시에 그의 적들로 하여금 미래에 관해서 평정을 잃게 만들고 있었다. 뿐만 아니라 모든 추측들이 그에게 초점을 맞추고 있었다. 그 사이에 그것은 루즈벨트로 하여금 태프트에 대한 반대를 움직이지 못하게 했다. 1907년 여름과 가을 내내 루즈벨트는 저자세를 취했다. 그러나 태프트에 대한 그의 열성은 계속 증가했다. 점차로 태프트의 지명이 저항할 수 없는 것으로 보이기 시작했다.

루즈벨트의 경쟁자들은 그의 후계자를 선발하는데 있어서 거의 왕의 특권을 쥐는 루즈벨트에게 분개했다. 이것은 절대로 민주적이 아니라고 그들은 불평했다. 그러나 1904년 11월처럼 전국적인 그의 인기는 그를 거역할 누구에게나 멈추게 할 만큼 충분했다. 동등하게 중요한 것은 6년간의 대통령직을 수행한 루즈벨트는 공화당의 조직을 통제하는데 있어서 도전할 수 없는 것은 아니었지만 그래도 탄탄했다. 포래커 같은 반란자들은 그를 수사학적으로 마주할 수는 있었지만 포래커에게 신세를 진 사람은 많지 않았다. 6년 동안 루즈벨트는 사람들을 워싱턴과 전국에 걸쳐 연방정부 직책에 임명했다. 많은 사람들이 대통령에게 큰 신세를 졌다. 만일 그가 태프트를 후계자로 원한다면 태프트가 선출될 수 있는 한 그를 가질 수 있었다. 공화당의

---

420) *Ibid.*, p. 597.

의회 후보자들과 주정부 관리들도 비슷한 우려를 했다. 공화당의 최고 티켓의 승리자는 민주당 경쟁자들에 대해 한 발 유리하게 해줄 것이다. 루즈벨트 자신이 이상적일 것이지만 그가 더 이상 출마하지 않을 것이기 때문에 그의 사람인 태프트가 다음 사람으로 보였다.[421]

다른 때에 루즈벨트의 대기업 비판자들이 태프트 하에서 계속될 정책이 될 것으로 보이는 것이 보다 심각한 도전을 제기했다. 그러나 1907년 여름은 금융가의 공황의 시기였다. 대기업들은 주식 시장이 갑자기 내려가고 사업이 경제의 여러 분야에서 동시에 나빠진 해에 일찍이 안달하기 시작했다. 자연스럽게 그들은 루즈벨트의 혁신을 그런 불안함의 원인으로 책망했다. 그러나 당연히 루즈벨트는 더욱 강경하게 책임을 부인했다. 오히려 그는 정부의 정책을 불신하게 하고 또 그렇게 하여 정책의 번복을 확보하기 위해 의도적으로 가능한 한 많은 재정적 고통을 초래하려고 시도하는 대부호들의 분명한 악인들의 책임이라고 반박했다. 대통령은 이런 치명적 조작자들에 대항하여 지브롤터(Gibraltar)처럼 굳건히 버틸 것이라고 맹세했다.[422]

10월 달에 뉴욕의 니커보커 신탁회사(the Knickerbocker Trust Company)가 완전 파산에 들어갔다. 뉴욕 재정 지구의 심장부에 있는 니커보커의 파산은 주식시장을 통제할 수 없게 만들었고, 또 다른 재정적 사람들의 파산도 계속되었다. 루즈벨트는 주식 판매자들이 맨해튼을 공포로 몰아가고 있다는 소식을 들었을 때 루이지애나에서 곰사냥을 마치고 있었다. 그는 통화와 주식시장들을 회복시키기 위해

---

421) *Ibid.,* p. 599.
422) H. W. Brands, *T. R.: The Last Romantic,* New York: Basic Books, 1997, p. 599.

서둘러 돌아왔다. 그가 너무 늦게 도착하여 재무부장관 코텔유는 뉴욕으로 이미 떠났고 제이 피 모건(J. P. Morgan)과 비상 회의를 가졌다. 루즈벨트는 10월 말과 1월 초 치명적인 주들 동안에 모건을 결코 직접 만나지 않았다. 모건은 루즈벨트를 세상이 진정으로 작동하는 방식에 관해서 아무 것도 모르는 선동가로 불신했다. 루즈벨트는 모건을 그의 권력이 인격이나 대중의 신임이 아니라 단지 돈에서 나오는 사람으로 분개했다. 공직 생활에서 드문 경우에 루즈벨트는 자기가 통제할 수 없는 환경의 희생자라고 느꼈다. 그는 런던에 있는 화이트로 레이드(Whitelaw Reid)에게 미국은 공황상태에 있으며 대부분의 사람들이 정신을 차리지 못하고 있다며 런던에 가이드를 구했다. 그는 제16대 대통령 링컨이 어떻게 노예제도의 어떤 불가능한 측면을 항구적으로 직면했고 또 그가 어떤 조치를 취하거나 불가능한 것을 극복하라고 요구하는 근시안적 파당주의자들에 의해 어떻게 괴롭힘을 당했는지를 기억했다. 그들은 만일 그들이 권고하는 대로 링컨이 행동하지 않으면 전쟁노력은 실패할 것이고 그가 책임을 져야할 것이라고 고집을 부렸었다. 루즈벨트는 같은 일이 지금 진실이라면서 자기가 책임을 질것이라고 말했다.[423]

재정적 문제들은 항상 루즈벨트를 난처하게 만들었다. 그리고 그 재정적 문제들이 지금 그를 곤란하게 했다. 그는 분명히 권고가 부족하지 않았다. 모든 반동주의자들은 그가 정책을 포기하길 바랐다. 반면에 큰 재정인들은 기회를 포착하여 정부의 통제를 벗어나려고 시도했다. 그러나 그들은 틀렸다. 그의 정책들은 건전하고, 정의로웠고 그

---

423) *Ibid.,* p. 601.

리고 그는 그 정책들을 굳게 유지할 것이었다. 그렇다고 해도 그는 공황을 막기 위해 뭔가를 해야만 했다. 그러나 무엇을 할 것인가? 상황은 불쾌하고 혼란스러웠다. 루즈벨트는 그 문제를 해결하기 위해 최선을 다할 결심이었다. 코틸유 재무장관이 브로드와 월스트리트의 코너에 있는 모건의 사무실에 도착했을 때 모건은 그와 은행 친구들이 어떻게 미국의 곤경에 처한 은행제도에 유동성의 주입을 마련하고 있는지를 설명했다. 수억 달러가 금으로 해외에서, 특히 영국에서 들어올 것이고 보다 작은 액수들이 달러를 방어하기 위해 그들의 수백만 달러를 약속하여 자기들의 애국심을 과시할 존 D. 록펠러와 다른 미국인들의 금고로부터 나올 것이다. 이 신뢰구축 계획에 정부의 기여는 연방 재무부의 1억 5천만 달러를 전국의 주요 은행들에 예금할 것이다.

루즈벨트는 이 계획의 일부를 승인했다. 국가 경제의 건강을 위해서 그는 이 위기에서 지혜와 공적 정신으로 행동한 보수주의자들과 상당한 기업인들에게 공개적인 축하를 제공하기까지 했다. 그리고 그는 기업인들의 행동으로 기업의 정당한 사업을 수행하는 데 필요한 믿음과 신용을 파괴하려고 위협하는 공황을 억제하는 데 무한한 봉사를 했다고 선언했다. 마지막 활력소로서 루즈벨트는 부정직한 거래와 투기성 사업은 미국의 진정한 번영에서 단지 어쩌다 일어나는 사건들에 지나지 않는다고 대통령은 주장했다.[424] 루즈벨트의 조치와 성명은 일시적으로 주식 투매자들을 되돌렸지만 그러나 그들은 여전히 배고프고 저돌적이었다.

---

424) *Ibid.,* p. 602.

제22장
미국이 새 해양강국의 등극을 전 세계에 과시

> "리더십의 본질은 그것을 사용하려는 충동적 강요함이 없이
> 거대한 힘을 유지하는 능력이다. 올바름의 대의를 위해
> 그것을 사용할 필요가 있을 때까지 그 힘은 예비로 간직되어야 한다."
> -시어도어 루즈벨트-

1907년 루즈벨트의 마지막 큰 시련이 재정적 공황이었다면 그의 커다란 성공은 미국 함대의 세계 일주 순항의 출발이었다. 지난 2월의 신사협정(the Gentlemen's Agreement)은 미국과 일본 사이의 긴장을 제거하는 데 실패했다. 왜냐하면 긴장에 책임이 있는 많은 사람들이 신사들이 아니었기 때문이다. 5월에 루즈벨트 행정협정에 불만을 품은 캘리포니아인들이 그들의 분노를 캘리포니아의 제1의 도시에 있는 일본인들에게 그들의 분노를 터트리려 했기에 반-일본인 폭동이 샌프란시스코에서 발생했다. 그동안 일본에 있는 캘리포니아인들의 상대자들은 일본 정부에 의해 부과된 미국으로 이민하는 일본인들의 권리에 대한 억제를 거부했다. 이 집단의 불평이 일본정부로 하여금 협정의 목적을 유지하는 데 덜 엄격하게 했던 것으로 보였다. 루즈벨

347

트는 일본 정부의 실패를 괴로워했지만 그러나 그는 캘리포니아인들과 미국의 다른 곳에서 그들의 지지자들에 분노했다. 미국에 있는 일본인들에게 어떤 식으로든 잘못을 저지를 때 미국인들은 사악하게 행동하는 것이라고 규탄하면서 그들 자신의 이익을 위해 상황을 선동하는 개인들이 가장 사악하게 행동하는 것이라고 말했다.[425]

루즈벨트는 분노가 어느 정도 가라앉자 먼저 일본의 지인인 가네코 남작에게 편지를 썼다. 그는 미국의 근로자들이 외국인들을 두려워하는 것은 특이하지 않다면서 만일 수만 명의 미국인 광부들이 사할린으로 간다거나 혹은 수만 명의 미국 상인들이 일본이나 대만으로 간다면 분명히 말썽이 날 것이라고 말했다. 그는 가네코에게 자기가 두 국가들 사이의 좋은 관계를 촉진하기 위해 할 수 있는 일은 다하고 있다면서 가네코도 같은 일을 해 주길 희망한다고 말했다. 여름 내내 루즈벨트는 북태평양의 거친 물결에 순항하려고 계속 노력했다.

7월 달에 루즈벨트는 로지에게 그가 그곳 오이스터 베이에서 일본 대사와 한 사람의 각료를 만날 것이라며 샌프란시스코 폭도들, 샌프란시스코 언론 그리고 뉴욕의 <헤럴드>(*Herald*) 같은 신문들의 범죄적 어리석음을 상쇄하기 위해서 정중함과 신중함으로 일본인들에게 할 수 있는 모든 것을 할 것이라고 말했다. 태평양의 양쪽에서 다혈질의 사람들은 전쟁에 관해서 허술하게 말하고 있었다. 루즈벨트는 그런 어리석음에 과도한 관심을 두지 않았다. 그는 전쟁을 할 것이라고 믿지 않았지만 만일 전쟁을 하지 않는다면 그것은 황색언론의 잘못이 아니라면서 일본인들은 미국이 가진 주전론자들과 같은 비율의 주전

---

425) H. W. Brands, *T. R.: The Last Romantic,* New York: Basic Books, 1997, p. 606.

론자들을 가진 것으로 보였다.

　루즈벨트가 로지에게 언급한 한 사람의 각료는 전 해군장관 곤베 야마모토(Gonbee Yamamoto) 제독이었다.[426] 그는 일본 함대의 강화와 근대화의 관점에서 미국의 머핸(Mahan)과 루즈벨트를 하나로 합친 것과 같은 일본인이었다. 야마모토 제독은 언짢은 기분으로 도착하여 회담 내내 술에 취해 있었다. 그는 무례하게도 일본의 노동자들이 유럽의 노동자들과 정확히 같은 조건으로 미국에 입국이 허용되어야 한다고 요구했다. 그 이하는 무엇이든 일본의 명예에 대한 모욕이었다. 루즈벨트는 정중했지만, 그러나 그는 아무리 각료라고 해도 그런 요구를 받아들이려고 하지 않았다. 미국에 일본인늘의 도착은 신사협정에도 불구하고 전년도보다 증가했다. 야마모토에게 루즈벨트는 속임수에 대해 일본 정부를 똑바로 비난하지는 않았지만 그는 단호하고 반복해서 야마모토 제독의 요구를 거절했다. 루즈벨트는 야마모토에게 만일 미국의 노동자들이 들어가서 일본 노동자들의 임금을 삭감한다면 그들은 일순간에 그들을 일본 밖으로 쫓아낼 것이라고 계속해서 설명했다. 루즈벨트는 인종적 사고가 아니라 경제가 일본의 이민을 막는 자기 행정부의 고집 뒤에 있다고 주장했다. 그러면서 루즈벨트는 일본의 노동자들을 미국에 입국을 허락하는 것이 가능하지 않다고 강조해서 야마모토에게 말했다.[427]

　야마모토가 미국의 이민정책을 수립하는 데 미국 특권에 대한 루

---

426) 엘리후 루트(Elihu Root)에게 보낸 편지에서 곤베 야마모토 제독을 만났다고 말했다. H.W. Brands, ed., *The Selected Letters of Theodore Roosevelt*, Lanham, Maryland: Rowman & Littlefield Publishers, 2007, p. 453.

427) H. W. Brands, *T. R.: The Last Romantic,* New York: Basic Books, 1997, p. 607.

즈벨트의 옹호에 의해서 인상을 받았는지는 알 수 없지만 그러나 야마모토 제독은 미국의 전투함대가 태평양에서 집중훈련을 준비하고 있다고 루즈벨트가 말했을 때 주의 깊게 귀를 기울이지 않을 수 없었을 것이다. 러일전쟁 때부터 루즈벨트와 미 해군 관리들은 미국의 가장 큰 전함들을 대서양으로부터 태평양으로 보내는 아이디어를 간헐적으로 품었다. 그 항해는 어디에서 병참의 향상이 필요한 지를 노출하는 철저한 탐색 순항이 될 것이었다. 그것은 또한 스스로 자랑스럽게 생각하는 일본인들에게 미국이 고려해야 할 태평양 국가임을 상기시켜 줄 것이었다.

그러나 바로 이런 목적으로 인해 항해에 반대하는 주장도 있는 것으로 보였다. 미일 관계의 급속한 악화의 와중에 일본 정부가 미국함대의 재전개를 도발로 해석할 수 있다는 것이었다. 만일 일본이 전쟁을 생각하고 있다면 일본은 미국의 큰 배들이 태평양에 도착하는 것을 기다리지 않고 대신에 먼저 공격할 수도 있다는 것이다. 그렇게 되면 워싱턴이 피하고 싶은 갈등을 촉발하게 되는 것이다. 여러 곳에서 다소 중요한 것으로 두 번째 항해에 대한 반대의 주장은 그것이 불필요하게 수백만 달러의 비용이 들 것이라는 것이었다. 미국의 대담한 조치가 전쟁을 도발할 지도 모른다는 주장에 전혀 신경을 쓰지 않았다. 그는 위약함이 강함보다 훨씬 더 도발적이라고 생각했다. 따라서 루즈벨트 대통령에게는 일본과의 관계가 악화될수록 항해가 더 필요한 것으로 보였다. 비용에 관해서는 전쟁이 어떤 연습용 순항보다 훨씬 더 많이 들것이기 때문이다.[428]

---

428) *Ibid.*, p. 608.

루즈벨트는 야마모토에게 태평양을 통과하는 함대의 예상되는 여행을 서술하고, 그리고 나서 그는 그것이 그곳으로 보내진지 바로 후에 귀국할 것이라고 선언했다. 사실상, 루즈벨트는 마음속에 훨씬 더 야심적인 어떤 것을 갖고 있었다. 그가 며칠 전에 로지에게 말했던 것처럼, 이번 겨울에 미국은 전 함대를 세계 일주하는 훈련용 순항을 보내는 것이 권고할 만한 시기에 도달할 것이다. 태평양 순항은 본국으로부터 아주 먼 곳의 행동을 위해 함대에게 필요한 장비와 용역에 관해서 알 필요가 있는 거의 모든 것을 미 해군에게 가르치게 될 것이다. 더구나 루즈벨트조차도 인도양이나 희망봉의 앞바다에서 미 해군의 임무를 생각할 수 없었다. 그러나 루즈벨트는 지구를 도는 항해의 홍보 가능성들을 직감적으로 간파했다. 미국이 그것을 달성하는 첫 국가가 되는 것은 국가적 자부심의 대의가 될 것이다.[429]

루즈벨트의 정치적 반대자들은 이 대항해의 의미를 간파하는 데 조금 더 늦었다. 그러나 그들이 알게 되자 루즈벨트가 달성하려고 하는 것을 막으려고 적지 않게 결연했다. 루즈벨트의 비판자들은 다시 한 번 대통령의 독단적 경향을 비난했다. 그가 다른 사람들, 특히 의회에 답변을 초월하고 있다는 것이다. 그러나 루즈벨트는 한 대양에서 다른 대양으로, 혹은 전 세계를 도는 항해는 현재에 강력한 좋은 훈련이라고 생각했다.[430] 루즈벨트는 후에 자기의 주된 목적은 미국인들에게 인상을 주는 것으로 주로 국내정치용이었다고 인정했다. 그리고 그는 이 목적이 충분히 달성되었다고 말했다. 경제적 혼란은 루

---

429) Ibid.
430) Ibid., p. 609.

즈벨트에게 그의 글과 연설에서 그의 과거의 테마, 즉 미국인들이 어떻게 사치의 부드러움에 굴복하고 있는가라는 테마를 상기시켰다. 즉 미국인들은 사치스럽고, 즐거움을 추구하고, 산업의 근대문명에 수반하는 모든 사악함으로부터 고통을 받고 있다는 것이다. 루즈벨트는 미국인들 사이에서 여전히 존재하는 좋은 성질들, 즉 남북전쟁 기간 동안에 미국을 활성화시킨 그런 성질들을 인정했다. 그럼에도 불구하고 확실히 바보 같은 짓, 이상에서 비율에 대한 감각의 결핍, 쉽고 즐거운 것에 대한 지나친 사랑, 그리고 오직 물질적 편안함에 대한 지나친 강조의 확실히 불길한 징후가 있다는 것이다.[431]

루즈벨트 대통령은 군사적 준비를 포함하여 사나이다운 덕목을 위한 미국인들의 열정을 다시 깨우려고 했다.[432] 이 전 세계를 도는 순항은 놀라운 일이 될 것이다. 사람들이 그것에 관심을 갖게 될 것이라고 루즈벨트는 예측했다. 그것을 위해 대통령은 호의적인 홍보를 마련하려고 애를 썼다. 대통령은 주요 언론 기관들과 협의할 필요성을 인정했지만 그러나 제출된 기관들의 이름에 거부권을 행사할 권리를 보유했다. 그는 전적으로 승인되지 않는 사람들은 아무도 데리고 가지 않을 것이라고 말했다. 항해의 홍보에 대한 그의 모든 관심에도 불구하고 루즈벨트는 해외관계를 무시할 수 없었다. 유럽으로부터 오는 외교행낭은 일본인들이 전쟁을 키우고 있다는 느낌을 전달했다. 슈테른부르크 독일 대사는 멕시코에 있는 독일 관리로부터 일본이 이민을 가장하여 미국과 국경을 함께 하고 있는 멕시코에서 수천 명의 전직

---

431) *Ibid.*, p. 610.
432) *Ibid.*

군인들에 침투했다는 보고서를 전달했다.[433]

루즈벨트는 전쟁의 가능성을 인정했다. 그는 슈테른부르크 대사에게 이 일본인 문제는 아주 이해하기 어렵다면서 너무나도 깊은 인종적 차이가 있어서 유럽의 후예들이 그들을 이해하고 또 그들에 의해서 유럽의 후예들이 이해되기 매우 어렵다고 말했다. 다른 한편으로 일본인들은 최근에 자기들의 힘과 중요성에 대해 과장된 생각을 발전시켰다면서 그들의 머리들은 경이적일 정도로 부풀어진 것 같다고 루즈벨트는 말했다. 그러나 루즈벨트는 일본인들이 미국을 공격할 것으로는 생각하지 않았다. 그러나 미국은 아주 많이 경계해야 하고 다가오는 무엇에도 준비가 되어 있어야 한다는 것을 분명하게 하는 충분한 불확실성이 있어 보였다. 바로 이것이 그로 하여금 함대를 보내게 하는 이유였다.[434]

전쟁을 막는 유일한 길은 미국이 패배하지 않을 것이라는 일본인들의 느낌이라고 루즈벨트는 판단했다. 그리고 그 느낌은 미국의 해군을 최고로 효율적으로 만들고 유지함으로써 미국이 불러일으킬 수 있다. 순항은 해군성으로 하여금 효율성을 극대화할 수 있을 것이었다. 이 점과 동등하게, 16척의 전함들과 동반하는 여러 척의 선박들, 그리고 약 1만 8천 명의 수병들로 구성된 함대는 무서운 장관이 될 것이었다. 세계 일주의 대순항은 물론이고 그렇게 많은 해군력이 한 곳에 집결한 적은 없었다. 예의 주시할 일본인들은 깊은 인상을 받지 않을 수 없으며 심지어 겁을 먹을 것이다. 그러나 대함대가 태평양을

---

433) *Ibid.*
434) *Ibid.*, p. 611.

항해하는 것을 목격한다면 일본의 해군성에서 가장 무모하게 성미가 급한 자들조차도 잠시 멈추게 할 것이다.[435]

1907년 가을 내내 항해의 준비가 이루어졌다. 그동안 일본과의 긴장은 높았다. 그런 상황으로 루즈벨트는 함대를 서쪽으로 보내려는 자기의 결정이 옳았음을 더욱 더 확신했다. 11월 중순에 루즈벨트가 함대는 좋은 상태에 있고 함대 사령관 에반스(Evans)는 좋은 사람으로 1개월 이내에 태평양을 향해 출발할 것이라고 말했다. 그곳으로 가는 지혜는 충분히 과시되었다. 루즈벨트는 일본의 공격을 여전히 배제할 수 없었지만 그러나 그것은 점차 있을 것 같지 않았다. 입법부는 여전히 항해에 소요될 돈을 소비하는 걸 계속해서 주저했다. 루즈벨트는 이미 승인된 자금으로 함대를 태평양으로 보내고 있다고 발표하는 간단한 구실로 장애를 뚫고 나갔다. 만일 의회가 추가적인 자금을 주지 않는다면, 함대는 태평양 한가운데에 머물 수 있을 뿐이다. 루즈벨트는 자기의 청중, 즉 대서양 해안에 뿌리를 둔 영향력 있는 의원들을 잘 알고 있었다. 동부인들은 항해의 가장 비판적인 사람들 가운데 있었으며 그들은 전쟁 시에 자기들의 주들이 방어가 없을 것이라고 주장했다. 루즈벨트는 대서양에서 전쟁은 거의 문제가 되지 않는다고 예상했다. 모든 유럽 국가들과 미국의 관계가 너무 좋아서 고도로 전쟁이 발생할 것 같지 않다고 그는 사적으로 말했다. 그러나 루즈벨트는 동부해안 사람들이 전투함들을 되돌리는 자금을 승인할 만큼 걱정하게 내버려 두지는 않았다. 그의 전략은 성공했다. 예산에 대한 더 이상의 어려움은 없었다.[436]

---

435) *Ibid.*

436) H. W. Brands, *T. R.: The Last Romantic,* New York: Basic Books, 1997, p. 612.

루즈벨트는 의회를 관리할 줄 알았지만 그러나 분명히 다른 요소들은 자신이 없었다. 모든 정치적, 외교적, 재정적, 그리고 병참의 준비 후에 나쁜 날씨가 함대를 적시에 떠나지 못하게 거의 막고 있었다. 늦가을의 폭풍이 루즈벨트가 함대를 시찰하고 장교와 수병들에게 대통령식 작별인사를 하기로 예약된 날 직전에 수일 동안 햄프턴 로드(Hampton Roads) 항구에 퍼부었다. 그러나 결국 바람과 비마저 그의 욕망에 굴복했다. 16척의 전함들이 반짝이는 창공 아래 완전 복장으로 등장했다. 함정들의 난간은 수병들로 채워졌고, 악단은 연주하고, 삼각 깃발들은 바람에 펄럭였다. 사전에 용의주도하게 계획된 시간에 함정들은 대통령의 요트가 시야에 들어오자 동시에 21발의 예포를 발포했다. 루즈벨트는 몇 년 동안 그런 스릴을 맛보지 못했었다. 그는 <메이 플라워>(Mayflower)호의 갑판 아래위로 흥분하여 성큼성큼 걸었다. 그리고 목소리가 들리는 모든 사람들에게 소리를 질렀다: "이런 함대를 본적이 있는가? 장엄하지 않은가? 우리 모두 자랑스러워야 하지 않은가?"[437]

거대한 백색 함대(the Great White Fleet)의 항해는 백악관에서 루즈벨트의 마지막 1년 동안 끊임없이 호의적인 홍보를 제공했다. 그가 부과한 검열 하에서 본국으로 오는 보고서들은 드러난 병참과 운영의 결함들이 숨겨졌고 어떤 척도로 보나 야심적이고 인상적인 작업이었던 것의 대담하고 영웅적 측면을 강조했다.[438] 그 항해는 루즈벨트에게 국제정세에서 추가적인 영향력을 제공했다. 1908년 봄에 카이저가

---

437) *Ibid.,* p. 613.
438) *Ibid.,* p. 614.

베를린에서 대사의 경질에 관하여 심술궂게 행동하고 있을 때 루즈벨트는 그에게 마음을 달래주는 편지를 보냈다. 그는 카이저에게 미국 전투함들의 함대가 예정대로 남미의 여행을 마치고 지금은 멕시코 해안 앞바다에서 표적물 연습을 하고 있다는 것을 알아주리라 믿는다고 말했다. 대통령은 호주, 일본, 중국, 필리핀, 수에즈의 일정을 말했지만 독일 해군이 이런 일을 결코 하지 않았다는 것을 말하지 않았다. 그리고 그는 그들의 표적 연습은 탁월했다는 마지막 지적을 저항할 수 없었다.[439]

항해 중 방문지 목록에 일본을 추가한 것은 일본 정부의 특별한 요청에 따른 것이었다. 루즈벨트는 초청이 온 것은 우정에서 나온 것이 아니라는 것을 인정했다. 대통령은 통계학적 이유에서 일본이 비자의 숫자를 얼버무리고 있다고 확신했다. 그리고 그는 일본이 가능한 모든 해군 정보를 얻기 위해 함대의 방문을 이용할 것이라는 데에 아무런 의심도 없었다. 그러나 그는 군사력의 이런 강력한 과시의 심리적인 충격이 관련된 모든 모험의 가치가 있다고 생각했다. 동시에 그는 이런 모험은 절대적으로 필요하다고 고집했다. 그는 함대 사령관에게 동양의 바다에 있는 내내 가장 조심스러운 경계를 실시하라고 명령했다. 제독은 광신자들을 조심해야만 하지만 똑같이 자기의 부하들에 의한 비행을 경계해야 한다. 그는 한 척의 배를 잃은 것을 차치하고 미국인이 이런 특이한 조건에서 누구를 모욕하기보다는 차라리 모욕을 당하는 것이 더 낫다고 결론지었다.[440]

---

439) *Ibid.*
440) H. W. Brands, *T. R.: The Last Romantic,* New York: Basic Books, 1997, p. 615.

함대의 항해는 거대한 쇼였다. 그것은 일시적으로 서태평양에서 미국의 지위가 근본적으로 약하다는 사실을 실제로 바꿀 수는 없었다. 10년 전에 루즈벨트는 필리핀의 합병을 주장했다. 필리핀 전쟁은 합병이 그가 짐작했던 것처럼 쉽지 않을 것이고, 그리고 그후 필리핀의 군사시설을 개발하는 데 대한 미국의 무관심은 필리핀을 성장하는 강대국과 명백하게 팽창주의적 일본의 야심에 취약하게 만들었다. 루즈벨트 대통령은 태프트에게 필리핀은 미국의 아킬레스의 건을 형성한다고 말하면서 필리핀이 일본과의 현재 상황을 위험스럽게 만드는 전부라고 말했다.[441] 루즈벨트는 자기가 미국인들을 오판했다는 것을 인정하지 않을 수 없었다. 그는 미국인들이 필리핀인들의 이익을 위해서 필리핀 섬들의 통제를 장악할 준비가 항구적으로 되어있길 바랐다. 그러나 실제로 그는 이것이 그런 경우인지의 여부를 진중하게 의문시했다. 미국인들은 쿠바와 산토 도밍고에서 최근 사건들에 대한 그들의 미지근한 반응에 의해서 과시되었듯이 카리브 해와 같은 명백한 지역에서조차 미국 안전의 조건들을 이해하는 데 어려움을 갖고 있었다. 그들의 실패는 필리핀에 관해서조차 분명했고 그리고 그것은 대통령으로 하여금 정책의 번복을 고려하게 만들었다.[442]

필리핀은 미국과의 연계에서 미국보다도 더 많은 혜택을 보았다. 미국은 해야 할 일을 잘 해냄으로써 혜택을 보았다. 불행하게도 다수의 미국인들은 잘 이루어진 의무의 혜택을 이해하지 않았다. 그는 미국인들이 필리핀을 단지 보상이 없고 진실로 값비싼 의무로만 항구적

---

441) *Ibid.*
442) *Ibid.*

으로 받아들일 것으로 믿지 않았다. 사태가 이런 걸 보면, 미국은 필리핀에게 이른 독립의 인정을 고려해야만 한다. 그러나 필리핀으로부터 어떤 철수도 미국 자신의 선회에서 나와야지 일본의 압력에 대한 반응으로 나와서는 안 되었다. 루즈벨트는 필리핀 섬들을 일본이나 혹은 다른 국가들에게 강압 하에서 내어 주기보다는 차라리 미국이 생명을 걸고 싸우길 보고 싶다고 말했다.[443]

---

443) *Ibid.*, p. 416.

제23장
루즈벨트 대통령의 아름다운 퇴장

"지도자들은 물러갈 성역이 있어야 한다. 진실로 집 같은 곳은 없다."
-시어도어 루즈벨트-

1908년 봄과 여름은 대선과 총선으로 미국의 정치과정의 본질에 집중되었다. 정치권력을 위한 경합에서 자신을 멀리한 루즈벨트는 상징주의에 만족했다. 5월에 그는 자연자원에 대한 회의를 주관했다. 그 회의는 거의 전체가 상징적이었다. 아무도 어떤 특별하거나 불편한 일에 헌신하게 하지 않았다. 그럼에도 불구하고 그 회의는 중요했다. 자연자원에 대한 루즈벨트의 관심은 물론 수십 년을 거슬러 올라갔지만 자연세계에 관해 그의 호기심을 일으킨 브로드웨이(Broadway)에서 그는 죽은 물개를 만났다. 지난 수년 동안 보존주의는 주요 관심사가 아니었다. 비록 그가 늙고 자신의 킬러 본능을 길들이거나 적어도 우리에 가두는 것을 배웠지만 그는 체내에서 진행되는 야생동물의 가치를 보다 충분히 알게 되었다. 서부로의 그의 사냥 여행들은 미래의 사냥꾼들이 죽일 사냥감의 존재를 확실히 하기 위한 것일지라도 서식지를 보존하는 중요성을 깊이 인식하게 했다. 다른 활동들이 곧 분 앤

크로켓 클럽(the Boone and Crockett Club)의 업무로부터 주의를 딴 데로 돌리게 했지만 그러나 그는 자연 서식지의 보존을 우선으로 만드는 사람들과 접촉을 결코 잃지 않았다. 그의 목장 운영 모험이 생물학적 세계에서 균형의 중요성을 고통스럽지만 분명하게 만들었다.[444]

그러나 루즈벨트는 결코 보존주의자가 아니었다. 그는 낭만주의자였다. 다른 진보주의자들과 같이 그는 자연 자원이란 사용되기 위해서 존재한다고 믿었다. 그것들은 물론 마치 가족신탁처럼 현명하게 사용되어야만 했다. 그가 요세미티(Yosemite)나 옐로스톤(Yellowstone) 같은 확실히 장엄한 지역을 따로 두는 것을 지원할 때조차 그는 그런 장소들의 최고 사용이 볼만한 장관으로서라는 판단에서 주로 그렇게 했다. 놀랍지 않게도 루즈벨트는 보존의 적합한 기관이 연방정부라고 믿었다. 어떤 분야에선 대안이 별로 없었다. 루즈벨트는 1902년의 청구권 법(the Reclamation Act)을 지지하고 기꺼이 서명했다. 그 법은 매우 건조하고 대부분 연방정부 소유의 서부 전역에서 홍수 통제와 관개 시설의 건설을 승인했다. 이 경우에 그는 연방정부의 조치가 없이는 문제의 강들이 계속해서 홍수가 지고 또 사람들에 의해 이용되지 않는 물은 바다로 버렸다. 대조적으로 연방정부의 조치가 있는 경우에는 사막은 개화되고 도시들은 번성하고, 그리고 인구가 증가했다. 후 세대의 환경론자들은 이런 것들을 애매한 목적들로 간주할 것이지만 그러나 루즈벨트에게 그것들은 국가적 삶의 본질과 정부의 목적을 대변했다.[445]

---

444) H. W. Brands, *T. R.: The Last Romantic,* New York: Basic Books, 1997, p. 622.
445) *Ibid.,* p. 623.

특이하게도, 루즈벨트는 자신을 미국 자원의 주방장으로 생각했다. 그는 자기의 서명으로 어떤 연방정부의 지역을 사냥감 유보지로 규정할 수 있다는 것을 기뻐했다. 플로리다의 펠리컨 섬(Pelican Island)의 조류 수가 그곳에서 현란한 물새들의 정교한 깃털에 탐욕스러운 사냥꾼들에 의해서 치명적으로 위험하다는 것을 알게 된 루즈벨트는 그 섬에 대한 사냥 금지를 막을 어떤 것이 있는지 여부를 서둘러서 조사했다. 그런 것이 없다는 얘기를 들은 그는 즉시 금지조치를 취했다. 미국의 삼림은 특별한 프로젝트가 되었다. 1891년 의회는 대통령이 어떤 연방정부 소유 재산을 삼림보존으로 정할 수 있게 하는 법을 통과시켰다. 1901년까지 목재용 삼림지의 약 5천만 에이커가 유보제도에 들어갔다. 루즈벨트는 그 일을 계속했고 또 그것을 확대했다. 그는 삼림국의 수장을 위해서 교육을 잘 받고 과학적 삼림관리의 주창자인 기포드 핀초트(Gifford Pinchot)를 임명했다. 핀초트의 권고와 격려에 입각하여 루즈벨트는 추가적인 1억 5천만 에이커를 유보지로 분류했다.[446]

목재 회사들과 그들의 정치적 동맹들은 자유시장의 작동에 대한 루즈벨트의 개입에 반대했다. 1907년까지 그들은 1891년의 법을 개정을 추진하기 위해 의회에서 충분한 지지를 모았다. 이 새 조치는 추가적인 유보지를 창조하는 대통령의 권한을 크게 억제했다. 루즈벨트는 그 조치에 거부권을 행사했을 것이지만 그러나 그것은 정치적 자살을 각오하지 않고서는 거절할 수 없는 농업법안에 첨부되었다. 그리하여 루즈벨트는 거부권 행사 대신에 핀초트와 모의하고 유보제도 밖에 남아 있는 구획들 중 가장 좋은 곳들을 선정하여 그 법의 선명

---

446) *Ibid.*

한 의도와 그 조치의 입법자들의 의도를 피해갔다. 삼림의 주인으로서 자기 권한에 대한 시간에 쫓긴 루즈벨트는 유보지를 1천 6백만 에이커만큼 확대하는 대통령 명령을 발했다. 루즈벨트는 자연자원이 주 정부에 의해서 주의 깊게 보호되지 않으면 낭비하는 자산임을 인식했던 것이다.[447]

비슷한 판단이 국가의 다른 자원들에게도 적용되었다. 석탄과 석유가 대중에게 빠르게 상실되고 있었다. 1908년 봄에 그가 주지사들과 보존에 관심 있는 명사들을 워싱턴에 소집한 것은 바로 이 문제를 다루기 위한 것이었다. 루즈벨트는 그 회의가 아주 성공적이었다고 설명했다. 한 달 후에 그는 보존에 관한 서반구 회의를 다시 백악관에서 소집했으나 이 회의는 이루어지지 않았다. 후임 대통령 윌리엄 태프트는 루즈벨트보다 보존을 몰두할 만한 일로 생각하지 않았다. 6월 시카고에서 공화당 전당대회가 개최되기 전에 태프트의 경쟁자들은 옆으로 떨어져 나갔다. 태프트가 그의 후계자로 당연히 선언되었다. 루즈벨트는 그 결과에 만족을 표하고 좋은 대통령이 될 뛰어난 지명자에 대해 나라와 공화당을 축하했다. 그는 조지 트리벨리안(George Trevelyan)에게 보낸 편지에서 다시 한 번 권력을 포기하는 자기의 이제 기정사실이 된 결정에 관해서 성찰했다. 그는 1904년 처음 성명을 발표한 뒤 그것에 관해서 돌아가려고 진지하게 고려한 적이 결코 없었다고 말했다.[448]

1908년 11월 선거에서 태프트가 큰 표 차로 승리했다. 그 표는

---

447) *Ibid.*, pp. 623–624.
448) *Ibid.*, p. 628.

1904년 루즈벨트가 받았던 것보다는 작았다. 태프트의 당선으로 그가 공식적으로 권력을 넘겨줄 1909년 3월까지 루즈벨트는 대통령으로서 할 일이 별로 없었다. 비록 레임덕 대통령이 레임덕 의회를 다루어야 할 것이지만 대통령이나 의회는 뭘 하기를 기대될 수 없었다. 그러나 1908년 의회는 첩보기관(Secret Service)의 활동을 제약하는 수정법안을 낳았다. 편집증을 가진 어떤 의원들은 루즈벨트를 의심했었다. 루즈벨트는 자기의 정적들에 대해 어떤 깊은 계획도 갖고 있지 않았다. 그러나 그는 그들 가운데 몇 명은 조사를 받아야 한다고 생각했다. 언제나 그랬던 것처럼 그는 자기의 권위에 대한 제약에 저항했다. 자기의 임기의 끝이 눈에 보이자 그는 정치의 계산된 언어를 피했다. 그 대신에 그는 그 수정법안의 지지자들에게 그들의 동기에 의문을 제기하면서 비난을 퍼부었다. 그는 그 수정법안은 범죄적 계급에게만 이로울 것이라고 선포했다.[449]

놀랍지 않게도 루즈벨트의 일괄고발은 상황에 불을 질렀다. 올드리치(Aldrich) 상원의원이 대통령 자신의 행위에 대한 조사를 요구했다. 하원의원들도 하원의 위엄을 방어하기 위해 큰 분노로 일어났다. 루즈벨트는 의회 의원들의 활동을 조사하기 위해 첩보기관을 어떤 욕망도 부인하면서 살짝 후퇴했지만 그러나 그는 첩보기관 활동의 제한이 범죄적 계급에 혜택을 줄 것이라는 그의 주장을 고수했다. 하원은 212대 35로 정부의 동등한 입법부에 대한 불경에 대해 대통령을 응징했다. 그의 정적에 대한 루즈벨트의 노여움은 언론과의 관계 속으로 파급되었고 그로 하여금 자기의 대통령직의 가장 덜 신중한 행동

---

449) H. W. Brands, *T. R.: The Last Romantic,* New York: Basic Books, 1997, p. 633.

들 가운데 하나를 하게 만들었다.[450]

1903년 이래 파나마 문제를 그가 다룬 것이 비판을 받았다. 그러나 1908년 12월에 뉴욕 <월드>(World) 지의 조셉 퓰리처(Joseph Pulitzer)가 그를 최근에 다시 제기된 비판을 반박하는 데 있어서 의도적으로 사실을 잘못 말했다고 비난했을 때 그는 더 이상 참지 않기로 결정했다. 그는 법무무가 고발할 것을 요구했다. 루즈벨트는 범죄적 명예훼손에 관한 법에 관해서 아무 것도 모른다고 뉴욕 연방 지구 검사인 헨리 스팀슨(Henry Stimson)에게 인정하면서도 그러나 그는 정말로 퓰리처에 관해서는 그것을 적용하고 싶다고 말했다. 법무부장관은 대통령이 불행하게도 연방정부가 그 문제에서 아주 간접적인 관할권을 갖고 있다는 것을 인정하는 데까지는 성공했지만 그러나 루즈벨트는 법을 논의하기를 원치 않았다. 그는 퓰리처가 잘못을 저질렀으며 법이야 있든 없든 처벌되어야 한다고 도덕적으로 확신했다. 대통령의 고집으로 그 사건은 진행되었다. 정부의 변호사들은 결의와 기발한 재주로 기소하는데 성공했다. 그러나 피고인들이 연방 법원과 주 법원의 관할권이 겹친다고 도전했을 때 기소는 멈추었다. 그리하여 그 사건은 그 때는 이미 전직 루즈벨트 대통령의 명예훼손에 관한 법의 확대해석이 분명한 패배로 끝났다.[451]

다른 문제들은 보다 즐거운 것들이었다. 선거 직후에 루즈벨트는 모두 약 50명의 장교인 국립전쟁대학(the National War College)의 육군의 전 일반 참모들과 교수진들을 자기의 유명한 록 크릭(Rock Creek)을

---

450) *Ibid.*
451) *Ibid.,* p. 634.

오르는데 데려감으로써 아주 즐거워했다. 그들은 빨리 갈 수 없었다. 왜냐하면 그만한 수와 함께 갈 때는 꼴찌로 오는 사람들을 기다려야 했고 또 그들이 걸음걸이를 유지한다면 전혀 따라오지 못하는 약 10 여 명이 있었기 때문이다. 그러나 그들 모두가 그 절벽을 용감하게 올랐으며 흐르는 물을 잘 헤쳐 걸어 나갔고 또 산비탈을 꿈틀거리며 지나갔다. 군사적 자기 향상의 같은 영역에서 대통령은 그들 모두가 3일 만에 90마일을 말을 타고 가는 능력을 보여야 한다는 그의 지시에 불평하는 장교들을 부끄럽게 만들었다.

루즈벨트는 혼자서 단 하루 만에 90마일을 커버했다. 그는 여명 이전에 떠나서 4마리의 말을 갈아타면서 비지니이의 워렌턴(Warrenton) 마을까지 거의 50마일을 갔다. 그리고 그 곳에서 그는 그 지역의 명사들과 악수하고 어린 학생들에게 연설을 했다. 그리고 그는 다시 말에 올라 집으로 돌아갔다. 그는 수년 동안 그런 재미를 보지 못했다. 마지막 15마일은 깊은 밤에 행해졌고 그들의 얼굴에 진눈깨비의 눈보라가 몰아쳤다. 폭풍 가운데에서 군사 보좌관 아치 버트(Archie Butt)가 수도의 얼어붙은 거리들이 안전에 너무 미끄러워 마지막 몇 마일은 위해서는 마차를 이용해야 한다고 제안했다. 이에 대해 루즈벨트는 그들은 말을 타고 백악관에 갈 것이라고 대꾸했다. 그리하여 모두가 그렇게 했다. 영부인은 전 일행에게 백악관의 대접을 했다. 루즈벨트는 혼자서 군대의 체력훈련을 시킨 것이다.[452]

캘리포니아 입법부가 일본인들을 모욕하는 어떤 새로운 방법을 발견한 뒤에 루즈벨트는 질레트 주지사에게 그 공세적 조치들을 차단하

---

452) *Ibid.,* p. 635.

라고 다시 촉구했다. 그러는 동안 캘리포니아 상원대표단의 반에 달하는 사람들의 터무니없는 행동에 이를 악물었다. 상원의원들 중 한 사람인 플린트(Flint)가 으뜸패처럼 그의 곁에 서 있을 때 그는 캘리포니아 상원의원으로서 다른 자리를 차지하고 있는 힘없이 악의적인 지렁이의 목을 부러뜨리고 싶다고 아들 테드(Ted)에게 이야기했다. 그는 퍼킨스(Perkins)라는 이름의 우윳빛 얼굴을 가진 유충이었다. 그러나 결국은 부드럽게 돌아서고 그렇게 하는데 새크라멘토(Sacramento)에 있는 일본인을 괴롭히는 자들을 좌절시키는 데 도움이 되었다. 대통령은 캘리포니아 입법자가 처음부터 했어야 할 것을 한 데 대해 퍼킨스 의원에게 곧바로 감사했다. 만일 태평양을 평화롭게 만드는 데 대해 기여한 사람은 바로 자신임을 루즈벨트는 행복하게 주장했다. 아서 리(Arther Lee)에게 보낸 편지에서 루즈벨트는 이 가장 최근의 날개치기가 일본을 다루는 자기의 방법의 현명함을 확인했다고 주장했다. 그 현명한 방법은 일본 정부가 자국의 근로자들을 일본 내에 묶어두어야 한다는 정중하지만 명확한 고집과 그리고 동시에 미 해군의 건설로 구성되었다.453)

　미 해군은 그가 백악관을 떠나기 바로 며칠 전에 전투함 함대들을 귀국시킴으로써 루즈벨트에게 고별 선물을 주었다. 루즈벨트는 세계를 위한 그 귀환을 놓치고 싶지 않았을 것이다. 루즈벨트는 전투함들이 그들의 14개월에 걸친 항해로부터 귀환을 목격하기 위해 조지 워싱턴의 탄신일에 햄프턴 로드(Hampton Roads) 항구에 모여든 수만 명의 사람들과 합류했다. 각종 크기의 민간인 배들과 항해에 적합한

---

453) *Ibid.*, p. 636.

주들이 돌풍이 부는 하늘과 거친 바다를 용감하게 해쳐 나와 하얀 색 전투함 선박들이 동쪽 수평선에서 안개 속에 나타나는 것을 보았다. 루즈벨트는 <메이플라워>(*Mayflower*) 호의 난간에서 자기가 파견했던 전투함들을 환영했다. 그는 다시 한 번 모든 거포로부터 동시에 대통령의 요트를 지나갈 때 각 배의 21번의 예포의 인사를 받았다. 배들의 정열의 길이는 7마일 이상이었고 포의 천둥소리는 한 시간이나 계속되었다.

루즈벨트 대통령은 애국적 자부심으로 거의 울음을 터트렸다. 그는 제독의 기함의 갑판에서 연설하면서 장교와 수병들에게 이렇게 상기시켰다:

> "이것은 역사상 지구를 한 바퀴 돈 최초의 전투함 함대이다. 그 재능을 다시 수행하는 사람들은 여러분의 발자국을 따를 수밖에 것이다."[454]

검열이 해제되어 수십 개의 신문들이 특파원을 파견했다. 모두가 루즈벨트 대통령이 그렇게 득의만만한 적은 결코 없었다는 데 동의했다. 한 신문은 적절하게 그 행사를 "루즈벨트의 절정," 그리고 그의 경력 중에서 "하나의 최고로, 장엄한 순간"이라고 설명했다.[455] 정말로 그랬었다. 그것은 루즈벨트 대통령의 아름다운 퇴장을 장식하는 지상 최대의 쇼였다.

---

454) H. W. Brands, *T. R.: The Last Romantic,* New York: Basic Books, 1997, p. 637 에서 재인용.

455) *Ibid.,* p. 637.

제24장
아프리카 사파리(Safari) 원정

"아직 어린 소년일 때 나는 자연사에 관심을 갖기 시작했다.
나는 내가 동물학자로 내 직업을 시작한 첫 날을 선명하게 기억한다."
-시어도어 루즈벨트-

　　미국의 관심의 중심에서 10년을 보낸 후 루즈벨트와 그의 부인은 미국을 단지 벗어남으로써 스포트라이트를 피하고 싶었다. 루즈벨트는 오랫동안 꿈을 꾸었지만 그러나 최근까지 자기가 경험할 것이라고 결코 생각하지 않았던 사파리를 가기 위해 아프리카를 향할 것이었다. 부인 에디스는 야생 동물을 죽이는 데에는 관심이 없었고 그녀는 별들을 보면서 특이한 밤을 보내는 데 더 많은 관심을 항상 갖고 있었다. 루즈벨트가 거대한 백인 사냥꾼의 역할을 하는 동안 그녀는 제노아(Genoa) 교외 리구리아 언덕(Ligurian hills)에 있는 사슴 휴양지에 있는 행정저택을 운영하는 보살핌과 책임으로부터 회복할 계획이었다. 이탈리아와 인접 국가들에 관한 여행들은 필요할 때 기분전환을 제공할 것이다. 그것의 모든 매력에도 불구하고 이런 계획은 그녀가 진실로 원하는 것은 아니었다. 그녀는 루즈벨트와 함께 있는 것을 훨씬 더 선호했다. 지난 10년간 그는 가까이에 있었지만 그가 너무나 바빠서 몇 마일 떨어져 있는 것이나 마찬가지였을 때가 종종 있었다. 그녀는 그들이 단지 루즈벨트 씨(Mr.)와 루즈벨트 부인(Mrs.)이 되어 서로가 더 잘 알게 될 기회를 갖길 갈망했다.

그러나 그렇게 되지는 않았다. 루즈벨트는 사파리를 가야만 했다. 그것은 늘 그랬던 것처럼 그녀가 아이들과 같이 있을 것임을 의미했다. 그는 이번에 아들 커미트(Kermit)를 데려 갔다. 아들 커미트는 자식들 중에서 그녀가 가장 쉽게 자기의 감정을 공유할 수 있는 자식이었다. 마치 그것만으로는 충분하지 않은 것처럼 그녀의 마음은 루즈벨트의 안전에 관해서 마음을 놓을 수 없었다. 그녀는 맥킨리가 암살당한 뒤 7년 반 동안 자기 남편이 또 하나의 광신자에게 살해될 지도 모른다는 두려움 없이 단 하루도 살지 않았다. 당시에 그녀가 제정신을 유지하게 한 유일한 것이란 이 잠재적 사형선고가 1909년 3월 4일 끝날 것이라는 지식이었다. 왜냐하면 아무도 전직 대통령을 죽이기 위해 자기의 목숨을 걸지는 않을 것이기 때문이다.[456]

이제 새롭게 얻은 자유를 구가하기 위해 루즈벨트는 무엇을 했을까? 그는 사자들과 코끼리들을 습격하는 데 몰두할 것을 고집했다. 루즈벨트가 일단 무엇을 하겠다고 나서면 에디스는 그녀의 감정을 숨기고 그를 보냈다. 그녀는 최고의 옷을 입고 용감한 표정을 지으면서 그와 아들 커미트에게 작별 키스를 했다. 그리고 그들이 배를 타기 위해 언덕을 내려갈 때 그녀는 사가모어(Sagamore)의 광장에서 손을 흔들었다. 1909년 3월 아프리카를 향한 루즈벨트의 출발은 거의 1년에

---

456) H. W. Brands, *T. R.: The Last Romantic,* New York: Basic Books, 1997, p. 642.

걸친 계획의 절정을 이루었다. 아프리카의 야생동물은 나일 강에서 보낸 소년 시절 이후 그의 마음을 사로잡았다. 보다 최근에 동아프리카의 고지대가 사냥꾼으로서 그의 솜씨를 암암리에 시험대에 올랐다. 그는 미국에 있는 쿠가(cougar)와 회색 곰 같은 가장 무시무시한 동물들을 죽였다. 그런 것들은 사자, 코끼리, 그리고 코뿔소에 비교될 수 있겠는가?

그리하여 그는 자신의 사파리를 위한 계획을 세우는 데 있어서 아프리카에서 오랜 경험을 가진 유명한 사냥꾼 겸 탐험가인 프레데릭 셀로우스(Frederick Selous) 그리고 다른 전문가들과 협의했다.[457] 피에 목밀라 한다는 비난에 민감한 루즈벨트는 자기의 사파리를 하나의 과학적 원정이라고 내세우려고 애를 썼다. 그는 자기의 사냥감들을 스미소니언 박물관(the Smithsonian museum)에 기증하기로 서약했다. 박제된 동물들은 미래 세대의 학생들과 다른 박물관에 가는 사람들에게 동아프리카의 거대한 포유 동물의 삶을 묘사해 줄 것이다.[458]

루즈벨트는 케냐(Kenya)에 있는 영국의 관리에게 자기의 사냥전략을 설명했다. 실제적 식량을 제외하고 그리고 영국 관리의 일반적 규제 하에서 허락되는 정도로만 그는 워싱턴에 있는 박물관을 위해서 단지 수컷 한 마리의 표본과 아마도 각기 다른 종류의 사냥감의 암컷 한 마리를 잡기로 했다. 그와 그의 아들 커미트만 총을 쏘았다. 그 여행에서 그들과 합류할 직업적 자영주의자들은 하나의 규칙으로서 총을 쏘지 않기로 했다. 아들 커미트의 동행은 그의 여행의 여러 가지

---

457) *Ibid.,* p. 643.
458) *Ibid.*

매력들 중의 하나였다. 커미트는 루즈벨트가 항상 칭송하는 모험적이고 낭만적인 정신을 소유했다. 루즈벨트는 커미트를 칭찬하는 만큼이나 그의 안전과 안녕에 안달했다. 그들의 대부분의 사냥이 이루어질 영국의 동아프리카에서 열병이 우간다와 나일강 상류에서만큼 나쁘지 않을 것이라고 생각했다. 어쨌든, 커미트는 너무나 열성적으로 원정을 기대하고 있었기 때문에 루즈벨트는 그를 거부할 수 없었다. 그러나 커미트의 기대가 자기 아버지의 기대보다 더 크지는 않았다.

실제로, 검은 대륙을 방문하려는 루즈벨트의 욕망에 최종적 자극을 제공한 것은 태프트의 선출이었다. 태프트를 공화당에 강요했다는 것을 강력히 부인하였지만 나가는 대통령은 들어오는 대통령이 루즈벨트의 인기에 괴로워할 것임을 깨달았다. 태프트는 자신을 위해서나 혹은 루즈벨트가 그를 통해 성취하길 희망하는 목적들의 관점에서 결코 효율적이지 못했을 것이다. 만일 루즈벨트가 기자들이 들을 수 있는 거리의 미국이나 혹은 다른 어느 곳에 남아 있다면 그는 끊임없이 태프트의 역할 수행에 대해 코멘트의 요청을 받았을 것이다. 루즈벨트는 코멘트를 무한히 사양하는 것이 거의 불가능할 것이라는 것을 인정할 만큼 충분히 자신을 알고 있었다. 가장 대담한 특파원 조차도 그를 따라가기 어려운 어떤 곳을 위해 미국을 떠나는 것이 더 나았다.

마치 거리만으로는 충분하지 않은 것처럼 루즈벨트는 자기를 따라가길 원할지도 모르는 언론인들에게 요란스럽게 경고해 떨어냈다. 그를 추적하려고 시도하는 뻔뻔스러운 어떤 기자에게도 말을 하지 않겠다고 그는 선언했다. 평범한 시민의 프라이버시를 호소하면서 그는 평화롭게 사냥하도록 홀로 남겨지기를 요구했다. 미국 서부에서 그의 경험은 기자들이란 한결같이 사냥에서 골칫거리임을 과시했었다. 그들은 총알이나 동물에 의해 스스로 거의 죽임을 당할 만큼 바쁘지 않을 때 사냥감들을 놀라게 해서 쫓아버렸다. 그가 일단 앞서 간다면 기자들은 결코 그를 잡지 못할 것으로 생각했다.[459] 루즈벨트는 자기의 사파리에 관한 뉴스에 예방적 금지를 선언할 동기를 갖고 있었다. 그는 스스로 독점적 특종이 되는 것을 원하지 않았다. 그는 그의 아프리카 모험에 관한 연재 기사를 위해 잡지사이며 책 출판사인 <스크라이브너>(Scribner)와 수익성이 좋은 계약을 체결했다. 그는 12개의 기사들에 대해 5만 달러를 받을 것이었다. 추가로 그는 연재물로 나간 뒤에 그 기사들을 책으로 출판하여 인세를 받을 것이었다. <콜리어(Collier)와 맥클러(McClure)가 그에게 <스크라이브너>보다 더 많은 돈을 제안했지만 그는 <스크라이브너>가 그의 과거 사냥 스토리들과 그리고 <의용 기병대>(The Rough Riders)에 주었던 대우를 좋아해서 그 출판사에 남기로 결정했다.

루즈벨트의 원정에 대한 세부사항들에 대한 얘기가 무엇이든 사파리의 사실은 비밀이 아니었다. 놀랍지 않게 월 스트리트는 그의 출발을 환호했다. 제이 피 모건은 안경을 올리면서 미국은 모든 사자가 자기의 의무를 수행하길 기대한다고 선언했다. 지난 10년 동안 미국은 루즈벨트가 결코 없었던 적이 없었다. 그가 가장 깊은 아프리카로 사라지는 것은 극적인 진공을 창조했다. 그가 돌아올 때 훨씬 더 큰 충격을 줄 것이었다. 그는 아주 가치 있는 이국적인 것에 대한 탐험가의 역할을 수행했다. 카르툼(Khartoum)에서 <스크라이브너> 잡지에 쓰

---

459) *Ibid.*, p. 645.

면서 그는 아프리카와 특별한 즐거움에 관해서 말했다: 외로운 땅에서 방황하는 즐거움, 황야에서 힘세고 무서운 야생동물을 사냥하는 즐거움을 전달했다.[460]

사파리의 모든 면이 다 그렇게 낭만적이지는 않았다. 한 가지로, 그 여행은 종종 볼만하지만 그러나 별로 장엄하지 않은 나라를 통해 아주 지루한 걷기를 내포했다. 실제로 그에게 그 곳은 다코타(Dakota)를 상기시켰다. 그와 그의 일행들은 적도의 첫 여행 동안 햇볕에 구워지고 또 부들부들 떨었다. 벌레와 해충들은 끊임없는 시련이었다. 어디에나 진드기가 득실거렸다. 원주민들은 진드기와 주변 환경의 다른 측면에서도 잘 지냈다. 동아프리카의 원주민들은 수가 많았고 그들 가운데 많은 사람들이 자기들 나름대로 농업이나 목축에 종사했다. 그들은 대부분이 불완전하고 연약한 사회적, 그리고 군사적 조직을 가진 원시적 야만인들이었다. 그들은 현지의 추장 밑에서 작은 공동체에서 살고 있었다. 목장주로서 그리고 보존주의자로서 루즈벨트는 그에게 이 원주민들의 어리석은 실천으로 보이는 것에 대해 코멘트하지 않을 수 없었다. 그 야만인들은 가축을 소유하고, 가축을 기르고 그리고 여자들은 간단한 농업일을 많이 했다. 불행하게도 그들은 삼림을 헛되게 파괴했다. 우유를 제외하고는 원주민들은 정말로 자기들의 가축을 이용할 줄 몰랐다. 그들은 가축들로 일을 할 줄 몰랐고 기아에서도 그것들을 잡아먹을 줄 몰랐다. 오랜 가뭄으로 경작에 실패했을 때, 이 어리석은 원주민들은 가축을 잡아먹으면 살 수 있는 데도 수백 명씩 죽어갔다.

---

460) *Ibid.,* p. 646.

루즈벨트는 결코 인류학자인 척한 적이 없었지만 그조차도 마사이 (Masai) 족과 이웃들이 가뭄 시에 그가 추천하는 먹을 수 있는 가축들의 대체물을 어디에서 발견할 것인지를 스스로 자문해야만 했다. 부유한 미국의 목장주들과는 달리 그들은 인접 주에서 기차로 오는 새로운 가축 떼들을 가져올 수 없었다. 그것은 부분적으로 상상력의 결핍이고 또한 부분적으로는 제국주의를 진보와 동일하다고 믿는 그의 성향으로 인해서 루즈벨트는 영국의 아프리카 주둔을 인류의 한 걸음 전진으로 해석했다. 그는 자치가 모든 사람들에게 적합하다는 생각을 비웃었다. 그는 한 부족에 관해서 말하면서 그들은 내부에서 자치할 수 없다. 그러므로 그들은 외부에서 통치해야 한다고 말했다. 루즈벨트는 동아프리카의 고지대 지역은 문명의 정착을 위해 성숙했다고 생각했다. 그것은 백인의 나라였다 그것은 영국 제국정부의 견해를 정확하게 반영했다.[461]

동아프리카에 살고 있는 백인들 가운데에는 루즈벨트가 특수한 친밀감을 느끼는 집단의 구성원들이 있었다. 루즈벨트의 조상들이 아메리카를 향해 떠나던 같은 때에 네덜란드를 떠났던 네덜란드 정착민들의 후손인 보어인들(the Boers)은 남쪽으로부터 동아프리카에 도달했다. 그들의 새로운 고향에서 그들은 유일하게 자립을 계속해서 과시하였고 최근 남아프리카에서 영국에게 아주 용맹한 적이 되었다. 영국인들과 보어인들 사이에서 루즈벨트는 백인종이 아프리카에서 잘 대변되고 있다고 판단했다. 루즈벨트는 아프리카에서 백인 정착이 그곳의 흑인종에게 이로운 효과를 가질 것이라는 데에는 의심하지 않았

---

461) *Ibid.*, p. 649.

다. 하나의 증거로서 그는 미국에서 흑인종의 조건을 보기만 하면 되었다. 그는 미국인에게 미국의 흑인들이 이룬 발전을 아프리카에 그대로 살고 있는 흑인들과 비교함으로써 생생하게 깨닫게 되는 것은 즐거운 일이라고 썼다. 미국 흑인들의 상대적 향상은 미국에서 온 흑인이 케냐에서 의사로서 일하고 있는 한 사람에 의해서 강조되었다. 루즈벨트와 그의 일행은 곧바로 이 사람의 예절과 지성에 대해 그를 존경하게 되었다. 그들은 식민정부의 한 농장을 관리하고 있는 한 자메이카(Jamaica) 사람에 관해서도 같은 식으로 많이 느꼈다. 루즈벨트는 원주민 흑인들과 비교하여 이 사람들이 대변하는 굉장한 진전에 깊은 인상을 받지 않는 사람은 아무도 없을 것이라고 말했다.[462]

루즈벨트는 그가 이미 확신하고 있는 백인종의 문명화의 천재성을 발견하기 위해 아프리카로 그 먼 길을 온 것은 아니었다. 그는 사냥을 위해서 왔다. 루즈벨트는 이 여행에서 수백 마리의 동물들을 잡았다. 그러나 자기의 얘기를 쓸 때마다 루즈벨트는 과학과 지속성의 이익을 위해서만 그렇게 했다고 주장했다. 루즈벨트는 나이로비(Nairobi)와 킬리만자로 산(Mount Kilimanjaro) 사이에 있는 카피티(Kapiti)에서 첫 사자를 가두었다. 원정의 몰이꾼들은 키가 큰 갈대 속에서 루즈벨트와 다른 총들이 방향으로 짐작되는 사자들을 쫓으면서 소동을 일으켰다. 그러나 그들은 새끼 두 마리를 들어 올렸다. 실망한 루즈벨트와 다른 사냥꾼들은 말에 올라 캠프 쪽으로 나아갔다. 가는 도중에 사자들의 새로운 징후들 발견하고 그곳에 숨어 있는 사자들을 쫓기 위해 덤불을 향해 돌아갔다. 마침내 루즈벨트와 그의 사냥꾼들은 사자를

---

462) *Ibid.*, p. 650.

죽일 수 있었다. 루즈벨트는 8마리의 다른 사자들, 8마리의 코끼리, 13마리의 코뿔소, 7마리의 하마, 20마리의 얼룩말, 7마리의 기린, 6마리의 물소(미국의 들소와 다른), 수십 마리의 작은 포유동물둘, 그리고 수십 마리의 조류들, 즉 타조 2마리 그리고 4마리의 큰 능에, 오리, 명금 그리고 3마리의 비단 뱀을 죽였다.[463]

루즈벨트의 출판된 얘기는 그가 대중들이 자기의 원정을 어떻게 인지하길 원하는 지를 보여주었다. 루즈벨트와 커미트는 그 지역의 백인 정착자들로부터 최선의 대접을 받았다. 그리고 커미트의 점증하는 능력은 루즈벨트에겐 그 여행의 하이라이트들 가운데 하나였다. 야생동물들에게 총을 쏘고 커미트를 걱정하는 일이 아프리카에서 루즈벨트의 대부분의 시간을 차지했다. <스크라이브너> 잡지에 기사를 쓰는 것이 그의 매일 정기적 시간을 채웠다. 부통령이 된 이래 그는 출판을 위한 글쓰기를 본질적으로 중단했었다. 그가 아무리 부인을 해도 미국 대통령에 의한 비공식적 출판된 의견 같은 것은 없었다. 이제 그는 비교적 프리랜서(freelance)였다. 물로 그의 글쓰기는 분명히 조사되겠지만 전직 대통령에 주어지는 안전이란 현직 대통령에 적용되는 것과는 전적으로 달랐다. 뉴욕 주지사가 된 이후 그는 속기사를 곁에 두었지만 아프리카에서는 그렇게 하지 않았다. 사냥 후에 매일 그는 연필과 종이를 꺼내서 손으로 기사들을 작성했다. 시계장치처럼 규칙적으로 그는 자기의 원고를 보냈다. 그는 결코 데드라인을 놓치지 않았다.[464] 그는 동아프리카에서 사냥에 관한 8권 정도의 잡

---

463) Ibid., p. 652.
464) H. W. Brands, T. R.: The Last Romantic, New York: Basic Books, 1997, p. 657.

지가 작업 중에 있다고 들었다. 그 목적은 물론 그의 책을 예견하는 것이었다. 그러므로 첫 장이 잡지의 1월호나 11월호에 나올 것이다.

다른 종류의 돈 문제가 그를 걱정시켰다. 원정은 루즈벨트와 그의 후원자들이 생각했던 것보다 훨씬 더 값비싼 것임이 드러나고 있었다. 일행은 결국 200명 이상이 되었다. 비록 원주민들은 미국의 기준에서 쌌지만 그들도 무료로 도우러 오지는 않았다. 그리고 과학적 원정의 특별히 필요한 것들이 비용에 추가되었다. 루즈벨트가 그 원정의 주된 후원자인 앤드류 카네기(Andrew Carnegie)에게 쓴 편지에서 루즈벨트는 가죽을 보존하기 위해 4톤의 소금을 끌어와야 했다. 1909년 6월 초까지 만일 보다 많은 지원이 조만간 이루어지지 않는다면 원정기간은 줄어들 것이었다. 루즈벨트는 3만 달러가 일을 바로 하는데 더 필요할 것이라고 계산했다. 그리하여 그는 카네기에게 그런 액수의 추가적 지원을 요청했다. 카네기는 부분적으로 과학과 배움에 대한 사랑에서뿐만 아니라 루즈벨트가 자연사에서 벗어난 주제에 관해서 말해야만 카네기가 말해야 하는 것에 귀를 기울일 것이라는 희망에서 그는 돈을 마련해 주었다. 수년간 그랬던 것처럼 카네기는 국제분쟁을 해결하는데 있어서 전쟁에 대한 대안으로 중재를 밀어붙이고 있었다. 그는 루즈벨트가 아프리카에서 나온 뒤에 유럽에서 여러 국가원수들과 정부에게 말할 것이라고 알고 있었다. 만일 무장된 힘의 전도사인 루즈벨트가 중재에 열을 올리도록 설득될 수 있다면 카네기의 수천 달러는 잘 쓰여진 것이 될 것이다.

결국 루즈벨트는 그 박애주의적 평화주의자가 좋아할 만큼 큰 소리로는 아니었지만 카네기의 대의를 위해 한마디 했다. 카네기가 아프리카 원정을 지원하기 위해 쓴 돈만큼 얻어냈다고 생각하는 지의 여부는 불확실했다. 루즈벨트는 그 원정이 비용만큼 가치가 있었다고 판단했다. 그는 과학의 발전에 기여하고 있고 또 자기의 자식들과 많은 다른 사람들이 앞으로 수십 년 동안 사냥꾼 시어도어 루즈벨트의 원정에 의해서 가능해진 아프리카의 야생동물들의 모습을 경이롭게 바라볼 것이라는 것을 알고 추가적으로 흡족해 했다.

루즈벨트는 그의 부인 에디스가 그와 아들 커미트를 카르툼에서 만나기 위해 나일강(the Nile)까지 힘들고 위험한 여행을 했다는 데에 기쁘고 감사했다. 루즈벨트는 가족과 함께 카르툼에서 증기선과 기차로 강을 따라 기이로(Cairo)로 여행했다. 영국의 동아프리카에서 루즈벨트는 자기가 제법 좋은 제국주의자라고 언급했었다. 그는 영국이 이집트에서 하고 있는 문명화 작업을 철저히 승인했다. 루즈벨트는 카이로에 있는 국립대학교(the National University)에서 행한 연설에서 영국인들을 칭찬하고 그들에게 훌륭한 일을 계속해 나가라고 말하면서 제국주의의 깃발을 흔들었다. 그와 그의 일행은 알렉산드리아에서 이탈리아로 항해했다. 그곳에서 그는 교황을 만나기를 희망했는데 교황 측에서 그곳의 미국 감리교를 방문해서는 안 된다는 조건을 내걸자 루즈벨트는 그 조건을 거절했다. 감리교 사람들이 그 소식에 환호하자 루즈벨트는 그들을 방문하는 것도 취소했다. 그리하여 그는 이탈리아의 왕 빅토르 엠마누엘(King Victor Emmanuel)을 만나는 것으로 만족했다.[465]

로마를 떠난 직후에 독일의 카이저가 전직 대통령을 베를린에 있는 황실궁전 슐로스(Schloss)에 머물도록 초대했다. 그 초청장에는 부

---

465) *Ibid.*, p. 661.

인 에디스에 대한 아무 말이 없었다. 루즈벨트는 초대는 명예롭지만 그러나 그는 자기 부인과 떨어질 수 없다는 답변을 했다. 즉 부부가 미국 대사관에 머물기로 했다. 미국 외교관들은 순간적으로 경악했다. 이 보다 더 가벼운 일로도 황제가 전쟁으로 위협할 수 있었기 때문이다. 루즈벨트는 단호했고 그가 어디로 가든 에디스도 가야했다. 다행히도 카이저는 군주일 뿐만 아니라 신사였다. 그는 대변인을 보내 에디스를 포함하지 않은 것이 착오였다는 말을 전했고, 물론 영부인도 궁전에 초대되었다. 루즈벨트는 지금까지 결코 만난 적이 없는 카이저와 가장 흥미로운 시간이라고 부른 것을 가졌다. 그 방문의 하이라이트는 루즈벨트를 위해 프러시아 병력이 무대에 올린 모의 전투였다. 사진사들이 그 사건을 기록했다.[466]

주일이 지나가면서 의제가 더욱 불어났다. 모두가 루즈벨트를 만나보고 싶어했다. 이때쯤 루즈벨트는 지상에서 가장 유명한 인물이 되었다. 그와 에디스는 유럽 대륙을 완전하게 휘젓고 다녔다. 그들은 오스트리아, 헝가리, 프랑스, 벨기에, 네덜란드, 덴마크, 그리고 노르웨이의 수도에서 폐하들, 장관들, 그리고 다양한 명사들과 아침, 점심, 그리고 저녁을 먹었다. 노르웨이에서 루즈벨트는 1906년 노벨평화상에 대한 뒤늦은 수상연설을 했다. 적절하게 광범위한 주제는 국제평화였다. 그것은 앤드류 카네기가 원했을 것보다는 더 강력한 것이었다:

"평화는 일반적으로 그 자체로서 좋지만 그러나 만일 그것이 올바름의 시녀로서 오지 않는다면 결코 최고의 선이 아니다. 그리고

---

466) *Ibid.*

올바름은 오직 용기 있는 자들에게만 온다. 불명예에 굴복하며 싸우지 않을 사람이나 자기에게 소중한 사람들이 잘못된 고통을 받는 것을 두고 보는 사람은 누구도 사나이(남자)라고 불릴 가치가 없다. 어떤 국가도 스스로 엄중하고 사나이다운 미덕들을 상실하게 허용한다면 존재할 자격이 없다."[467]

그렇게 말한 루즈벨트는 중재 조약들을 촉진하고, 헤이그 법원에 보다 큰 권위를 부여하고, 조심스럽게 제한적인 군비축소를 고무하고, 그리고 잠재적 범법자들에게 올바른 행위를 집행할 같은 마음의 강대 국들의 협력단, '평화의 연맹(League of Peace)'을 수립하기 위한 조치들을 인정해 갔다.[468]

6주 동안 그의 속도는 늦춰지지 않았다. 루즈벨트는 그 후에 초청장을 피하는데 적응하게 되었지만 그러나 그조차도 그것이 여러 나라들을 가로지르는 스케줄을 세우고 유지하려고 노력하는 영혼의 말리는 끔찍한 일임을 발견했다. 왕실의 결례 가운데에는 영국의 에드워드 7세(Edward VII)가 있었다. 에드워드의 마지막 신중하지 못한 행동은 갑자기 사망하여 루즈벨트의 스케줄을 엉망으로 만들어버렸다. 왕 조지(King George)와 여왕 메리(Queen Mary), 카이저 빌헬름, 그리고 장례식을 위해 그 곳에 있던 다른 왕들을 포함하여 러디어드 키플링(Rudyard Kipling), 아서 코난 도일(Arthur Conan Doyle), 에드워드 그레이(Edward Grey), 조지 트리벨리안(George Trevelyan), 런던의 시장,

---

467) H. W. Brands, *T. R.: The Last Romantic,* New York: Basic Books, 1997, p. 662 에서 재인용.
468) *Ibid.,* p. 662.

노벨평화상 연설을 비판하러 왔던 앤드류 카네기, 그리고 다수의 다른 사람들 모두가 전직 대통령 루즈벨트를 만나길 원했다. 루즈벨트가 만나길 회피한 한 사람이 윈스턴 처칠(Winston Churchill)이었다. 그는 젊은 처칠을 수상해 보이는 자기 홍보자로 간주했다.[469]

영국에 있는 동안 그는 옥스포드 대학교와 케임브리지 대학교에서 명예박사 학위를 받았고 또 2번의 강의를 포함해서 여러 차례의 연설을 했다. 런던의 길드홀(Guildhall)에서 행한 첫 연설은 '이집트에 관한 솔직한 얘기(A Plain Talk on Egypt)'라는 제목이 붙었다. 그 안에서 루즈벨트는 동 아프리카와 나일 강을 따라 그가 받은 모든 융숭한 대접을 위한 모든 호의를 갚았다. 연례 '옥스포드 로마의 강좌(Oxford Romanes Lecture)'인 두 번째 연설은 생물학적 영역과 역사적 영역 사이의 유추를 통해 사회적 다윈이즘(Social Darwinism)에 대한 루즈벨트의 해석을 제시했다. 그는 위대한 국가들은 현대의 조건들에 대한 그들의 특이한 적응 때문에 위대한 것이라고 말했다. 그러나 그들은 그들이 자신들의 이익뿐만 아니라 덜 발전된 국가들과 사람들의 이익에도 봉사하는 동안 위대하게 남을 것이다. 루즈벨트는 양심을 가진 제국주의를 요구했다:

> "제국주의적 관리와 통제가 다른 인종의 이익과 혜택을 위해 수행되지 않는 한 장기적으로 한 인종이 다른 인종을 관리하고 통제할 아무런 정당성이 없다."[470]

---

469) *Ibid.*, p. 663.
470) *Ibid.*

이런 사실을 염두에 두고 미국과 영국 같은 나라들은 자국들의 이익과 그들의 지배하에 떨어진 다른 사람들의 이익을 위해 최선을 다하면서 헤쳐 나가야만 한다. 그런 과정에서 그들은 더 번영하고 강력하게 될 것이다. 생물학적 진화처럼 역사적 진화도 보장은 없다. 그러나 그들은 위대한 일을 시도한 만족감을 얻을 것이라며 이렇게 그 연설을 마무리했다:

"성공을 위해 대담하게 노력합시다. 그렇게 함으로써 우리가 실패를 무릅쓴다고 할지라도 실패나 성공을 모르는 작은 영혼에게 작은 노력을 일축합시다. 우리 자신의 피가 이 땅에서 계속되게 하고 우리 자식들의 자식들이 우리의 자리를 차지하고 세상에서 강력하고 지배적인 역할을 하기 위해 일어서길 희망합시다. 그러나 이것이 우리가 볼 수 없는 세월에 의해서 부인되든 아니면 인정되든 우리가 우리 시대와 우리의 세대에서 빛나는 횃불을 앞으로 전달했다는 최소한의 만족감이 우리의 것이 되게 합시다."471)

---

471) *Ibid.*에서 재인용.

제25장
자신의 후계자 태프트(Taft) 대통령과 결별

> "진정한 리더십은 일련의 변하지 않는 원칙들에 항상 책임이 있어야 한다.
> 그 원칙들은 시계바늘의 움직임이나 달력의 진전에 의해
> 영향을 받지 않는 것이어야 한다."
> -시어도어 루즈벨트-

시어도어 루즈벨트 전직 대통령이 10개월에 걸친 아프리카 사파리에서 집으로 돌아왔을 때 그의 집은 문전성시였다. 정치적 순례자들이 오이스터 베이 역에서 사가모어 힐까지 3마일의 여행길이 되었다. 태프트 대통령에게는 놀랍게도 그 순례자들은 모두가 진보주의자들이었다.[472] 대부분의 순례자들은 정확하게 루즈벨트가 그들에게 무엇을 말했는지에 대해서 막연했다. 외부인들은 그가 윌리엄 하워드 태프트(William Howard Taft) 현 대통령을 칭찬하고 있지 않다고 추론할 수 있었을 뿐이었다.[473] 태프트 대통령은 조간 신문들에 부루퉁해서 그가 적어도 2개월 동안은 침묵을 지킬 것이라고 말했는데 그가 영원히

---

472) Edmund Morris, *Colonel Roosevelt,* New York: Random House, 2010, p. 90.
473) *Ibid.*

침묵을 지킨다 해도 신경을 쓰지 않겠다고 말했다.[474]

백악관에서 태프트는 정치인으로서가 아니라 판사로서 대통령직에 접근했다. 그는 루즈벨트의 정책들을 밀고 나가겠다고 약속했다. 그 정책들 가운데에는 많은 것들이 의회를 설득하여 그것들을 인정하게 한 단단한 헌법적 근거 위에서 행정명령에 의해 제정되었다. 그리고 태프트는 그것이 헌법에 부합하는 지를 문의함으로써 각 대통령의 결정을 접근했다. 헌법이 금지하지 않는 것은 무엇이든지 대통령이 할 수 있다고 선언한 루즈벨트와는 달리 태프트는 헌법이 명시적으로 허용하는 것만을 자기는 할 수 있다고 고집했다. 이것이 1912년 선거를 가져온 루즈벨트와 극적인 결별을 야기했다.[475]

1908년 6월 지명을 받은 직후 태프트는 머물기를 원하는 루즈벨트 대통령의 각료들을 기꺼이 유지할 것이라는 취지로 루즈벨트에게 어떤 말을 했었다. 이것을 자기 판단에 대한 인정으로 간주한 루즈벨트는 분명하게 이런 환영할 정보를 관련된 개인들과 공유했다. 그러나 다음 수개월에 걸쳐 후보자이며 당시 대통령 당선자는 어떤 경우들에서 루즈벨트보다는 자기에 의해 임명되어 신세를 지게 하는 것이 더 좋을 것이라고 결정했다. 그러나 그가 각료들을 대체하면서 루즈벨트와 협의하지 않았다는 사실이 문제를 돕지 않았다. 게다가 태프트가 임명한 사람들의 배경이 루즈벨트로 하여금 더욱 염려하게 만들었다. 9명의 장관들 가운데 6명이 훈련과 직업에서 법률가들이었다. 좋은 지위에 있는 공화당원들로서 그들은 노동자나, 소비자 혹은 루즈벨트

---

474) *Ibid.,* p. 91.
475) Jeffrey Rosen, *William Howard Taft,* New York: Times Book, 2018, pp. 2-3.

가 옹호하길 사랑하는 다른 집단들보다는 기업의 편에 훨씬 더 종종 서는 사람들이었다. 태프트는 기업의 변호사들보다 기업을 더 잘 규제할 줄 아는 사람은 아무도 없다는 이유에서 자기의 선택들을 옹호했다.

루즈벨트와 그가 권력을 포기하는 것을 보기 싫어했고 그가 권력을 다시 잡을 것이라는 희망을 품고 있는 사람들에게 태프트의 내각은 피어폰트 모건(Pierpont Morgan)에 의해서 직접 선발된 것처럼 보였다.[476) 백악관의 새 주인으로 충성을 전환하길 거부한 많은 사람들 가운데에는 캐벗 로지가 있었다. 몇 명의 다른 지도급 공화당원들도 새 행정부에 의해서 간괴된 것에 대해 합리적으로 불평했다. 상원의 원직을 좋아한 로지는 국무장관직을 맨 처음 제안을 받았지만 그것을 거절했다. 이런 인정에도 불구하고 로지는 곧 루즈벨트의 귀에 태프트에 관해 커져가고 있는 실망을 속삭이기 시작했다.[477) 루즈벨트에게 정치적 정보를 제공하는 것은 로지만이 아니었다. 핀초트(Pinchot)도 태프트를 비난하는 6개항의 자기 주장을 호소했다. 뿐만 아니라 1910년 봄과 여름에 반동주의자들의 증대하는 영향력이 많은 공화당의 진보주의자들로 하여금 그들의 지도자를 스스로 자처한 정치적 망령에서 불러 내게 만들었다.[478)

루즈벨트가 해외에 있는 동안에 정치철학자 허버트 크롤리(Herbert Croly)가 쓴 책 한 권이 새로운 사회운동의 성서가 되었다. <미국적

---

476) H. W. Brands, *T. R.: The Last Romantic,* New York: Basic Books, 1997, pp. 665-666.
477) *Ibid.,* p. 666.
478) *Ibid.,* p. 667.

삶의 약속>(*The Promise of American Life*)이라는 제목의 그 책은 강력한 중앙정부의 필요성의 주장에서 해밀턴적(Hamiltonian)이었지만 그러나 스스로 얻지 않은 특권에 대한 전쟁을 요구하는데 있어서 잭슨적(Jacksonian)이었다. 그리고 그 책은 미국에서 두 개의 목표를 아우를 수 있는 유일한 지도자로 시어도어 루즈벨트를 호명했다.[479]

   그 책을 면밀히 읽어보면 그것의 많은 아이디어들이 1908년 1월 루즈벨트의 특별메시지로부터 나온 것임을 보여주었다. 그의 경력에서 어떤 다른 언급보다도 그 폭탄 발언은 루즈벨트가 위험한 사람이라는 것을 월 스트리트와 공화당의 지도자들에게 확신시켰다. 그가 제기했던 문제들은 그의 추종자들이 그가 이제 그것을 위해 싸우길 원했다. 그것들은 직업과 관련된 사고에 대한 자동 보상, 대기업 이사회 운영에 대한 연방정부의 조사, 철도 요금의 가치 중심적 규제, 징벌적 명령에 대한 교정, 강화된 반독점 법들이었다. "포식하는 부," "돈에 팔린 정치인," "유해한 것과 법적인 것의 결합"과 같은 난폭한 언어가 흔한 진보적 수사학이 되었다. 반란자들이 기업계의 도덕적 갱신을 요구하고 또 특권에 대항하는 운동이 근본적으로 윤리적 운동이라고 주장할 때 그들은 루즈벨트가 뒤에 남긴 메가폰을 통해 소리지르고 있었다.[480]

   이 시기에 루즈벨트의 마음은 두 갈래였다. 하나는 적어도 한동안은 태프트를 믿어주는 것이었다. 그는 전직 대통령이 현직 대통령을 비판하는 것이 아주 불손한 일이라고 생각했다. 모든 정부는 문제가

---

479) Edmund Morris, *Colonel Roosevelt,* New York: Random House, 2010, p. 93.
480) *Ibid.*

있다. 그러니 그의 행정부에게 곤란한 문제들을 해결할 기회를 주어야 한다는 것이었다. 이런 면에서는 같은 편에 있었으니 태프트의 실패가 어떤 의미에서 바로 자기의 실패가 될 것이었다. 어느 편인가 하면 루즈벨트는 아직 그가 태프트를 후계자로 선발하는 데 실수를 범했다고 인정할 준비가 되어 있지 않았다. 그러나 또 다른 마음, 즉 다른 한편으로 루즈벨트는 언제나 야심적이었으며 국가의 이익에 헌신적이었다. 그리고 언제나 그는 이 두 마음의 차이를 구별할 수 없었다. 그는 대통령직이 자기를 위해 했던 것과 그로 하여금 국가를 위해서 행하게 한 것에 대한 대통령직의 스포트라이트를 사랑했었다. 루즈벨트는 원칙을 위한 투쟁에 수십 년을 헌신했다. 그의 과도한 결벽증이 그가 지금 다시 싸우는 것을 막도록 허용할 수 없었다.[481]

이런 모호성이 루즈벨트로 하여금 자기의 선택지를 열어놓게 했다. 로지의 권고에 따라 그는 유럽의 여행 동안에 미국의 상황에 대한 공개적인 코멘트를 사양했다. 그러나 또한 로지의 권유에 반하게 이탈리아에 온 핀초트를 만났다. 이것이 태프트에 대한 결례가 되지 않도록 지금은 뉴욕 주 상원의원이며 태프트의 지지자인 엘리후 루트도 역시 만났다. 미국의 정치에 대해 침묵을 유지하는 데 있어서 루즈벨트는 당연히 자기는 국가의 최선의 이익에 헌신하는 행동을 하고 있다고 믿었다. 로지가 백악관으로 복귀의 가능성을 제기했을 때 루즈벨트는 자기를 위해 아무 것도 열망하지 않는다고 반응했다. 그는 왕관을 차지했으며 가능한 모든 것을 다 가졌었다. 그래서 이제는 그가 잡으려 할 것이 남아 있지 않다는 것이었다. 그는 로지에게 그 문제는 공화당과

---

481) H. W. Brands, *T. R.: The Last Romantic,* New York: Basic Books, 1997, p. 668.

국가의 필요성의 순수한 입장에서 고려되어야 한다고 주장했다. 그리고 그는 책임을 추구하거나 회피하지 않을 것이라고 덧붙였다.[482]

1909년 3월에 그가 퇴임할 때 그는 어떤 정성스런 고별 행사도 거절했었다. 그는 만일 사파리가 실패하면 그것이 배웅의 성격상 회고할 때 아주 웃기고 굴욕적인 것이 될 것이라고 설명했다. 물론 이제 그 원정은 실패로 보이지 않고 오히려 대단한 성공이 분명했다. 또한 그것은 유럽의 각국 수도에서 훨씬 더 큰 성공이 뒤따랐다. 그리하여 그가 원한다고 할지라도 그는 뉴욕으로 돌아오는 자기를 환영하는 요란스러운 영접을 막을 수 없었을 것이다. 뉴욕시장은 뉴욕 맨해튼에 있는 배터리(Battery) 공원에서 그 배를 맞았다. 루즈벨트는 더 많은 환호 속에서 배에서 하선해서 브로드웨이까지 벌이는 퍼레이드를 위해 14개의 마차들 가운데 하나에 올랐다. 말단 의용 기병대의 여단과 100명의 악대가 전직 대통령의 마차를 뒤따랐다. 이날 모두가 그를 사랑했다. 모두가 영웅이 돌아온 것에 희열을 느꼈다. 그를 가장 잘 알고 또 그를 가장 사랑하는 사람들이 가장 많이 희열을 느꼈지만 그러나 그들은 살짝 의아해했다. 그가 변해 보였기 때문이었다.

1910년 여름에 모든 사람들의 마음에 있는 의문은 루즈벨트의 정치에로의 복귀 여부였다. 그 의문은 분명히 태프트에게도 있었다. 태프트는 알지 못했지만 그러나 루즈벨트에 대한 그의 관계가 어떠한지를 무한히 의아해했다. 그래서 그는 그것을 알아보기 위해 자기 전임 대통령을 백악관에 초대했다. 그러나 루즈벨트는 정중하게 그러나 결정적으로 그 초대를 거절했다. 루즈벨트는 전직 대통령이 백악관에

---

482) *Ibid.*

가거나 혹은 아주 피할 수 없은 경우를 제외하고는 실제로 워싱턴에 가는 것이 좋다고 생각하지 않았다. 그는 태프트에게 이유를 말하지 않고 그렇게 말했던 것이다. 그러나 루즈벨트는 지상에서 가장 유명한 인사라고 할지라도 미국의 대통령을 무시할 수 없었다. 그리하여 그는 매사추세츠 주를 방문하는 계기에 태프트의 여름 별장이 있는 비벌리(Beverly)를 로지와 함께 방문했다.[483]

두 현직, 전직 대통령은 어색함에서 벗어나기 위해 뉴욕의 정치에 관해서 얘기했다 그들은 공화당이 가을에 있을 주지사의 선거에서 질 것 같다는데 동의했다. 그러나 태프트의 영부인이 도착하면서 긴장이 높아졌다. 영부인은 루즈벨트의 의도를 아주 의심하는 것으로 알려졌기 때문이었다. 한 시간 후에 루즈벨트는 그 자리를 떠났다. 비록 태프트가 분명히 지난날의 우정을 되찾고 싶어했지만 그들은 영원히 서로를 떠났다. 시간이 흐르면서 루즈벨트는 태프트가 자기가 희망했던 대통령이 아니라는 것을 더욱더 확신하게 되었다. 그는 핀초트에게 태프트에 대한 자신의 실망감을 아주 예리하게 공유하고 있다고 털어놓았다. 진보주의자들은 태프트에게 불만을 품고 있었다. 1909년의 페인—올드리치(Payne—Aldrich) 관세법, 자연자원의 보존, 어린이 노동법, 파업에서 명령의 사용 등과 같은 특수한 문제들이 공화당을 분할했다. 그리고 그 분할은 1910년 선거운동이 열기를 띠면서 심화되었다. 각 캠프는 루즈벨트의 지지를 끌어들이려 모색했다. 루즈벨트는 생각할 수 없는 어려운 위치에 있는 자신을 발견했다.[484]

---

483) *Ibid.*, p. 671.
484) *Ibid.*, p. 673.

루즈벨트는 그들이 최선을 다 할 수 없을 때 그때는 가능한 최선을 다해야 한다는 에이브러햄 링컨의 말을 상기했다. 태프트를 선발한 자기의 역할을 언급하면서 태프트가 성공하는 것이 그의 이익이고 따라서 그는 양심적으로 그렇게 되도록 할 수 있는 모든 일을 하겠다고 결론지었다. 1910년 7월에 공개적으로 루즈벨트는 두 파벌 사이에서 중립을 채택했다. 그러나 그것은 일시적 편의에 지나지 않았다. 그는 절망을 느낀다고 말했다. 루즈벨트의 낙담은 부분적으로 이제 52세라는 그의 나이를 반영했다. 그는 30세 때 가진 끝없는 에너지의 어느 정도를 상실했다. 그러나 그의 낙담의 더 많은 부분은 전직 대통령의 역할이 무엇이어야 하는가에 대해 정확하게 결정할 능력의 부재에 기인했다. 그렇지만 무엇보다도 정치에 대한 루즈벨트의 열정의 부족은 그가 무엇을 해야 옳은 일을 하는 것인지에 대해 자기의 불확실성을 반영했다.[485]

어쨌든 서부 평원의 신선한 공기와 방대한 하늘은 항상 그의 정신을 부활시켰다. 물론 가는 마을마다, 그가 연설을 할 때마다 환호성이 그를 맞아주었다. 루즈벨트는 만일 그가 행정부와 결별하지 않으려 한다고 해도 분명히 그것이 관해서 생각하고 있다는 것을 알리는 일련의 연설로 환호성에 반응했다. 그의 가장 놀라운 성명은 캔자스 주의 오사와토미(Osawatomie)에서 나왔다. 루즈벨트는 공화당 참가자들에게 그들의 정당은 그것이 자본의 정당이 되기 이전에 자유 노동의 당이었음을 상기시켰다. 노동은 자본에 앞서고 또 독립적이라면서 그는 링컨을 인용했다. 공화당은 링컨의 시대보다 지금은 더욱 노동의

---

485) *Ibid.*, p. 675.

당이어야 한다면서 루즈벨트는 자본도 역시 권리를 갖지만 그러나 자본의 의무에 대해 훨씬 더 많은 강조로 결론을 맺었다. 미국의 시민들은 그들이 존재하게 만들어준 강력한 상업 세력을 효과적으로 통제해야 한다고 루즈벨트는 거듭 주장했다.[486]

루즈벨트는 어떻게 이 통제가 이루어져야 하는가에 대해서 구체적으로 언급했다. 대기업국의 수립 뒤에 있는 원칙을 확대하여 기업 운영의 완전하고 효과적인 공개성을 주장했다. 그는 정치적 목적을 위한 기업자금의 사용에 대한 효과적인 금지를 요구했다. 그는 또한 부에 대한 누진적 소득세와 등급별 효과적인 상속세를 주창했다. 루즈벨트는 자기의 프로그램을 "신 민족주의(New Nationalism)"라고 불렀다. 그러면서 보수주의자들은 즉각 혁명이라고 비명을 지르겠지만 그것에 관해서 새로운 것은 별로 없다고 말했다. 왜냐하면 그의 의제에 오른 대부분의 항목들은 대통령으로서 그가 보낸 이런 저런 연례 메시지에서 이미 등장했기 때문이다.[487]

루즈벨트는 태프트를 인정하길 계속해서 거부했다. 8월 중순에 뉴욕 공화당의 지도자인 로이드 그리스컴(Lloyd Griscom)의 방문을 받았다. 그리스컴은 루즈벨트가 태프트로부터 온 것이라고 해석하는 메시지를 전달했다. 그리스컴에 의하면 만일 루즈벨트가 대통령과 그의 행정부를 위해 명백한 지지를 선언하기로 한다면 대통령의 새 보좌진들에 루즈벨트를 포함할 수 있다는 것이었다. 루즈벨트는 현 시점에서 필요한 것은 리더십이라고 말하면서 거절했다. 그리고 루즈벨트는

---

486) Ibid., p. 676.
487) Ibid., pp. 676−677.

그와 대통령 사이에 균열의 책임이 전적으로 태프트 대통령에게 있다고 선언했다. 선거 후 18개월 동안 태프트는 의도적으로 그들 사이에 이전에 존재했던 긴밀한 관계를 행동으로 저버렸다고 말했던 것이다. 루즈벨트의 부정적인 반응에도 불구하고 그리스컴은 몇 주 후에 대통령과 전직 대통령의 상봉을 다시 시도했다. 언론의 추측을 최소화하기 위해서 그 모임은 뉴욕이 아니라 뉴헤이븐(New Haven)에서 이루어졌다.

그러나 그 만남은 생산적이지 못했다. 태프트와 그의 비선인 찰스 노턴(Charles Norton)은 아주 정중하고 가능한 한 즐겁게 하려고 했으나 노턴이 기자들에게 루즈벨트가 뉴욕 전당대회의 통제에 관해서 발전하고 있는 싸움을 위해 태프트의 지지를 받고자 희망하여 그 모임을 요청했다고 말함으로써 망쳐버렸다. 루즈벨트는 노턴의 공작에 분개했지만 놀라지 않았고 실제로는 다소 안심했다. 어차피 그런 사건은 아마도 발생할 필요가 있었다. 뉴 헤이븐 모임과 그것의 결말은 루즈벨트와 태프트 사이의 균열이 가까운 장래에 교정될 것이라는 모든 희망을 죽여버렸다. 자기가 당했다는 느낌이 든 루즈벨트는 그의 정치적 운동에 항상 힘을 실어준 도덕적 모멘텀을 다시 한 번 모으기 시작했다.[488]

9월 하순에 사라토가(Saratoga)에서 개최된 뉴욕 공화당 전당대회에서 루즈벨트의 전투정신이 신속하게 부활했다. 확실히 루즈벨트는 관심의 중심이었다. 1910년 의회 선거, 즉 중간 선거는 공화당원들에게는 재앙이었다. 공화당은 하원에서 58석을 잃었다. 1894년 이후 처

---

488) *Ibid.*, p. 679.

음 있는 일이었다. 공화당이 상원의 통제는 유지했지만 그것은 상원의 1/3만 선출하기 때문이었다. 민주당은 상원에서도 격차를 29석에서 10석으로 줄였다. 공화당원들의 재난이 루즈벨트의 정치에로 복귀를 완성했다. 그러나 어떤 형태로 그가 싸워야 하는 지의 문제는 여전히 남았다. 1912년의 대통령 선거는 앞으로 2년이 남았다. 아프리카로 떠나기 전에 그는 라이먼 애보트(Lyman Abbott)의 잡지인 <아우트룩>(Outlook)지의 기고 편집자가 되도록 조정했다. 그는 1년에 12번의 기사를 쓰고 1만 2천 달러를 받기로 했다. 다른 잡지들이 그에게 더 많은 돈을 제안했지만 그는 애보트의 접근방식을 좋아했다. 그는 <아우트룩>이 모든 출판물 중에서 자기의 신념을 대변하는 데 가장 가깝다고 말했다.[489]

다른 환경에서라면 그는 자기의 책들과 트로피들의 가운데에서 조용한 은퇴의 삶을 살아가는데 만족했을 것이다. 그의 다양한 지적 관심은 그를 아주 바쁘게 만들었을 것이다. 1910-1911년 겨울에 그는 미국역사학회(the American Historical Association)의 부회장으로 선출되었다. 그것은 다음 해에 회장으로 올라가는 자리였다. 종종 학술적 역사가들은 애매하고 시시한 것을 추구하는 협소한 마음의 소유자들이라고 비웃었던 사람으로서 그는 처음에 별로 명예롭게 생각하지 않았다. 그러나 다른 한편으로 직업적 주조 집단에 의해 자기의 역사적 비전을 인정받는 것이 좋았다. 같은 기간 동안에 그는 자기의 아프리카 여행과 같은 그런 가치 있는 프로젝트를 다루는 일들의 출판을 도모하기 위해 사용될 예정인 스미소니언 기관(the Smithsonian Institution)을 위해 자

---

489) *Ibid.*, p. 681.

금을 모금하는 일을 했다. 그러나 루즈벨트가 과학과 역사에 스스로 만족한다고 해도 그의 팬들은 그를 그렇게 두지 않았다. 공화당 진보주의자들은 1910년 선거에서 공화당의 대패를 공화당의 전반적인 재조직의 필요성의 증거로 해석했다.

1911년 1월과 4월 사이에 루즈벨트는 "우리 시대의 위대한 운동"이라고 부르는 것, 즉 특권에 대항하고 정직하고 효율적인 정치적 및 산업적 민주주의를 선호하는 진보적 민족주의 운동(the Progressive nationalist Movement)을 정의하고 옹호하는 일련의 기사들을 <아우트룩>에 실었다. 그리고 그는 언론인 허버트 크롤리(Herbert Croly)가 쓴 최근의 책, <미국인 삶의 약속>을 수년 동안 나타난 미국의 국가적 조건의 가장 심오하고 이해를 돕는 연구라고 부르면서 칭송했다. 루즈벨트의 칭송은 크롤리가 대기업들의 자만에 찬 권력에 대해 활기찬 정부 활동의 필요성에 대해 그와 동의했다는 사실과 분명히 많은 관련이 있었다.[490]

1910년 멕시코에서 혁명이 발생했다. 1911년 봄까지 혁명의 격류는 미국의 국경을 향해 퍼져가고 있었다. 경각심을 가진 사람들은 분노한 일본이나 저돌적인 독일이 1846년의 전쟁을 되돌리려는 노력으로 멕시코에 지원을 할 것이라는 시나리오들을 작성했다. 놀라움을 진정시키고 멕시코의 곤란을 멕시코에 국한시키기 위해 태프트는 국경으로 2만 명의 군대를 파견했다. 루즈벨트는 자기 방식대로 그 도전에 일어섰다. 그는 이 전쟁 얘기에 뭔가 있다고 생각하지 않는다고 태프트 대통령에게 편지를 썼다. 그리고 그는 그 편지에서 미국이 멕

---

490) *Ibid.*, p. 685

시코에서 일시적인 정찰 의무를 위해서조차 개입할 필요가 없길 진지하게 희망한다면서도 그러나 만약의 경우에 대비해서 그는 군에 봉사할 것을 미리 자원하고 있었다.[491]

전쟁의 가능성은 아주 희박하지만 멕시코가 일본이나 혹은 다른 어떤 강대국에 의해서 지원을 받는 심각한 전쟁이 있다면, 그는 즉시 그가 쿠바에서 이끌었던 여단과 같이 기병대의 일개 사단을 모집할 허락을 요청하고 싶다고 말했다. 그는 태프트에게 스페인과의 전쟁에서 의용 기병대의 빛나는 임무수행을 상기시키면서 한 개 전 사단의 비교할 만한 수행을 사실상 보장했다. 루즈벨트는 이 문제에서 한 가지 점에서 옳았다. 그는 전쟁이 있을 것 같지 않다고 예상했다. 그 문제는 사라졌다. 그러나 태프트 대통령은 분명하게 루즈벨트가 친구들에게 무어라고 말하든 그가 은퇴에 아주 진지하게 몰입하고 있지 않다고 짐작하면서 이 문제에서 벗어났을 것이다.[492]

491) *Ibid.*, p. 688.
492) *Ibid.*

제26장
제3의 정당으로 다시 대권에 도전

"지도자는 유명해지기 보다 충직함을 선호해야 한다."
-시어도어 루즈벨트-

　　루즈벨트의 골수 지지자들은 그들의 영웅을 위한 또 한 번의 지명 기회를 내세우는 걸 결코 멈추지 않았다. 1911년 11월 그 얘기는 오하이오 주 공화당 전당대회가 공화당의 지명을 위해 루즈벨트를 지지하자 더 요란하고 더욱 고집스러워졌다. 대통령직에 또 다시 출마할 가능성을 계속 열어 놓으면서 루즈벨트는 그가 1904년 자신의 3번째 임기에 대한 약속을 저버리고 있다는 혐의에 답변해야만 했다. 이 문제를 짜증나게 제기한 특파원 허버트 파슨스(Herbert Parsons)에게 그는 지난 번 지명을 수락하는 데 관련하여 그가 말했던 대로 3번째 임기에 관하여 그들이 할 필요가 있는 일은 형식이 아니라 내용에 주의를 기울이는 것이라면서 그가 두 번 선출된 임기를 갖지 않았다는 사실에 신경을 쓰지 않는다고 대응했다. 왜냐하면 3번째 임기를 위한 유일하게 가능한 정당성은 계속해서 3번을 연임하는 것이기 때문이었다. 핵심은 현직 대통령이 권력을 독점하고 또 대통령직에 부당하게 자신을 유지하는 것을 막는 것이었다. 현직 대통령이 아니기 때문에 루즈벨트는 그 금지에 해당하지 않았다.[493]

출마 쪽으로 이동하는 데 있어서 루즈벨트는 비록 백악관을 향해 다시 한 번 시도하는 욕망의 명분과 결과가 어느 정도일지를 아는 것이 불가능했지만 그는 자기의 가능한 경쟁자들에 대한 자신의 견해들을 정제했다. 지금 당장 루즈벨트는 태프트를 향해 용서의 마음을 느꼈다. 12월에 그는 태프트에게 정말로 애석하다고 썼다. 태프트의 의도는 좋은 것이겠지만 그는 리더십에는 전적으로 부적합하고 또 지금은 미국이 리더십을 필요로 하는 때라고 그는 믿었다. 그는 온갖 사람들이 그가 모르는 시시한 일에 그에게 영향을 끼치지만 중요한 일에서 자기 마음을 알지 못하고 그래서 모든 방식으로 그것을 바꾼다고 루즈벨트는 태프트를 평가했다. 루즈벨트에게 민주당은 본질적으로 기업가 중심이었다. 공화당은 결함이 있지만 그러나 민주당의 결점이 훨씬 더 컸다. 민주당의 선두 주자인 우드로 윌슨(Woodrow Wilson)은[494] 처음엔 전망이 낮았고 아직 결코 진실로 부상하지 않았었다. 바닥에 있는 윌슨에 대해 대통령으로서는 아주 볼품없는 인물이라고 루즈벨트는 말하면서 그는 근본적으로 진정성, 확신 그리고 단호한 힘이 부족하지만 민주당에서는 가장 강력한 사람이라고 말했다.[495]

그의 반대자들을 폄하하면서 루즈벨트는 자신을 이상화했다. 이 옛 낭만주의자의 특성이 다시 표면화되었다. 그는 어느 때보다 더 미

493) H. W. Brands, *T. R.: The Last Romantic,* New York: Basic Books, 1997, p. 697.
494) H. W. Brands, *Woodrow Wilson,* New York: Times Book, 2003.
495) H. W. Brands, *T. R.: The Last Romantic,* New York: Basic Books, 1997, p. 699.

국 역사의 영웅들, 특히 에이브러햄 링컨과 동일시했다. 그가 공화당의 기성세력에 도전하는 정도만큼 그는 단순히 공화당의 링컨주의 뿌리로 정당을 되돌리려 노력하고 있었다. 그는 링컨을 인용했다:

"내가 이미 공개적으로 말한 것을 읽거나 주의를 기울이지 않는 사람들은 그것을 반복해도 읽거나 주의를 기울이지 않을 것이다. 만일 그들이 모세나 예언자들에게 주의를 기울이지 않는다면 그들 중 한 사람이 부활한다 해도 그들은 설득되지 않을 것이다."[496]

제공된 지명을 수락할 것인지의 여부에 대한 직접적인 답변의 요구에 대해 그는 또 다시 첫 공화당 대통령인 링컨을 언급했다. 그는 아무도 어떤 사람에게 그가 다리에 도달하기 전에 다리를 건너라고 요구해서는 안 된다는 링컨의 말을 인용했다. 가장 효과적으로 그리고 가장 특징적으로 루즈벨트는 국민적 의지의 대변자로 자칭했다. 1911-1912년의 겨울 동안에 이 대변자는 여전히 단지 잠재적이었다. 그가 피할 수 없는 의무의 관점에서 그 문제를 그에게 제시하는 대중적 요구가 있을 수 있었다. 1912년 1월 초까지 그는 자기의 입장을 보다 명백하게 제시할 생각이었다. 만일 국민들이 자기를 추대한다면 그는 사양하지 않을 것이라고 콜로라도 개혁가인 벤자민 린지(Benjamin Lindsey)에게 말했다.[497]

루즈벨트에게는 자기 이익이 그의 결정에 아무런 역할도 하지 않는다고 믿는 것이 대단히 중요했다. 루즈벨트에 반대하는 사람들은

---

496) *Ibid.*에서 재인용.

497) *Ibid.,* p. 700.

루즈벨트의 동기에 놀란 듯한 시선을 보냈다. 루즈벨트를 덜 용서하는 관찰자들은 전직 대통령의 부인을 화나게 하는 위선의 추가적인 증거로 화가 나서 해석했다. 사실상, 이런 부인들은 스스로가 오래 전에 창조한 낭만적 자아의 일부였다. 이전처럼 루즈벨트는 자신의 평범한 사람들의 챔피언, 즉 소수의 약탈에 의해 위험해진 많은 사람들의 영웅으로 간주했다. 그것은 고결한 비전이었다.

1912년 선거가 다가옴에 따라 루즈벨트는 점점 그가 경멸하는 무소속 정치인이 되거나 아니면 정당정치를 계속 수용할 것임을 깨달았다. 루즈벨트가 침묵을 오래 지키면 지킬수록 보다 그에게 합류할 사람들은 적어질 것이었다. 그러나 그는 여전히 대중의 요구에 대한 반응으로만 행동하고 있다는 모습을 보여주길 원했다. 1월 중순에 그는 몇몇의 진보적 성향의 주지사들을 접촉하고 그들이 그의 의도가 무엇인지를 정확하게 묻는 편지를 자기에게 써 달라고 제안했다. 자기의 이익이 아니라 오직 국민의 이익만을 생각하고 있다는 것을 재천명하면서 그는 자기의 대답이 긍정적일 수 있다는 것을 분명히 했다. 2월 둘째 주에 요청한 편지들이 주지사들로부터 도착했다. 7명은 공화당의 다수 투표자들이 그의 지명을 찬성하고 있으며 국민의 거대한 다수가 미국의 다음 대통령으로 그의 선출을 찬성한다고 루즈벨트에게 말했다. 이 직접적이고 조심스럽게 마련된 호소에도 루즈벨트는 즉시 반응하지 않았다.[498]

루즈벨트는 사자의 굴로 향하기 전에 여러 날 동안 긴장이 올라가게 두었다. 그는 오하이오에서 주의 새 헌법을 위한 헌법대회에서 연

---

498) *Ibid.,* p. 703

설하기로 동의했다. 의심할 여지없이 미국의 모든 신문은 그가 태프트의 뒤뜰에서 제기할 것으로 기대되는 도전을 완전히 다뤘다. 그는 한 기자에게 "나의 모자는 링에 있다"는 말을 던짐으로써 관심을 끌었다. 그러나 당시에는 그 말을 기록한 기자를 포함해서 아무도 그 말에 주의를 기울이지 않았다. 그 대신에 모두가 주목한 것은 루즈벨트가 오하이오 주 헌법대회에서 말했던 것이었다. 그는 공개적으로 자신을 진보적이라고 불렀고 이니셔티브, 국민투표, 국민소환 상원의원들의 직접선거, 요직에 대한 우선적 선거, 그리고 대통령후보 지명을 위한 중대하게 우선적 예선과 같은 것들을 인정했다. 그러나 그가 기자들에게 제공한 앞선 제안은 보다 급진적, 즉 사법적 결정에 대한 대중적 재검토였다. 그는 법원들이 국민의 의지를 좌절시킨다면서 국민들이 법원을 기각해야 한다고 주장했다. 대회의 대표자들이 생각할 자료로서 이런 권유는 적절하다고도 주장하겠지만 그러나 그것은 오랫동안 루즈벨트를 재산과 질서 그리고 좋은 정부의 적으로 간주한 보수주의자들과 다른 사람들에게는 거의 말문을 막는 것이었다. 법원은 일반적으로 재산권의 마지막 피난처라고 간주되었고 이제 루즈벨트가 대중의 변덕에 직면해야 된다는 것을 주장하고 있었다. 그러나 루즈벨트가 그의 대중의 재검토는 주들에게만 해당하고 연방법원들은 그런 재검토를 넘어선다고 말했다. 그러나 그가 제안하고 있는 것은 견제와 균형이라는 전통적 제도의 전복이었다.[499]

루즈벨트는 친구이며 정치적 동맹인 로버트 그랜트(Robert Grant)의 보스턴 집에서 머물고 난 뒤 마침내 자기의 의도에 관한 공식적

---

499) H. W. Brands, *T. R.: The Last Romantic,* New York: Basic Books, 1997, p. 704.

성명을 발했다. 그는 만일 대통령을 위한 지명이 제안된다면 그것을 수락할 것이라고 발표했다. 전혀 예상하지 않았던 것은 아니었지만 루즈벨트의 발표는 여전히 공화당에게 천둥소리 같은 타격이었다. 그런 상황은 태프트를 가장 긴장하게 하는 것이었다. 루트와 로지는 다음 선거에서 공화당의 패배를 내다보았다. 지명을 쟁취하든 잃든 간에 루즈벨트는 민주당의 승리를 거의 피할 수 없는 것으로 만들어 버렸다. 태프트 대통령에게 유일한 의문은 그가 자신의 정당에 의해서 아니면 선거에서 거부당할 것인가의 여부였다. 태프트는 루즈벨트가 자기의 가장 가까운 친구였다며 애통해 했다. 그리고 그때 그는 지치고 절망적이 되어 눈물을 흘리기 시작했다.[500]

태프트 대통령은 어떻게 다양한 사람들이 루즈벨트를 공격하라고 촉구하는지를 서술했지만 그는 그런 압력에 저항하기로 결심했다고 말했다. 그러나 뉴욕의 주요 신문들이 법원에 간섭하려는 그의 계획을 선동의 헌장, 무정부 상태의 초대, 그리고 혁명의 제안이라고 규정했다. 루즈벨트는 거짓말쟁이, 배은망덕한 자, 그리고 야망의 시저(Caesar)라는 공격을 받았다. 뉴욕의 최고법원은 루즈벨트가 "미친 자의 대담성"과 "금수의 본능"을 가지고 있다고 특징지었다. 그런 격려를 받자 태프트는 마지못해 그 계기를 이용했다. 자기의 사법적 본능과 경험을 살려 법원에 대한 루즈벨트의 공격에 특별한 분개를 나타냈다. 태프트는 법원을 사람들의 일시적 열정에 굴복하게 만드는 것은 미국을 혁명적 프랑스의 모조품이나 혹은 남아메리카 공화국들의 혼돈으로 전환할 위험이 있다고 주장했다. 그런 굴복을 주장하는 사람들

---

500) *Ibid.,* p. 707.

은 극단주의자들이라는 것이다. 태프트가 루즈벨트의 이름을 거명하지는 않았지만 그는 그럴 필요가 없었다. 태프트는 그런 극단주의자들은 진보주의자가 아니라 정치적 감상주의이거나 신경증 환자라고 결론지었다. 루즈벨트는 결코 비판을 친절하게 받아들인 적이 없었지만 신경증 환자라고 불린 것이 그를 분노하게 했고 또 선거운동이 직접 이름을 거명하지 않고 이성적 주장이 될 가능성을 망쳐버렸다.[501]

루즈벨트는 대통령을 거명하면서 태프트의 입장은 분명하다면서 미국에 국민들보다 더 현명한 특별계급의 사람들이 존재한다고 선언했다. 1898년 이후 처음으로 루즈벨트는 코트를 벗고 팔소매를 올리고 신거운동을 싸워 나갈 자유를 느꼈다. 그는 동쪽 해안에서 서부까지 여행하면서 선거운동을 했다. 인터뷰와 완결된 연설에서 그는 자기에게 퍼붓는 모든 비난과 비판에 대해 대답을 했다. 불충의 비난에 대해서 그는 링컨의 원칙에 불충한 것은 태프트와 정당의 보스들이라고 반박했다.[502]

양측의 전략은 모두에게 분명했다. 태프트는 정당의 정규 조직을 통해 일하고 현직 대통령의 일상적 수단들을 사용할 것이다. 루즈벨트는 국민들에게 자기의 주장을 제시하고 예선과 대중적 도전에 의지할 것이다. 태프트의 전략은 남부에서 가장 전망이 좋았다. 대조적으로 루즈벨트의 전략은 북부와 서부였다. 태프트는 루즈벨트를 선동가, 위험한 이기주의자, 국민의 아첨꾼으로 규정하고 자기는 아첨꾼을 증오한다고 덧붙였다. 루즈벨트는 태프트가 개혁의 변절자라고 말했다.

---

501) *Ibid.*, p. 709.
502) *Ibid.*, p. 710.

공격이 멈추고 예선의 투표가 계산되었을 때 루즈벨트는 압도적 승리를 거두었다. 그는 태프트의 고향 주에서 승리를 거두었다. 오하이오 주의 사람들은 루즈벨트를 더 많이 선택했다. 루즈벨트는 그곳 하나의 결과에 너무 많은 중요성을 부여하지 않을 만큼 충분히 잘 알고 있었다. 그가 지명을 획득하려면 전당대회에서 승리하는 데 필요한 수의 대의원들이 필요했다. 그것은 쉽지 않을 것이었다. 태프트 대통령과 그의 지지자들은 기존의 당의 규칙을 가지고 게임을 했다.

시카고에서 열리기로 정해진 전국 전당대회가 다가옴에 따라 약 250명의 대의원들이 논쟁 중에 있었다. 만일 루즈벨트가 이들 가운데 단 70명 정도를 가져올 수 있다면 그는 지명을 획득할 것이다. 문제는 대의원들의 신임장이 태프트의 사람들로 치밀하게 채워진 전국위원회에 의해서 결정될 것이라는 점이었다. 이것이 루즈벨트의 지지파들이 쇼를 벌이는 걸 막지 않았다. 그러나 위원회가 논쟁 중인 대의원들에 관해 심의했다. 그리고 그들 거의 모두를 태프트에게 부여했다. 루즈벨트는 전국위원회의 결정을 거부하고 지지자들에게 그 거부에 동참하라고 촉구했다. 그러나 루즈벨트에게 대의원들의 납치는 그에게서 지명을 빼앗아 갔지만 그에게 더 큰 상을 주었다. 그것은 그의 후보자로서 근본적인 올바름의 확인이었다. 처음부터 그는 자기가 불리한 것을 알고 있었다. 그는 태프트에게 공화당 지도층의 조직을 어떻게 이용할 것인지를 가르쳤다. 그러나 패배함으로써 루즈벨트는 공화당의 보스들이 무엇인지를 폭로했고 그들이 다시는 이길 수 없을 것이라는 것을 보장했다. 사람들은 일어섰고 그들이 무엇을 달성할지는 알 수 없었다.[503]

503) H. W. Brands, *T. R.: The Last Romantic,* New York: Basic Books, 1997, p. 717.

장기적으로 그들은 미국 민주주의의 갱생을 달성할 것이었다. 그러나 단기적으로 그들은 새로운 정당을 조직할 것이다. 태프트가 공식적으로 당의 지명을 획득했다. 루즈벨트는 만일 그의 지지자들이 정당을 조직하고 그에게 제공한다면 새 정당의 지명을 수락할 것이라고 발표했다. 루즈벨트는 제3당의 후보자로 출마하는 어려움에 대해서 환상을 갖고 있지 않았다. 그래서 그는 민주당이 진보주의자를 지명한다면 아마도 그들이 이길 것이라고 개인적으로 예측했다. 민주당에서 뉴저지(New Jersey)의 진보적 주지사인 우드로 윌슨이 즐기고 있는 선두를 고려한다면 이것은 중대한 뭔가를 말하고 있었다. 그러나 루즈벨트는 싸워야 한다고 확신했다. 성공하든 실패하든, 그는 자기의 진보적 정강정책에 입각하여 끝까지 싸울 것이었다. 그는 그렇게 하는 것이 모든 품위 있는 인간의 의무로 간주했다. 그에 따라서 8월 첫 주에 시카고에서 소집된 새로 결성된 진보당(the Progressive Party)이 그를 지명했을 때 그는 도덕적으로 무장되었다. 이 진보당 전당대회의 분위기는 종교적 분위기를 풍겼다. 그는 대의원들에게 그들의 대담성을 치하하고 낡은 정당들과의 결별하는 그들의 지혜와 필요성을 선포했다. 그는 진정한 진보적 운동의 때가 되었다고 강조하면서 "우리는 아마겟돈(Armageddon)에 서 있다. 그래서 우리는 주님을 위해 싸운다"고 지지자들의 정신을 드높였다.[504]

　　대선을 위한 선거운동 기간 동안에 루즈벨트의 전략은 태프트와 윌슨을 같은 종류의 두 사람, 정당 보스들의 피조물로 묘사하고 그들 모두로부터 거리를 두는 것이었다. 그의 연설에서 그는 자기의 두 경

504) *Ibid.*, pp. 716-719.

쟁자들이 시행하거나 주창하는 정책들을 특징짓는 데 있어서 "태프트 - 윌슨" 그리고 "윌슨-태프트"를 번갈아 사용했다. 태프트는 루즈벨트를 멀리했던 반면에 윌슨은 루즈벨트나 아니면 적어도 루즈벨트가 지지하는 진보적 원칙들에 온정적 태도를 보임으로써 문제들을 더욱 복잡하게 만들었다. 그러나 비록 루즈벨트와 윌슨이 공정하게 진보적이라고 말할 수 있었다고 해도 개혁의 교리에서 두 사람 사이에는 실질적인 철학적 차이가 있었다. 루즈벨트가 지적했듯이 윌슨은 권력을 불편하게 느꼈다. 기업, 노동, 그리고 소비자 사이에서 균형을 부활시키려고 시도하는 데 있어서 윌슨은 기업을 약화시키길 선호했던 반면에 루즈벨트는 노동과 소비자를 강화하려고 했다. 과거 산업화 이전, 독점 이전 시대의 경쟁상태로 복귀하길 바랐기에 윌슨은 대기업들을 두들겨서 크기를 다시 줄이고 그리고 자유방임의 규칙들에 맡길 것이다. 이와는 대조적으로 루즈벨트는 기업의 거대한 크기를 근대화의 어쩔 수 없는 결과로 수용했다. 그는 대기업들을 방해하여 통제하지 않고 그들의 일을 규제할 정부기관들을 강화함으로써 통제할 것이다.[505]

루즈벨트는 8월 하순에 뉴 잉글랜드에서 시작한 활기 넘치는 여행으로 전국을 통해 자기의 메시지를 전달했다. 그는 10월 초에 집에 돌아왔다. 그는 오이스터 베이에서 자기 선거자금을 모금하고 있는 사람들과 잠시 대화했다. 그들은 그에게 선거일 전에 다시 한 번 전국을 순회할 충분한 자금이 모였음을 알려주었다. 그리하여 그는 다시 전국 순회에 올랐다. 상부 중서부에서 진보주의의 세력을 이용하길 희망하여 그는 시카고 거리를 통해 진보주의자들의 퍼레이드를 시찰

---

505) *Ibid.*, p. 720.

하기 전에 미시간 주와 미네소타 주로 돌아왔다. 그는 여전히 3인 경주에서 윌슨이 자기보다 앞서가고 있다고 생각했다. 그러나 선거운동의 흥분에 의해 항상 그랬던 것처럼 불이 붙은 그는 뒤집길 희망했다. 선거일 3일을 남겨 놓은 10월 14일 그의 기차가 밀워키로 들어갔다. 호텔에서 그가 연설할 강당으로 가고 있는 도중에 그의 많은 지지자들 중 한 사람으로 보이는 낯선 남자가 루즈벨트에게 접근했다. 가까이에서 갑자기 그 사람은 총을 꺼내서 루즈벨트를 쏘았다. 지난 주들 동안에 루즈벨트의 긴 연설들은 그의 목소리가 잦아들어 각 연설지에서 그는 더 목이 쉬었다. 이제 그것이 그의 생명을 구했을 것이다. 총알은 그의 코트 안 주머니에 있는 접은 연설 원고를 꿰뚫고 그의 금속 안경집을 쳤다. 두꺼운 원고와 안경집이 총알의 속도를 충분히 늦추어 그에게 지속적 해를 입히지 않았다.[506]

루즈벨트는 상황을 즉시 이해했다. 그가 피를 토하지 않았기에 상처가 치명적이지 않다고 그는 확신했다. 그러나 그를 검사한 의사들은 어떤 기회도 놓치고 싶지 않아 그를 즉시 병원으로 이송되어야 한다고 명령했다. 루즈벨트가 거부했다. 고통스럽게 연단으로 다가간 루즈벨트는 비록 그 상처가 치명적이지는 않아도 숨을 쉴 때마다 마치 칼에 찔린 것처럼 느꼈다. 그는 연단에서 가장 극적인 연기를 수행했다. 그는 청중들에게 가능한 조용히 해 줄 것을 요청하면서 말했다:

"여러분들이 내가 방금 총을 맞았다는 것을 충분히 이해할 지 모르겠다. 그러나 큰 수컷 사슴(a Bull Moose)을 죽이려면 그 이

---

506) *Ibid.*, p. 721.

상이 필요하다. … 총알이 지금 내 몸속에 있다. 그래서 나는 긴 연설을 할 수가 없지만 나는 최선을 다해보겠다."507)

　　루즈벨트는 조끼의 단추를 풀고 청중들에게 피 묻은 셔츠를 보여주었다 청중들은 공포와 찬양이 결합되어 숨을 제대로 쉬지 못했다. 그런 상태에서 루즈벨트는 90분간 연설을 계속했다.508)

　　이 특이한 상황은 그가 자신의 복지를 위해서가 아니라 국가의 복지를 위해서 후보자로 나섰다는 루즈벨트의 주장에 특별한 무게를 실었다. 루즈벨트는 자신의 죽음에 대해 걱정하기에는 너무나 중요한 일이 있다면서 이제 그는 총을 맞은 지 5분도 지나지 않아 거짓으로 그들에게 말할 수 없다고 말하면서 그가 자신의 개인적 안전에 주의를 기울이지 않고 자기가 전투에 뛰어 들었던 의용 기병대의 대령으로서 보낸 날들을 회상했다. 그는 자기의 정적들이 그에게 퍼부은 사악한 공격들에 대해 자기의 암살시도를 연계했다. 그는 지난 3개월 동안 그에게 퍼부은 약하고 사악한 자들이 무서운 허위와 오용으로 폭력행위를 저지르는 것은 아주 당연한 일이라고 말했다. 그가 연설을 하는 동안 그의 보좌진들은 그에게 그만 끝내라고 손짓을 했다. 언론인 친구, 오 케이 데이비스(O.K. Davis)가 그의 얼굴색이 변하고 더 힘들어 하는 것을 걱정하여 그의 손을 루즈벨트의 어깨에 올려놓자 루즈벨트가 연설을 멈추고 사납게 그를 노려보았다고 데이비스는 후에 기록했다. 청중에게 얼굴을 돌린 루즈벨트는 자기 친구들이 자기

---

507) *Ibid.* 에서 재인용.
508) *Time*, July 3, 2006, p. 78.

보다 조금 더 걱정하고 있다면서 자기에게 동정심을 낭비하지 말라고 말했다.509)

비록 루즈벨트가 전국적 관심을 주도하는 데 익숙했지만 그는 이런 단계를 가질 것이라고 깨닫지 못했다. 그도 역시 이것이 선거 전에 그의 마지막 공개적 모습이 될 것이라고 짐작했다. 의사들이 결코 돌아가게 허락하지 않을 것이라고 털어 놓았다. 그는 윌슨이 진정한 진보주의자가 아니라고 경고했다. 그는 태프트가 자기로부터가 아니라 국민들로부터 지명을 훔쳐갔다고 상기시켰다. 결과에 어떤 개인적 이익도 부인하면서 오직 그 강령을 위해 투표함으로써만이 그들이 이 나라의 전역에서 진보의 대의에 진실일 수 있기 때문에 그는 11월 선거에서 진보당의 정강정책을 위해 투표할 것을 청중들에게 촉구했다.510)

말할 필요도 없이, 루즈벨트의 생명에 대한 암살 기도와 자기의 심장 옆에 총알을 둔 채 행한 멜로드라마 같지만 영웅적인 연설은 미국인들의 상상력을 사로잡았다. 윌슨과 태프트는 즉각 자기들의 염려를 전문으로 전달했다. 윌슨은 루즈벨트가 회복될 때까지 자기 자신의 선거운동을 중단하겠다고 약속했다. 루즈벨트의 회복은 거의 연설 그 자체와 함께 시작했다. 병원에서 엑스레이 촬영을 기다리는 루즈벨트를 묘사하면서 데이비스는 그의 기분이 좋고 아주 좋은 정신 상태에 있다고 기록했다. 그의 얼굴색이 돌아왔고 그는 시카고를 떠난 이래 그 어느 때보다도 더 좋아 보였다. 그는 부인에게 여러 차례 전보를 구술시켰으며 수술 테이블에 앉아 의사들 및 간호사들과 얘기하고 농

---

509) H. W. Brands, *T. R.: The Last Romantic,* New York: Basic Books, 1997, p. 722.
510) *Ibid.*

담도 하고 있었다. 엑스레이와 검진은 총알이 가슴의 벽 근육에 묻혀 있는데 그곳에서 그것은 별로 위험을 제기하지 않았고 또 쉽게 도달할 수 있었다. 의사들은 그것을 그대로 두기로 결정했다. 그의 부인 에디스가 뉴욕에서 급히 와서 그의 회복을 도왔다.[511]

　　루즈벨트는 대중들에게 보다 엄숙한 메시지를 발표했다. 자기가 중요한 것이 아니라 그들이 함께 싸운 대의에 관한 것이 중요하다. 깃발을 들고 가는 장병이 쓰러지면 다른 장병이 그것을 받아 들고 갈 것이다. 그는 링컨과 그의 세대가 선택되었던 것처럼 출마를 선택한 것이 아니라 선택되었다는 것이다. 그가 개인적으로 사느냐 아니면 죽느냐는 중요하지 않다. 왜냐하면 대의는 계속될 것이기 때문이다. 선거일 2주 전에 루즈벨트는 병원에서 퇴원하여 오이스터 베이로 돌아갔다. 그는 메디슨 스퀘어 가든(Madison Square Garden)에서 간단한 연설을 할 만큼 충분히 힘을 냈다. 선거운동의 마지막 며칠 동안에는 자기의 고향에서도 한 번의 연설을 했다. 그는 모든 문제들 중에서 가장 큰 문제는 정직성, 기업에서 정직성 그리고 정치에서도 정직성이라고 선언했다. 월슨의 선출은 뉴욕과 그 밖의 모든 곳에서 민주당 간부들의 재즉위식을 의미할 것이고 태프트의 선출은 지난 4년간 지배한 공화당 보수들이 다시 단단히 자리잡게 할 것이다. 진보주의자들이 유일하게 진정한 대안을 제공했다. 그들, 그리고 그들만이 미국 국민이 자신들의 정부를 통치하는 그들의 진정한 권리를 옹호할 것이라고 루즈벨트는 강조했다.[512]

---

511) *Ibid.*, p. 723.
512) *Ibid.*, p, 724.

그러나 국민들은 그에게 동의하지 않았다. 아니면 그들에겐 아마도 윌슨을 선출한 다른 이유가 있었을 것이다. 윌슨은 루즈벨트의 4천 1백만 표(27%), 그리고 태프트의 3천 5백만 표(23%)를 누르고 6천 3백만 표(42%)를 획득했다. 앞을 내다보면서 루즈벨트는 진보당 자체가 지속될 것인지 여부를 말할 수 없었다. 너무나 많은 알 수 없는 영향들이 작용할 것이기 때문이다. 그는 자랑스럽게 싸웠으며 다음 4년 후 1916년의 싸움을 훨씬 쉽게 만들 것이라고 선언했다.[513]

---

513) *Ibid.*, p. 725.

제27장
마지막 모험: 아마존(Amazon) 탐험

"어쩔 수 없이, 위대한 지도자는 엄청난 장애를 극복해야 하고
그리고 여전히 성공해야 한다."
                                                    -시어도어 루즈벨트-

1913년 첫 몇 달 동안 루즈벨트는 자기의 지지자들에게 신념을 유지하라고 거듭 촉구했다. 1월에 그는 여러 명의 중요한 진보당 위원들에게 회람장을 써서 모든 진정한 진보주의자들은 이 정당이 유지된다는 것을 분명히 이해하게 하는 것이 필요하다고 말했다. 그리고 그는 어떤 환경 하에서도 구 정당의 어느 쪽과 합병하는 일은 없을 것이라고 다짐했다. 그는 진보당의 후보자들에게 편지를 쓰고 그들을 대신해서 말했다. 3월에 그는 미시간 주로 특별 여행을 하고 그곳에서 진보주의자들을 위해 선거운동을 펼쳤다. 같은 기간에 루즈벨트는 과거와 미래를 동시에 생각하는 데 많은 시간을 보냈다. 선거운동 중에 <아우트룩>(*Outlook*) 잡지와의 관계를 대체로 중단했기에 그는 연재되는 자서전의 집필에 몰두했다. 이것은 1913년 2월에 시작하여 수개월 동안 잡지에 게재되었다. 많은 신문들이 그것들을 역시 실었

다. 그리고 연말에 그것은 책의 형태로 출판되었다.

　루즈벨트의 자서전은 확대된 선거운동 연설문처럼 읽혔다. 그는 그 어느 때보다도 자기 자신을 국가와 동일시했다. 그는 개인의 삶에서 그런 것처럼 국가의 삶에 있어서도 원칙적인 행동은 종종 정반대의 성질을 혼합하는 것이 필요하다는 명제를 자신의 테마로 삼았다. 즉 드높은 비전과 함께 실천적 효율성, 평화의 사랑과 함께 올바름을 위한 열정, 집단적 힘을 사용할 용의성과 함께 개인적인 책임, 가정의 의무와 함께 국가에 대한 존중이었다. 그 자신의 삶이 이런 혼합이 어떻게 성취되어야 하는지에 대한 사례연구가 되었다. 이민의 시대에 그는 자기의 이민 온 조상들을 영광스럽게 하고 처음 몇 세대의 어려운 환경들을 강조했다. 내전의 상처를 봉합하려고 모색하던 시대에 그는 자기 아버지의 북부 선조를 보완하는 자기 어머니의 남부 뿌리를 내세웠다. 전선을 부동산으로 빠르게 전환하는 국민에게 그는 자신의 삶을 목장주로서 묘사했다. 그는 거친 인디언들의 습관들, 서부의 무법자들, 회색 곰들과 산 사자들, 그리고 정치적이고 기업가 보스들에 관해서 잘 알고 말했다. 그는 올버니와 다코타에서 쿠바와 워싱턴에 이르는 자기 경력의 풍경을 커버하는 "불굴의 삶(strenuous life)"과 재투쟁을 찬양했다. 그는 펜실베이니아 석탄 광산과 동북아시아에서 평화를 가져왔다. 그는 파나마에서 흙먼지를 날렸고 그리고 함대를 전세계로 보냈다. 그것들은 이미 루즈벨트에 관한 상식이 되어버린 것들 외에 중요한 것을 노정하는 것이 거의 없는 작품이었다.[514]

　루즈벨트는 1913년 봄과 여름의 대부분을 그로버 클리블랜드

---

514) H. W. Brands, *T. R.: The Last Romantic,* New York: Basic Books, 1997, p. 730.

(Grover Cleveland) 이후 첫 민주당 대통령인 우드로 윌슨의 업무 수행을 비판하면서 보냈다. 윌슨에 대한 루즈벨트의 이미 신랄한 표현은 새 행정수반이 그가 돌아가길 원했던 백악관을 점령한 이후 거의 매달 계속해서 매서워졌다. 우드로 윌슨은 거의 모든 다른 미국의 대통령처럼 미국의 국내적 문제들을 다룰 그의 가정된 능력을 주로 보고 선출되었다. 그는 외교정책에 관련된 특별한 능력을 주장하지 않았으며 투표자들도 그런 능력을 그에게서 기대하지 않았다. 윌슨은 국제문제에 관해서 별로 관심이 없었기에 그가 민주당의 지도자로서 대치한 윌리엄 제닝스 브라이언(William Jennings Bryan)의 산란한 마음을 달래는 장치로서 국가의 최고 외교관직인 국무장관직을 사용했다. 그러므로 윌슨이 국제문제에 휘감겨 자기의 대통령직의 가장 많은 시간을 보낸다는 것은 하나의 아이러니였다. 말썽은 그가 백악관에 입성함과 거의 동시에 시작했다. 멕시코의 혁명이 다시 끓고 있었다. 윌슨의 취임 2주 전에 프란시스코 마데로(Francisco Madero) 대통령이 폐위되고 그후 얼마가지 않아 살해되었다. 윌슨과 브라이언은 살인에 의한 계승의 방식을 발견했고 그래서 백악관은 빅토리아노 후에르타(Victoriano Huerta)의 새 정부의 승인을 거부했다.

불승인(nonrecognition) 정책이 도덕적 민감성을 위해서 무엇을 했던 그것이 멕시코에 안정을 복구하는 데에는 별로 달성한 것이 없었다. 루즈벨트는 대통령에게 타결을 조정하는 노력으로 라틴 아메리카 국가들의 도움을 추진하라고 간접적으로 제안했다. 그러나 루즈벨트는 이 초기 단계에서 대통령에게 어떻게 해야 할지에 대해 공개적으로 강의하길 바라지 않았다. 그는 윌슨 대통령에게 충고하는 것으로 보이길 원치 않기 때문에 자기의 제안은 전적으로 비밀이어야 한다고 말했다. 당시에 멕시코의 상황은 단지 신경을 거슬리는 것이었다. 보다 위협적인 것은 일본과 재개된 긴장이었다. 캘리포니아의 주민들이 그들의 추악함을 다시 한 번 드러냈고 이번에는 일본인들과 다른 아시아인들이 그 주에서 토지의 소유를 금지시켰다. 루즈벨트는 그 제약 뒤에 있는 원칙을 부인하지 않았다. 즉, 그는 여전히 대규모의 일본인들의 미국 이민을 반대했다. 그리고 그는 미국의 국민들이 누구에게 시민권을 어떤 조건에서 인정할 지를 결정할 모든 권리가 있다고 믿었다. 그러나 그것을 결정하는 것은 주정부가 아니라 연방정부의 문제라고 그는 주장했다. 그리고 그 문제는 일본과의 긴장을 불필요하게 악화시키지 않는 방식으로 다루어져야 한다고 주장했다.[515]

멕시코의 상황이 더욱 혼란스럽고 위협적이 되었다. 일본은 여전히 호전적이었고 또 발칸반도의 위기가 다시 한 번 유럽정치의 표면을 어렵게 했다. 그러나 민주당 사람들은 미국의 이익에 대한 군사적 도전에 대응할 준비를 위해 움직이지 않았다. 그렇게 하는 것은 그런 도전을 더 높이는 것이라고 믿었다. 1913년 9월에 그는 로지에게 윌슨을 경멸적인 혐오감으로 보고 있다는 편지를 썼다. 그는 윌슨이 국제문제에서 우스꽝스러운 존재이고 지적으로 철저히 부정직하다고 말했다. 다음 수년 동안의 사건들은 루즈벨트에게 윌슨을 비판한데 대한 사실상 정당한 근거를 주었지만 그러나 만일 그런 것이 있다면, 이 시점에서 민주당 대통령의 죄는 루즈벨트 언어의 무절제한 비판을 받을 정도는 아니었다.

---

515) *Ibid.*, p. 734.

1913년 7월까지 루즈벨트는 사가모어 힐에서 그 어느 때보다도 많은 시간을 보냈다. 그러자 좀이 쑤시기 시작했다. 그에 따라서 독립 기념일 직후 그와 그의 아치(Archie)와 퀜틴(Quentin) 두 아들을 데리고 남서부로 가기 위해 뉴욕에서 기차에 올랐다. 그 여행은 관광과 사냥을 겸했다. 의용 기병대의 대령은 옛 전우들의 기지를 방문하고 돌아오는 길에 시카고에서 진보당 지도자들을 만났다. 나름 흥미로웠지만 이 남서부행 여행은 훨씬 더 야심적인 여행을 위한 예열 정도였다. 어린 시절 때부터 루즈벨트는 남아메리카, 특히 지구상에 어느 곳보다도 보다 많은 식물과 보다 많은 동물 표본의 고향인 거대한 아마존(Amazon) 열대우림에 매혹되었다. 더구나 아마존은 마지막 위대한 미지의 황무지였다. 루즈벨트의 영웅들인 스펙(Speke)과 리빙스턴(Livingston)이 나일 강을 추적하고 아프리카 내부의 대부분의 지도를 만들었듯이 아마존의 거대한 강줄기들은 여전히 탐험가들과 사진 예술가들을 저항하고 또 감질나게 했다. 루즈벨트는 이미 사냥꾼, 개척자, 그리고 군인임을 스스로 입증했다. 그러나 그는 어떤 진정한 탐험도 하지 않았었다. 그는 그가 그럴 만한 인물인지를 궁금해하지 않을 수 없었다.[516]

루즈벨트는 대통령으로서 두 번째 임기 말에 남아메리카에 관해서 심각하게 생각하기 시작했다. 노트르담(Notre Dame) 대학교와 연계되고 철학자 겸 자연주의자인 홀리 크로스(Holy Cross)의 신부인 존 잼(John Zahm)이 대통령을 방문했고 그에게 남아메리카 대륙을 통한 자기 여행의 얘기들로 그들을 즐겁게 해주면서 그에게 비슷한 일을

---

516) *Ibid.*, p. 738.

제안했다. 당시에 루즈벨트는 이미 아프리카 사파리를 위한 계획을 세우고 있어서 아마존에 관한 생각을 차치했다. 그러나 1910년 승리에 찬 유럽의 여행이 몇몇 남아메리카 정부들로 하여금 유사한 관심을 위해 초청장을 발하게 조성했다. 그가 그 초대장들을 숙고할 때 그는 잼 신부가 제안했던 것을 상기했다. 편지들, 전보들, 전화, 그리고 개인적 상담이 결국 그의 일정을 공급했다. 그는 배로 리우데자네이루(Rio de Janeiro)로 여행하고 그곳에서 남부 브라질을 통과하여 육로로 우루과이, 아르헨티나, 그리고 칠레로 가는 것이었다. 여행의 이 단계에서 그는 노벨상 수상자이며, 그리고 세계적으로 유명한 전직 대통령으로서 자기의 의무를 이행할 것이었다. 부인 에디스가 그를 동반할 것이며 언제나 모험에 열성적인 아들 커미트가 브라질의 바히아(Bahia)에서 그와 합류할 것이었다.

1913년 가을에 루즈벨트는 남아메리카의 여행을 위한 항해를 시작했다. 진정한 재미는 부에노스아이레스(Buenos Aires)에서 시작되었다. 그곳에서 그와 커미트는 귀국행 배에 에디스를 태워 보내고 파라과이를 향해 북쪽으로 향했다. 브라질에서 파라과이 강을 타고 오르면서 그들은 미국인 자연주의자 부부와 남아메리카 대륙의 최고 황무지를 여러 번 탐험한 유명한 론던 대령(Colonel Rondon)이 이끄는 브라질 원정군과 연계되었다. 그 일행은 파라과이와 아르헨티나로 흘러 남쪽으로 가는 강물과 북쪽으로 흘러 아마존으로 들어가는 강을 분리하는 곳을 통과할 것이었다. 그들은 지도에서 사라져 적도 우림의 알 수 없는 거대함 속으로 들어가는 큰 강을 따라 여행을 할 것이었다. 중력으로 인해 강물들은 궁극적으로 아마존의 본줄기의 물과 합류되었다. 그러나 그 합류가 어디에서 이루어지는지 그리고 상류 수와 최종 목적지 사이에서 어떤 강줄기를 흐르는 지는 아무도 알 수 없었다. 그 강줄기는 리오 다 두비다(Rio da Duvida), 혹은 의심의 강(River of Doubt)이라고 적절하게 불리었다. 이전처럼 루즈벨트는 제도적 지원을 마련했는데 이번에는 미국의 자연사 박물관(American Museum of Natural History)과 브라질 정부로부터 지원을 받았다. 또한 그는 다시 <스크라이브너> 잡지에 일련의 기사 형태로 글을 써서 보내는 홍보도 마련했다.

1913년 12월에 이제 55세인 루즈벨트와 작은 규모의 일행이 브라질의 의심의 강을 탐험하고 지도를 만드는 여행을 시작했다.[517] 그 여행은 지리적은 아니지만 문학적인 견지에서 볼 때 천천히 시작했다. 속도를 빨리 하기 위해 지도자인 루즈벨트의 맥박은 다가올 위험과 관련되었다. 그는 숲 속에 우글거리는 치명적 뱀들에 대해 특별히 깊이 생각했다. 파충류 연구소의 방문은 그의 일행이 만날 것으로 기대되는 뱀들의 상세한 묘사를 제공하는 데 필요한 모든 이유를 제시했다. 그는 또한 아주 지독할 정도로 재숙지하는 것을 물리칠 수 없었지만 그러나 그럼에도 불구하고 의인화(anthropomorphic)의 관점에서 두 마리의 엄청난 뱀들 사이에 죽을 때까지 매력적인 가상적 싸움도 하지 않을 수 없었다. 그 부분의 악당은 사악한 호미속(독사)으로 아마도 덤불속이나 정글의 나뭇가지들을 기어다니는 가장 치명적 파충류였다. 영웅은 평화를 애호하는 독이 없는 무수라마(mussurama)였다. 이 영웅은 용맹하여 싸우기 전에 무스라마를 다루었던 루즈벨트

---

517) *Time,* July 3, 2006, p. 83.

가 기뻐서 어쩔 줄을 모르게 했다.[518]

　루즈벨트는 우림에서 자연의 악의적인 흉포함을 많이 경험했다. 뱀들에게 미치게 하고 빈번하게 치명적인 곤충들의 무수한 종들이 추가되었다: 텐트들, 장화들, 그리고 항상 가지고 가는 책들, 그리고 그것들이 부리를 가져다 대는 그 밖의 모든 것들을 갉아먹는 흰개미들, 말라리아와 다른 적도의 열병을 옮기는 모기들과 진드기들, 인산의 다리들을 맛있는 원숭이의 분해로 발견하는 육식 개미들과 페커리(peccary) 해골들, 하늘은 피를 빠는 흡혈귀 박쥐들의 집이었고 그것들은 4발이나 2발 달린 다양한 포유 동물에서 바로 생명의 액체를 빨아먹었다. 벌레들이나 박쥐들로부터 피신하려는 사람은 근처의 물속으로 들어갔다. 그런다고 해도 만일 물줄기가 근육을 먹는 피라냐(piranhas)의 집이라면 그는 그곳에 오래 있지 못할 것이다. 그것들은 수분 내에 말이나 인간 사체의 모든 근육을 발라버릴 수 있어 피로 물든 물속에 오직 앙상한 뼈만 남겨놓을 것이다.

　의심의 강(the River of Doubt) 상류에 그들의 카누들(canoes)을 띄운 때로부터 그 일행은 거듭해서 급류와 폭포를 만나 강둑으로 되돌아가게 되었다. 각 폭포군들은 정글에서 나오는 자취를 따라 짐을 고통스럽게 손으로 운반할 필요가 있었다. 급류의 가장 힘든 일은 훨씬 더 지치게 하는 작업인 카누들마저도 운반해야 할 필요가 있다는 것이었다. 빈번한 운반은 처음에는 원정의 속도를 괴롭게, 그리고 나중에는 겁이 나게 늦추었다. 경고는 그들이 운송하는 식량과 의약품의 제한된 공급의 사실에 기인했다. 건기에 그들은 땅을 이용해서 살아

---

518) H. W. Brands, *T. R.: The Last Romantic*, New York: Basic Books, 1997, p. 740.

갈 수 있지만 지금은 우기였고 솟아오르는 물들이 대부분 사냥감들을 강에서부터 멀리 몰아내 버렸다. 물고기도 마찬가지로 희귀했다. 그것들은 정상적인 물의 흐름에서 해방되어 홍수진 계곡과 평원의 수백 평방 마일을 헤엄쳐 가버렸다. 생존을 위한 다른 조금은 믿을 만한 원천은 강을 따라 성장한 야자수의 꼭지였지만 그러나 이것들로 배를 채워도 많은 힘을 제공하지는 않았다.[519]

처음 2주가 지난 후에 줄어드는 보급품에 대한 경고가 일행이 강을 벗어나가 전에 떨어질지도 모른다는 엄중한 두려움으로 바뀌었다. 설상가상으로 그들은 급류에 두 개의 카누들을 잃었다. 이것은 나무를 자르는 원시적 방법의 적용으로만이 대체될 수 있었다. 루즈벨트는 브라질 나무꾼들의 기능에 경탄했다. 식량의 배급이 늘어나면서 악화된 운반과 카누 제조는 탐험가들을 질병에 걸리게 만들었다. 원정팀의 의사는 모두에게 키니네(quinine)를 복용하게 했다. 그것은 효과가 있었지만 완벽하지는 않았다. 루즈벨트는 카누들 중에서 2개가 폭포수에 떠내려가 바닥에 있는 소용돌이에 빠져버린 어느 날 심각한 질병을 피해 나갔다. 그곳에서 그들은 물살에 의해 어떤 바위들에 걸렸다. 루즈벨트는 보트들을 구하기 위해 물속으로 뛰어들어 도움을 받으며 아주 어렵게 그의 목적을 달성했다. 그러나 그 과정에서 그는 1902년 전차의 사고로 다쳐서 그 후에 감염된 같은 다리에 크게 찰과상을 입었다. 그 상처는 곧바로 그의 체온을 올렸고 그를 48시간동안 몸을 가누지 못했으며 그를 운반해야 할 정도가 되었다.[520]

---

519) *Ibid.*, p. 741.
520) *Ibid.*

비록 이 초기의 위기는 지나갔지만 전직 대통령은 여행 내내 아픈 사람이었다. 커미트의 촉구에 따라 그는 자신의 음식 할당량을 줄이고 뱃사공들이 더 먹을 수 있게 했다. 이것이 조금은 그들을 강하게 했지만 루즈벨트를 상당히 약화시켰다. 커미트는 자기 아버지가 회복할 수 없을 정도로 자신을 약화시키지 않도록 감시해야만 했다. 한 때 루즈벨트는 커미트와 나머지 일행들에게 자기를 남겨두고 자신들을 구하라고 말할 것을 고려했다. 그러나 그는 커미트가 그의 시신을 정글 밖으로 이송할 것을 주장할 것이라는 것을 깨닫고 그리고 시체가 아픈 사람보다는 훨씬 더 부담이 될 것이라는 생각이 들었다. 자기의 아들을 구하기 위해서는 자기 아들이 자신을 구하도록 해야만 할 것이라는 것을 깨달은 것이다.521) 그 때에는 이미 모두가 아주 형편없이 어려웠다. 한 사람이 급류에 익사했고 또 한 사람은 동료에 의해서 죽임을 당했다. 그는 뜨거운 열기, 습기, 배고픔, 그리고 피로로 정신이 나가버렸던 것이다. 자기 동료를 쏘고 그 살인자는 숲속으로 도망쳤는데 그곳에서 그는 적대적 원주민의 화살에 희생자가 되었을 가능성이 아주 높았다. 그의 소식은 결코 다시 들리지 않았다. 커미트는 초기에 열을 앓았지만 나았는데 다시 익사할 뻔했다.

1914년 2월 27일에 루즈벨트와 그의 탐험 일행은 의심의 강에 들어갔다. 그들은 4월 15일에도 여전히 하강하는 물줄기와 투쟁하고 있었다. 그리고 마침내 4월 15일 오전 늦게 그들은 작은 오두막에 도달했다. 그곳은 분명히 최근 고무수액 채취자들의 숙소였다. 한 시간 정도 후에 루즈벨트 일행은 몇 명의 채취자들을 만났는데 그들은 처음

---

521) *Time,* July 3, 2006, p. 84.

에 루즈벨트의 일행을 부족 습격자로 착각하고 원정 일행의 접근에 도망쳤던 것이다. 루즈벨트와 다른 사람들은 원정이 전체적으로 실패하지 않을 것임을 알고 있었다. 그들은 비록 앞에 보다 많은 어려움이 있다고 해도 정글에서 모두가 굶주리지는 않을 것이라고 믿었다. 루즈벨트는 분명히 실패의 가능성을 보았다. 그가 <스크라이브너> 잡지의 독자들에게 설명했듯이 아픈 사람이 상자들 위에 늘어져서 낮의 뜨거운 시간들을 보내는 것은 결코 이상적이 아니었다. 그러나 커미트와 의사가 그를 보살폈고 그의 나머지 일행은 안전하게 문명으로 돌아왔다. 그들이 카누들을 버리고 현지의 익숙한 증기보트로 행복하게 갈아탔을 때 그들은 60일 동안에 거의 500 마일 이상을 기버했다. 그리고 그들은 미국에서 몇 개의 강들을 제외하고 거의 모든 강보다도 더 큰 강의 지도를 만들었다. 브라질 정부는 남아메리카의 지도에서 의심의 강을 루즈벨트 강(Rio Roosevelt)으로 재명명함으로써 그 원정을 기념했다.[522]

루즈벨트는 아마존의 탐험에서 1914년 5월 19일 뉴욕으로 돌아왔다. 그러나 그의 귀국은 1910년 아프리카와 유럽에서 돌아오던 때와는 아주 대조적으로 미국의 정계에서 별다른 관심을 일으키지 못했다. 그런 부분적인 차이는 동아프리카와 특히 유럽의 궁전에 비교해서 남아메리카의 아마존의 머나먼 지리적인 고립 때문이었다. 윌슨 대통령이 그가 5월 26일 국립지리학회(the national Geographical Society)에서 연설을 하기 위해 워싱턴에 온다는 소식을 듣고 그를 오찬에 초대했다. 3시에 루즈벨트는 붉은 방(the Red Room)으로 안내되었고 그

---

522) H. W. Brands, *T. R.: The Last Romantic,* New York: Basic Books, 1997, p. 743.

곳에서 윌슨이 기다리고 있었다. 다음 30분 동안 정치를 피하는 대화에서 두 사람은 서로를 탐색했다.[523]

그들은 서로에게 이방인이 아니었다. 그들은 루즈벨트가 뉴욕시의 경찰 이사회 회장이고 윌슨이 프린스턴 대학교 법학 교수이었던 1896년 이래 멀리서 알고 있었다. 그 후에 루즈벨트가 갑자기 대통령에 취임할 때 윌슨은 버팔로에 있었다. 그리고 윌슨은 행사 후에 자기의 존경을 표하기 위해서 그를 방문했다. 이제 그들의 위치가 역전되었다. 루즈벨트는 항상 경쾌하게 윌슨을 좋아하는 쪽으로 기울었다. 윌슨의 태도는 모호했다. 그는 의용 기병대의 생동감 넘치는 활동주의를 칭송했지만 그런 그가 최고의 권력에 오르는 것을 보는 것을 경계했다. 그러나 그는 루즈벨트가 아주 흥미롭고 또 아주 강한 사람이라는 것을 인정할 수밖에 없었다. 그러나 그가 점점 대통령직의 후보자가 되자 루즈벨트에 대한 그의 의혹이 돌아왔다.

루즈벨트가 가려고 일어서자 윌슨은 그를 백악관의 부근까지 안내하고 그가 자동차로 걸어갈 때 그에게 작별의 손을 흔들었다. 수백명의 구경꾼들이 그의 차 주변에 모였다. 한 젊은이가 "테디, 만세. 우리의 다음 대통령 만세"를 외쳤다. 미소를 지으며 루즈벨트가 자기의 파나마 모자를 벗고 그것으로 그 젊은이의 머리를 살짝 건드렸다. 후에 조셉 투멀티(Joseph Tumulty)가 윌슨에게 대령을 어떻게 생각하느냐고 물었다. 윌슨은 이렇게 대답했다.

---

523) Edmund Morris, *Colonel Roosevelt,* New York: Random House, 2010, p. 348.

"그는 대단히 큰 소년이다. 그에게는 아주 압박하는 달콤함이 있다. 당신은 그를 저항할 수 없다. 나는 그의 추종자들이 그를 왜 좋아하는지를 쉽게 이해할 수 있다."[524]

그러나 이때 루즈벨트는 정말로 보이지 않았다. 그러나 그것의 대부분의 이유는 계속해서 돌아가는 정치 수레바퀴의 결과였다. 1914년 봄에 우드로 윌슨 대통령은 분명히 미국 진보주의자들의 연인이었다. 루즈벨트의 선거공약과 별로 다르지 않지만 실천에서 다른 윌슨의 입법 의제가 민주당 대통령이 그런 기능을 작성했다는 부풀린 어휘들에 의해서 동력을 받아 의회를 통해 항해하고 있었다. 언론은 10년 동안 루즈벨트에 대해서 그랬던 것처럼 이제 윌슨이 자기 방식대로 매력적임을 발견했다.[525]

1914년 중반에 루즈벨트로부터 관심을 끌어간 다른 어떤 것이 있었다. 19세기 말 이래 유럽 외교관들의 잠을 방해한 불길한 시계소리가 6월에 현저하게 높아졌는데 그때 세르비아의 한 민족주의자가 오스트리아의 황태자를 살해했다. 그 시계의 재깍거리는 소리는 세르비아와 오스트리아 인접국가들이 세르비아와 오스트리아의 주장에 그들이 관심을 가지면서 훨씬 더 커졌다. 그리고 그 재깍거리는 시계 소리는 대서양을 넘어 국제적인 마음의 소유자인 루즈벨트의 귀에 들릴 만큼 충분히 컸다.[526]

루즈벨트는 당연히 위협과 최후통첩의 교환에 긴밀한 관심을 기울

---

524) *Ibid.,* p. 352에서 재인용.
525) H. W. Brands, *T. R.: The Last Romantic,* New York: Basic Books, 1997, p. 744.
526) *Ibid.*

였고 또 어떤 유럽의 전쟁이 미국을 수반할 것이라고 두려워했다. 그러나 그는 더 이상 대통령이 아니었고 그래서 당분간 그가 할 수 있는 일은 별로 없었다. 그러므로 그는 진보당의 미래에 관해서 논의하면서 7월을 보냈다. 의회와 주의 선거들이 다가오고 있었다. 1914년 그를 따라 공화당을 떠났던 사람들의 대부분은 루즈벨트가 그들을 다시 이끌지의 여부를 알고 싶어했다. 그러나 루즈벨트는 긍정도 부정도 하지 않았다. 진보당의 후보자들의 미래는 그 어느 때보다도 암담했다. 진보주의자들은 높은 이상을 가진 좋은 사람들이었다. 그들은 시대에 너무 앞서 갔다. 루즈벨트는 눈물을 흘리지 않았다. 진보당의 분명한 몰락은 루즈벨트로 하여금 정계를 영원히 떠나는 것에 관해서 다시 한 번 생각하게 만들었다. 그는 이제 사람들이 모든 개혁자들에게, 그리고 특히 자기에게 싫증을 느낀다고 한 캘리포니아 진보주의자에게 말했다.527)

527) *Ibid.*, p. 747.

제28장
제1차 세계대전과 루즈벨트

"잘못된 것을 침묵으로 용인한다는 것은 그것의 반복을 조장하는 짓이다."
-시어도어 루즈벨트-

세계대전은 6월의 위협과 7월의 최후통첩이 8월의 포성으로 바뀌면서 시작되었다. 전쟁의 첫 희생자는 카이저와 독일군에 의해서 짓밟힌 약소국 벨기에였다. 잠시 동안 루즈벨트는 카이저의 규탄을 주저했다. 8월 8일 루즈벨트는 자기는 간단히 사실들을 알지 못한다고 변호했다. 그러나 그는 곧 적어도 중립적이며 공세적이 아닌 벨기에인들을 공격한데 있어서 독일이 철저히 잘못했다고 판단했다. 그는 특파원 아서 리(Arthur Lee)에게 "논란의 여지가 없다. 독일인들은 자기들의 이익에 맞춰 벨기에와 벨기에의 권리에 대한 엄숙한 의무를 저버렸다"고 말했다.528)

전쟁이 발발한 일주일 내에 루즈벨트는 카이저가 직접 보낸 메시지를 받았다. 비공식적 사절을 통해 카이저는 베를린과 포츠담에서

---

528) H. W. Brands, *T. R.: The Last Romantic,* New York: Basic Books, 1997, p. 748.

전직 대통령과 함께한 시간을 즐거운 마음으로 항상 기억할 것이라고 말했다. 그는 독일의 현 입장에서 루즈벨트의 동정과 이해에 의존할 수 있다고 확신했다. 루즈벨트는 독일 카이저의 아주 정중한 메시지에 감사한다고 하고 자기는 독일에서 자기에게 베풀어 준 명예를 깊이 의식하고 있다면서 그는 베를린 황제가 자기를 영접한 방식을 결코 잊지 않겠다고 확신시켰다. 그러면서 동시에 루즈벨트는 벨기에의 앨버트(Albert) 왕이 그를 브뤼셀에서 영접한 방식도 잊지 않을 것이라고 덧붙였다.

벨기에에 대한 독일의 공격을 인정하지 않고 있음에도 불구하고 루즈벨트는 올바름, 정의, 그리고 지혜가 전적으로 동맹국들 편에 있다는 것을 결코 확신하지 않았다. 그는 영국을 신뢰했다. 그리고 보다 적은 정도로 문명의 대부분의 미덕을 가진 프랑스를 신뢰했지만 그러나 그는 러시아와 일본에 관해서는 깊은 유보를 갖고 있었다. 그는 러시아가 국제적 윤리에 관하여 좀 더 발전했다고 믿을 만한 이유를 알지 못하며, 모든 공손함과 서구문명의 겉치장을 한 일본이 기회가 오면 어떤 그리고 모든 서양국가를 기꺼이 공격할 것을 심중에 품고 있다고 특파원 아서 리에게 말했다. 그는 만일 독일이 박살난다면 후에 독일이 서유럽 국가들에 의해 슬라브족에 대항하는 방패막으로 간주되어야 하는 것이 완전히 가능하고, 그리고 미국에 관해서는 미국과 러시아 사이에 적대성의 가능성이 별로 없을 것인 반면에 미국과 일본과 아니면 일본 주도하에 동양의 아시아 사이에 적대성의 가능성이 항상 존재한다고 경고했다.[529]

---

529) *Ibid.,* p. 749.

전쟁의 발발은 루즈벨트에게 윌슨에 대한 분노를 행사할 새로워진 기회를 제공했다. 루즈벨트가 자기 자신과 윌슨을 객관적으로 볼 수 있었다면 그는 국내적 문제에서 그들을 분리할 것이 많지 않다는 것을 인정했을 것이다. 물론 그가 그런 객관성을 소유했더라면 그는 윌슨을 향한 그의 반감이 원칙적으로 질투에 의한 것임을 인정했을 것이다. 그러나 전쟁의 발발은 한 가지 점에서 하나의 안도감으로 다가왔다. 왜냐하면 그것은 그에게 그리고 다른 사람들에게도 국제문제에 대한 두 사람의 분할된 아주 진정하고 깊은 차이들을 상기시켰기 때문이다.[530]

이러한 상기는 말할 필요도 없이 루즈벨트가 더 이상 윌슨에게 관대할 필요가 없게 만들었다. 그는 윌슨 대통령이 브라이언 국무장관만큼이나 거의 일급 멍충이라고 사적으로 중얼거렸다. 세계가 화염에 싸여 있는데 대통령과 다른 터무니없는 작은 바보들이 나쁜 행위에 대한 우주적 구제책으로 중재조약들이나 주창하고 있었다. 룩셈부르크와 벨기에가 이런 종류의 조약들이 전쟁으로 쓸모없다는 사실을 보여주고 있는 순간에 미국의 박식한 친구들이 그것들 위에 서명한 종이 조각의 무제한적 힘에 대한 그들의 믿음을 세계에 공식적으로 선포할 것이었다. 루즈벨트는 그의 공개적 성명에서 보다 조심했지만 그러나 이번에는 그렇지 않았다. 1914년 여름에 그는 전국적으로 연합되어 있는 여러 가지 신문들을 위해 일련의 기사들을 썼다. 이 기사들을 <아우트룩>과 다른 잡지들에 실린 기사들과 묶어서 그는 1915년 초에 <미국과 세계전쟁>(*America and the World War*)이라

<hr>

530) *Ibid.*, p. 750.

는 제목의 책으로 출간했다.531)

루즈벨트는 그 책에서 윌슨 행정부에게 전쟁에 대한 대책을 수립하도록 기회를 주기 위해 상당한 기간 동안 자기의 입과 펜을 사용하지 않았다고 상당히 정확하게 언급했다. 그러나 아무런 조치가 없거나 미국의 명예와 이익을 타협하는 심각하게 오직 해로운 반응을 보이면서 너무나 많은 시간이 흘렀기 때문에 자기들의 조국이 소중한 자존심을 가진 시민들이 입을 여는 것이 의무가 되었다. 이미 돌아오지 않을 기회들이 빠져나갔다. 대통령은 벨기에의 중립성을 위반한 것에 대해 가장 강력한 불승인을 제기해야 했었다. 적어도 미국인들은 최고로 강력한 외교적 항의와 전쟁이 발발했을 때 필요한 무슨 조치든 취하여 개입해야 했었다. 그런 활기찬 조치는 전쟁을 그 자리에서 멈추게 했거나 아니면 적어도 확전을 막았을 것이다. 그것은 분명히 추가적인 분노할 행위에 대해 독일에게 경고가 되었을 것이다. 벨기에에 대한 항의의 실패가 현재 악의 뿌리지만 거의 같이 썩은 가지들도 있었다. 예를 들어, 영국은 중립지역의 바다에서 적어도 한 척의 독일 선박을 침몰시키고 그리고 북해에 기뢰들을 설치함으로써 국제법을 어겼다. 윌슨 행정부는 비굴한 묵인의 겁먹고 정신없는 노선을 따르는 대신에 중립의 권리에 대한 이런 침탈을 강력하게 항의해야 했었다. 잘못된 것을 침묵으로 용인하는 것은 그것의 반복을 조장하는 짓이었다.532)

영국의 죄들을 생각할 때 루즈벨트는 교전국들 사이에서 어느 편을

---

531) *Ibid.*
532) H. W. Brands, *T. R.: The Last Romantic,* New York: Basic Books, 1997, p. 751.

들 준비가 되지 않았다. 실제로 그는 독일의, 그리고 일본의 균형과 진실된 넓은 마음을 위한 사회적 조직의 어떤 면들에 대해서 칭송까지 했다. 근대에서 독일과 일본 두 나라는 가장 실천적 형태의 애국주의, 공동 안녕을 위한 최대의 헌신, 자국의 경제적 자원들과 내부로부터의 능력 개발에서 가장 큰 성공, 그리고 외부로부터 가능한 재앙에 대비하여 나라를 수호하는 데 있어서 최대의 통찰력을 보여주었다. 루즈벨트가 윌슨 행정부를 특별히 규탄하는 것은 이 마지막 사항이었다.[533]

루즈벨트는 윌슨 대통령이 자기가 효율적인 중재를 위한 전제 조건들을 전적으로 이해하지 못한 채 전쟁 당사국들 사이에서 중재할 것이라는 생각에 완전히 사로잡혀 있다고 말했다. 루즈벨트는 윌슨이 전후 평화회담에 초대받을 수 있다는 것을 인정했다. 그러나 현재의 상황 속에서 그런 평화회담에서 윌슨의 중요성은 그가 연대의 맨 앞에서 걸어가는 군악대 대장의 진정한 중요성에 비견될 것이다. 작은 소년들은 군악대 대장에 인상을 받겠지만 어른들은 그렇지 않다. 그 사이에 윌슨 대통령은 평화회담의 미국 참여를 유일하게 효율적으로 만들어줄 그런 성격의 군사적 준비를 거부했다. 그런 거부는 범죄행위나 다름없었다.[534]

루즈벨트는 국무장관 브라이언과 해군장관 조지퍼스 다니엘스(Josephus Daniels)를 그들의 중대한 직책에 무능하고 그리고 적합하지 않다고 비난했지만 그러나 윌슨에 대해서는 그의 특별한 분노에서 제외했다. 윌슨은 평화를 달성하려고 너무나 결사적이라서 모든 지속

---

533) *Ibid.*
534) *Ibid.*

적 평화를 뒷받침해야 하는 공정성에 눈이 멀었다고 루즈벨트는 비교적 온건하게 비판했다. 그는 계속해서 윌슨과 초극단적 평화주의자들 그리고 평화의 수다쟁이들은 평화보다도 더 중요한 것이 있다는 것을 간단히 생각하지 못했다고 비판했다. 전쟁은 달래지지 않는 골칫거리가 아니었다. 이 순간에 유럽을 휩쓸고 있는 폭풍은 무섭고 악이다. 그러나 그것은 또한 장대하고 고결한 일이다. 이 궁극적인 투쟁은 인간본성에 있는 영웅적인 것을 불러낼 것이었다.535)

세계대전의 첫 가을과 겨울 내내 루즈벨트는 자기는 황야에서 울부짖는 외로운 목소리라는 사실을 거듭해서 언급했다. 브라이언 국무장관과 점차로 윌슨이 분명히 미국의 외교정책을 지시하고 있었다. 그 정책을 비판하는 것은 그들을 비판하는 것이었다. 뿐만 아니라 루즈벨트는 그의 접근방법을 이제 바꿀 수 없었다. 그러나 무엇보다도 그는 윌슨의 접근법이 근본적으로 그리고 객관적으로 악이라고 절대적으로 확신했다. 전쟁은 루즈벨트의 도덕주의를 복수로 표면화하도록 만들었다. 독일은 침략자였다. 따라서 독일은 응징되어야만 했다. 그러나 윌슨은 쓸모없는 중립을 고집하면서 이것을 반대했다. 루즈벨트는 중립이란 공정하지 않다고 보게 되었다. 왜냐하면 옳고 그른 것 사이에서 중립은 그른 것에 봉사하기 때문이다. 지금 그 순간에 중립은 미국의 편안과 이기심에 봉사할지 모르지만 그러나 그것은 도덕성에 봉사하지 않는다. 또한 장기적으로 그것은 국가이익에도 봉사하지 않을 것이다. 루즈벨트가 상황에 관해서 생각할수록 그것은 더 많이 그를 분노하게 만들었다. 그는 윌슨과 브라이언에 대한 조소와 경멸

---

535) *Ibid.*

을 충분히 표현할 수 없었다.[536]

그래도 낙담하지 않고, 루즈벨트는 미국의 역할을 더 가치 있게 만드는데 헌신했다. 1915년 봄에 독일의 행동은 필요한 도움을 제공하는 것으로 보였다. 5월 달에 독일 잠수함이 영국의 여객선 <루시타니아>(Lusitania) 호를 침몰시켰다. 200여 명의 미국인들이 사망했다. 벨기에를 이미 짓밟은 독일인들이 이제 미국인들을 살해하고 있었다. 그러나 루즈벨트에겐 엄청 구역질 나게도 윌슨은 달리 생각했다. 싸우기엔 너무 자부심에 차 있다는 것과 같은 것을 주장하면서 대통령은 단지 사과와 보상, 그리고 독일 정부로부터 앞으로 바른 행위의 서약을 고집했다. 미국인들의 완전한 적대감을 이 단계에서 자극하지 않으려고 독일은 그에 순응했고 그래서 위기는 지나갔다. 루즈벨트는 분노를 결코 참을 수가 없었다. 모든 겁쟁이들과 약골들이 열정적으로 윌슨에 찬성했다. 루즈벨트는 <루시타니아>에서 남녀 그리고 어린아이들의 죽음을, 독일의 위반들을 다루는 데 있어서 윌슨의 비굴한 겁쟁이와 유약함에 책임을 돌렸다.[537]

루즈벨트는 의용 기병대의 모델을 딴 부대를 일으키려는 계획을 이미 하고 있었지만 그 규모가 여단급이 아니라 사단급이었다. 그러나 이번에 루즈벨트는 전투는 자기 아들들과 같은 젊은이들에게 맡길 생각이었다. 그는 이제 57세로서 말에 제법 잘 앉아 있을 수는 있지만 말이 움직이면 말에 오를 수가 없었다. 다행스럽게도 기병이든 보병이든 가족의 명예를 지킬 젊은 아들들이 있었다. 1915년 여름

---

536) *Ibid.,* p. 754.
537) H. W. Brands, *T. R.: The Last Romantic,* New York: Basic Books, 1997, p. 756.

동안에 그의 옛 친구이며 상관이었던 레너드 우드(Leonard Wood)를 포함하여 루즈벨트처럼 생각하는 다른 사람들이 뉴욕의 플래츠버그(Plattsburg)에서 다가올 군인들을 위한 군사훈련 캠프를 조직했다. 그의 아들들인 아치와 퀜틴이 그 캠프의 학생부에 맨 먼저 등록했다. 그의 또 다른 아들 테드는 기업인 간부를 위해 서명했다. 루즈벨트는 말할 필요도 없이 캠프의 아이디어와 거기에 자식들의 참가를 진심으로 인정했다.[538]

　　루즈벨트는 2일 후에 플래츠버그 캠프를 방문했을 때 전쟁의 가능성에 대비하는 장교들과 사병들의 일을 치하하는 연설을 했다. 그는 멋진 말이 결정적 행동을 대신할 수 있다고 생각하는 것으로 보이는 사람들을 규탄했다. 그 연설로 인해서 레너드 우드는 전쟁부에 있는 민간인 상사들과 곤란하게 되었지만 침묵을 지켰고 루즈벨트는 그 문제에 대해 전적으로 책임을 지겠다고 나섬으로써 그 침묵을 채웠다. 전쟁에 대한 미국의 역할에 대해 광범위한 재평가의 순간에 나온 루즈벨트의 연설은 그를 공적 영역의 중심으로 다시 가져다 주었다. 다음 대통령 선거가 일 년도 채 남지 않은 상황에서 루즈벨트는 다시 가능한 후보자로서 관심을 끌었다. 진보주의자들은 진보당이 그때까지 소멸하지 않는다면 그를 지명할 것이었다. 보다 흥미롭게도 많은 공화당원들이 윌슨에 대한 그들의 대항마로 루즈벨트를 기대했다. 리더십에 대한 야심은 윌슨이 국가를 불명예와 어쩌면 패배의 길로 끌고 가고 있다는 루즈벨트의 믿음으로 더 강해지고 있었다. 아마도 공화당의 오랜 수문장들이 그의 지명을 막을 것이었다. 비관주의가 적

---

538) *Ibid.,* p. 758.

합한 태도였다. 그렇다고 해도, 오랜 당의 수문장들에게는 위협이 될 것이기에 그의 이름을 살아있게 유지함으로써 그는 국민과 전 세계에 그가 전해야 하는 메시지에 대한 관심을 획득할 것이다.[539]

그의 메시지는 두 부분으로 나왔는데 어느 것도 인기는 없었다. 첫 부분은 군사적 준비였다. 물론 이것은 그가 <1812년의 해전>(*The Naval War of 1812*)에서 설파하기 시작했던 루즈벨트의 오랜 테마였다. 지난 35년 대부분 기간 동안에 그는 해군, 특히 전투함에 초점을 맞추었다. 그는 여전히 대양해군의 강화를 주장하고 있었지만 즉각적인 필요성은 군인들에 관한 것이라고 믿었다. 그는 자신과 독자들에게 왜 스위스가 아니라 벨기에가 공격을 받았는지를 물었다. 알프스 산맥이 하나의 이유이겠지만 그러나 루즈벨트의 주장을 설명해주는 것은 스위스인들이 오래 전에 군사적 준비에 헌신했기 때문이었다. 루즈벨트 메시지의 두 번째 부분은 훨씬 더 강한 반작용을 일으켰다. 여기서 루즈벨트는 민족주의를 설파했다. 루즈벨트는 후에 세대가 소위 "다문화주의(multiculturalism)"라고 부르는 것에 대해 인내심이나 관용이 없었다. 그는 미국에 온 사람들은 자기의 고향 땅에 대한 감정적이고 문화적인 집착을 버리고 그들이 선택한 나라의 문화와 관습을 포용해야 한다고 주장했다. 그렇게 하지 않으면 윌슨 대통령이 벌이고 있는 바로 그런 종류의 특수이익을 추구하는 뚜쟁이 노릇을 허용하고 또 초대할 것이라고 그는 주장했다. 독일계 미국인들의 투표를 잃을까 두려워하는 윌슨이 미국의 국가적 이익을 팔아먹고 있다고 루즈벨트는 해석했다. 루즈벨트는 국가의 명예와 안전을 다루는 문제에

---

539) *Ibid.*, p. 761.

선 오직 미국의 입장만이 존재한다고 믿었다.[540]

루즈벨트는 명확히 대통령이 되길 원했다. 링컨과 남북전쟁에 사로잡힌 그는 민주주의의 현 위기 동안에 비슷한 역할을 수행하길 간절히 염원했다. 그는 윌슨보다도, 그리고 다른 가용한 공화당원보다도 자기가 더 나은 전시의 지도자가 될 것이라고 절대적으로 확신했다. 윌슨이 독일을 다루는데 있어서 겁쟁이고 오랫동안 피할 수 없을 전쟁준비에 실패한 바보라고 계속해서 간주했다. 윌슨이 마침내 루즈벨트와 다른 사람들의 비판에 대응했을 때 그리고 미국이 세계 제1의 해군을 건설하겠다는 의도를 발표했을 때 루즈벨트는 윌슨이 너무 나갔다고 불만을 토로했다. 그는 영국에 다음가는 제2의 해군을 요구하고 있었다. 루즈벨트는 윌슨이 미국 대중들의 지지를 당연히 받을 것이라고 인정했다.[541]

공화당의 전국 전당대회 수주 전에 루즈벨트는 자기가 추대에 가용하다는 신호를 보냈다. 루즈벨트의 입장 정리는 진보주의자들을 당황하게 했다. 그는 분명히 그들의 후보자였기 때문이다. 그러나 그는 진보당의 후보가 될 생각이 없었다. 루즈벨트의 충성분자들은 루즈벨트를 공화당 전당대회 앞에 전직 대통령의 이름을 제출했다. 그는 30분 동안 격려와 박수 그리고 발을 구르는 환호를 받았지만 그런 정규 당원들이 4년 전 태프트의 지명을 보장했던 것과 동일한 당의 통제력을 과시했다. 당 간부들은 찰스 에반스 휴즈(Charles Evans Hughes) 뒤에 모였고 별로 큰 어려움 없이 그를 지명했다. 루즈벨트는 자기의

---

540) *Ibid.,* p. 762.
541) *Ibid.,* p. 765.

패배를 대중적 용기의 실패로 치부했다. 미국은 영웅적 기분에 있지 않았다는 것이다. 그는 공식적으로 패배를 잘 받아들였다. 윌슨에 대한 증오심, 민주당이 나라를 불명예로 끌고 가고 있다는 자기의 신념, 그리고 제3당 정치의 무용성의 사이에서 그는 1912년의 헛일을 반복하지 않기로 결정했다. 그는 진보당의 지명을 거부하고 그 대신에 휴즈를 인정했다. 루즈벨트는 현재의 상황에서 휴즈를 지지하는 것 외엔 다른 선택이 없다고 진보당의 지명을 사양하는 편지에서 분명히 하고 동료 진보주의자들에게 그리고 모든 미국인들도 뜻을 같이하자고 촉구했다.542)

윌슨이 미국의 전쟁에 불참할 것이라고 계속 선거운동에서 선언하는 상황에서 휴즈는 참전을 약속하는 정치적 죽음에 대한 동경(death wish)을 제시할 필요가 있었지만 그에게는 그런 동경이 없었고 그래서 그렇게 하지 않았다. 루즈벨트는 물론 미국이 참전해야 한다고 생각했고 그리고 수개월 동안 그렇게 말해왔다. 결국 휴즈는 윌슨에 패배했다. 유권자의 투표에서 윌슨을 선택한 60만 표의 차이는 숨차게 하는 격차는 아니었지만 그러나 선거인단의 23표 차이는 2개의 근접한 차이의 주를 얻었으면 역전될 수 있었을 것이다. 민주당의 승리는 패자들 사이에서 일상적 비난을 일으켰다. 많은 공화당원들은 인종문제의 정치쟁점화에 대한 그의 공격을 자제하지 않은데 대해 루즈벨트를 책망했다. 루즈벨트는 당연히 반대로 생각했다. 그는 휴즈가 좀 더 자기처럼 보다 직설적이어야 했다고 주장했다.543)

---

542) *Ibid.*, p. 769.
543) *ibid.*, p. 775.

1917년 1월, 독일 정부는 그것의 적대국가들의 해안 밖의 바다에서 무제한 잠수함 전쟁수행의 정책을 발표했다. 영국의 봉쇄로 굶주리고 거의 교살당한 독일은 북부 프랑스에서 교착상태를 깨고 또 독일의 조건으로 평화의 타결을 강제할 마지막 공세에 전쟁의 결과를 걸기로 결정했다. 그 계획의 성공의 열쇠는 전쟁에서 동맹국들의 배의 보급을 막는 것이었다. 배의 보급을 막는 성공의 열쇠는 미국과 영국 사이에서 대서양 연계를 단절하는 것이었다. 따라서 보는 즉시 발포하는 정책이 나온 것이다. 독일은 침몰의 위협만으로 미국의 상선들을 항구에 묶어 놓길 희망했다. 독일의 발표는 비록 윌슨이 처음에 외교관계의 단절로 만족했지만 미국의 교전을 불가피하게 만들었다. 루즈벨트는 윌슨이 절대적으로 수치를 범할 것이라고 이미 결정하지 않았다면 이런 최종적인 지연은 믿을 수 없다고 발견할 것이다. 윌슨은 국가에 대한 최악의 모욕이나 상처를 수용할 것이다. 물론 그것은 조국에 대한 모욕이고 상처이지만 그에게 아무런 손실이 없다. 왜냐하면 그는 나라의 자부심이라는 말이 무엇을 의미하는지를 이해할 수 있다고 루즈벨트는 믿지 않았기 때문이다.[544]

루즈벨트는 그가 요구해온 전쟁선언이 아주 가까워지자 윌슨에 대한 자신의 공격을 중지했다. 그는 대통령에게 바르고 필요한 길을 피할 어떤 구실도 주고 싶지 않았다. 더 나아가서 독일의 잠수함들이 미국의 선박들에 그들의 잠망경을 고정시키고 있는 동안에 윌슨을 공격하는 것은 정치적 어리석음이 될 것이었다. 루즈벨트는 입을 다물 추가적인 이유가 있었다. 그는 윌슨 행정부에 큰 호의를 요청하는 과정

---

544) H. W. Brands, *T. R.: The Last Romantic*, New York: Basic Books, 1997, p. 776.

에 있었다. 루즈벨트는 독일의 잠수함 전쟁수행의 발표 후 3일째 되는 날에 전쟁장관 뉴턴 베이커(Newton Baker)에게 편지를 써서 독일에 대항하여 전개할 한 개 사단의 지원자들을 모집할 허락을 요청하고 있었다. 베이커 장관은 루즈벨트의 애국주의를 환호하지만 그러나 병력의 모집은 이 문제에 대해 아직 입법하지 않은 의회에 달려 있다고 대답했다. 민주당 대통령은 분명히 루즈벨트가 자기 사단의 수장으로 프랑스로 가서 그가 1898년 쿠바에서 돌아왔던 때보다도 훨씬 더 위대한 영웅으로 돌아올 가능성을 분명히 고려해야만 했다. 정치적 고려는 차치하더라도 어떤 병력이 모집되든 그것은 정규 육군의 장교단의 지휘하에 이루어져야 한다는 건전한 군사적 이유들이 있었다. 지금은 1898년이 아니었고 독일은 스페인이 아니었다. 그런 것이 베이커 전쟁장관이 루즈벨트의 요청을 두 번째로 거부할 때 취했던 입장이었다. 루즈벨트는 이 답변에도 만족하지 않았다.[545]

전쟁에 참가하려는 루즈벨트의 욕망이 3월 중순까지 그를 조용하게 만들었지만 그러나 그때까지 행정부로부터 만족스러운 대답을 받지 못했고 또 여전히 의회에 선전포고를 요청하지 않은 윌슨이 이 가장 최근 독일의 분노할 행위 앞에 엎드릴 것임을 두려워한 루즈벨트는 더 이상 참을 수가 없었다. 뉴욕의 유니언 리그 클럽(the Union League Club)에서 행한 연설은 행정부가 현재의 위기를 다루는데 대한 일제 사격이었다. 그는 전쟁으로 가는 것에는 의문이 없다면서 독일은 이미 미국과 전쟁상태라고 퍼부었다. 유일한 문제는 미국이 고결하게 전쟁을 할 것인지 아니면 치욕스럽게 전쟁을 할 것인지를 결

---

545) *Ibid.*, p. 778.

정하는 것이다. 미국 상선들을 무장하는 대통령의 최근 결정은 아무런 효과가 없을 겁먹은 조치였다. 독일은 모든 형태의 위약함을 경멸하듯이 겁먹은 것도 경멸한다면서 루즈벨트는 "공화국이 사나이다움을 칭송하던 시절에 선호된 모토는 방어를 위해서는 수백만 달러를 그러나 조공을 위해서는 단 1센트도 안 된다"고 선언했다. 그런데 분명히 지금의 모토는 조공을 위해서 2천 5백만 달러를 그러나 방어를 위해서는 1센트도 안 된다가 되어버렸다. 참으로 미국이 자신의 명예와 권리를 위해 일어설 필요가 있는 때가 왔다면서, 루즈벨트는 기정사실을 직면하고, 독일이 미국과 전쟁 중이며, 그래서 미국의 모든 에너지와 용기를 가지고 독일에 전쟁을 수행하여 주춤거리지 않고 전 세계를 바라볼 권리를 회복할 미국의 차례가 되었다고 선언했다. 그의 일제사격은 약간의 효과를 가져왔다.[546]

독일의 잠수함 어뢰들이 미국의 선박들을 빠른 속도로 침몰시키기 시작했다. 4월 초 윌슨 대통령은 의회에 루즈벨트가 오랫동안 지연되었다고 생각하는 전쟁 선포를 요청했다. 그리고 의회는 대통령의 요청을 승인했다. 마침내 루즈벨트는 미국이 영웅적 일을 하고 있다고 생각했다. 그리고 그 자신도 같은 일을 할 것이었다. 전쟁 선포의 수일 후에 루즈벨트는 워싱턴으로 가는 기차를 탔다. 그는 윌슨이 대중의 애국주의적 폭발을 감히 막지는 않을 것이라고 생각했다. 싸우고 싶은 필사적인 마음만으로 그는 그가 그렇게 미워하고 경멸했던 사람에게 직접 호소하게 만들었다. 4월 10일 오전에 백악관의 문에 들어선 것은 루즈벨트의 모든 도덕적 자기 훈련을 필요로 했다. 세계적 위

---

546) *Ibid.*, p. 779.

험의 이 순간에 윌슨이 아니라 자기가 국가를 이끌어야 했다. 그는 카이저를 알고 권력이 무엇을 위한 것인지를 알고 있었다. 그는 프랑스와 영국의 대사들도 잘 알았다. 그러나 루즈벨트가 전투장으로 돌아가고 싶은 그의 욕망을 채워줄 지의 여부를 결정할 사람은 미국의 총사령관인 윌슨 대통령이었다. 그러므로 루즈벨트는 자부심을 집어 삼키고 모자를 손에 들고 오직 윌슨만이 줄 수 있는 것을 요청하러 갔던 것이다.[547]

그 만남은 거북하게 시작되었다. 윌슨 대통령은 루즈벨트를 좋아하지 않았다. 루즈벨트는 만일 그들이 윌슨의 메시지를 실천한다면 자기가 말했고 또 생각했던 것, 그리고 다른 사람들이 말하고 생각했던 것은 이제 바람 부는 거리에서 모두 먼지가 되었다고 선언했다. 루즈벨트가 언급한 메시지는 윌슨이 "민주주의를 위해 세계를 안전하게 하기 위해서"라고 말한 윌슨의 전쟁 요청이었다. 루즈벨트는 만일 그것을 실천하지 않는다면 그것은 아무 것도 아니라면서 그것이 만일 사실로 전환된다면 그것은 워싱턴과 링컨의 문서들처럼 위대한 국가의 문서가 될 것이라고 루즈벨트는 계속했다. 그 인터뷰는 25분간 계속되었는데 윌슨은 웃고 또 대꾸를 했다. 웃는 속에서 루즈벨트는 사단병력 모집 제안을 다시 설명했다. 그는 미국의 참전은 즉각적인 영향을 미치는 것이 지상명령이라고 설명했다. 그는 윌슨에게 미국이 즉시 후려치고 또 단단히 쳐야 한다고 말했다. 루즈벨트는 많은 연구와 계획을 이미 마쳤다면서 동맹국들은 많은 무기들을 갖고 있지만 그들이 필요한 것은 병력이라고 설명했다. 루즈벨트는 한 개 사단의

---

547) H. W. Brands, *T. R.: The Last Romantic*, New York: Basic Books, 1997, p. 781.

자원자들은 보다 큰 정규 원정군보다 수개월 앞서 전투에 임할 준비가 될 수 있다고 말했다. 윌슨은 관심을 보이면서 많은 질문을 했다. 백악관을 떠나면서 루즈벨트는 개인적 승리를 거두었다고 생각했다. 그러나 현재의 상황에서 그것이 무엇을 의미하는지를 알지 못했다. 루즈벨트의 말은 많은 것을 의미할 수도 있고 또 별로 의미가 없을 수도 있을 것이었다. 실제로 그것들은 곧 분명해진 것처럼 별로 의미가 없었다.548)

윌슨과 그의 보좌진들 그리고 전쟁부의 직업군인들은 루즈벨트가 쇼를 장식하게 두려고 하지 않았다. 그들은 만일 루즈벨트의 전장 참가가 허용된다면 그가 그렇게 할 것이 거의 확실하다고 모두가 알고 있었다. 윌슨과 장군들은 전장으로 돌아가고 싶은 루즈벨트의 욕망을 좌절시켰다. 루즈벨트는 거듭 시도했다. 그는 군사적 차원은 차치하고 전선에 자원자들의 신속한 도착이 동맹국의 사기에 굉장하고 긍정적인 충격을 줄 것이라고 지적했다. 만일 대통령이 이 점을 의심한다면 그는 동맹국들에 묻기만 하면 된다. 특히 프랑스인들은 그를 갈구하고 있었다. 프랑스의 클레망소(Clemenceau) 수상은 윌슨에게 특별히 한 사람의 미국인이 어느 누구보다도 프랑스 군인들의 사기를 올릴 것이라고 말했다. 프랑스 수상은 그들에게 루즈벨트를 보내라고 간청했다. 그러나 윌슨은 꿈쩍도 하지 않았다. 비록 의회가 대통령에게 자원자 사단을 모집하라고 승인했지만 그것은 그에게 그렇게 하도록 요구하지 않았다. 다시 한 번 루즈벨트가 윌슨에게 자기 부대의 모집을 위한 승인을 정중하게 요청했지만 또 다시 윌슨은 거부했다. 군사적

---

548) *Ibid.*, p. 782.

필요성이 그런 노선을 금지했다. 자원자들을 모집하는 것은 대규모의 정규군의 창설을 심각하게 간섭할 것이며 독일에 대항하여 작전 중인 군대들의 힘에 실질적으로 아무런 기여를 하지 않을 것이라는 것이었다. 루즈벨트는 전투장으로 돌아갈 희망의 최종적 참담함에 분노의 이를 갈았다.[549]

　루즈벨트에게 프랑스가 영웅주의를 위한 마지막 기회를 제안했다. 그는 정확하게 자살특공대의 유형은 아니었다. 그러나 전투에서 죽음에 대한 그의 낭만적 생각은 그에게 저항할 수 없는 호소력이 있었다. 그는 글자 그대로 그리고 기꺼이 미국의 원정군 사령관 퍼싱(Pershing) 휘하의 연대를 지휘하는 데 자기의 목숨을 걸 것이다. 그는 해외 복무가 정말로 자기를 끝낼 것이라고 믿었다. 그런 끝이 자기가 살아온 삶에 영광된 끝마침이 될 것이었다. 만일 그가 내일 죽는다면 자기는 자기의 묘비명에 "루즈벨트는 프랑스로"로 만족할 것이라고 읊조렸다. 그는 이런 기회를 자기에게 거부한 윌슨을 결코 용서하지 않았다. 그는 그것을 개인적인 상처와 위험의 순간에 국가를 이끌 윌슨의 부자격의 추가적 증거로 간주했다. 그는 클레망소에게 대통령이 자기의 병력 모집을 거절한 것을 얼마나 참혹한 유감으로 생각하는 지를 표현할 수 없다는 편지를 썼다. 클레망소는 이미 윌슨에 대한 루즈벨트의 회의론을 공유했으며 그의 경멸을 공유할 것이었다. 윌슨의 근본적인 문제는 그가 단순히 수사학자이며, 보복적이지만 신체적으로 용감하지 않다는 것이었다. 그는 확실한 위기에서 듣기 좋은 상투적인 말들로 투표를 획득하는 것만큼 전투에서 이길 것이라고 믿지 않을

---

549) *Ibid.*, p. 784.

수 없을 것이라고 루즈벨트는 윌슨 대통령을 비판했다.550)

루즈벨트의 태도는 프랑스의 이익이 미국의 이익과 갈라질 때 올 수밖에 없는 그런 순간들을 위해 클레망소의 입장을 강화시킬 것이다. 그때 가서 윌슨에 대한 루즈벨트의 반대는 다시 공개적이고 직설적이 될 것이다. 루즈벨트는 전쟁부에 적들이 있었지만 그러나 그는 동맹도 있었다. 그는 모든 연계를 이용하여 자기의 4명 아들들에게 좋은 임무를 받게 해야 했다. 자식들의 열정적 동의 하에 그는 안전한 참모의 지위를 피해서 치열한 전투 현장으로 자기 아들들이 가길 원했다. 그의 자식들이 군대에서 자신들의 경력을 제법 잘 시작하자 루즈벨트는 윌슨 행정부에 대하여 입을 다물고 있을 이유가 없었다. 참으로 전쟁 노력에 자식들의 참가는 그에게 군인들을 훈련하고, 보급하고, 그리고 이송하는 책임을 지고 있는 그런 장교들과 개인들의 실패들을 호되게 비난할 추가적인 이유가 생겼다.551)

루즈벨트는 윌슨 대통령이 완전한 승리가 아닌 평화의 타결을 고려하고 있다는 보고들을 질타했다. 독일은 국가들 사이에서 스스로 무법자가 되었다면서 미국은 미국의 대포의 포구를 통해서만 협상해야 할 것이라고 그는 주장했다. 그는 윌슨을 흰 토끼와 비참한 동물로 낙인을 찍었다. 그는 근본적으로 미국에서 모든 문제는 그 어느 누구도 아닌 윌슨 때문이라고 주장했다. 윌슨은 전쟁에 참여하지 않겠다는 불성실한 강령에 입각하여 재선되었다면서 그는 이 문제에 신념이 없다, 아니 그는 아무런 신념도 없다고 루즈벨트는 윌리엄 화이트

---

550) *Ibid.*, p. 785.
551) *Ibid.*, p. 787.

(William White)에게 말했다. 루즈벨트의 친구들 중에서 화이트와 다른 사람들이 대통령에 대한 과도한 비판에 대해 그에게 주의를 주었지만 루즈벨트는 대통령의 범죄를 묵과하는 것은 미국에 대한 가장 엄중한, 가능한, 도덕적 공격에 해당할 것이라고 주장했다. 강조하기 위해 그는 부언했다:

> "미국에서 품위 있는 대의에 행해질 수 있는 가장 큰 손상은 미국인들이 애국주의와 국가적 효율성에 대한 그의 냉소적 무시를 승인하고 용인하는 것을 의미하는 그런 방식으로 윌슨을 지지하는 것이다. … 그는 천박하고 어리석은 사람들에게 호소할 뿐만 아니라 많은 선하고 명예로운 사람들에게서 자신들의 영혼에서조차 지킬 박사(Dr. Jekyll)의 뒤에 도사리고 있는 하이드(Hyde)에게도 역시 호소한다."[552]

---

552) *Ibid.,* p. 789에서 재인용.

제29장
피날레(Finale)

"불을 꺼라!"
-시어도어 루즈벨트-

1918년 2월 시어도어 루즈벨트가 갑자기 수술을 위해 병원에 입원했다. 아마존 원정에서 얻은 다리의 상처가 적절히 치료되지 않아 최근에 다시 재발한 것이다. 그 사이에 정글의 열병이 재발했고 또 그의 귀도 감염되었다. 어찌되었던 간에 그의 운명과 유능한 의학적 치료가 루즈벨트에게 윌슨을 이길 이 특별한 기회를 박탈했다. 그는 느리게 회복되었다. 2월 말에 그는 빠른 회복 길에 들어섰다고 스스로 선언했다. 며칠 후에 그의 귓병이 왼쪽 귀를 먹게 해서 그의 표현대로 "미친 오리"처럼 걷게 만들었지만 그는 퇴원하여 집으로 왔다.

루즈벨트는 점점 또 윌슨의 잘못된 전쟁 수행이 자기 아들들을 필요 이상으로 위험에 처하게 하고 있다고 느꼈다. 화가 난 루즈벨트는 윌슨이 범죄자라고 선언했다. 교전상태로 들어간 지 거의 1년이 다 되어가는데 대통령은 무능한 자들이 미 군대의 보급과 보충을 감독하게 허용하고 있다는 것이다. 루즈벨트의 부모 심정이 윌슨에 대한 그의 분노를 심화시켰지만 전쟁 후에 현재의 위험과 고통을 뒤로 했다. 그의 자식들은 진정으로 전선으로 갔고 그리고 그들은 돌아올 것이었다. 그러나 자식들 모두가 다 돌아오지는 못했다. 항공 전투는 정말로 땀을 쥐게 했고 또 치명적이었다. 독일 항공기를 격추했다는 흥분되는 소식을 접한 지 1주일이 안 되어 정반대의 소름이 끼치는 소식이 사가모어 힐에 도착했다. 7월 16일 늦은 오후에 그는 서재에 앉아 있었다.

루즈벨트는 아들 퀜틴의 죽음을 결코 극복할 수 없었다. 35년 전 그의 사랑하는 첫 부인이 죽은 뒤에 어떤 일도 그에게 그런 슬픔을 가져다 주지 않았다. 공개적으로 그는 감정을 누르고 얼굴에 엄격한 표정을 지었지만 그에 가까운 사람들은 그의 극심한 고통을 느낄 수 있었다. 집안의 집사이며, 경호원, 그리고 온갖 일을 담당하는 제임스 아모스(James Amos)는 루즈벨트가 변했음을 보았다. 루즈벨트는 퀜틴의 죽음에 대해 윌슨을 책망하지는 않았지만 대통령이 전쟁이 무엇인지에 관한 개념이나 퀜틴과 다른 명사들의 희생이 무엇을 의미하는지를 모른다고 절대적으로 확신했다. 퀜틴의 죽음 후에 루즈벨트는 그들이 직면하고 있는 삶과 죽음의 문제의 진정한 본질에 대해 그리고 미국의 이익을 개인적 야심의 강에 버리는 윌슨의 계획으로 좌절에 대해 미국인들에게 경계하는 일에 다시 헌신했다.553)

윌슨 계획의 가장 중요한 항목은 지난 1월에 나온 그의 14개 항목의 평화안이었다. 루즈벨트는 윌슨의 평화안에 인상을 받지 못했다.

---

553) H. W. Brands, *T. R.: The Last Romantic,* New York: Basic Books, 1997, pp. 804-805.

아주 분명하게 대통령은 독일의 항복 없이 전쟁이 멈추길 의도했다. 또 다른 그런 전쟁을 수행할 독일의 능력이 섬멸되기 전에 전쟁을 멈추는 것은 오직 반복을 초래할 것이었다. 윌슨의 14개 항목의 평화안은 독일의 무조건 항복이 아니라 미국의 조건부 항복을 대변할 것이라고 그는 로지 상원의원에게 말했다. 루즈벨트는 1918년 늦여름과 초가을에 윌슨에게 공격을 퍼부었지만 이제 미국의 군사력의 충분한 무게가 프랑스에서 느껴졌다. 독일은 미군들이 대규모로 도착하기 전에 승리하려고 도박을 걸었지만 졌다. 이제 전쟁은 아주 분명하게 끝을 향해 가고 있었다. 유일한 문제는 독일이 받아들일 조건들에 관련되었다. 윌슨은 14개 항복올 적대행위의 중단을 위한 토대로서 제안했다. 그러나 영국과 프랑스 정부는 보다 결정적인 결말을 고집했다. 루즈벨트는 자기 자신의 대통령에 반하여 동맹국들의 편에 섰다.[554]

10월 하순에, <스타>(Star) 지의 사설을 통해 루즈벨트는 독일을 국가들 사이에서 무법자로 묘사하고 무법자를 다루는 유일한 길은 붙잡아서, 재판하고, 처벌하는 것이라고 주장했다. 루즈벨트는 무법자와는 윌슨처럼 협상하는 것이 아니라고 했다. 그리고 그는 무조건 항복은 더 많은 유혈을 필요로 할지 모른다는 사실을 깨달았다. 이것은 생각만 하기에도 슬프고 무서운 일이지만 그러나 지금 전쟁을 그만 두는 것은 더 나쁜 것이라고 했다. 나폴레옹의 몰락에 따른 것 같이 지속적인 평화를 확보하는 것은 나폴레옹이 전복되었던 것처럼 호엔촐레른(Hohenzollern) 왕가의 프러시아화 된 독일을 전복하는 것이라고 루즈벨트는 강조했다. 많은 영향력 있는 미국인들은 동맹국들의 정부

---

554) Ibid., p, 806.

와 대부분의 국민들이 그랬던 것처럼 루즈벨트에 동의했다. 결집된 반대는 윌슨으로 하여금 노선을 변경하여 그가 독일에 요구하려던 것보다도 더 조건을 엄격히 했다. 그런 전화는 루즈벨트의 경멸을 더 심화시켰다.[555]

1918년 11월의 중간 선거에서 루즈벨트의 도움으로 미국인들은 민주당 의회에 대한 윌슨의 요청을 거부했다. 공화당이 상하 양원을 모두 장악했다. 그들의 승리는 윌슨 대통령을 당황하게 만들었을 뿐만 아니라 그의 평화계획을 위험하게 만들었다. 그 사이에 루즈벨트는 공화당의 인정된 지도자가 되었고 또 그 때부터 18개월 후에 있을 대통령 후보 지명의 총아가 되었다. 1920년에 관한 얘기는 미국의 참전 이래 전쟁 다음의 관심사는 두 번째를 차지했지만 그러나 전쟁이 이제 끝나고 민주당원들이 퇴짜를 맞게 되자 루즈벨트의 이름이 다시한 번 등장했다. 루즈벨트는 그런 논의를 억제하려고 하지 않았다. 그는 백악관을 떠난 이후 지금처럼 공화당의 주도권을 주장하기에 좋은 위치에 있은 적이 없었다. 루즈벨트를 외면한 공화당 간부들은 두 번이나 연속으로 선거에서 패배로 이끌었다. 더구나 전쟁의 사건들은 그를 불간섭주의자들, 그리고 양당의 미온적인 애국자들에 대항하는 예언자임을 입증했다. 그리고 이제 유권자들은 윌슨에 대항하여 입을 열었다. 만일 누군가가 미국인들을 대변할 권한을 가지고 있다면 그것은 시어도어 루즈벨트였다.[556] 그러나 루즈벨트는 이전의 그가 아니었다. 그리고 그에게는 오직 한 번의 싸움만이 남아있었다.

---

555) *Ibid.*
556) H. W. Brands, *T. R.: The Last Romantic,* New York: Basic Books, 1997, p. 808.

1918년 선거 수주 후에 분명해진 대로 그는 이미 병들어 있었다. 그의 병이 이번에는 염증을 일으키는 류머티즘이었지만 그러나 거의 확실하게 그의 아마존 원정 이후 그를 미행하는 끈질긴 감염과 관련되었다. 그리고 그는 당시 의학적 검사로는 발견할 수 없는 기생충들이 그의 몸속에 잠복하고 있을 가능성이 아주 높았다. 휴전협정이 서명되던 그 날에 그는 뉴욕에 있는 병원으로 돌아왔다. 그리고 성탄절 전야까지 그곳에서 머물렀다. 루즈벨트는 이제 60세가 되었고 그는 매년 나이를 느꼈다. 그러나 그는 동시에 그의 나이가 어느 정도 자신을 허약하게 만들었음도 느꼈다. 성탄절 전야에 그의 의사들은 그를 사가모어 힐로 퇴원시켰다. 진단은 그가 빨리는 아니고 그리고 완벽하게는 아니지만 회복될 것이라고 했다.[557]

1919년 새해 첫 날들에 그는 옛 에너지를 잠시 회복했다. 그는 <스타> 지에 사설을 썼고 또 <메트로폴리탄>(*Metropolitan*) 지를 위한 기사의 교정을 보았다. 1월 5일 그는 11시간 동안이나 작업을 했다. 그러나 그날 저녁에 그는 부인 에디스에게 마치 그의 심장이나 숨쉬기가 멈출 것처럼 괴상함을 느낀다고 말했다. 그는 그럴 리는 없지만 그것은 아주 이상한 느낌이라고 부인에게 말했다. 간호사가 그리고 후에 의사가 그의 중요한 기관들을 검진하고 잘못된 것은 없다고 보고했다. 잠을 푹 잘 수 있도록 간호사가 모르핀을 주사했고 그리고 자정에 그는 자러 갔다. 그는 밤에 자기를 지키는 제임스 아모스에게 "불을 꺼라"라고 지시했다.[558]

---

557) *Ibid.*, p. 811.
558) *Ibid.*

고요한 집에서 루즈벨트가 잘 자고 있다는 것을 말해주는 그의 규칙적 숨소리를 듣고 그는 벗어났다. 에디스가 그를 한 번 체크하러 들렀고 자러 가기 전에 다시 들렀다. 그러나 새벽 4시쯤 아모스는 루즈벨트의 숨소리에서 갑작스러운 불규칙에 놀랐다. 숨소리가 멎었다가, 다시 시작했다가, 다시 멎었다. 그리고 4시 15분에 숨소리가 멈추고 그리고는 다시 시작하지 않았다. 아모스는 신속하게 간호사에게 알렸고 그녀는 에디스를 불렀다. 에디스는 남편의 침대 곁으로 서둘러 가서 심정지상태에 있는 남편에게 이름을 불렀다. 할 말이 별로 없었다. 아들 아치(Archie)가 대서양 건너편에 있는 형제들에게 "사자가 돌아가셨다"는 전문을 보냈다. 만일 그 사자가 살았더라면 그는 1920년의 대선에서 승리했을 것이다.[559] 그러나 행운의 여신은 그에게 그럴 기회를 주지 않았고 늙고 병든 루즈벨트를 버렸다. 루즈벨트는 미국이 낭만에 반응하던 시대에 낭만주의자였다. 그리고 사나이들 중에 사나이었던 시어도어 루즈벨트가 역사의 무대에서 사라지게 되었다.

---

559) *Ibid.*, pp. 811−812.

제30장
루즈벨트 대통령 리더십의 비결

"당신이 지도하길 원하면 당신은 읽어야 한다."
-시어도어 루즈벨트-

시어도어 루즈벨트는 최초의 진정한 근대 민주 정치 지도자였다. 그는 결코 변덕스러운 여론에 부화뇌동하지 않았고 항상 자신의 시대를 반영하면서도 또 시대를 한참이나 앞서가는 비전의 실현을 향해 여론을 조성하고 이끌었다. 그는 자신의 비전이 옳다고 믿고 항상 국민들을 설득하려고 노력했다. 그는 대통령의 관저인 백악관(the White House)을 대중에게 정치적 쟁점에 대해 널리 알릴 수 있는 "불리 펄핏(the Bully Pulpit)"으로 간주했다. 그의 당시 진보적 정치적 비전은 그의 평생에 걸친 부지런한 끊임없는 독서와 엄청난 여행을 통한 관찰의 산물이었다. 그는 무엇보다도 자기의 젊은 날의 자서전 제목처럼 "불굴의(strenuous)" 사나이였다. 그는 "사나이다움(virtu, 혹은 manliness)"을 추구하고 또 몸소 실천한 아주 역사에 보기 드문 사나이였다. 한 세대 후에 영국에서 윈스턴 처칠(Winston S. Churchill)[560]이 등장할

---

560) 강성학, <윈스턴 S. 처칠: 전쟁과 평화의 위대한 리더십>, 서울: 박영사, 2019을

때까지 그와 같이 사나이다운 민주주의적 정치 지도자는 거의 없었다. 내가 본 저서에서 "가장 사나이다운 대통령의 빛나는 리더십"을 부제로 결정한 이유이기도 하다. 요컨대, 시어도어 루즈벨트의 빛나는 리더십의 비결은 바로 그의 "사나이다움"이라는 함축적 의미 속에 모든 것이 담겨있다고 해도 과언이 아닐 것이다.

그렇다면 사나이란 무엇을 의미할까? 이런 의문은 마키아벨리의 여자와 가족의 남녀관계계 그리고 세대간 관계의 이미지들로 나아가게 했다. 비르투(*virtu*)는 미덕(virtue)으로 번역되기도 하지만 이것은 기독교적 의미에서 미덕과는 명백히 다른 것이다. 비록 권력이 때로는 미덕을 의미할 수 있겠지만 비르투는 대체로 에너지, 효율성, 그리고 기교를 함축하는 경향을 보인다. 제이콥 버크하르트(Jacob Burckhardt)는 그것을 힘과 능력의 통일, 즉 힘이 기계의 힘이 아니라 인간을 의미한다면 힘만으로 요약될 수 있는 어떤 것이라고 서술했다. 즉, 의지, 그리고 능력의 힘을 의미한다.[561]

비르투(*virtu*)는 라틴어의 비르투스(virtus)에서 유래했고, 그래서 "남자"를 의미하는 비르(vir)에서 나온 것이다. 그러므로 비르투는 남자다움, 진정한 남자, 즉 사나이에서 발견되는 성질들이다. 더 나아가서 만일 비르투가 마키아벨리의 총애하는 성질이라면 에페미나토(effeminate), 즉 여성성은 그의 가장 그리고 통렬한 욕설이다. 남자가

참조.

561) Jacob Burckhardt, *The Civilization of Renaissance in Italy,* New York: Phaidon, 1950. Hanna Fenichel Pitkin, *Fortune Is a Woman: Gender and Politics in the Thought of Niccolo Machiavelli,* Berkeley, California: University of California Press, 1984, p. 25에서 재인용.

여자 같아야 한다는 것, 혹은 그 문제에 관하여, 어린아이나 동물처럼 행동하는 것보다도 경멸스럽고 또 위험한 것은 아무 것도 없다. 즉, 그가 수동적이고 의존적이 되는 것이다. 주제는 개인적이고 성적이다. 그러나 정치적, 군사적, 성적 성취가 어떻게든 병합된다. 정치적 권력과 군사적 정복이 에로틱화 되고 그리고 에로스는 정복과 지배의 문제이다.562)

역사적으로 비르투의 뿌리는 아주 깊다. 고대 아테네의 정치적 이상에서 한나 아렌트(Hannah Arendt)563)에 이르는 공화정의 행동주의가 사나이다움과 군사적 영광에 연계되어 있는 것으로 보이기 때문이다. 마키아벨리의 생각은 개인적 윤리와 국가의 이성의 구분에 의해서 정확하게 특징지어진다. 즉, 그것은 정치를 그 자체의 독특한 규칙을 가진 특별한 영역으로 인정하는 것이다. 그런 마키아벨리는 정치가 인간의 삶과 다르거나 혹은 정치적 행동이 개인적 행위가 아닌 다른 원칙들에 의해서 지배되어야 한다고 말한 적이 없다. 사나이다움이란 자치(autonomy) 개념의 중심이 된다. "자치"라는 말은 고대 그리스어로 "자아"나 "자신"을 의미하는 아우토(*auto*)와 그리고 "법, 규칙, 구속력 있는 관습, 생활방식"을 의미하는 노모스(*nomos*)에서 유래한 것이다. 그리하여 자치는 자기 자신의 원칙을 갖거나 만드는 것을 의미한다. 즉, 그것은 독립, 자제력, 자치정부, 그리고 자유를 의미한다. 그것은

---

562) *Ibid.*, p. 25.

563) Hannah Arendt, *Between Past and Future,* Cleveland and New York: World Publishing, 1963; *Human Condition,* Chicago: University of Chicago Press, 1974; "Truth and Politics." In Peter Laslett and W. G. Runciman, eds., *Philosophy, Politics and Society,* 3rd Series, Oxford: Basil Blackwell, 1969, pp. 104–133,

엄마와의 더없이 행복한 통일로 돌아가려는 갈등적 염원에도 불구하고 분리된 자아가 되려는 어린 아이의 투쟁으로 시작한다.[564]

자치는 사회적, 문화적, 종교적, 그리고 정치적 모든 면으로 확대된다. 즉, 타인들, 과거, 그리고 자연과 우리의 관계를 의미한다. 자치는 발견되거나 만들어진 경계선과 관련된다. 그것은 어떻게 그리고 어느 정도로 내가 자아가 되었거나 혹은 될 수 있는 것과 관련된다. 그러므로 중요한 의미에서 자치는 모든 인간 생명의 삶에서, 즉 모든 공동체의 작동에 존재하는 문제이다. 어린아이들에게 그것은 자기 자신의 힘의 개발, 자기 신체의 지배를 의미할 수 있지만 동시에 부모와 다른 권위들의 제약으로부터 독립을 의미할 것이다. 성인에게 그것은 독립적 삶과 같은 것을 의미할 것이다. 즉, 그것은 생활의 원천, 개인적 안전의 정도, 그리고 중요한 선택들의 공간의 독립을 의미할 것이다. 칸트(Kant)의 관점에서 해석한다면 자기 자신의 행위와 스스로 맞춰 살아가는 도덕적 원칙을 위해 책임을 지는 능력과 용의성이라고 표현될 수 있을 것이다. 정치적으로 자치는 자치정부 같은 것을 의미한다. 즉 외국의 지배로부터 자유뿐만 아니라 내부적으로 자치하는 정부를 의미하는 것으로 마키아벨리는 그러한 공동체를 공화정이라 부를 것이다. 그런 공동체에서 시민권은 개인적 자치라는 칸트의 개념을 공유된 공적 자유, 즉 공동체가 결정하고 그리고 집단적 원칙과 삶의 방식을 형성하는 정치활동에 참여로 확대될 수 있을 것이다.[565]

---

564) Hanna Fenichel Pitkin, *Fortune Is a Woman: Gender and Politics in the Thought of Niccolo Machiavelli,* Berkeley, California: University of California Press, 1984, p. 7.
565) *Ibid.*

그리하여 자치는 어떤 것은 공적이고 어떤 것은 사적인 상호의존 뿐만 아니라 상호긴장을 포함하는 광범위한 의미들을 불러일으킨다. 그리고 모든 차원과 그리고 모든 의미에서 자치의 아이디어는 연계와 분리를 모두 의미하여 문제가 있다. 연계에 도전하고, 거부하고, 또 극복하려는 분리가 있다. 따라서 자치는 일종의 주권적 고립이나 아니면 아이러니컬하게도 상호의존의 정당한 인정으로 생각될 수 있다. 자치 개념의 배경에 비추어 남성성의 보다 개인적이고 심리학적인 아이디어도 역시 공적이고 정치적인 차원을 가질 수 있는 것으로 보인다. 왜냐하면 남자 혹은 진정한 남자인 사나이라는 것이 의미하는 것은 의문이 제기되는 맥락과 또 남성성이 병치하는 대조에 따라 다양하기 때문이다. 예를 들어 남자라는 것은 여자가 아니라는 것을 의미한다. 즉, 여성적이 아니라 남성적인 것을 의미한다.

　다른 말로 바꾸어서, 남자라는 것은 어린아이가 아니라는 것을 의미한다. 그것은 유치하지 않고 성숙했음을 의미한다. 즉, 독립적이고, 유능하고, 강한 힘을 의미한다. 그러나 여기에서 다시 남자라는 것은 인간을 의미한다. 이탈리아의 "우오모(*uomo*)"는 영어의 "맨(*man*)"과 같은 방식으로 모호하다. 이러한 의미에서 남자는 동물이나 신과 대조된다. 아리스토텔레스의 의미에서 인간이란 금수나 신이 아니다. 금수와는 달리 인간이란 역사적으로 창조된 문명의 일부이고 선택, 판단, 행동, 책임을 질 수 있는 개인이다. 그러나 신과 달리 인간은 죽고 틀릴 수 있으며 근본적으로 평등한 권리와 주장을 가진 다른 사람들 중에서 단지 한 사람일 뿐이다. 존재의 마지막 의미에서 아리스토텔레스와 마키아벨리에게 인간은, 혹은 남자는 "정치적 동물", 즉 동

료들 사이에서 능동적 시민으로서 오직 공동체에서만 그의 잠재력이 완전히 실현될 수 있는 생물이다.566)

이처럼 "남자," "인간," "사나이"가 모두 동일한 어원에서 유래한 것이기에 그들을 명확하게 구별하기가 거의 불가능하다. 따라서 본서에서는 인간들 중에서 가장 남자다운 남자를, 마키아벨리가 비르투를 "사나이다움"이라고 정의하고 그것의 소유자를 "사나이"라 부른 것을 따른다. 본서의 주인공 시어도어 루즈벨트는 온통 비르투로 뭉쳐진 사나이다움의 화신이었다. 그는 19세기 후반에 일반적이던 연약한 여성들과 달리 강인한 남성, 즉 사나이가 되려고 불굴의 노력을 경주했다. 그는 분명히 남자와 여자의 차이를 인정하고 그것을 칭송했다. 루즈벨트는 남녀 각각의 기능에 관해서 이렇게 썼다.

> "나는 남녀가 평등권 위에 서야 한다고 믿지만 그러나 나는 평등권이 기능의 평등을 의미한다고 믿지 않는다. 그리고 나는 위대한 분야, 즉 여성의 유용성을 위한 필요 불가결한 분야는 가족의 어머니라고 점점 더 확신하게 되었다. 어떤 남자의 일보다도 더욱 중요한 것은 가사에서 그녀의 일이고 또 가정에서 그녀의 어린 아이들을 갖고 기르는 것이 그녀의 일이다. 정상적으로 남자의 일이 생계를 부양하는 것, 가정의 지원자, 그리고 만일 필요하다면 가정을 위해 싸우는 군인의 일이어야 하는 것과 똑같이 정상적으로 여자의 일이란 그런 일이다."567)

루즈벨트에게 섹스란 결혼의 신비스러운 통합의 일부였으며 사랑

---

566) *Ibid.,* p. 8.
567) Louis Auchincloss, *Theodore Roosevelt,* New York: Times Book, 2001, pp. 2−3.

의 행위가 아무리 즐겁다고 해도 그것의 기능은 자식을 낳는 것이다. 그에 관한 한 결론 밖의 그것은 간단히 존재하지 않았다. 자식을 갖지 않으려는 부모는 그에게는 혐오의 대상에 지나지 않았다.

> "결혼을 일부러 회피하고 또 어린 아이들을 갖는 것을 싫어할 만큼 그렇게 열정을 모르는 냉혹한 심장을 갖고 또 그렇게 얄팍하고 이기적인 두뇌를 가진 남자나 여자는 실제로 인종에 대한 범죄자이고 그래서 모든 건강한 사람들에 의해서 경멸스러운 혐오의 대상이 되어야 한다."568)

루즈벨트는 미국의 해군대학에서 사나이의 덕목에 관해서 언설했다.

> "모든 위대한 거장다운 인종들은 싸우는 인종들이었으며 강인한 전투의 미덕을 상실하는 순간에, 그것이 그 밖의 어떤 것을 보유하고 있다 해도, 통상과 재정, 과학과 예술에서 제아무리 능수능란하다고 해도, 그것은 최선의 인종과 평등하게 설 권리를 상실해 버렸다."569)

그후 그는 자기의 아들들이 전쟁터에 나갔을 때 이렇게 썼다:

> "나는 그들이 돌아오길 희망하고 기도하지만 그러나 신 앞에서 나는 한 아들이 전쟁터에 갈 수 있는데 집에 머물렀기보다는 차라리 아무도 돌아오지 않길 바란다."570)

---

568) *Ibid.*, p. 3.
569) *Ibid.*, p. 4.

마키아벨리가 자기는 자신의 영혼보다도 조국을 더 사랑했다고 주장했던 반면에 시어도어 루즈벨트는 어쩌면 자기의 아들들보다도 조국을 더 사랑했음을 고백한 것으로 보인다.

시어도어 루즈벨트는 태어나면서부터 병약한 천식 환자였지만 그는 아버지의 충고를 받아들여 끊임없는 운동으로 자신을 생존할 수 있게 만들었을 뿐만 아니라 사나이다운 저돌성을 길렀다. 그의 아버지의 충고는 신체를 강화하여 마음의 폭을 넓히라는 것이었다. 그는 루즈벨트가 자기 의지의 노력으로 자기 몸을 만들어야 한다는 것이었다.571) 루즈벨트는 바로 그렇게 했다. 그는 권투를 시작했다. 그것은 그가 주변 사람들과 부딪치게 만들었으며 경쟁을 사랑하게 만들었다. 그 결과 그는 의지력의 힘을 과장하도록 진작시켰다. 그리고 의지력은 보다 탄탄한 신체를 필요로 했다. 그리하여 시어도어 루즈벨트에 의하면 사나이다움이란 주로 구축하는 것이고 자기 의지력의 개인적 구축이다.572) 사나이다움을 구축하기 위해서 사람은 다른 사람들에 대항하여 자기방어의 남자다운 기술에 종사해야 하지만 그러나 그는 또한 위험한 동물들의 형태로 자연과 상봉을 모색해야 한다. 즉, 그는 사냥을 해야 한다. 그래서 그는 거친 서부(the Wild West)로 가서 다른 카우보이들에게 인정받는 카우보이(cowboy)가 되었다. 그리하여 그는 자신을 입증한 후에 개인적 구축이 사교적이 되었다.573)

---

570) *Ibid.*

571) Louis Auchincloss, *Theodore Roosevelt,* New York: Times Book, 2001, p. 12.

572) Harvey C. Mansfield, *Manliness,* New Haven and London, Yale University Press, 2006, p. 91.

573) *Ibid.,* p. 92.

루즈벨트의 의지력은 그를 사나이로 만들었지만 소년 같은 원기
왕성한 사나이가 되었다. 소년과 사나이 간의 차이는 무엇일까? 그
차이는 크다. 소년은 자기의 무책임에 주로 기인하는 무능력 때문에
사나이의 일에 부응하지 못한다. 소년들(boys)은 자기 중심적이고 서
로 간에 몰두한다. 그들은 사나이의 과업인 성인들에게 자기들의 관
심을 갖는 데 어려움이 있다. 그러나 소녀들(girls)은 성인의 세계에,
즉 성인 세계가 그녀들에 대해서 갖는 의견이나 성인세계가 그녀들에
부과하는 요구들에 더 지향되어 있다. 소녀들은 여자가 되기 위해 노
력할 필요가 없다. 그러나 소년들은 그들의 친구들이나 패거리들로부
터 자기 자신들을 떼어내야 힌다. 의지력의 사나이다움은 하나의 단
계일 뿐이지 사나이다움의 전체가 아니다.[574] 의지력의 사나이다움은
필사적인 분위기를 갖는 것으로 보일 수 있거나 아니면 겉으로는 자
신감의 분위기에도 불구하고 그 밑에서는 필사적이라고 말할 수 있
다. 그러나 루즈벨트의 사나이다움은 자신감에서 보다 조용하고 그것
의 표현에서 날카롭지 않았기에 보다 확실한 것이었다.

---

574) *Ibid.*

제31장
루즈벨트 대통령의 유산(legacy)

"정의란 단지 말이 아니다. 그것은 행동으로 바뀌어야 한다."
-시어도어 루즈벨트-

1909년 3월에 루즈벨트가 대통령직에서 은퇴하자 그가 아직 51세
인데도 불구하고, 시간이 흐르면서 필연적인 기념위원회가 형성되었
고 또 근엄한 학자들이 바위에 새기기에 적합한 인용문들을 찾아내기
위해 그의 작품들을 철저히 빗질했다. 법령집과 공식 역사들이 그의
행정부의 업적들을 찬양했다: 먼로 독트린이 재확인되었다. 구 세계가
신세계에서 사라졌다. 위대한 운하의 건설이 착수되었다. 극동에서 평
화가 수립되었고 문호개방이 만주와 모로코에서 자유롭게 이루어졌
다. 쿠바가 해방되고 필리핀이 평정되었다. 해군이 엄청나게 강화되고
전 세계에 위용을 떨쳤다. 육군의 젊은 세대로 교체되었다. 자본과 노
동이 균형을 이루었다. 사적 처벌이 감소했다. 보다 깨끗한 정치의 복
음이 울려 퍼졌다. 그리고 적어도 10년 동안 입법부 개혁자들을 바쁘
게 하기 위해서 진보적 원칙들이 수립되었거나 국가적 논쟁의 일부가
되었다.

시어도어 루즈벨트는, 무엇보다도, 권력에 너무 오래 집착하지 않겠다는 자신의 약속을 지켰다. 그는 국부 조지 워싱턴이 세운 권력이양의 전통을 준수했다. 어쩌면 액튼 경(Lord Acton)의 유명한 금언을 자신에게 경고했을 지도 모른다. 그가 은퇴한 51세에 이미 그에 대한 묘비명이 등장하기 시작했다. 에이치 지 웰스(H. G, Wells)는 루즈벨트가 인간의 창조적 의지의 바로 그 상징이라고 주장했다. 헨리 애담스(Henry Adams)는 악평의 범주 내에 살아 있는 그 어느 누구보다도 더 많이 루즈벨트는 신에게 부여된 중세 신학의 성질인 궁극적인 문제에 속하는 유일한 원시적 성질을 보여주었다고 말했다.

그러나 동시대의 수백만 미국인들에게 루즈벨트는 이미 18개의 국립 기념비와 그가 행정명령으로 창설했거나 의회를 회유한 5개의 국립공원에서 기념되고 있었다. 덜 단단하지만 그러나 동등하게 지속적으로 그는 그가 에이브러햄 링컨 이래 가장 강력하게 적극적인 미국의 지도자였다는 국민적 합의를 뒤에 남겼다.[575] 루즈벨트는 그에게 귀를 기울이는 모든 사람들에게 자기가 미국의 다양성과 동시에 통일의 전체를 구현하고 있다는 것을 상기시키기 위해서 미국을 동서남북으로 횡단하고 또 다시 횡단하면서 2번의 대통령 임기의 대부분을 보냈다. 그는 또한 자기처럼 병약하게 태어난 소년들에게조차 자기 자신의 삶이 모두에게 가능하다고 여기게 만들었다. 그의 삶은 바로 사나이의 삶이었다.

1958년 그의 탄생 100주년을 맞아 시어도어 루즈벨트에 관한 전기들이 새롭게 출간되었다. 그것들 중 가장 호평을 받은 것은 1961년에

---

575) Edmund Morris, *Theodore Rex*, New York: Random House, 2001, p. 554.

출판된 윌리엄 헨리 하보우(William Henry Harbaugh)의 <시어도어 루즈벨트의 삶과 시대>(*The Life and Times of Theodore Roosevelt*) 였다. 하보우는 그 전기의 말미에 "루즈벨트는 현대 산업시대의 첫 위대한 대통령 개혁가"로 기억될 것이라고 결론을 맺었다. 이러한 호의적인 추세의 징표들은 루즈벨트의 미망인 에디스가 그 저택에서 계속 살다가 1949년 사망한 후 사가모어 힐(Sagamore Hill)이 1962년에 국가의 역사적 장소(a National Historical Site)로 선언된 후에 확산되었다.576)

당시 케네디 대통령이 매입법안에 서명했다. 1963년 11월 22일 케네디 대통령은 외교정책에 관해서 시어도어 루즈벨트를 광범위하게 인용하면서 달라스 무역매매시장(Dallas Trade Mart)에서 연설을 하려는 의도로 텍사스로 비행했다. 그 연설은 없었지만 그러나 그 후임 대통령들이 공화당 루즈벨트 대통령을 칭송하고 또 심지어 그와 동일시하는 증가하는 용의성을 보여주었다. 리처드 닉슨 대통령은 아주 종종 "경기장의 사나이(the man in the arena)"라는 이미지를 불러일으켰다. 1974년 8월 9일 대통령직을 사임하고 백악관 지원들에게 루즈벨트가 90년 전에 그의 첫 부인 엘리스(Alice)를 위해 썼던 감동적인 추도사를 인용하면서 작별을 고했다: "그는 빛이 자기의 인생에서 영원히 사라졌다고 생각했다. 그러나 그는 계속 나아갔다."577) 그는 절망 속에서도 체념하지 않고 그것을 극복한 의지의 사나이였다는 말이다. 그리하여 미국의 근대 산업혁명 이후 민주주의 정치의 선구적 정

---

576) Edmund Morris, *Colonel Roosevelt,* New York: Random House, 2010, p. 569.
577) *Ibid.*에서 재인용.

치 지도자가 되었다.

이처럼 근대 정치의 선구자로서 루즈벨트 대통령의 중요한 유산과 더불어 일반적으로 흔히 간과되어온 또 하나의 중대한 유산은 미국 전통적 외교정책에서도 선구자였다는 사실이다. 미국은 건국 이래 조지 워싱턴의 중립주의 혹은 고립주의로 일컬어지는 정책을 거의 1세기 동안 변함없이 유지하였다. 그 후 미국은 워싱턴 독트린이라는 용어를 사용하지 않고 그 대신에 "워싱턴 규칙(the Washington Rule)"이라고 알려진 외교정책에 관한 독트린의 전통을 수립하고 준수해 왔다. 그런 고립주의적 정책노선이 20세기 초 시어도어 루즈벨트 시대에 와서 유럽의 전통적 현실주의적 국제주의의 외교정책 노선으로 바뀐 것이다. 그러나 미국이 제1차대전에 참전하고 우드로 윌슨 대통령의 소위 국제정치의 이상주의적 접근이 미국외교정책의 기조가 되면서 시어도어 루즈벨트의 새로운 외교정책 기조는 거의 완전히 잊혀졌다. 그후 미국외교정책의 또 하나의 강력한 전통이 된 우드로 윌슨 대통령의 국제주의는 루즈벨트의 것과는 판이하게 다른 것이었다.

시어도어 루즈벨트는 미국의 영향력을 지구적으로 느끼게 하고, 그리하여 국가이익의 관점에서 미국을 세계에 연계시킨 최초의 대통령이었다. 그의 전임자들처럼 루즈벨트는 세계에서 미국의 선을 베푸는 역할을 확신했다. 그러나 그들과 달리 루즈벨트는 고립주의로 얻게 되는 국가이익을 훨씬 넘어서는 미국의 진정한 외교정책적 이익이 있다고 주장했다. 그는 미국이 단일한 미덕의 화신이 아니라 다른 국가들 같은 강대국이라는 전제에서 출발했다. 만일 미국의 국가이익이 다른 국가들의 이익과 충돌한다면 미국은 이기기 위해서 자신의 힘을 사용할 의무가 있었다. 첫 단계로 그는 먼로 독트린을 당시의 제국주의적 독트린과 동일시함으로써 개입주의적 해석을 제시했다. 1904년 12월 6일 그가 "먼로 독트린의 귀결(corollary)"이라고 부른 것에서 서반구에서 미국만이 문명국가가 행사할 개입의 권리를 천명했다. 루즈벨트의 실천은 그의 천명을 앞질렀다. 1902년에 미국은 아이티로 하여금 유럽은행과의 빚을 청산하게 했다. 1903년 그는 파나마의 소요를 전반적인 반란으로 부채질했다. 미국의 도움으로 현지 주민들은 콜롬비아에서 독립을 쟁취했지만 그러나 그 전에 미국은 파나마 운하가 될 양측에서 미국의 주권 하에 파나마 운하를 수립했다. 1905년 미국은 도미니카 공화국에 대해 재정적 보호령을 수립했다. 그리고 1906년에 미군이 쿠바를 점령했다.

루즈벨트에게 서반구에서 근육질의 외교가 미국의 새 지구적 역할의 일부였다. 두 대양은 이제 더 이상 미국을 여타의 세계로부터 격리할 만큼 충분히 넓지 않았다. 미국은 국제적 무대에서 하나의 행위자가 되어야 했다. 루즈벨트는 국제관계에 대한 미국의 접근법에서 독특한 역사적 지위를 차지했다. 그는 시민적 덕목들을 실천함으로써 평화를 보존하거나 자국의 운명을 간단히 성취할 수 있다고 믿지 않았다. 세계질서의 성격에 대한 그의 개념에 있어서 그는 미국의 조지 워싱턴이나 토마스 제퍼슨보다는 영국의 파머스턴(Palmerston)이나 디즈레일리(Disraeli)에 더 가까웠다. 힘에 의해 규제되는 세계에서 루즈벨트는 자연적 질서가 특수한 강대국들에게 넓은 지역에 대한 압도적 영향력을 부여하는 "영향권"의 개념에 반영되고 있다고 믿었다. 예를 들어서, 서반구에서는 미국이 혹은 인도 대륙에서는 영국처럼

말이다.578)

　루즈벨트가 유럽식의 견해를 가지고 있었기에 그가 다른 어떤 대통령도 필적하지 못했고 오직 제37대 대통령 리처드 닉슨(Richard Nixon)과 그의 안보담당 특별 보좌관이었으며 후에 국무장관으로 미국외교정책을 주도한 헨리 키신저(Henry Kissinger)579)에 의해서만 접근된 세련된 솜씨로 지구적 차원의 힘의 균형을 접근했다. 루즈벨트는 처음에 유럽의 힘의 균형은 어느 정도 자체적 규제가 작동하고 있다고 생각했기 때문에 유럽의 균형의 구체적 문제에 미국을 개입시킬 필요를 보지 않았다. 그러나 만일 그런 판단이 잘못으로 입증되면 그는 유럽에서 균형을 재수립하기 위해서 미국의 개입을 촉구할 것이었다. 루즈벨트는 점차로 독일이 유럽의 균형에 대한 위협으로 간주하기 시작했고 미국의 국가적 이익을 영국과 프랑스의 것과 일치시키기 시작했다. 유럽에서 루즈벨트가 주된 위협이라면 아시아에서 그는 러시아의 야심을 염려했고 그래서 그는 일본을 선호했다. 러시아가 주적이었다.

　역사의 아이러니 중 하나로서 미국은 결국 루즈벨트가 상정했던 주도적 역할을 하게 되었다. 그러나 루즈벨트는 한 세기 늦게 살았거나 아니면 한 세기 일찍 살았다. 국제문제에 대한 그의 접근법은 1919년 그의 사망과 함께 죽어버렸다.580) 한 나라의 최고 지도자인 대통령은 자기 국민의 미래와 그것의 경험의 간격을 메우는 교육자가 되어야 만한다. 루즈벨트는 국가들 사이에서 평화가 정상조건이라는,

578) Henry Kissinger, *Diplomacy,* New York: Simon & Schuster, 1994, pp. 40-41.
579) 강성학, <헨리 키신저: 외교의 경이로운 마법사인가 아니면 현란한 곡예사인가?>, 서울: 박영사, 2022을 참조.
580) Henry Kissinger, *Diplomacy,* New York: Simon & Schuster, 1994, p. 54.

즉 개인적이고 공적인 도덕성에 아무런 차이가 없다는, 그리고 세계 여타 지역에 영향을 미치는 격변으로부터 안전하게 격리되어 있다는 믿음에서 성장한 미국 국민을 위해 특별히 엄중한 독트린을 가르쳤다. 그에게는 국제적 삶은 투쟁이며, 그래서 개인적인 도덕성보다는 적자생존의 다윈(Darwin)의 이론이 역사에 더 좋은 가이드였다.

루즈벨트에게 미국은 하나의 대의가 아니라 강대국이었다. 그는 영국이 19세기를 지배했던 방식으로 그의 미국이 세계로 나아가 20세기를 형성해 갈 수 있기를 희망했다. 그런 점에서 미국은 20세기 후반은 물론이고 21세기에도 루즈벨트의 희망이 실현된 세계에 살고 있다고 해도 결코 지나친 말은 아닐 것이다. 그런 점에서 루즈벨트의 가장 큰 유산은 오늘날 우리가 매일 생생하게 목격하고 있는 세계에서 가장 강력한 유일한 초강대국 미국의 모습과 역할이라 하겠다.

제32장
에필로그(Epilogue)

"불명예에 굴복하며 싸우지 않을 사람이나 자기에게 소중한 사람들이
잘못된 고통을 받는 것을 두고 보는 사람은 누구도
사나이(남자)라고 부를 가치가 없다. 어떤 국가도 스스로 엄중하고
사나이다운 미덕들을 상실하게 허용한다면 존재할 자격이 없다."
－시어도어 루즈벨트－

1913년 시어도어 루즈벨트는 미국역사학회(the American Historical Association)의 부회장에서 당연하게 회장이 되었다. 그에 따라 연례 겨울회의에서 기조연설(the keynote address)을 했다. 당시 보스턴의 청중들은 성탄절에서 신년 사이의 주중에 값싼 호텔요금의 이점을 이용하여 평상시의 학문에 관련된 사람들의 군중 이상이 참가했다. 전직 미국 대통령이며 최근 대통령 후보는 직업적 역사학자들 사이에서 특이했다. 이 점에서 그리고 루즈벨트는 수백만의 미국인들을 여전히 사로잡았기 때문에 신문들과 잡지들이 그 연설에 역사학회 회장이 그 이전에 받았거나 아니면 그 이후에 받을 것보다 훨씬 더 광범위한 보도를 했다.

루즈벨트는 역사적 문헌에서 낭만적 요소의 부활을 주장하는데 있어서 그의 연설에 고대 이집트로부터 현대 미국에 이르는 범위를 잡았다. 20세기 초에 대부분의 학문적 역사가들은 과학으로서 역사를 위해 기술로서 역사의 아이디어를 포기했다. 루즈벨트는 가장 과학적인 마음을 가진 거의 모든 역사가들보다 과학에 관해서 더 많이 알고 있었다. 그러나 그는 과학적인 접근은 무익하고 또 궁극적으로 자멸적이라고 주장했다. 과학적 역사가들이 몰입하는 사실들의 축적은 일급 역사적 집필에 필요하지만 그러나 그것은 결코 충분하지 않다. 돌무더기를 치솟는 성당으로 만들기 위해서 하나의 직관적인 건축학적 상상력이 필요했던 것과 똑같은 방식으로 축적된 사실을 감동적인 역사적 서술로 만들기 위해서는 직관적인 역사적 상상력이 요구된다. 역사적 집필의 요점은 고양시키고 그리고 고결하게 하는 것이라고 주장했다.[581]

루즈벨트에 의하면, 위대한 역사가는 역시 위대한 도덕주의자여야 한다. 그리고 역사의 최고의 이용은 인간들의 영혼을 힘과 기술과 대담성에 관한 스토리들로 황홀하게 하고 그리고 그것들을 그들의 평범한 자아로부터 높은 노력의 꼭대기로 끌어 올리는 것이다. 루즈벨트는 삶의 일상적 일을 회상하는 방향으로 마지못해 끄덕였지만 그러나 그의 본보기들은 장엄하게 낭만적이고 영웅적인 것을 위한 그의 강력한 선호를 노정했다. 루즈벨트는 청중들에게 미래의 역사가들은, 미래의 진정한 역사가들은 미국 역사에서 비슷하게 장엄하고 영웅적인 테마들을 보게 될 것이라는 예보를 남겼다. 미래의 역사가들은 현대 시

---

581) H. W. Brands, *T. R.: The Last Romantic*, New York: Basic Books, 1997, p. 732.

대의 어려운 물질주의를 설명해야만 할 것이지만 그러나 미국적 삶의 원천들을 추구하는 사람들은 그것들을 독특한 성격과 정신에서 발견할 것이다. 오직 위대한 원칙과 고결한 아이디어를 위해서만 전쟁들 중 가장 피투성이의 전쟁을 종식시키기 위해 싸웠던 평화적인 사람들인 조지 워싱턴과 에이브러햄 링컨이 그들의 영웅인 국민은 단지 돈을 버는 것을 훨씬 넘어서 비상시 표준을 소유하고 있다. 루즈벨트는 자기의 낭만적 견해를 과거에서 미래로 투사했다.[582]

역사학에 대한 루즈벨트의 견해와 비슷하지만 대한민국의 맥락에서 2023년 2월 16일 일간지 <아시아투데이>에 게재된 "오늘날 역사학이 왜 정치교육에 무익한가?"라는 나의 칼럼을 아래에 긴 인용문이 아니라 본문의 연장으로 그대로 옮겨 놓는다.[583]

그리스 역사가 투키디데스(Thucydides)가 자신의 역사서 <펠로폰네소스 전쟁사>에서 다룬 사건들이 과거는 물론 다가올 미래에도 반복될 것이기 때문에 사람들이 유용하다고 판단되면 영구 불멸할 것이라고 선언한 후에 역사의 심판은 그의 손을 들어주었다. 지금도 전쟁 연구는 그의 책으로 시작한다. 그러나 오늘날 출판되는 대부분의 역사책들은 정치적 통찰력과 지혜를 얻는데 투키디데스의 작품과는 달리 적절한 교재나 부교재로도 채택되지 않고 있다. 그것은 독자들이 원하는 것을 가르쳐주지 않기 때문이다. 그리고 또한 그것은 오늘날 대부분의 역사학자들이 소위 "신 역사(New History)"의 헤게모니 하

---

582) *Ibid.,* p. 733.
583) 내가 이런 주장을 처음으로 했던 것은 20세기 말 1999년이었다. 강성학, <시베리아 횡단열차와 사무라이: 러일 전쟁의 외교와 군사전략>, 서울: 고려대학교 출판부, 1999, pp. 593-600을 참조.

에 있기 때문이다.

20세기 초 미국의 역사학자 제임스 하비 로빈슨(James Harvey Robinson)이 지금까지의 왕조 간 전쟁의 "쓸모없는 상설"을 그만두고 인류학자들, 경제학자들, 심리학자들 및 사회학자들의 발견을 이용하는 "민중들"의 역사를 촉구하면서 '신역사의 강령'을 발표한 이래 본질적으로 정치적인 것은 역사기술의 중심적 자리에서 서서히 밀려났다. 이제 역사학 분야에서 신 역사가 새로운 정통파가 되었다. 이것은 정치적, 외교적, 헌법적, 군사적 및 지성적 구 역사(the Old History)가 더 이상 집필되지 않는다는 것을 의미하지 않는다. 그러나 구 역사가 완전히 대치되지는 않았다고 할지라도 대부분이 바뀌었다. 그리하여 과거 역사학의 중심부에 있었던 것이 이제 변방으로 밀려났고 과거의 역사로 정의되었던 것이 이제는 역사의 각주로 전락했다.

신 역사는 정치를 무시하거나 부수현상으로 치부해버린다. 구 역사는 정치체제와 입법과 행정, 외교와 외교정책, 전쟁과 혁명을 전형적으로 다루었다. 반면에 신 역사는 계급과 인종집단, 사회적 문제와 지역 공동체, 일과 놀이, 가정과 성, 출생과 죽음, 유년시절과 노년, 범죄와 광기를 다룬다. 구 역사는 황제와 왕들, 대통령과 수상들, 정치지도자와 정치인들, 그리고 정치 이론가들을 주제로 삼았다. 그러나 신 역사는 익명의 민중들을 주제로 삼는다. 구 역사가 소위 "위로부터의 역사"라면 신 역사는 "아래로부터의 역사", 혹은 "민중의 역사"이다. 그리고 신 역사는 헌법이나 조약, 의회의 토론, 정치관련 문헌이나 정당의 강령보다는 통계적 지표, 구두 인터뷰, 사회학적 모델과 정신분석학적 이론들에 의존하면서 서술적이 아니라 분석적인 경향을 보인다. 한 때는 마르크스주의자들이 정치를 역사의 부수적 현상, 즉 저변의 경제사회적 하부구조의 상부구조 혹은 그림자로 간주했다. 어떤 의미에서 신 역사의 사회사학자들은 마르크스주의자들보다 한 걸음 더 나아간다. 마르크스의 고전적 하부구조를 대치한 새로운 하부구조는 민중의 일상생활, 즉 계급관계뿐만 아니라 남녀관계, 노동자와 농민들뿐만 아니라 범죄자들과 정신이상자들의 조건이다. 그들에게 진정한 하부구조는 소위 시민사회이다.

이런 급진적 효과는 정치사를 평가절하할 뿐만 아니라 인간 이성 그 자체를, 즉 역사와 정치제도란 적어도 부분적으로는 공공복리와 좋은 삶을 진작시키기 위한 의식적이고 신중한 이성적 시도의 산물이라는 아이디어를 평가절하하는 것이다. 이 점에서 사회사학자들은 일부 정치공학적 정치학자들과 함께 정치를 본질적으로 하나의 게임으로 간주하는 경향을 보인다. 그들은 정치를 정치인들이 지위와 권력 및 공직상의 부수입을 위해 사기를 치고 또 유권자들의 편견을 이용하는 게임으로 간주한다. 정치학이 사용하는 언어가 바로 그런 것들을 암시한다. 즉, 정치학은 정치가들보다는 정치인들, 시민들보다는 선거권자 혹은 투표자란 용어를 사용하고 있는 것이다.

신 역사는 정치적 교육에 있어서 전통적인 구 역사만큼 도움을 주지 못한다. 오히려 신 역사는 구 역사에 대한 향수를 자극한다. 신 역사에서 우리는 역사의 일관성을 제공한 통일된 주제들과 우리의 역사적 기억과 유산을 구성하는 현저한 사건들, 그리고 관련 인물들과 제도를, 극적인 움직임과 문학적 우아함을 상실할 뿐만 아니라 합리적이고 "정치적 동물"로서 인간에 대한 개념을 상실할 것이다. 아리스토텔레스가 인간이란 원래 정치적 동물이라고 정의했을 때 그는 가정이나 마을이 아니라 오직 폴리스, 즉 국가에서만이 인간이 다른 동물들과는 결정적으로 다르게 진실로 인간일 수 있다는 것을 의미했다.

헌법과 법률을 단순히 권력을 위한 공작이나 책략으로 간주하는 신 역사는 정치교육의 진정한 교재가 될 수 없다. 훌륭한 삶을 엘리트주의자들의 개념이라고 거부하고 아무런 삶이나 이해하려고 노력하면서 삶의 가장 낮은 곳을 탐구하는 신 역사학자들은 인간이 유일한 합리적 동물이라는 것을 부인하는 것이다. 그렇다고 아리스토텔레스가 정치를 절대적으로 합리적 활동이라고 주장하지는 않았다. 아리스토텔레스의 정치적 동물은 현대 인간이 알고 있는 모든 열정과 충동, 이익과 감정 그리고 욕망과 비합리성을 갖고 있다. 그에게 인간의 합리적 활동은 오직 부분에 지나지 않지만 정치적 삶의 중대하고 본질적인 요소라고 간주했다.

합리성은 자유의 조건, 즉 인간의지의 자유로운 구사의 전제조건이다. 물질적이고 경제적인 관심에 의해서 지배되는 사회적 영역에 비교할 때 정치적 영역이 합리적 선택에 보다 기여할 수 있을 만큼 정치에는 자유의 잠재력이 있다. 그리고 정치적 훈육을 위한 역사는 신 역사학파의 따분한 민중들의 일상생활의 기록이 아니라 역사적 사건들의 역동적인 드라마, 아이디어의 힘과 개인들의 존엄성, 특히 위대한 정치가들의 역사창조의 경험에 관한 것이어야 한다. 즉, 진정한 정치교육이란 위대한 정치 지도자들이 자연의 세계와 자신이 속한 정치사회 속에서 거대한 비인간적 힘을 어떻게 인식하고 그에 대처했으며 어떤 정책을 채택하고 결정했으며 그 결과가 어떠했는지에 관한 이해를 통해 그들의 리더십의 핵심적 비결인 정치적 지혜와 용기, 그리고 분별력을 가르치는 것이어야 한다. 따라서 우리는 역사로부터 법칙이나 요리법이 아니라 마음의 교육만을 기대해야 한다. 그것이 역사공부에서 우리가 배울 수 있는 한계일 것이다.

시어도어 루즈벨트(Theodore Roosevelt)의 약력

1858년 10월 27일 뉴욕시에서 출생
1865년 자기의 거실의 창문에서 에이브러햄 링컨 대통령의 장례 행렬을 목격
1868년 전 가족이 유럽의 대 여행
1875년 가정에서 라틴어, 그리스어, 수학을 배움. 대학입학시험준비
1876년 하버드 대학에 입학
1880년 6월 30일 하버드 대학 졸업. 앨리스 리(Alice Lee)와 결혼
1881년 뉴욕대학에서 잠시 법률 공부
1882년 가장 젊은 뉴욕 주 의회 의원으로 정계에 진출
        롱 아일랜드의 오이스터 베이가 내려다 보이는 언덕에 집을 지음.
        후에 사가모어 힐(Sagamore Hill)로 명명
        그의 첫 저서인 <1812년의 해전>(*The Naval War of 1812*)이
        출간됨
1883년 뉴욕 주 의원으로 재선
1884년 2월 4일 첫 딸을 낳고 부인 앨리스 사망. 동일한 이름의 어머니도
        사망. 슬픔에 겨워 다코타로 가서 소떼 농장을 운영
1866년 뉴욕시장 선거에서 패배. 12월 2일 에디스 캐로우(Edith Carrow)와
        재혼
1889년 미국 시민봉사 위원으로 임명되어 워싱턴으로 이사
        <서부의 승리>(*The Winning of the West*) 제1권이 출간됨.
1895년 뉴욕 시 경찰 이사회 회장
1897년 윌리엄 맥킨리 대통령에 의해 해군성 차관보로 임명

1898년 미 육군 대령으로 임명되어 의용 기병대(the Rough Riders)를 조직
　　　하여 스페인과의 전쟁에 참가. 영웅으로 귀국 11월 8일 뉴욕의 주
　　　지사로 선출됨
1900년 11월 4일 부통령으로 선출됨
1901년 맥킨리 대통령의 피살로 9월 14일 대통령에 취임
1902년 석탄 탄광 파업을 성공적으로 타결시킴
1903년 베네수엘라에 먼로 독트린을 실천하여 라틴 아메리카에서 영웅의
　　　지위를 획득. 콜롬비아에서 분리된 파나마의 독립을 인정하고 파나
　　　마 운하의 건설에 착수
1904년 11월 8일 대통령에 역사상 가장 큰 격차로 재선
1905년 러일 전쟁을 종식시키는 포츠머스 평화회담을 중재
1906년 미국인 최초로 노벨평화상을 수상. 알헤시라스 회의를 성공리에 중재
1909년 대통령직 은퇴. 3월 23일 아프리카 사파리 원정과 유럽여행
1910년 해외에서 귀국하여 그의 후계자인 윌리엄 태프트 대통령이 그의 가
　　　장 중요한 정책과 개혁을 타협했음을 발견
1911년 <아우트룩>(Outlook) 잡지의 편집장
1912년 공화당과 결별하고 진보당을 결성하여 대통령에 출마했으나 낙선.
1913년 브라질의 아마존 탐험. 그것에서 심각하게 부상하고 말라리아에 걸
　　　림. 그 후유증으로 평생고통
1916년 제1차 대전에 자원연대로 참전하려 했으나 윌슨 대통령이 거부함
1918년 그의 4 아들 모두 참전. 2월에 아들 아치(Archie)가 크게 부상당했
　　　고 7월에 퀜틴(Quentin)이 전사
1919년 1월 6일 사가모어 힐 자택에서 사망
1925년 미국 의회는 미국의 위대한 정치가들에게 러시모어 바위산(Mount
　　　Rushmore)에 대규모 조각 기념물을 위한 거츤 보글럼(Gutzon
　　　Borglum)의 계획을 승인

참고문헌

강성학, <나폴레옹 보나파르트: 혁명과 전쟁의 전설적 리더십>, 서울: 박영사, 2022.

_____, <오토 폰 비스마르크: 천재-정치가의 불멸의 위대한 리더십>, 서울: 박영사, 2022.

_____, <헨리 키신저: 외교의 경이로운 마법사인가 아니면 현란한 곡예사인가?>, 서울: 박영사, 2022.

_____, <대한민국의 대부 해리 S. 트루먼: 평범한 인간의 비범한 리더십>, 서울: 박영사, 2021.

_____, <조지 워싱턴: 창업의 거룩한 카리스마적 리더십>, 서울: 박영사, 2020.

_____, <윈스턴 S. 처칠: 전쟁과 평화의 위대한 리더십>, 서울: 박영사, 2019.

_____, <한국의 지정학과 링컨의 리더십: 동아시아의 지정학적 변화와 국가통일의 리더십> 서울: 고려대학교 출판문화원, 2017.

_____, <평화신과 유엔사무총장: 국제평화를 위한 리더십의 비극>, 서울: 고려대학교 출판부, 2013.

_____, <무지개와 부엉이: 국제정치의 이론과 실천에 관한 논문 선집>, 서울: 박영사, 2010.

_____, <인간신과 평화의 바벨탑: 국제정치의 원칙과 평화를 위한 세계헌정질서의 모색>, 서울: 고려대학교 출판부, 2006.

_____, <소크라테스와 시이저: 정의, 평화, 그리고 권력>, 서울: 박영사, 1997.

──, <시베리아 횡단 열차와 사무라이: 러일전쟁의 외교와 군사전략>, 서울: 고려대학교 출판부, 1999.

──, <카멜레온과 시지프스: 변천하는 국제질서와 한국의 안보>, 서울: 나남, 1995.

──, 공편 <용과 사무라이의 결투: 중(청)일 전쟁의 국제정치와 군사전략>, 서울: 리북 2006.

김동길, 강성학, <죽어도 사는 사람: 불멸의 링컨 유산>, 충북: 극동대학 출판센터, 2018.

Arendt, Hannah, "Truth and Politics." in Peter Laslett and W. G. Runciman, eds., *Philosophy, Politics and Society,* 3rd Series, 104−133, oxford: Basil Blackwell, 1969.

──────, *Between Past and Future,* Cleveland and New York: World Publishing, 1963.

──────, *Human Condition,* Chicago: University of Chicago Press, 1974.

Auchincloss, Louis, *Theodore Roosevelt,* New York: Times Book, 2001.

Belliotti, Raymond Angelo, *Niccolo Machiavelli: The laughing Lion and the Strutting Fox,* Lanham, MD: Lexington Books, 2009.

Beschloss, Michael R., Presidential Courage: Brave Leaders and How They Changed America 1789−1989, New York: Simon & Schuster Paperbacks, 2007.

Brands, H. W., *T. R.: The Last Romantic,* New York: Basic Books, 1997.

──────, ed., *The Selected Letters of Theodore Roosevelt,* Lanham, Maryland: Rowman & Littlefield Publishers, 2007.

──────, *Woodrow Wilson,* New York: Times Book, 2003.

Burckhardt, Jacob, *The Civilization of Renaissance in Italy,* New York: Phaidon, 1950.

Clausewitz, Cal von, *On War,* ed. And trans. by Michael Howard and Peter Paret, Princeton, New Jersey: Princeton University Press

Goodwin, Doris Kearns, *The Bully Pulpit: Theodore Roosevelt, William Howard Taft and the Golden Age of Journalism,* New York: Simon and Schuster, 2013.

Goodwin, Doris Kearns, *Leadership: in Turbulent Times,* New York: Simon & Schuster, 2018.

Gould, Lewis, *The William Howard Taft Presidency,* Lawrence, Kansas: University Press of Kansas, 2009.

Grant, George, *Carry a Big Stick,* Nashville, Tennessee: Cumberland House, 1996.

_____, *The Courage and Character of Theodore Roosevelt: A Hero among Leaders,* Nashville, Tennessee: Cumberland House, 2005.

Harbaugh, William Henry, *Power and Responsibility: The Life and Times of Theodore Roosevelt,* New York: Farrar, Straus and Cudahy, 1961.

Kissinger, Henry, *Diplomacy,* New York: Simon & Schuster, 1994.

Laslett, Peter and W. G. Runciman, eds., *Philosophy, Politics and Society,* 3rd Series, Oxford: Basil Blackwell, 1969.

Machiavelli, Niccolo, "The History of Florence," in *Machiavelli: The Chief Works and Others.* Volume Three, trans, by Allan Gilbert, Durham, North Carolina: Duke university Press, 1989.

Mahan, Alfred T., *The Influence of Sea Power upon History, 1660−1783,* 1890.

Mansfield, Harvey C., "An Introduction to Machiavelli's *Florentine*

Histories, in Harvey C. Mansfield, *Machiavelli's Virtue,* Chicago and London: The University of Chicago Press, 1996, pp. 127 – 136.

_____, *Machiavelli's New Modes and Orders: A Study of the Discourses on Livy,* Chicago and London, The University of Chicago Press.

_____, *Machiavelli's Virtue,* Chicago and London: The University of Chicago Press, 1996.

_____, *Manliness,* New Haven and London, Yale University Press, 2006

_____, *The Prince,* 2nd edition, Chicago and London: The Chicago University Press, 1998.

Marks, Frederick W. III, *Velvet on Iron* : The Diplomacy of Theodore Roosevelt, Lincoln and London: University of Nebraska, 1979.

Morris, Edmund, *Colonel Roosevelt,* New York: Random House, 2010.

_____, *The Rise of Theodor Roosevelt,* New York: Random House, 1979.

_____, *Theodore Rex,* New York: Random House, 2001.

Phillips, Kevin, *William McKinley,* New York: Times Books, 2003.

Pitkin, Hanna Fenichel, *Fortune Is a Woman: Gender and Politics in the Thought of Niccolo Machiavelli,* Berkeley, California: University of California Press, 1984.

Roosevelt, Theodore, *The Strenuous Life,* New York: Century, 1905.

Rosen, Jeffery, *William Howard Taft,* New York: Times Books, 2018.

Time, 2006년 7월 3일.

Waldman, Michael, ed., *The Fellow Americans: The Most Important Speeches of America's Presidents, From George Washington to George W. Bush,* Naperville, Illinois: Sourcebooks, Inc., 2003.

Westcott, Allan, ed., *Mahan on Naval Warfare: Selections from*

Writings of Rear Admiral Alfred T. Mahan, Mineola, New Yok: Dover Publications, 1999. (초판은 1941년)

찾아보기

침니 버트(Chimney Butte) 90, 91, 95

저서목록

해외 출판

『韓国外交政策的困境』, 北京: 社會科學院 社会科学文献出版社, (2017, 중국어판)

『和平之神与联合国秘书长: 为国际和平而奋斗之领』, 北京: 光明日报出版社, (2015, 중국어판)

『戦史に学ぶ軍事戦略 孫子とクラウゼヴィッツを 現代に生かすために』, 東京: 彩流社, (2014, 일본어판)

『Korea's Foreign Policy Dilemmas: Defining State Security and the Goal of National Unification』, Folkestone, UK: Global Orient, UK, (2011, 영어판)

국내 출판

『새우와 고래싸움: 한민족과 국제정치』(증보판), 박영사, 2023

『나폴레옹 보나파르트』, 박영사, 2022

『오토 폰 비스마르크: 천재－정치가의 불멸의 위대한 리더십』, 박영사, 2022

『헨리 키신저: 외교의 경이로운 마법사인가 아니면 현란한 곡예사인가?』, 박영사, 2022

『대한민국의 대부 해리 S. 트루먼: 평범한 인간의 비범한 리더십』, 박영사, 2021

『조지 워싱턴: 창업의 거룩한 카리스마적 리더십』, 박영사, 2020

『윈스턴 S. 처칠: 전쟁과 평화의 위대한 리더십』, 박영사, 2019

『지적 자서전으로서 내 저서의 서문들』, 박영사, 2018

『죽어도 사는 사람: 불멸의 링컨유산』, 극동대학교출판센터, 2018 (김동길 교수 공저)

『한국지정학과 링컨의 리더십: 동아시아의 지정학적 변화와 국가통일의 리더십』, 고려대학교 출판문화원, 2017

『평화神과 유엔사무총장: 국제평화를 위한 리더십의 비극』, 고려대학교 출판부. 2013

『전쟁神과 군사전략: 군사전략의 이론과 실천에 관한 논문 선집』, 리북,
　2012

『무지개와 부엉이: 국제정치의 이론과 실천에 관한 논문 선집』, 박영사,
　2010

『인간神과 평화의 바벨탑: 국제정치의 원칙과 평화를 위한 세계헌정질서
　의 모색』, 고려대학교 출판부, 2006

『시베리아 횡단열차와 사무라이』, 고려대학교출판부, 1999

『이아고와 카산드라―항공력 시대의 미국과 한국』, 오름, 1997

『소크라테스와 시이저―정의, 평화, 그리고 권력』, 박영사, 1997

『카멜레온과 시지프스: 변천하는 국제질서와 한국의 안보』, 나남, 1995

『동북아의 근대적 변용과 탈근대 지향』(공편), 매봉, 2008

『용과 사무라이의 결투: 중일전쟁의 국제정치와 군사전략』(편저) 리북,
　2006

『유엔과 국제위기관리』(편저), 리북, 2005

『유엔과 한국전쟁』(편저), 리북, 2004

『UN and Global Crisis Management』(편저), KACUNS, 2004

『시베리아와 연해주의 정치경제학』(공저), 리북, 2004

『동북아의 평화사상과 평화체제』(편저), 리북, 2004

『동아시아의 안보와 유엔체제』,(편저). 집문당, 2003

『UN, PKO and East Asian Security: Currents, Trends and Prospects』
　(공편저), 2002

『The UN in the 21st Century』(공편), 2000

『주한미군과 한미안보협력』(공저), 세종연구소, 1996

『북한외교정책』(공편), 서울프레스, 1995

『The United Nations and Keeping―Peace in Northeast Asia』(편저),
　Seoul Computer Press, 1995

『자유주의의 정의론』(역), 대광문화사, 1991

『키신저 박사와 역사의 의미』(역), 박영사, 1985

『핵시대를 어떻게 살 것인가』(공저), 정음사, 1985

『제국주의의 해부』(역), 법문사, 1984

『불평등한 세계』(역), 박영사, 1983
『세익스피어의 정치철학』(역), 집문당, 1982
『정치학원론』(공저), 박영사, 1982

강성학(姜聲鶴)

고려대학교에서 정치학 학사 및 석사 학위를 취득한 후 모교에서 2년간 강사를 하다가 미 국무부 풀브라이트(Fulbright) 장학생으로 도미하여 노던 일리노이 대학교(Northern Illinois University)에서 정치학 박사 학위를 취득하였다. 그 후 1981년 3월부터 2014년 2월말까지 33년간 정치외교학과 교수로 재직하면서 평화연구소 소장, 교무처장 그리고 정책대학원 원장 등을 역임하였다. 2014년 3월 이후 현재 명예교수로 있다.

저자는 1986년 영국 외무부(The British Foreign and Commonwealth Office)의 펠로우십(Fellowship)을 받아 런던정치경제대학(The London School of Economics and Political Science)의 객원교수를, 1997년에는 일본 외무성의 국제교류기금(Japan Foundation)의 펠로우십을 받아 도쿄대학의 동양문화연구소에서 객원 연구원 그리고 2005년 말과 2006년 봄학기에는 일본 와세다대학의 교환교수를 역임하였다. 또한 제9대 한국 풀브라이트 동문회 회장 및 한국의 영국정부장학수혜자 모임인 한국 셰브닝 동창회 초대 회장을 역임하였다. 그동안 한국국제정치학회 상임이사 및 한국정치학회 이사, 한국유엔체제학회(KACUNS)의 설립 사무총장과 제2대 회장을 역임하였고 이것의 모태인 미국의 유엔체제학회(ACUNS)의 이사로 활동하였다.

저서로는 2011년 영국에서 출간한 영문저서 ≪Korea's Foreign Policy Dilemmas: Defining State Security and the Goal of National Unification≫(425쪽. 2017년 중국 사회과학원 출판사가 번역 출간함)을 비롯하여 1995년 제1회 한국국제정치학회 저술상을 수상한 ≪카멜레온과 시지프스: 변천하는 국제질서와 한국의 안보≫(688쪽)와 미국의 저명한 외교전문지인 포린 폴리시(Foreign Policy)에 그 서평이 실린 ≪이아고와 카산드라: 항공력 시대의 미국과 한국≫(807쪽)이 있다. 그의 대표작 ≪시베리아 횡단열차와 사무라이: 러일전쟁의 외교와 군사전략≫(781쪽) 및 ≪소크라테스와 시이저: 정의, 평화, 그리고 권력≫(304쪽), 또 한동안 베스트셀러이기도 했던 ≪새우와 고래싸움: 한민족과 국제정치≫(초판, 402쪽)가 있다. 또한 2007년 대한민국 학술원의 우수학술도서로 선정된 ≪인간神과 평화의 바벨탑: 국제정치의 원칙과 평화를 위한 세계헌정질서의 모색≫(756

쪽), ≪전쟁神과 군사전략: 군사전략의 이론과 실천에 관한 논문 선집≫
(446쪽, 2014년 일본에서 번역 출간됨), ≪평화神과 유엔 사무총장: 국
제 평화를 위한 리더십의 비극≫(328쪽, 2015년 중국에서 번역 출간됨),
≪무지개와 부엉이: 국제정치의 이론과 실천에 관한 논문 선집≫(994쪽)
을 비롯하여 지난 33년간의 교수생활 동안에 총 37권(본서의 말미 저서
목록을 참조)에 달하는 저서, 편저서, 역서를 냈다. 저자는 한국 국제정치
학자에게는 어쩌면 당연한 연구주제인 "전쟁", "평화", "한국외교통일" 문
제들에 관한 각기 집중적 연구결과로 볼 수 있는 ≪시베리아 횡단열차와
사무라이≫, ≪인간神과 평화의 바벨탑≫ 그리고 ≪카멜레온과 시지프
스≫라는 3권의 저서를 자신의 대표적 "학술저서 3부작"으로 꼽고 있다.
아울러 2013년 ≪평화神과 유엔 사무총장≫의 출간으로 "인간神", "전쟁
神", "평화神"이라는 일종의 "神"의 3위일체를 이루었다. 퇴임 후에는
2016년부터 2019년까지 한국지정학연구원의 초대 이사장을 역임했으며,
2017년 가을학기부터 2019년 봄학기까지 극동대학교 석좌교수였다. 그리
고 ≪한국의 지정학과 링컨의 리더십≫(551쪽), ≪죽어도 사는 사람: 불
멸의 링컨 유산(김동길 교수 공저)≫(333쪽), ≪윈스턴 S. 처칠: 전쟁과
평화의 위대한 리더십≫(449쪽), ≪조지 워싱턴: 창업의 거룩한 카리스마
적 리더십≫(501쪽), ≪대한민국의 대부 해리 S. 트루먼: 평범한 인간의
비범한 리더십≫(479쪽), ≪헨리 키신저: 외교의 경이로운 마법사인가 아
니면 현란한 곡예사인가?≫(843쪽), ≪오토 폰 비스마르크: 천재-정치가
의 불멸의 위대한 리더십≫(491쪽), ≪나폴레옹 보나파르트≫(552쪽)를
출간하였으며, 최근 ≪새우와 고래싸움: 한민족과 국제정치≫ 증보판(912
쪽)을 출간하였다. 그리고 저자의 일종의 지적 자서전으로 ≪내 저서의
서문들≫(223쪽)을 출간하였다.

시어도어 루즈벨트

초판발행	2023년 5월 2일
지은이	강성학
펴낸이	안종만 · 안상준
편 집	양수정
기획/마케팅	노 현
표지디자인	이영경
제 작	고철민 · 조영환
펴낸곳	(주) 박영사
	서울특별시 금천구 가산디지털2로 53, 210호(가산동, 한라시그마밸리)
	등록 1959. 3. 11. 제300-1959-1호(倫)
전 화	02)733-6771
f a x	02)736-4818
e-mail	pys@pybook.co.kr
homepage	www.pybook.co.kr
ISBN	979-11-303-1755-7 93340

정 가   33,000원